气候变化
财务影响披露
指引与案例

王鹏程 刘轶芳 等 编著

中国财经出版传媒集团
中国财政经济出版社
·北 京·

图书在版编目（CIP）数据

气候变化财务影响披露指引与案例 / 王鹏程等编著.
北京 : 中国财政经济出版社, 2025. 2. -- ISBN 978-7
-5223-3701-2

Ⅰ. F279.23

中国国家版本馆CIP数据核字第2025N6L473号

责任编辑：樊清玉　温彦君　　　　责任校对：张　凡
封面设计：陈宇琰　　　　　　　　责任印制：史大鹏

气候变化财务影响披露指引与案例
QIHOU BIANHUA CAIWU YINGXIANG PILU ZHIYIN YU ANLI

中国财政经济出版社 出版

URL：http：//www. cfeph. cn

E－mail：cfeph@ cfeph. cn

社址：北京市海淀区阜成路甲 28 号　邮政编码：100142

营销中心电话：010－88191522

天猫网店：中国财政经济出版社旗舰店

网址：https：//zgczjjcbs. tmall. com

北京中兴印刷有限公司印刷　各地新华书店经销

成品尺寸：185mm×260mm　16 开　26 印张　639 000 字

2025 年 2 月第 1 版　2025 年 2 月北京第 1 次印刷

定价：118. 00 元

ISBN 978－7－5223－3701－2

（图书出现印装问题，本社负责调换，电话：010－88190548）

本社质量投诉电话：010－88190744

打击盗版举报热线：010－88191661　QQ：2242791300

编委会成员

推荐序言

在当今全球化与可持续发展理念深度交融的时代背景下，企业的责任范畴已远超传统的财务绩效追求，而拓展至对环境、社会和治理（ESG）等多维度可持续发展因素的综合权衡。2023 年，国际财务报告可持续披露准则（以下简称“ISSB 准则”）以及欧盟的《欧洲可持续发展报告准则》（ESRS）相继问世，在全球企业界与金融界引起高度关注。2024 年 11 月，我国财政部等九部委联合发布《企业可持续披露准则——基本准则（试行）》，以及财政部正在与有关部门积极推进《企业可持续披露准则第 1 号——气候》的研究制定工作，更是彰显了我国在构建可持续发展信息披露体系道路上的坚定决心与快速步伐。

国内外可持续披露准则的重磅出台，标志着企业报告领域一场深刻变革的来临。公司报告不再局限于以财务报告为主导的单一格局，而是迈向财务报告与可持续发展报告并驾齐驱的双重格局。上市公司、国有企业和金融机构等作为公共受托责任主体，被赋予更为繁重且意义深远的信息披露使命。在依法依规披露财务报告的同时，还需全面充分、高质量地披露可持续发展报告。无论是秉持财务重要性理念的 ISSB 准则，还是强调双重重要性（财务重要性和影响重要性）原则的 ESRS 以及我国的可持续披露准则，均要求公共受托责任主体将可持续风险与机遇对其财务状况、经营业绩、现金流量在当期的实际影响以及在短期、中期和长期的预期财务影响，呈现于投资者等利益相关者的视野之中。

然而，纵观国内外可持续披露的实践历程，我们不难发现，公共受托责任主体在履行这一全新信息披露义务的过程中，面临着诸多挑战。其中，可持续相关风险与机遇尤其是气候相关风险和机遇的财务影响评估与披露，已成为四大核心挑战之一，其余三大挑战分别是可持续风险和机遇的精准识别、价值链范围的科学确定以及范围 3 温室气体排放的精确核算。可以毫不夸张地说，如果以气候变化为典型代表的可持续风险和机遇的当期及预期财务影响评估与披露问题得不到有效解决，那么，所谓高质量的可持续发展报告无异于缘木求鱼，勉强披露的可持续发展报告将如同空中楼阁，缺乏坚实的根基，甚至沦为镜花水月般的虚幻存在。

在这样的关键节点，王鹏程教授领衔编著的，由世界资源研究所资助的《气候变化财务影响披露指引与案例》一书应时而出，恰似一场久旱之后的甘霖，为在黑暗中摸索前行的公共受托责任主体点亮了一盏明灯。该书具有极高的实践指导价值，对于有效执行国内外可持续披露准则特别是气候相关披露准则意义重大。

该书深入透彻地剖析了国内外可持续披露准则对气候相关风险和机遇财务影响的具体披露要求。通过细致入微的解读与对比分析，使读者能够清晰地把握不同准则体系下的共性与差异，从而为企业在实际操作中遵循气候相关披露准则提供了精准的导航。无论是准则中对于气候变化相关风险因素的界定，还是对财务指标影响的量化要求，都在书中得到了详尽的阐释，让企业能够有的放矢地开展相关工作。

该书还深入剖析了10个行业34家全球代表性企业在气候变化财务影响披露领域的前沿最佳实践案例。这些案例犹如一面面镜子，反映出不同企业在应对气候相关风险和机遇财务影响披露挑战时的智慧与策略，具有广泛的代表性和借鉴性。通过对这些案例的深入研究与分析，公共受托责任主体能够汲取他人之长，补己之短，快速提升自身在气候相关风险和机遇财务影响披露方面的能力与水平。

尤为值得一提的是，该书不惜笔墨，详细介绍了15家全球代表性企业气候相关风险和机遇财务影响的披露案例。这些案例并非简单的罗列，而是经过精心挑选与编排，每个案例都深入企业的具体业务层面，从气候相关风险和机遇的识别、评估，到对财务的实际和预期影响评估，再到企业采取的应对策略与措施，一应俱全。这种全方位、多层次的案例呈现方式，对于上市公司、国有企业和金融机构等公共受托责任主体而言，无疑是一座知识宝库，具有极高的学习借鉴意义。无论是刚刚涉足可持续发展报告披露工作的新手企业，还是在实践中遇到困惑与难题的资深从业者，都能够从这些案例中找到灵感与启示，从而更好地应对气候相关风险和机遇财务影响披露工作中的各种挑战。

概而言之，《气候变化财务影响披露指引与案例》以其严谨的学术态度、丰富的实践案例以及对国内外准则的精准把握，在气候变化财务影响这一专业领域中脱颖而出，树立起很高的专业性和权威性标杆。它不仅是公共受托责任主体在执行可持续披露准则过程中的得力助手，更是广大关注企业可持续发展、气候变化与财务领域交叉研究的学者、专家以及社会各界人士深入了解这一领域的重要窗口。相信在未来的日子里，该书将在推动企业可持续发展报告质量提升、促进全球可持续发展进程中发挥重要作用，值得每一位相关人士认真研究、深入借鉴与深刻思考。

中国会计学会副会长
财政部首届可持续披露准则咨询专家
厦门国家会计学院原院长
黄世忠教授
2024年12月

序 言

2023 年 6 月 26 日，国际可持续准则理事会（ISSB）正式发布两项国际财务报告可持续披露准则，即《国际财务报告可持续披露准则第 1 号——可持续相关财务信息披露一般要求》（IFRS S1）和《国际财务报告可持续披露准则第 2 号——气候相关披露》（IFRS S2）。这两项国际财务报告可持续披露准则（以下简称“ISSB 准则”）的正式发布，标志着可持续信息披露迈入了新纪元，是实现绿色低碳转型和社会公平正义转型的重大基础设施建设和重要制度安排，对推动全球经济、社会和环境的可持续发展意义重大。

ISSB 准则的全球应用正有序推进

2023 年 7 月 25 日，国际证监会组织（IOSCO）发布报告，在按照五个维度对 ISSB 准则进行严格评估后对准则予以背书，认为 ISSB 准则适合作为资本市场在融资和交易中使用的可持续相关财务信息的全球框架，呼吁来自 130 多个国家和地区（监管了全球 95% 以上证券市场）考虑采用、应用或以其他方式借鉴 ISSB 准则，以促进面向投资者且具有全球一致和可比的气候相关和其他可持续相关信息披露。

2024 年 5 月 28 日，国际财务报告准则基金会在 IOSCO 年会上，发布了《各国家或地区迈向全球资本市场可比信息的路径——采用或以其他方式使用国际可持续披露准则首份司法管辖区指南》，旨在通过提供具体指导，积极支持并引导各国家或地区采用或以其他方式使用国际财务报告可持续披露准则，从而为资本市场提供更加一致、可比的气候及其他可持续相关信息。

2024 年 9 月 25 日，国际财务报告准则基金会发布《自愿应用 ISSB 准则——编制者指南》，为企业开始自愿应用 ISSB 准则提供支持。

联合国可持续证券交易所倡议（UNSSE）2023 年 6 月底发文认可 ISSB 准则。一年多来，UNSSE 与国际财务报告准则基金会及多家证券交易所密切合作，在全球举办了一系列 ISSB 准则的培训。2024 年 1 月，UNSSE 发布《可持续发展相关财务信息披露示范指南》，帮助各成员证券交易所制定自愿指南，支持上市公司实施 IFRS S1 和

IFRS S2。

世界银行一直支持 ISSB，已经制定并开始执行路线图，以使其与气候和可持续相关财务信息的披露符合 ISSB 准则。2024 年 9 月 26 日，世界银行集团宣布扩大其现有伙伴关系的覆盖范围，以便在新兴市场和发展中经济体采用 ISSB 准则。

2023 年 11 月 29 日，巴塞尔银行监管委员会（BCBS）发布《气候相关风险信息披露（征求意见稿）》。征求意见稿主体内容与 IFRS S2 基本相同，但提出了更高和更细致的要求，特别是在定量披露方面提供了详尽的模板，要求银行披露分行业的融资排放和排放强度、按贷款类型和区域披露受物理风险影响的敞口、按能源效率水平披露不同能效水平的房地产抵押贷款敞口等。该规则将作为银行体系第三支柱的重要规则发挥作用，并将从 2026 年 1 月 1 日开始执行。

主要经济体相继发布可持续披露准则或征求意见稿

欧盟理事会于 2022 年 11 月 22 日发布《公司可持续报告指令》（CSRD），要求相关企业按照欧洲可持续发展报告准则（ESRS）开展可持续相关信息披露。2023 年 7 月 31 日，欧盟委员会（EC）正式发布了由欧洲财务报告咨询组（EFRAG）起草的首批 12 项 ESRS，包括 2 项跨领域交叉准则和 10 项环境、社会、治理（ESG）主题准则。ESRS 与 ISSB 准则保持高度互操作性，遵循了 ESRS 1《一般要求》、ESRS 2《一般披露》和 ESRS E1《气候变化》相关要求就自动符合了 IFRS S1 和 IFRS S2 的披露要求。

美国证监会（SEC）于 2022 年 3 月 21 日发布了气候信息披露规则提案，并面向公众公开征求意见，但出于各种原因，该提案被一再搁置。最终，SEC 于 2024 年 3 月 6 日以 3:2 的投票结果通过了气候披露规则。美国 SEC 气候信息披露规则的主要特征是融合气候相关财务信息披露工作组（TCFD），基于温室气体核算体系（GHG Protocol）核算，突出其财务重要性，并融入财务报告体系中。

2023 年 10 月，澳大利亚会计准则委员会（AASB）发布《澳大利亚可持续发展报告准则——气候相关财务信息披露》的征求意见稿，包括三项准则草案：《澳大利亚可持续报告准则第 1 号——气候相关财务信息披露一般要求（草案）》（AASB S1）、《澳大利亚可持续报告准则第 2 号——气候相关财务信息披露（草案）》（AASB S2）以及《澳大利亚可持续报告准则第 101 号——澳大利亚可持续报告准则参考文献（草案）》。2024 年 9 月，AASB 正式投票批准上述准则，并宣布 AASB S1 为自愿性准则，AASB S2 为强制性准则。

在我国香港地区，特区政府 2024 年 3 月 25 日发表了有关发展香港可持续披露生态圈的愿景宣言，声明香港地区争取成为全球第一批采纳 ISSB 准则的司法管辖区。

2024年4月19日，香港联交所发布其就优化环境、社会及管治框架下的气候相关信息披露的咨询总结，并正式发布修改后的《香港交易所环境、社会及管治框架下气候信息披露的实施指引》，将IFRS S1和IFRS S2的内容和相关披露要求纳入其中。2024年12月12日，香港会计师公会正式发布《香港财务报告准则S1号——可持续相关财务信息披露一般要求》（HKFRS S1）及《香港财务报告准则S2号——气候相关披露》（HKFRS S2）。HKFRS S1及HKFRS S2已全面接轨ISSB准则，并于2025年8月1日起正式生效。

英国、加拿大、日本、巴西、韩国、新加坡、印度、斯里兰卡、马来西亚、菲律宾、加纳、智利、瑞士、乌干达、尼日利亚、土耳其、南非、墨西哥等国家也在推动制定可持续披露准则，或是根据IFRS S1和IFRS S2制定并发布本国可持续披露准则征求意见稿，或是启动认可IFRS S1和IFRS S2的咨询程序。

截至目前，全球已有超过20个主要经济体宣布采用ISSB准则或确保当地可持续披露准则与ISSB准则保持一致，可持续信息披露已经由标准林立的时代迈入相对统一的准则新时代。

中国推进国家统一的可持续披露准则建设

2024年11月20日，财政部发布《企业可持续披露准则——基本准则（试行）》（以下简称《基本准则》），标志着国家统一的可持续披露准则体系建设拉开序幕。《基本准则》的发布，充分传递了我国作为负责任大国对国际可持续披露准则的借鉴策略，积极回应了市场各利益相关方对加快制定统一的可持续披露准则的诉求。《基本准则》及今后陆续出台的具体准则、应用指南，将为推动我国高质量发展，促进经济、社会和环境的可持续发展发挥重要的基础作用。

《基本准则》坚持了“积极借鉴、以我为主、兼收并蓄、彰显特色”的原则，这一原则既是我国制定国家统一的可持续披露准则的总体思路，亦是我国对国际可持续披露准则的应用策略。与ISSB准则以投资者为导向、以财务重要性为基础的全球基线准则的定位不同，我国可持续披露准则定位为适用于所有企业，满足广泛利益相关方，既考虑财务重要性原则，又考虑影响重要性原则。

展望未来，我国可持续披露准则体系建设将与ISSB准则保持同步，各项具体准则、应用指南将陆续出台，到2030年，国家统一的可持续披露准则体系将基本建成。

与此同时，在证监会统一部署下，沪、深、北三大交易所于2024年4月12日发布《上市公司自律监管指引——可持续发展报告（试行）》，于2026年1月1日开始执行。

积极准备实施可持续披露准则刻不容缓

根据《上市公司自律监管指引——可持续发展报告（试行）》的要求，上证 180 指数、科创 50 指数样本公司，深证 100 指数、创业板指数样本公司以及境内外同时上市的公司必须于 2026 年披露 2025 年度可持续发展报告时遵照该指引的要求。香港联交所发布的《香港交易所环境、社会及管治框架下气候信息披露的实施指引》，要求所有发行人 2025 年披露 ESG 报告时需要遵循该指引的相关要求。无论是香港联交所的 ESG 指引，还是沪深交易所的可持续发展报告指引，均对上市公司的可持续信息披露产生重大影响。

以 58 家上市银行为例，根据上述指引的适用范围，21 家上市银行属于沪深证券交易所可持续发展报告指引强制披露范围内的机构，自 2026 年 1 月 1 日起必须按该指引的要求披露可持续发展报告。工商银行等 8 家上市银行属于香港联交所恒生综合大型指数成分股银行，需要按照香港联交所的 ESG 指引，于 2025 年 1 月 1 日或之后开始的财政年度强制披露范围 1 及范围 2 温室气体排放数据，对范围 1 及范围 2 温室气体排放外的披露要求不遵守就需要解释，自 2026 年 1 月 1 日或之后开始的财政年度则需要强制遵守对范围 1 及范围 2 温室气体排放外的披露要求。光大银行等 23 家上市银行属于香港联交所其他主板发行人，需要按照香港联交所的 ESG 指引，于 2025 年 1 月 1 日或之后开始的财政年度强制披露范围 1 及范围 2 温室气体排放数据，对范围 1 及范围 2 温室气体排放外的披露要求不遵守就需要解释。15 家 A + H 股上市银行则于 2026 年 1 月 1 日起需要同时满足香港联交所的 ESG 指引及沪深交易所可持续发展报告指引的披露要求。

按与 ISSB 准则趋同的可持续披露准则披露可持续信息在即，强制披露范围内的上市公司需要制定路线图，明确实施路径，包括对可持续披露准则进行系统培训，制定或完善公司可持续发展战略目标，制定实施可持续披露准则的指标表，将可持续风险和机遇嵌入公司治理、融入财务，开发或完善可持续信息管理系统和可持续风险管理系统，完善可持续信息披露相关内部控制。

披露气候相关风险和机遇财务影响面临诸多挑战

ISSB 准则要求主体披露可持续相关风险和机遇对主体报告期间的财务状况、财务业绩和现金流量的影响以及对主体短期、中期和长期财务状况、财务业绩和现金流量的预期影响。目前，大多数企业较少披露气候相关风险和机遇的当期和预期财务影响，而且披露质量与准则要求相去甚远，管理层讨论与分析、可持续发展报告与财务报告之间缺乏关联性，信息披露的规范性不足，审计师对气候变化的关注以及关键审计事项中的披露较少。

究其原因，与企业在披露气候相关风险和机遇财务影响时面临诸多挑战有关。一方面，会计准则对企业编制财务报表时如何考虑气候相关风险与机遇并未给出具体的指引，可持续披露准则对企业如何在可持续报告中披露气候相关风险和机遇的当期和预期财务影响仅作出原则性规定，同样缺乏具体的操作指南。另一方面，确认、计量和披露气候相关风险和机遇的当期财务影响和预期财务影响，需要开展气候相关情景分析，需要构建模型并量化重大气候相关风险和机遇的财务影响，这对大多数企业而言，无疑困难重重。

鉴于披露气候相关风险和机遇财务影响存在的一系列挑战，世界资源研究所委托我们开展《气候相关风险和机遇财务影响研究》项目的研究，期望能够为国内企业披露气候变化财务影响提供指引与可供借鉴的案例。课题组成员来自北京工商大学商学院、中央财经大学可持续准则研究中心以及中节能衡准科技服务（北京）有限公司。本书系根据该项目研究成果所形成。

提供企业披露气候变化财务影响的指引与参考案例

本书全面分析了国际财务报告会计准则（IFRS 会计准则）及主要司法管辖区相关会计准则、ISSB 准则及主要司法管辖区可持续披露准则、主要国际监管组织及主要司法管辖区监管机构监管规则，归纳了气候相关风险和机遇财务影响披露相关规则要求。与此同时，我们全面分析了主要准则制定机构研究报告、主要非营利组织研究报告以及境内外代表性文献，对气候相关风险和机遇财务影响披露研究成果进行了综述。

我们选择能源、化工、钢铁、电力、信息技术、航空、电信、金融、农业、汽车等重要行业 34 家全球代表性企业进行了案例分析，分析基于这些企业公开发布的 2023 年度相关报告，如年度财务报告、审计报告、可持续发展报告以及碳披露项目（CDP）问卷等开展。我们的分析特别关注了这些企业对气候相关风险和机遇财务影响的披露，我们不仅关注了当前的财务影响，还分析了预期的财务影响。对这些企业气候相关风险和机遇财务影响披露的分析，可为国内企业开展气候变化财务影响披露提供参考。

我们通过分析国内企业 2023 年度财务报告，可持续发展报告或环境、社会与治理报告，社会责任报告，以及开展问卷调查和实地调研，分析了国内企业在披露气候相关风险和机遇财务影响方面存在的差距与问题。

在分析可持续披露准则有关气候信息披露要求基础上，借鉴全球代表性企业的披露实践和 IFRS 会计准则、ISSB 准则的相关要求，就中国企业如何披露气候相关风险和机遇财务影响，我们给出了具体操作指引，明确了确认、计量和披露财务影响的基本原则、具体流程，包括如何开展气候相关情景分析，如何识别、评估气候相关风险和机遇，如何对气候相关风险和机遇进行优先性排序，如何分析气候相关风险和机遇的影响，如何分析气候相关风险和机遇对战略和决策的影响，如何构建模型并量化重大气候相关风险和机遇的财务影响。继而给出当期财务影响，以及预期财务影响的确认、计量和披露指引。

希望本书对国内企业按照与 ISSB 准则趋同的可持续披露准则披露可持续信息，以及学术界研究气候相关风险与机遇财务影响的披露有所帮助。

王鹏程

2024 年 12 月

目　录

第1章 披露规则：国际比较与分析

气候变化是21世纪最紧迫的全球性挑战之一，对社会、环境以及经济的各个方面产生了深远的影响。随着气候问题日益严重，各国政府、国际组织、投资者以及公众对气候相关信息的透明度和披露要求越来越高。对于企业而言，气候变化不仅带来了运营和市场方面的重大风险和机遇，还影响了其财务表现。因此，如何披露气候相关的财务影响，已经成为全球资本市场中关注的焦点。高质量、可比的气候相关财务影响的信息披露不仅有助于企业管理气候风险和机遇，也可以帮助投资者更好地根据气候相关财务影响作出决策。

鉴于气候相关风险和机遇财务影响的重要性，一些国际组织和主要的司法区域都对气候相关风险和机遇财务影响的信息披露进行了详细规定，这些规定既存在相同点，又有不同的侧重。在这种背景下，深入剖析气候相关风险和机遇财务影响的理论基础与影响机制，并对目前主要国际组织和区域有关气候相关风险和机遇财务影响信息披露规则的异同进行比较分析具有重要的理论价值以及现实意义。

本章的主要脉络从以下几个方面展开。首先，全面回顾全球气候相关风险和机遇财务影响披露框架的发展历程，包括全球环境信息研究中心（CDP）、气候相关财务信息披露工作组（TCFD）、可持续发展会计准则理事会（SASB）制定的标准以及ISSB发布的IFRS S2等。其次，深入分析气候相关风险和机遇对企业财务的影响机制，从当期财务影响和预期财务影响两个方面，探讨如何在财务报表和财务报告中反映这些风险和机遇对收入、成本、资产减值、资本支出以及融资能力的影响。最后，通过全面梳理全球主要组织和部分经济体气候相关风险和机遇财务影响的披露规则，本章总结了不同经济体在气候相关财务影响信息披露上的侧重点以及差异，为后续我国气候相关风险和机遇财务影响信息披露规则的制定以及ISSB气候相关风险和机遇财务影响信息披露准则的进一步完善提供参考。

1.1 气候相关风险和机遇财务影响的理论起源及发展

近年来，随着气候变化风险的持续增加，许多司法管辖区的政府都采取了积极措施来应对这些风险。在应对气候变化的过程中，越来越多的政府和机构意识到，可比以及高质量的气候相关信息在企业碳减排和实现国家净零排放目标方面发挥着至关重要的作用。然而，世界各地的投资者报告称，有关气候变化对企业影响的信息仍然十分有限，这已成为他们作出投资决策时的一大挑战。全球资本市场普遍呼吁获取可靠、一致以及可比的气候相关信息，使投资者能够为气候相关风险和机遇定价，并帮助他们作出投资决策（IOSCO，2023）。

为解决这一问题，许多国际非政府组织和非营利组织发布了建议或指导方针，以增加和改善气候相关信息的披露。在这众多举措中，可以区分为两个主要方向。其中之一是影响报告，通常嵌入可持续发展报告或环境、社会以及治理（ESG）报告中。它旨在推动企业展示其参与环境可持续活动和碳减排行动，以此促进行为改变，共同为创造更美好的世界作出贡献。在与气候相关的报告中，还有另一个越来越有影响力的部分，它更关注气候问题对企业本身的影响，而不是外部影响，旨在为投资者提供有关气候相关风险和机遇如何影响企业未来财务业绩的信息。

从为投资者提供有关气候相关风险和机遇如何影响企业未来财务业绩的信息的目标出发，全球环境信息研究中心（CDP）、气候披露准则理事会（CDSB）、气候相关财务信息披露工作组（TCFD）、可持续发展会计准则理事会（SASB）、全球报告倡议组织（GRI）、国际可持续准则理事会（ISSB）先后制定了涵盖气候相关风险和机遇财务影响披露要求的框架或准则，每一框架或准则都在特定的历史阶段为气候相关风险和机遇财务影响的披露作出了重要贡献。

1.1.1 CDP——开创气候相关风险和机遇财务影响披露的先河

CDP成立于2000年，是全球最早推动企业披露气候相关信息的非营利组织。CDP的主要目标是通过收集和公开温室气体排放数据，促进企业和城市制定应对气候变化的策略。CDP的问卷调查涵盖了广泛的环境问题，特别是在温室气体排放和气候变化的财务影响方面，为投资者提供了宝贵的数据支持。CDP通过定量的数据披露，使气候相关信息在投资者的财务决策中占据重要位置。投资者可以利用这些数据评估企业在面对气候变化时的风险和机遇，从而作出更加明智的投资选择。

1.1.2　CDSB——将气候信息纳入财务报告

CDSB 是一个由商业以及环境组织组成的联盟，其主要目的是将环境信息，特别是气候相关信息整合到主流财务报告中。CDSB 框架致力于提供一个标准化的披露指南，使企业能够系统地在其年度财务报告中纳入气候风险。这不仅增强了企业信息披露的透明度，还提高了信息的一致性和可比性。CDSB 推动了环境信息从传统的非财务信息转向具有财务相关性的领域，使投资者能够更全面地评估企业的财务健康状况，以及这些企业在应对气候变化时的能力。

CDSB 框架为气候相关财务信息披露工作组（TCFD）的建议奠定了基础，规定了在主流报告（如年度报告、10 - K 文件或综合报告）中报告环境和社会信息的方法。CDSB 于 2022 年 1 月并入 ISSB。

1.1.3　TCFD——引入情景分析的财务影响前瞻性框架

随着全球对气候变化影响的关注不断增加，金融稳定理事会（FSB）于 2015 年成立了 TCFD，旨在提升气候相关财务信息披露的一致性以及透明度。TCFD 报告在 2017 年发布，标志着气候风险管理进入了一个新的阶段。TCFD 提出了全面的披露建议，涵盖治理、战略、风险管理以及指标和目标四个核心领域。TCFD 的独特之处在于引入了情景分析方法，鼓励企业评估在不同气候情景下的预期财务影响。这种前瞻性的方法可以帮助企业和投资者更好地理解和管理气候相关风险，同时也推动了企业在气候变化背景下的战略调整和财务规划。

TCFD 通过情景分析推动企业理解并披露气候变化的预期财务影响。它帮助企业模拟不同的气候路径，评估气候相关风险和机遇对收入与支出、资产与负债、资本与融资等财务指标的影响，并通过披露增强与投资者和利益相关者沟通的透明度。这一方法不仅是风险管理工具，也为企业长期战略以及气候适应性规划提供了依据。TCFD 已成为全球广泛认可的气候相关信息披露框架，为企业在不断变化的气候环境中提供了财务影响披露的重要指导。

1.1.4　SASB——确定了 77 个行业可持续信息披露指标

SASB 是一家成立于 2011 年的非营利组织，负责制定以及维护行业特定标准，指导企业向投资者以及其他利益相关方披露有重大财务影响的可持续发展信息。作为环境、社会以及治理指导框架，SASB 确定了影响 77 个行业企业财务业绩和企业价值的特定行业披露指标。这些特定行业的标准包括 26 个披露主题以及 1000 多个核算指标。其中，气候相关信息是环境主题的重要衡量维度。SASB 标准注重改善特定行业的可持续信息的披露，其认为并非所有可持续发展问题对每个行业都同等重要，同一可持续发展问题在不同行业中的表现可能会有所不同。2021 年 6 月，SASB 和国际综合报告委员会（IIRC）合并成立了价值报告基金会（VRF），该基金会于 2022 年 8 月并入 ISSB。

1.1.5 IFRS S2——规范气候相关财务信息披露的新标杆

2023 年 6 月发布的《国际财务报告可持续披露准则第 2 号——气候相关披露》（IFRS S2）是国际可持续标准领域的一项重大进展，由国际财务报告准则（IFRS）基金会下的国际可持续准则理事会（ISSB）发布。IFRS S2 明确要求企业将气候相关风险和机遇纳入财务报表的准备以及报告中，特别是针对气候变化对企业资产、负债、收入以及费用的潜在影响作出详细披露。IFRS S2 不仅要求企业定量披露这些财务影响，而且强调了管理层还应披露为应对这些风险和机遇所采取的具体措施。该准则旨在确保信息披露的全面性和可比性，推动企业提供更加详细和透明的财务信息，帮助投资者作出更有根据的决策。IFRS S2 的发布标志着气候相关财务信息披露进入了一个更为成熟和系统化的阶段，为全球企业的可持续发展提供了新的标杆。

从 CDP、CDSB、SASB 到 TCFD 以及 IFRS S2，这些框架或准则展示了气候相关信息披露在过去二十多年中的演变。CDP 首先通过收集和披露环境数据奠定了基础，CDSB 则进一步将气候信息纳入财务报告中，推动了信息披露的标准化。TCFD 引入的情景分析方法为气候相关财务影响的前瞻性分析提供了有力工具，并提出由治理、战略、风险管理、指标与目标四个关键要素构成的强调财务重要性的气候相关信息披露框架。SASB 在传统行业分类的基础上，创建了可持续相关的行业分类系统，将企业分为 77 个行业，并制定了这些行业特定的可持续信息披露指标。IFRS S2 则通过整合这些已有框架的披露要素，进一步推动全球建立一致的基于投资者财务影响视角下的气候相关信息披露标准。这些框架和标准共同增强了全球企业在面对气候变化时的财务透明度和责任感，为投资者提供了更清晰的决策依据。

与此同时，全球多个司法管辖区陆续发布气候相关信息披露要求，这些司法管辖区包括欧盟、英国、澳大利亚、新西兰、日本、新加坡、中国香港、韩国等。它们发布的气候相关信息披露要求与 IFRS S2 趋同，都以 TCFD 提出的“四大支柱”为基础，要求企业披露气候相关风险和机遇对其造成的财务影响。

1.2 气候相关风险和机遇对企业财务影响的机制分析

气候相关风险和机遇对企业财务状况、经营业绩以及现金流量的影响机制可以划分为当期财务影响和预期财务影响两个层面。当期财务影响指的是气候相关风险和机遇在当前报告期间内直接对企业运营以及财务表现造成的影响，这些影响通常能够在报告期内被量化并反映在企业的财务报表中。预期财务影响则涉及气候相关风险和机遇对企业未来财务表现的潜在影响，通常通过情景分析和长期战略规划来评估，反映出企业在应对未来气候变化和相关政策变化时可能面临的风险和机遇。通过区分这两类影响机制，企业和投资者能够更为全面地理解气候相关信息对财务状况、经营业绩以及现金流量的多维度影响，并据此制定更加完善的风险管理和投资决策。

气候相关风险和机遇对企业财务的当期影响主要通过企业当前运营和财务表现直接反映出来。这些影响通常是即时且具体的，例如：气候变化导致的物理风险，如极端天气事件，可以直接导致企业资产损失、生产中断、供应链中断，进而影响企业的收入和成本。此外，法规以及政策的变化，如碳排放法规的收紧，也可能增加企业的运营成本，从而形成转型风险影响当期的财务表现，并且企业在面对这些风险时，可能会产生如应急支出、保险费用、环境治理成本等财务支出，这些支出都会直接反映在当期的财务报表中。通过披露这些气候相关信息，投资者可以更准确地评估企业当前面临的风险，并据此调整投资决策。

与当期影响不同，气候相关风险和机遇对企业财务的预期影响主要体现在对企业未来财务表现的预测以及规划中。气候变化以及相关政策的长期趋势可能改变市场需求、技术发展路径以及投资者的风险偏好，这些变化对企业的长期战略和财务前景具有重要影响。预期影响通常通过情景分析和长期战略规划来体现，例如：企业如何在不同的气候变化情景下调整业务模式，以维持竞争力和盈利能力。这些预期影响还涉及企业的资本获取能力、长期投资策略以及市场估值等方面，投资者通过分析这些信息，可以更好地理解企业在气候变化背景下的未来财务健康状况，并据此作出长远的投资决策。因此，气候相关信息风险和机遇的预期财务影响为投资者提供了关于企业未来发展前景的重要洞察。

1.2.1　气候相关风险和机遇当期财务影响

有关气候风险和机遇是如何影响企业当期财务表现及其相关确认、计量以及披露要求的，很多国家以及经济体的会计准则制定机构都发布了相关说明或指南，其中影响力较大的机构发布的指南、说明或者报告包括：

澳大利亚会计准则理事会（AASB）和澳大利亚审计与鉴证准则理事会（AUASB）于2019年4月联合发布了《新兴风险披露》报告，要求运用AASB/国际会计准则理事会（IASB）第2号实务公告评估财务报表重要性，提示企业和注册会计师在编制以及审计财务报表时充分考虑气候相关风险的影响。

2019 年 11 月，国际会计准则理事会（IASB）委员 Nick Anderson 撰写了《国际会计准则以及气候相关披露》一文，首次阐述了如何运用原则导向的国际财务报告准则（IFRS）的相关规定反映气候风险和其他新兴风险。一年之后，IASB 发布教育材料《气候相关事项对财务报表的影响》。IASB 指出，如下准则在应用时可能需要考虑气候相关事项的影响：《国际会计准则第 1 号——财务报表列报》（IAS 1）、《国际会计准则第 2 号——存货》（IAS 2）、《国际会计准则第 12 号——所得税》（IAS 12）、《国际会计准则第 16 号——不动产、厂房和设备》（IAS 16）、《国际会计准则第 38 号——无形资产》（IAS 38）、《国际会计准则第 36 号——资产减值》（IAS 36）、《国际会计准则第 37 号——准备、或有负债与或有资产》（IAS 37）、《国际财务报告准则第 7 号——金融工具：披露》（IFRS 7）、《国际财务报告准则第 9 号——金融工具》（IFRS 9）、《国际财务报告准则第 13 号——公允价值计量》（IFRS 13）、《国际财务报告准则第 17 号——保险合同》（IFRS 17）等。

2020 年 12 月，气候披露准则理事会（CDSB）在 Nick Anderson 文章的基础上发布《气候会计：将气候相关事项整合进财务报告》，结合案例讲解了气候相关风险对 IAS 1、IAS 16、IAS 36 以及 IAS 37 的影响。

2023 年 3 月，IASB 在其工作计划中新增了一个项目，以探索改进在财务报表中报告与气候相关风险影响的目标行动。IASB 后续开展相关研究，进一步了解利益相关方关切的性质和原因，并决定将该项目的目标从气候相关风险扩展至气候和其他不确定性。2023 年 7 月，IASB 对 2020 年版教育材料进行了更新，发布了更新后的《气候相关事项对财务报表的影响》。

2024 年 7 月 31 日，国际会计准则理事会（IASB）发布了《财务报表中的气候以及其他不确定性（征求意见稿）》，拟通过 8 个示例说明企业在财务报表中报告气候和其他不确定性影响时应当如何应用国际财务报告准则。

本章将以上文件提到的气候相关风险和机遇对财务报表中各具体项目可能产生的影响归纳如下：

（1）存货

IAS 2 规范了存货的计量和列报，特别是关于存货的成本确定方法（如先进先出法、加权平均法）和存货的可变现净值测试。存货应以成本与可变现净值中的较低者计量，确保财务报表中的存货价值能够真实反映其当前的经济价值。

气候变化的影响：气候变化可能对存货的成本和可变现净值产生直接影响。例如：极端天气事件可能导致原材料短缺或损坏，进而增加存货成本或导致存货无法以预期价格销售。企业可能需要对受气候影响的存货进行减值测试，并在财务报表中确认相关损失。同时，气候相关政策（如碳排放限制）也可能影响某些存货的市场需求，从而影响其可变现净值。

例如：一家食品加工企业面临极端高温天气的挑战，这种天气可能导致部分原材料在储存过程中腐坏。由于气候变化的加剧，这些损坏的原材料无法再以预期的价格销售，企业可能不得不降低这些存货的可变现净值。这将促使企业在财务报表中确认相应的减值损失，并且需要在附注中解释这些减值的原因及其对企业整体财务状况的影响。例如：企业可能会详细说明受到影响的存货种类、损失金额，以及为减轻未来此类气候风险所采取的措施，如改进存储设施或改变供应链管理策略等。

（2）不动产、厂房和设备

IAS 16 规范了不动产、厂房和设备的会计处理，包括资产的初始确认、计量、折旧以及减值。该准则要求企业应当定期评估这些资产的使用寿命和残值，并在财务报表中合理反映其当前的账面价值。

气候变化的影响：气候变化可能对不动产、厂房和设备的使用寿命和价值产生影响。例如：极端天气可能导致这些资产的损坏或使用寿命缩短，企业可能需要重新评估这些资产的使用寿命和残值，并调整折旧方法。企业还需考虑气候变化对资产减值测试的影响，特别是在资产的使用价值可能因气候风险而下降的情况下，财务报表中可能需要确认减值损失，并披露与气候变化相关的假设和估计。

例如：一家能源企业运营的发电设施位于沿海地区，频繁的飓风和风暴使得这些设施面临较高的物理损坏风险。随着气候变化加剧，这些极端天气事件变得更加频繁，导致发电设施的实际使用寿命大幅缩短。企业因此需要重新评估这些资产的折旧年限，并可能在财务报表中确认额外的折旧费用。此外，如果设施的维修以及保护成本不断增加，企业可能需要进行减值测试，以评估设施的公允价值是否低于其账面价值。在财务报表附注中，企业应详细说明这些气候风险对发电设施的影响及相应的会计处理调整。

（3）资产减值

IAS 36 要求企业对资产进行减值测试，确保资产的账面价值不超过其可回收金额。如果资产的账面价值超过其可回收金额，企业应确认减值损失，并相应减少资产的账面价值。

气候变化的影响：气候变化可能通过减少资产的未来现金流或降低市场需求，导致资产的可回收金额低于其账面价值。企业需根据气候变化的影响进行减值测试，并在必要时确认减值损失。特别是在与高碳行业相关的资产中，气候相关风险可能导致其市场需求显著下降，企业需在财务报表中披露减值测试中使用的假设和判断。

例如：一家煤炭开采企业由于全球向可再生能源的快速转型，煤炭的市场需求以及价格大幅下降。这种变化使企业的煤矿资产未来现金流显著减少。为此，企业需要对这些煤矿资产进行减值测试，评估其可回收金额是否低于账面价值。如果测试结果显示煤矿资产的可回收金额低于账面价值，企业将确认减值损失，并在财务报表中调整资产的账面价值。此外，企业应在附注中详细披露减值测试的假设，包括未来煤炭市场价格、产量预估以及气候政策对煤炭需求的潜在影响。

（4）准备金、或有负债与或有资产

IAS 37 规范了准备金、或有负债以及或有资产的确认与计量。该准则要求企业在财务报表中确认符合条件的准备金，并披露或有负债以及或有资产的相关信息，确保财务报表中反映出企业可能承担的未来义务。

气候变化的影响：气候变化可能导致企业面临新的义务，如环境修复、合规成本或法律诉讼。企业可能需要确认与气候相关的准备金，并披露相关的或有负债。例如：因环境法规的变化，企业可能需要支付更高的环境治理费用或面临诉讼风险。企业在财务报表中应详细披露这些义务的性质、金额及其不确定性，以便投资者全面了解企业的财务风险。

例如：一家化工企业因过去的污染事件需要进行环境修复工作。随着环境法规的收紧，该企业预期将承担额外的修复费用，并可能面临法律诉讼。这种情况下，企业需要在财务报表中确认一笔环境修复的准备金，以反映这一未来义务的预计成本。企业应详细估计这些修复工作的时间表和成本，并在附注中披露这些估计的基础和潜在的不确定性。此外，企业可能还需要披露与此事件相关的或有负债，包括可能的罚款或赔偿，帮助投资者了解企业面临的环境风险及其财务影响。

此外，在 2023 年 11 月的会议上，国际财务报告准则解释委员会（IFRS IC）收到了一份提案，该提案询问并要求其澄清：某个实体减少或抵销其温室气体排放的承诺是否为该实体产生了推定义务，该承诺产生的推定义务是否符合国际会计准则第 37 号中确认拨备的标准，以及如果确认了准备金，则在确认准备金时，是否将结算该准备金所需的支出确认为费用或资产。

2024 年 3 月，IFRS IC 经过意见征询，给出了相关内容的答复并形成决议。根据 IFRS IC 的决议，气候相关承诺是否会产生负债必须同时满足两项测试。一项是“是否形成了推定义务”，另外一项是“是否符合负债的确认标准”。制定以及公布企业的净零目标本身并不会自动产生负债。企业须考虑其承诺的性质和是否已经履行承诺。如果企业的行为或公开声明使第三方对其履行承诺产生了合理预期，则可能会产生推定义务。然而，企业仅仅作出减少排放或购买碳信用的承诺，并不会自动产生负债，除非该承诺是源于过去的事件并且产生了当前义务。

例如：2020 年，一家家用产品制造商公开声明其承诺，到 2029 年将目前的温室气体排放量减少至少 60%，通过购买碳信用额并将其从碳市场上退出来抵销其 2029

年及以后的剩余排放量。该公司在声明中公布了一份详细计划，阐述了在 2021 年至 2029 年如何逐步修改其制造方法，以实现到 2029 年排放量减少 60% 的目标。这些修改将涉及投资更节能的工艺、购买可再生能源以及用低碳替代品取代现有的石油产品成分与包装材料。管理层相信，该公司可以完成所有这些计划，并继续以盈利的方式销售其产品。

根据 IFRS IC 决议，企业承诺减少或抵销其排放，是否会产生有效预期，即该企业将履行承诺从而产生建设性义务，取决于承诺的事实以及相关情况。管理层将根据这些事实和情况，运用判断得出结论。即使产生了推定义务，也要看该项承诺是否符合负债的确认标准，即满足由过去事件导致、该义务很可能会导致经济利益流出、能够对债务金额可靠估计三项标准。企业只有在采取了其已发布的政策或声明适用的行动时才承担当前推定义务。当企业在 2020 年公开声明其承诺时，该义务不是由于过去事件而产生的当前义务，只有当实体在 2029 年及以后的年份实现其承诺排放的温室气体时，它才有当前义务偿还碳信用额。因此，本例中，企业的承诺不构成负债，不能形成准备金。

（5）无形资产

IAS 38 规定了无形资产的会计处理，包括无形资产的确认、计量、摊销和减值。无形资产是指不具有实物形态的非货币性资产，如专利权、商标权、版权以及开发成本等。企业应根据未来经济利益的流入来确认无形资产的账面价值。

气候变化的影响：气候相关风险和机遇可能影响无形资产的市场需求和使用寿命。例如：气候变化可能促使某些技术迅速过时，进而影响相关无形资产的价值。企业需根据市场和技术的发展，定期评估无形资产的可回收金额，并在必要时确认减值损失。同时，企业在开发新技术或获取无形资产时，需考虑气候相关因素对未来经济利益的影响，以确保无形资产的账面价值能反映其真实的经济潜力。

例如：一家传统汽车制造企业拥有大量与内燃机技术相关的专利和研发成果。然而，随着全球向电动汽车技术的转型，这些内燃机技术的市场需求迅速下降，导致相关专利的未来经济利益大幅减少。为了准确反映这种变化，企业需要对这些无形资产进行减值测试。如果测试结果显示其可回收金额低于账面价值，企业将确认减值损失，并在财务报表中调整无形资产的账面价值。此外，企业还需在附注中详细披露导致这些减值的市场和技术变化，尤其是气候政策推动的汽车行业转型对这些无形资产的影响。

（6）金融工具

IFRS 7 要求企业披露持有的金融工具产生的风险的性质、程度，以及企业是如何管理这些风险的，以方便财务报表使用者进行评估。气候相关风险可能使企业暴露在与金融工具有关的风险之中，必须予以充分披露。如：贷款人可能有必要披露气候相关风险对预期信用损失计量或信用风险集中度评估的影响；基金公司、保险公司等权益工具投资的持有者可能有必要提供对投资按行业分类的信息，确定暴露于气候风险的行业，以反映投资的市场风险集中度。

例如：一家银行发现其贷款组合中，部分借款人位于气候风险较高的地区，如易受洪水或飓风影响的沿海城市。由于这些气候风险，借款人的偿债能力可能受到影响，导致违约风险上升。这促使银行在其信用风险管理中要考虑这些额外的气候风险，并可能需要增加贷款损失准备金。在财务报表中，银行应披露这些气候风险对贷款组合信用风险的影响，包括受到影响的贷款总额、增加的准备金金额，以及银行为管理这些风险所采取的措施，如提高利率、缩短贷款期限或增加抵押品要求。

气候相关风险还可能影响贷款人的信用损失敞口。气候相关事项导致资产可能变得无法获得或无法投保，从而影响出借方抵押品的价值，使金融工具信用风险显著增加。在确认以及计量预期信用损失时，IFRS 9 要求采用预期信用损失模型计提金融资产的预期信用损失，应用预期信用损失模型时应使用所有能够以合理成本正常获取的合理且有依据的前瞻性信息，与气候有关的风险很可能影响贷款人对金融工具信用风险自初始确认后是否显著增加的评估，并最终影响预期信用损失计量的金额。

例如：一家投资公司持有大量能源企业发行的债券，而这些企业主要依赖于化石燃料。由于全球气候政策的收紧，这些能源企业的运营风险增加，违约风险也随之上升。投资公司需要重新评估这些债券的信用风险，并根据新的预期信用损失模型确认可能的减值损失，财务报表中应详细披露减值的金额以及调整预期信用损失模型的原因，特别是由于气候相关政策变化导致的市场预期变化。同时，该公司应解释如何调整其投资组合以应对未来可能的气候相关风险。

（7）公允价值计量

IFRS 13 规定了资产和负债公允价值的计量以及披露要求。该准则定义了公允价值的概念，并提供了如何确定以及披露公允价值的详细指导，确保企业的财务报表能够真实反映其资产以及负债的市场价值。

气候变化的影响：气候变化可能影响资产以及负债的公允价值计量，尤其是在市场参与者开始更多地考虑气候风险对资产以及负债价值的影响时。例如：气候相关的政策变化可能影响某些资产的市场价格，如碳密集型资产的价值可能因碳排放法规的收紧而下降。企业在计量公允价值时，需要考虑气候相关风险对市场条件以及假设的影响，并在财务报表中披露这些假设的变化以及相关的重大不确定性。

例如：一家房地产投资企业拥有多处商业物业，其中一些位于极端气候事件易发地区，如沿海城市。由于气候变化导致的海平面上升以及洪水风险的增加，这些物业的市场需求下降，租金收入减少，进而影响其公允价值。企业需要重新评估这些物业的公允价值，考虑市场参与者如何看待这些气候风险对物业的影响，并在财务报表中调整资产的账面价值。此外，企业应在附注中详细披露用于评估这些物业公允价值的关键假设，如预期的租金增长率、折现率的变化以及气候风险对未来市场需求的影响。

（8）保险合同

IFRS 17 规范了保险合同的会计处理，包括保险合同的初始确认、计量和披露要求。该准则旨在提高保险合同信息的透明度，使财务报表使用者能够更好地理解企业的保险业务表现和风险管理。

气候变化的影响：气候变化对保险业的影响尤为显著，特别是在保险合同的现金流预测、风险调整以及折现率方面。例如：极端天气事件的频率和严重性增加，可能导致保险公司的赔付金额增加，从而影响保险合同的定价和准备金计提。保险公司需要在计量保险合同负债时，考虑气候相关风险对未来赔付的影响，并调整相应风险及折现率。此外，企业还需在财务报表中披露气候变化对保险合同的估值、承保风险以及风险管理策略的具体影响，以确保信息披露的充分性和透明度。

例如：一家提供气象灾害保险的保险公司，由于气候变化导致极端天气事件的频率增加，赔付金额大幅上升。为此，保险公司需要重新评估其现有保险合同的负债，考虑到更高的未来赔付风险，可能需要增加风险调整并调整折现率。同时，公司可能会修改新签订的保险合同的定价策略，以反映更高的赔付预期。在财务报表中，公司应详细披露这些调整的原因以及对财务状况的影响，特别是气候变化如何导致承保风险增加以及公司采取的应对措施。

（9）所得税

IAS 12 规定了所得税的会计处理，包括当前所得税和递延所得税的确认以及计量。该准则要求企业在财务报表中反映与所得税相关的义务和资产，并根据税法的要求和企业的预期纳税义务进行调整。

气候变化的影响：气候相关政策以及法规（如碳税、环保税）可能直接影响企业的所得税费用以及递延所得税。企业需考虑这些政策对当前所得税以及递延所得税的影响，并相应调整财务报表中的税务项目。此外，气候变化带来的经营环境变化可能影响企业未来的盈利能力，进而影响递延所得税资产以及递延所得税负债的计量。企业在编制财务报表时，需要充分披露与气候相关的税务风险和不确定性。

例如：一家化工企业所在的国家引入了新的碳税政策，直接增加了该企业的税务负担。由于碳税的引入，企业可能需要调整其递延所得税负债的金额，以反映未来更高的税收成本。例如：该企业可能预测未来几年碳税的累积效应将显著增加其应纳税款，从而在财务报表中增加递延所得税负债。这一调整不仅会影响企业的税务负担，还会影响其净利润以及现金流量。因此，企业需要在财务报表附注中详细披露碳税政策的变化及其对递延所得税的影响，以使投资者了解这些变化对企业未来财务状况的潜在影响。

（10）重要性判断

根据 IAS 1/IFRS 18，重要性判断是企业在编制财务报表时必须考虑的原则。根据 IAS 1 和 IFRS 18 的要求，企业应判断哪些信息对于使用者决策具有重要意义，并在财务报表中充分披露这些信息。重要性通常涉及评估某项信息或事件是否足以影响投资者、债权人或其他财务报表使用者的经济决策。该原则要求企业在考虑各类财务事项时权衡其重要性，确保财务报表真实、公允地反映企业的财务状况、经营业绩和现金流量。

气候变化的影响：气候变化带来的风险和机遇日益成为企业财务表现的重要因素，影响企业如何进行重要性判断。例如：气候相关风险和机遇可能影响企业的运营、财务表现和市场价值，这些变化可能在财务报表中引发需要特别披露的情况。企业需要重新评估哪些气候相关风险和机遇对于财务报表的使用者是重要且相关的，并确保这些信息被适当披露。这包括考虑气候风险对资产减值、法律诉讼、环境修复义务、市场需求变化等方面的潜在影响，以及这些因素是否足以影响投资者的决策。

例如：一家大型能源企业在其年度财务报告中面临气候相关披露的重要性判断挑战。由于全球气候政策的变化，尤其是对化石燃料使用的限制，该企业面临大量资产减值的风险。管理层需要判断这些潜在的减值是否足以对企业的财务报表产生重大影响，并决定是否在财务报表中详细披露这些风险。如果管理层认为这些气候风险可能对投资者的决策产生重大影响，例如：导致企业未来盈利能力的下降或资产账面价值的大幅减少，他们应在财务报表附注中对这些风险进行充分披露，说明减值测试的假设、方法和气候变化对未来现金流的预期影响。

（11）财务报表列报

IAS 1/IFRS 18 规定了财务报表的总体要求，包括列报、结构以及最低披露要求。该准则要求企业提供一套完整的财务报表，包括资产负债表、损益表、权益变动表和现金流量表，以及相关的附注，确保财务报表真实、公允地反映企业的财务状况和经营成果。

气候变化的影响：气候相关风险和机遇可能影响财务报表的列报方式，尤其是在披露气候风险及其对财务报表的影响时。企业可能需要在附注中详细说明气候风险如何影响其资产、负债和运营结果，并揭示由于气候变化带来的重大不确定性和假设变化，这种披露可以帮助投资者更好地理解企业面临的气候相关财务风险，并评估其对未来财务表现的潜在影响。

例如：一家制造企业位于容易受到洪水影响的地区。由于气候变化导致的洪水频率增加，该企业可能需要在其财务报表附注中披露这些气候风险对其生产设施的潜在影响。这可能包括详细描述洪水对设备、库存以及运营中断的风险，并列出企业为应对这些风险所采取的具体措施，如增加保险覆盖范围或投资防洪设施。这种披露不仅有助于投资者了解该企业面临的即时风险，还可以帮助他们评估企业在未来面对气候变化带来的不确定性时的应变能力。

（12）财务报表分类列报与披露

IFRS 18 规范了财务报表中信息的汇总和分解，要求企业根据不同的特征进行信息的汇总和分解。

气候变化的影响：IFRS 18 要求企业根据风险特征对资产进行分类和披露，特别是在面临气候相关过渡风险的情况下。例如：一家制造企业拥有大量高排放设备（如使用化石燃料的设备）和一些新投资的低排放设备（如使用可再生能源的设备）。根据 IFRS 18，企业需要在财务报表中对这两类设备进行分类披露，因为它们面临的气候相关风险不同。

企业可能需要按照以下两类不同排放风险的设备进行分类列报和披露：①高排放设备的风险。未来的排放法规可能缩短这些设备的使用寿命，导致残值下降，甚至面临减值风险。这类设备的财务报表信息应根据其潜在的气候风险单独披露。②低排放设备的优势。由于政策倾向于低碳转型，这类设备可能享受更长的使用期以及更高的残值，因此也需要单独披露其财务表现，以提供有意义的信息。

（13）碳排放权交易

碳排放权交易是将温室气体排放权作为一种资产进行交易的市场机制，允许企业在排放限额内购买或出售碳排放配额。如果企业的排放超出其限额，需购买额外配额，反之，则可出售未使用的配额。碳排放权交易作为企业应对气候变化的一部分，可能对企业的财务状况产生重大影响。

企业在参与碳排放权交易时，交易的当期财务影响通常集中在以下几个方面：①排放配额购买的成本。如果企业的温室气体排放超出其规定限额，则需通过碳市场购买额外的排放权配额。购买成本直接影响企业的当期运营费用，增加成本支出，从而减少净利润。②排放配额出售的收益。当企业的排放量低于其分配的限额时，剩余的碳排放配额可以在市场上出售。这类交易产生的收益计入当期，从而提高企业的净利润。③资产减值的风险。碳排放权配额作为资产可能面临减值风险，碳市场价格波动或政策变动可能导致企业持有的碳排放配额价值下降，企业需确认资产减值，进而影响当期利润。④与政府激励政策相关的收益。一些国家和地区对减少碳排放的企业提供财政补贴或其他激励措施。企业在实现碳排放目标的过程中，可能获得政府奖励或补助，这将被计入当期收益。

例如：一家钢铁制造企业在当期超出排放限额，需要在碳交易市场上购买额外的碳排放配额。该企业在当期的财务报表中，碳排放配额的采购成本将作为运营费用计入利润表，直接影响净利润。如果碳价格较高，这一支出可能对企业当期利润造成较大负面影响。此外，如果企业未来碳排放得不到有效控制，可能导致持续的成本上升，并需要在财务报告中充分披露这一风险。

（14）可再生电力合同

2024 年 5 月 8 日，IASB 发布了《可再生电力合同（征求意见稿）》（以下简称“征求意见稿”），以解决现有的可再生电力合同的会计处理问题，以确保财务报告更如实反映可再生电力合同对企业的影响。

可再生电力合同旨在确保可再生电力来源的稳定性和可获得性。但是，可再生电力市场有其独特性。可再生能源（如风能、太阳能等）依赖于自然，其供应无法得到保证。可再生电力合同通常要求购买方接收并支付出售方生产的所有电量，即使该电量与购买方的生产需求不匹配。这些独特的市场特征为相关合同（特别是长期合同）适用现行会计准则要求带来了挑战。

征求意见稿对 IFRS 9 和 IFRS 7 提出了以下拟议修订：明确企业将 IFRS 9 第 2. 4 段适用于可再生电力合同时需要考虑的因素，明确允许企业将具有特定特征的可再生电力合同指定为套期工具时，被套期项目应当如何指定和计量并增加相关披露要求。

1. 2. 2 气候相关风险和机遇预期财务影响

气候相关风险和机遇对企业财务的预期影响主要体现在未来收入、成本、利润、现金流量和资产负债表的变化。这些预期影响涉及企业在长期战略调整以及情景分析中对气候因素影响的考虑和计量，以评估气候变化对未来经营的潜在风险和机遇。以下将详细分析气候因素的预期影响及其计算路径。

（1）预期财务影响的主要范围和路径

①收入影响。

气候变化可能引发市场需求的显著变化，从而影响企业的收入，特别是在高碳行业，消费者和投资者的环境可持续性意识不断提高，传统高碳产品的需求可能会下降，而对低碳产品以及服务的需求则可能上升。这种市场趋势迫使企业转型，以适应新的市场需求，进而影响其未来的收入增长。

计算路径：企业可以通过市场调研和情景分析，预测不同碳定价和环境法规情境下，传统产品与新型绿色产品的市场需求变化。基于这些情景的销售量预估和价格变化，结合历史数据和市场趋势，企业可以调整收入预测模型。

②成本影响。

气候变化也可能导致运营成本的增加，特别是在法规和政策方面。企业可能需要应对更严格的环境法规，如碳税、排放限额或能源使用限制，这些都会直接增加合规成本。此外，极端天气事件可能导致供应链中断或生产设施受损，进一步推高运营成本。

计算路径：企业应构建财务模型，分析可能增加的合规成本和运营费用，考虑法规变化对原材料、生产以及物流成本的影响。同时，评估极端天气对供应链和运营的潜在影响，包括维修费用、保险费用增加以及生产中断带来的成本。

③资产减值以及资本支出。

随着气候变化的加剧，企业的某些资产可能面临价值贬损的风险，尤其是那些依赖高碳经济的资产。例如：随着碳排放法规的收紧，化石燃料相关资产可能会减值。此外，企业可能需要增加资本支出，以投资于更清洁和可持续的技术与设施。

计算路径：通过现金流折现法（DCF）进行资产减值的计算，评估气候风险对资产未来预期现金流量的影响。企业还需评估必要的资本支出，例如：升级设备以符合新法规或投资于新的绿色技术，并基于这些投资的长期财务效益（如成本节省、效率提高和市场机会）进行决策。

④融资和资本结构。

气候相关风险可能影响企业的融资能力和资本结构。投资者和债权人日益关注企业的环境风险管理能力，这可能导致融资成本上升或融资渠道受限。企业可能需要调整其资本结构，以应对未来的这些不确定性。

计算路径：企业可以通过情景分析评估不同气候情景下的融资成本变化，特别是债务融资中的利率上升、债务评级下降以及投资者风险偏好的变化。此外，企业还需评估资本结构调整的潜在成本，例如：通过发行绿色债券来降低整体融资成本，或减少对高碳资产的依赖。

（2）预期财务影响的情景分析方法

情景分析是评估气候变化对企业预期财务影响的常用工具。通过模拟不同的气候情景，企业可以了解在各种可能的未来环境下，气候风险和机遇将如何影响其财务表现。情景分析的主要应用思路如下：

①识别关键驱动因素。

企业需要识别可能受到气候变化显著影响的关键财务驱动因素，包括市场需求、原材料成本、资本支出、资产价值和融资成本等。这些因素构成了情景分析的基础。

②构建情景。

企业应构建多种气候情景，例如：低碳转型情景，假设全球采取积极的减排政策，导致高碳产品需求下降、碳税增加、投资者偏好向低碳资产转移；气候灾害情景，假设极端天气事件频繁发生，导致供应链中断、资产受损以及运营成本上升；稳态情景，假设当前政策以及市场趋势延续，不发生重大气候政策变化。

③量化财务影响。

在每个情景下，企业需要量化关键驱动因素对其收入、成本、资产减值、资本支出以及融资的影响。这可以通过调整财务模型中的假设来实现，例如：在低碳转型情景下，预测传统产品销售的下降幅度、碳税增加的成本，以及新投资对资本支出的影响。

④评估和比较。

企业应评估每个情景下的整体财务表现，并比较不同情景下的关键财务指标，如净利润、现金流量、资产回报率和债务覆盖率等。这一过程可帮助企业识别在不同气候情景下的潜在财务风险和机遇，并制定相应的战略应对措施。

1.3 主要国际组织和部分经济体财务影响披露规则

1.3.1 主要国际组织气候相关风险和机遇财务影响披露要求

（1）TCFD 的披露要求

TCFD 提供了一套披露气候相关信息的建议。在披露气候相关风险和机遇对企业财务规划的影响时，TCFD 建议企业披露气候相关事项对其财务规划流程的影响、所用时间段以及对风险和机遇评估的优先级流程。企业的披露应反映其长期价值创造能力影响因素之间相互依存关系的整体图景。企业还应考虑在其披露中纳入财务规划在以下方面受到的影响：经营成本和收入、资本支出和资本配置、收购或撤资以及资本渠道。同时，TCFD 要求企业应说明如何决定短期、中期以及长期的时间范围，需同时考虑到该企业的资产或基础设施的使用寿命，以及气候相关问题往往通过中长期表现这一特点。

此外，如果使用气候相关情景来告知企业的战略和财务规划，则应对这些情景加以说明。情景分析可帮助企业量化不同气候情境下气候相关风险和机遇对其财务状况的具体影响。TCFD 推荐使用多个情境以便企业和投资者理解在各种未来气候路径下企业财务表现的差异。情景分析不仅帮助企业评估气候变化对当前财务的影响，还为其长期战略决策提供支持。TCFD 建议企业利用情景分析评估其业务模式的韧性，即在不同的气候情景下，企业的战略是否能够应对未来的挑战和不确定性。TCFD 建议企业将情景分析的财务影响结果公开披露，这不仅能够帮助投资者提高理解企业应对气候变化的能力，也可为利益相关者提供透明的信息，以评估企业在气候变化下的风险管理能力。企业需解释其使用的情景假设、关键财务影响以及如何将这些影响纳入战略和风险管理流程中。

（2）ISSB 准则的披露要求

IFRS S2 针对企业如何披露气候相关风险和机遇对财务状况、财务业绩和现金流量的影响提出了具体要求。企业需披露气候相关风险和机遇在报告期间内对其财务状况、财务业绩和现金流量的当前影响，以及在短期、中期和长期内的预期影响，并说明企业如何将这些风险和机遇反映在财务规划中。

首先，企业应披露气候相关风险和机遇对报告期间财务状况、财务业绩和现金流量的具体影响，包括将导致下一年度财务报表中资产和负债账面金额存在重要调整的重大风险。其次，企业还需基于其管理气候相关风险和机遇的战略，披露其财务状况在短期、中期以及长期内的预期变化情况。这包括企业的投资和处置计划，如资本性支出计划、重大收购和剥离、合营企业、业务转型、创新、新业务领域、资产报废等，以及企业实施战略所计划的资金来源。

企业还应披露基于其管理气候相关风险和机遇的战略，预计其财务业绩和现金流量在短期、中期以及长期内的变化情况。这些信息可能包括顺应低碳经济带来的产品和服务收入的增加，因气候事件对资产的物理损害导致的成本，以及适应或缓解气候相关风险的相关费用。在提供定量信息时，企业可以选择披露单个数值或区间范围。

在进行气候相关风险和机遇的预期财务影响披露时，企业应该使用报告日无须付出过度成本或努力即可获得的所有合理及可支持的信息，并使用与其技能、能力和资源相匹配的方法。如果企业确定无法单独识别影响，或估计这些影响时涉及的计量不确定性过高，以至于产生的定量信息无用，则无须提供相关定量信息。同样，如果企业不具备提供这些信息的技能、能力或资源，则无须提供预期财务影响的定量信息。

如果企业基于上述条件确定无需提供有关气候相关风险和机遇的定量信息，则应解释其未提供定量信息的原因，并提供定性信息，包括识别相关财务报表中可能受到或已经受到气候相关风险和机遇影响的行项目、总计项目和小计项目。除非企业确定综合财务影响的定量信息无用，否则，还应提供有关气候相关风险和机遇及其他因素的综合财务影响的定量信息。

总的来说，IFRS S2 强调了企业需详细披露气候相关风险和机遇对其财务状况、财务业绩和现金流量的影响，包括当前和预期的财务影响。企业需根据可获得的信息和资源，尽可能提供有用的定量和定性信息，以帮助财务报告使用者全面了解企业面临的气候相关财务风险和机遇。

（3）GRI 的披露要求

全球报告倡议组织（GRI）对气候披露的侧重点在于全面、透明和多维度的披露方式，主要关注企业如何应对气候变化所带来的影响，并确保这些信息能够满足多方利益相关者的需求。

GRI 强调气候变化对企业带来的物理风险（如极端天气事件）与转型风险（如政策变化、碳定价等）以及企业如何应对这些风险。它还要求企业说明在气候变化背景下所面临的潜在机遇，比如通过能源效率提升或低碳技术开发带来的市场机会。GRI 要求企业披露其与气候变化相关的具体目标以及所采取的减排措施，包括减少碳足迹、提升能源效率、使用可再生能源等。企业需定期报告其在这些方面的进展，以显示其在减排以及应对气候变化方面的责任和努力。

GRI 特别重视企业在面对气候变化带来的长期不确定性时的适应能力。企业需披露它们在应对气候变化影响方面的适应措施、准备工作及增强企业韧性的行动计划。这包括如何改进基础设施、供应链管理及运营模式，以应对气候变化带来的潜在冲击。

总体而言，GRI 特别关注利益相关者（如投资者、社区、员工、供应商等）对气候变化披露的需求，要求企业不仅仅从财务的角度，而是从多方利益相关者的角度报告气候相关信息。这意味着企业必须提供更具包容性的信息，涉及环境、社会以及经济影响，确保披露的信息能够对各类利益相关者产生有用性。

（4）巴塞尔银行监管委员会（BCBS）的披露要求

巴塞尔银行监管委员会（BCBS）是全球银行业监管标准制定的主要机构。在气候相关信息披露方面，BCBS 在 2023 年 11 月发布了征求意见稿《气候相关财务风险管理以及监督的原则》（Principles for the effective management and supervision of climate – related financial risks）。这一征求意见稿旨在为全球银行和监管机构提供关于如何有效管理和监督气候相关财务风险的指导框架，其对气候相关因素财务影响的披露要求与特点，主要体现在对银行风险管理和资本充足率的要求上，特别是气候变化对银行业务的潜在风险敞口和稳定性影响。BCBS 关注如何通过监管框架应对气候变化带来的系统性金融风险。

BCBS 将气候相关财务风险分为物理风险和转型风险，并要求银行识别和管理这些风险。物理风险包括气候变化引发的极端天气事件或长期气候变化对银行资产、抵押品、信贷组合以及融资活动带来的直接影响。转型风险是指向低碳经济过渡过程中，政策、法规、技术变化对银行业务模式、贷款组合以及投资结构的影响。

BCBS 要求银行将气候相关风险纳入其现有的风险管理框架中，特别是如何在信用风险、市场风险、流动性风险以及操作风险中体现气候因素。银行需披露其如何识别、评估、监控以及缓解这些风险的策略和工具。类似于 TCFD，BCBS 建议银行利用情景分析和压力测试工具，评估气候变化对其资本充足率和资产负债表的影响。这包括在不同的气候情景下，模拟银行在极端天气事件或政策转型期间的财务表现。

BCBS 在其框架下对气候风险的管理尤其关注资本充足率问题。它建议银行和监管机构考虑将气候相关风险纳入资本要求中，确保银行拥有足够的资本应对潜在的气候相关损失。资本充足率的要求可能会根据银行在高风险行业的敞口、贷款组合的环境影响以及应对气候变化能力而有所调整。此外，BCBS 还关注气候变化对银行体系和金融市场的系统性风险。银行作为重要的融资机构，如果不能有效管理气候相关风险，可能会通过信贷紧缩或市场流动性减少的方式，将风险传导至更广泛的经济系统。BCBS 要求银行评估和披露其在这一传导链中的角色，以及应对这些风险的计划。

总而言之，BCBS 对气候相关财务影响的披露要求，着重于银行如何将气候风险纳入其整体风险管理框架中，尤其是通过情景分析、压力测试以及资本充足率评估等方式，确保银行在应对气候变化带来的多重风险时具备足够的韧性。

（5）国际证监会组织（IOSCO）的披露要求

国际证监会组织（IOSCO）成立于 1983 年（前身是成立于 1974 年的美洲证监会协会），总部位于西班牙马德里。IOSCO 是由各国各地区证券期货监管机构组成的专业组织，是主要的金融监管国际标准制定机构之一。IOSCO 致力于制定国际公认的监管准则和执法标准并推动其得到一致实施，以保护投资者，维护市场的公平、高效、透明，应对系统性风险；通过加强在执法、市场及中介监管方面的信息交流和合作，加大投资者保护力度，增强投资者对证券市场诚信的信心；为成员在全球和地区层面进行经验交流提供平台，以协助市场发展，推动市场基础设施建设，实施适度监管。

作为向一致、可比以及可靠的可持续发展信息迈出的重要一步，国际证监会组织 2023 年 7 月宣布，它认为 ISSB 标准适合作为资本市场在融资和交易中使用可持续发展相关财务信息的全球框架，有助于全球一体化金融市场准确评估相关的可持续发展风险和机遇，并宣布认可 ISSB 最近发布的可持续发展相关财务披露标准 IFRS S1 和 IFRS S2。

因此，IOSCO 完全采纳了 IFRS S1 以及 IFRS S2 有关气候因素财务影响的披露要求和标准。具体相关内容请参见前述 IFRS S2 的披露要求与特点。

1.3.2　部分经济体气候相关风险和机遇财务影响披露要求

（1）欧盟的披露要求

2023 年 7 月，欧盟委员会审核通过并发布了欧洲财务报告咨询组（EFRAG）起草的首批 12 项欧洲可持续发展报告准则（ESRS），其中包括 ESRS E1《气候变化》。该准则专门针对气候变化问题，要求企业披露其气候相关风险和机遇，以及这些风险和机遇对企业财务状况、经营绩效和现金流的影响。

首批 ESRS 的发布是基于欧盟在《公司可持续报告指令》（CSRD）中的要求，旨在加强企业非财务信息的透明度和可比性。CSRD 取代了之前的《非财务报告指令》（NFRD），并扩大了信息披露的范围，要求更多的企业尤其是大中型企业，必须披露其可持续性相关信息。ESRS 作为 CSRD 框架下的具体执行标准，确保企业能够系统、统一地报告其可持续风险和机遇，包括气候变化。

ESRS E1 为企业如何披露气候相关风险和机遇的财务影响提供了详细的指导，要求披露企业面临的重大物理风险、转型风险以及气候相关机遇对财务的影响。对于重大物理风险，ESRS E1 要求企业在考虑气候变化适应行动之前，披露短期、中期以及长期内面临重大物理风险的资产的货币金额以及比例，并将资产按急性和慢性物理风险进行划分。同时，企业还需披露通过气候变化适应行动解决的面临重大物理风险的资产比例，以及面临重大物理风险的重要资产所在地点。此外，企业还应披露短期、中期以及长期内因面临重大物理风险而产生的净收入的货币金额和比例。

在转型风险方面，ESRS E1 要求企业在考虑气候缓解行动之前，披露短期、中期以及长期内面临重大转型风险的资产的货币金额和比例。企业还需披露通过气候变化缓解行动解决的面临重大转型风险的资产比例，以及企业房地产资产账面价值按能效等级细分。对于可能需要在短期、中期以及长期财务报表中确认的负债，企业也需进行披露。此外，企业还需披露短期、中期以及长期内因面临重大转型风险而产生的净收入的货币金额和比例，包括企业从煤炭、石油以及天然气相关活动领域的客户获得的净收入。

对于气候相关机遇的财务影响，ESRS E1 要求企业披露缓解气候变化和适应气候变化的预期成本节约，以及企业拥有或可能获得的低碳产品和服务或适应解决方案的潜在市场规模或净收入的预期变化。对于内部碳定价对财务的影响，ESRS E1 要求企业披露是否采用内部碳定价方案，若采用，需说明该方案如何支持企业决策并同时激励它们实施气候相关政策和达成具体目标。企业还需披露内部碳定价方案的类型、适用范围（活动、地域、企业等），应用的碳价及确定价格的关键假设，以及这些价格为何与所选应用相关。此外，企业还需披露这些方案涵盖的范围 1、范围 2 以及范围 3（如适用）的当年大致温室气体总排放量，以及它们在各个范围内占企业总体温室气体排放量的份额。

由于目前没有普遍认可的方法来评估物理风险和转型风险对企业未来财务状况的影响，企业需要依赖内部方法以及重要判断来量化预期的财务影响。企业应披露应用范围、时间期限、计算方法、关键假设、参数以及评估的限制。同时，解释短期、中期以及长期时间范围的定义，以及这些定义如何与其资产的预期寿命、战略规划范围和资本配置计划相关联。为了确保数据和假设的一致性，企业需将易受重大物理风险或财务影响的资产、负债以及净收入与财务报表中的相关项目进行对账。

在披露定量和定性信息时，企业应披露面临重大物理风险或转型风险的资产、负债以及净收入的显著金额。但对于机遇所产生的财务影响，如果披露不符合有用信息的质量特征，则不强制要求量化。总体而言，ESRS E1 强调了企业在披露气候相关风险时需提供详尽的财务影响信息，包括量化和定性分析，并与财务报表紧密关联。这要求企业不仅要关注当前的财务状况，还要前瞻性地评估和管理气候风险。

（2）美国的披露要求

2024 年 3 月，美国证券交易委员会（SEC）发布了《面向投资者的气候相关信息披露的提升以及标准化》（The Enhancement and Standardization of Climate – Related Disclosures for Investors）规则，旨在提升上市公司对气候相关信息的披露透明度和一致性，其中对财务影响的具体披露要求具有如下特点：

首先，公司需要识别并披露气候相关风险，尤其是那些已经或可能对公司在短期（12 个月内）或长期（超过 12 个月）内产生重大财务影响的风险。这些气候相关风险不仅限于物理风险（如极端天气事件）和转型风险（如法规变化、碳定价政策等）。披露需涵盖气候风险对公司业务战略、运营结果以及财务状况的实际或潜在影响。公司需要对这些气候风险进行定期评估，并在风险发生时及时披露其对公司财务报表的影响。

其次，SEC 要求公司根据气候风险的类型，对财务影响进行分类并披露。在当期影响方面，财务影响披露要求包括但不限于由于极端天气事件和自然条件导致的资本化成本、支出、费用及损失。公司还需要具体披露在应对气候风险的过程中所产生的碳抵销和可再生能源证书（RECs）费用。在预期影响方面，SEC 对气候相关的未来预期财务影响没有提出单独的披露要求。这意味着公司不需要专门披露未来可能的气候风险财务影响，而是需要根据气候风险对当前财务报表的影响进行披露。按 SEC 的披露规则，公司仅需披露重大气候风险对财务的影响，无须单独披露气候机遇的财务影响。

再次，SEC 要求公司对与气候风险相关的财务估计和假设作出披露，特别是在转型活动或气候适应行动中的财务估计和判断。公司需详细说明用于评估气候风险的财务估计和假设，包括重要的输入值、假设、重大判断、数据来源等。公司需要对气候相关支出进行定量和定性描述。

最后，公司需在其年度报告（如 10 – K 表格）和其他注册声明（如 Form S – 1、Form S – 4 等）中包含气候相关信息。披露的位置需要与公司其他财务信息统一，以便投资者能够综合分析其气候风险管理与财务表现。披露信息需要包含在公司经审计的财务报表中，特别是公司最近完成的财政年度的气候相关信息。此外，过去的历史财政年度的气候信息财务影响也需要披露，但只限于那些已经被要求或已经披露过的年份。

（3）澳大利亚的披露要求

2023 年 10 月，澳大利亚会计准则委员会发布《澳大利亚可持续报告准则——气候相关财务信息披露（征求意见稿）》。该征求意见稿包括三项准则草案：《澳大利亚可持续报告准则第 1 号——气候相关财务信息披露一般要求（草案）》（AASB S1）、《澳大利亚可持续报告准则第 2 号——气候相关财务信息披露（草案）》（AASB S2）以及《澳大利亚可持续报告准则第 101 号——澳大利亚可持续报告准则参考文献（草案）》。2024 年 9 月，AASB 正式投票批准上述准则，并宣布 AASB S1 为自愿性准则，AASB S2 为强制性准则。

AASB 针对企业如何披露气候相关风险和机遇对财务状况、财务业绩以及现金流量的影响提出了具体要求。准则要求营利性企业披露有关其气候相关风险和机遇的重要信息，这些信息可能合理地影响企业的现金流及短期、中期或长期获得融资或资本成本。非营利企业披露有关气候相关的风险和机遇的重要信息，这些信息可能合理地影响企业的现金流、获得融资或资本成本，以及在短期、中期或长期推进其目标的能力。

首先，企业应披露气候相关风险和机遇对报告期间财务状况、财务业绩以及现金流量的具体影响，包括将导致下一年度财务报表中资产和负债账面金额存在重要调整的重大风险。其次，企业还需基于其管理气候相关风险和机遇的战略，研究与气候相关的风险和机遇对企业在短期、中期以及长期的财务状况、财务业绩以及现金流量的预期影响，并考虑如何将气候相关风险纳入企业的财务规划中。

对于气候相关机遇的财务影响，AASB 要求企业应披露气候相关机遇对企业财务状况、财务业绩以及现金流量的当期和预期影响，并考虑如何将这些气候相关机遇纳入企业的财务规划中。

在评估方法的规定中，AASB 要求企业应在不付出不必要成本或努力的情况下，使用该企业在报告日可获得的所有合理和可支持的信息，并采用与主体可获得的准备披露的技能、能力以及资源相称的方法。

在提供定量信息时，企业可以披露单个金额或范围。在准备披露与气候有关的风险和机遇的预期财务影响时，企业应使用在报告日期可获得的所有合理以及可支持的信息，无须付出过度的成本或努力。使用与企业准备披露时可用的技能、能力以及资源相称的方法。如果该企业确定这些影响不能单独识别，则不需要提供关于当前或预期的气候相关风险和机遇的财务影响的定量信息，或在估计财务影响时测量不确定性非常高，则也不用披露定量信息。

此外，如果一个企业没有提供该定量服务的技能、能力或资源，那么它就不需要提供关于与气候有关的风险和机遇的预期财务影响的定量信息。如果企业确定不需要提供与气候相关的风险和机遇的当前或预期财务影响的定量信息，则企业应解释未提供定量信息的原因，并提供这些财务影响的定性信息，包括确定可能受气候风险和机遇影响的相关财务报表中的行项目、总计项目以及小计项目。除非企业确定有关综合财务影响的定量信息没有用处，否则，应提供气候相关的风险和机遇以及其他因素的综合财务影响的定量信息。

总的来说，该准则强调了企业需详细披露气候相关风险和机遇对财务状况、财务业绩以及现金流量的影响，包括当前以及预期的财务影响。企业需根据可获得的信息和资源，尽可能提供有用的定量和定性信息，以帮助财务报告使用者全面了解企业面临的气候相关财务风险和机遇。

（4）新西兰的披露要求

新西兰针对企业如何披露气候相关风险和机遇对财务状况、财务业绩以及现金流量的影响提出了具体要求。新西兰《气候相关披露标准》（NZ CS 1、NZ CS 2、NZ CS 3）已于 2023 年 1 月 1 日正式生效，其主要内容如下：

如果新西兰气候标准要求的信息是重大的，则必须披露。如果信息的遗漏、错误陈述或模糊可以合理地预期会影响主要用户根据企业的气候相关披露作出的决定，则该信息就是重大信息。一个企业在描述其当前与气候相关的影响时，必须包括确定的物理风险和转型风险的当前财务影响。

针对预期财务影响，新西兰规定一个企业在描述其当前与气候相关的影响时，如果公司判断遗漏、错误陈述或模糊这些气候相关信息，可能会影响主要投资者的决策，则信息被认为是重大的，必须披露其财务影响。公司需披露当前的气候相关财务影响，特别是物理风险和转型风险对其财务状况的影响。这些影响包括现金流量、资产负债等方面的变化，但首个报告期可豁免披露此类财务影响。

新西兰规定企业在描述其确定的与气候相关的风险和机遇的财务影响时，必须定义短期、中期和长期，以及这些定义如何与其战略规划范围和资本部署计划相联系。公司可以在单独的文件或年度报告、可持续发展报告中披露气候相关信息。若在其他报告中披露，必须在文件中明确标识气候披露的位置，确保用户可以快速找到相关信息。

总的来说，新西兰强调了企业需详细披露气候相关风险和机遇对财务状况、财务业绩以及现金流量的影响，包括当前以及预期的财务影响。企业需根据可获得的信息和资源，尽可能提供有用的定量和定性信息，以帮助财务报告使用者全面了解企业面临的气候相关财务风险和机遇。

（5）日本的披露要求

日本于2022年发布了关于气候相关信息披露的要求。具体来说，日本金融厅（FSA）通过《企业治理守则》和《气候相关财务披露建议》框架，推动上市公司和金融机构披露与气候变化相关的风险和机遇。这些要求是为了增强信息透明度，帮助投资者了解气候风险对公司财务的潜在影响，并确保企业管理层在决策中充分考虑气候因素。

此外，自2022年4月起，东京证券交易所（TSE）要求在其"Prime"市场上市的公司披露符合《气候相关财务披露建议》或等效框架的气候相关信息。这标志着日本在强化气候相关信息披露方面迈出了重要一步。

日本针对企业如何披露气候相关风险和机遇对财务状况、财务业绩以及现金流量的影响提出了具体要求。日本要求必须披露有关的定量和定性信息：①气候相关风险和机遇对公司本报告期财务状况、财务业绩以及现金流量的影响。②报告期内，公司存在对相关财务报表资产和负债账面价值产生重大影响的重大风险。③鉴于公司管理气候相关风险和机遇的战略，公司短期、中期以及长期财务状况的预期变化，同时必须考虑：公司的投资计划和处置计划（包括非合同承诺的计划）、为执行公司战略而制定的财务计划、基于公司气候相关风险和机遇管理战略的短期、中期以及长期决策、对公司财务业绩和现金流变化的预期影响。此外，如果资产或业务活动容易受到与气候相关的物理风险的影响，必须至少披露易受气候相关物理风险影响的资产或业务活动的数量和百分比，或易受气候相关物理风险影响的资产或业务活动规模信息。

对于易受气候相关转型风险影响的资产或业务活动必须至少披露以下一项：①易受气候相关转型风险影响的资产或业务活动的数量和百分比。②有关易受气候相关转型风险影响的资产或业务活动规模的信息。

针对当期财务影响，讨论可以合理预期影响公司前景的气候相关风险和机遇。必须披露能够解释以下内容的信息：当前财务影响，气候相关风险和机遇对报告期内公司的财务状况、财务业绩产生了重大影响。

针对预期财务影响，讨论可以合理预期影响公司前景的气候相关风险和机遇。必须披露能够解释以下内容的信息：对现金流的影响以及预期财务影响，气候相关风险和机遇对公司短期、中期、长期财务状况、财务业绩以及现金流量的预期影响。

在评估方法的规定中，对于报告期末的气候韧性评估，必须披露以下信息：①气候相关情景分析的结果可用于评估企业的战略和商业模式影响，包括如何解决气候相关情景分析中确定的影响。②评估气候适应能力时考虑的重大不确定性领域。③调整气候变化的短期、中期以及长期战略和商业模式，包括：应对气候相关情景分析中确定的影响、气候相关风险、气候相关的机遇，对于融资来源的可用性和灵活性，公司重新部署、重新利用、升级或淘汰现有资产的能力，当前在气候减缓、适应措施和利用气候变化带来的机会方面的投资和计划投资的影响。

总的来说，日本强调了企业需详细披露气候相关风险和机遇对财务状况、财务业绩以及现金流量的影响，包括当前以及预期的财务影响。企业需根据可获得的信息和资源，尽可能提供有用的定量和定性信息，以帮助财务报告使用者全面了解企业面临的气候相关财务风险和机遇。

日本可持续准则理事会于2024年3月29日发布了《可持续披露通用准则——可持续披露准则应用（征求意见稿）》《可持续披露主题准则第1号——一般披露（征求意见稿）》《可持续披露主题准则第2号——气候相关披露（征求意见稿）》。上述征求意见稿纳入了ISSB准则的所有要求，并在必要时增加企业可以选择应用的日本特定要求。

（6）新加坡的披露要求

新加坡于2021年12月通过新加坡交易所（SGX）发布了有关气候相关披露（CRD）的要求。自2023财年起，五个优先行业的上市公司逐步被要求提供符合TCFD框架的气候相关财务披露。从2025财年开始，所有上市公司将强制要求按照国际可持续准则理事会（ISSB）标准进行气候相关披露。

此外，SGX也要求从2022财年起所有主板上市公司开始披露与环境、社会以及治理（ESG）相关的信息，而气候相关信息是其中的重要部分。对于某些高风险行业的公司（如能源、交通等），强制披露的标准更加严格。这一系列措施是新加坡推动可持续金融和气候风险管理所作出努力的一部分，旨在提高信息透明度，帮助投资者更好地评估公司的气候风险敞口。

新加坡针对企业如何披露气候相关风险和机遇对财务状况、财务业绩以及现金流量的影响提出了具体要求，但不需要进行重大风险的判断，不要求按气候风险类型分类披露财务影响，当前披露要求中没有规定具体的当期财务影响。

针对预期财务影响，在满足以下披露要求时，允许公司使用在报告日期企业可获得的合理和可支持的信息，而不需要付出过度的成本或努力，确定气候相关风险和机遇的预期财务影响，确定与气候相关的重大风险和机遇对企业的财务状况、财务业绩以及现金流量的预期财务影响。如果公司不能提供定量信息，则可以从提供定性信息开始。

对披露格式和位置的要求中，建议上市发行机构可在单独的报告中包括气候相关披露（CRD），或将其作为年度报告的一部分。如果CRD包含在一个单独的报告中，则这两个报告必须同时发布。

新加坡对审计或鉴证要求中，建议上市公司在报告生效两年后实施外部鉴证，这将让公司有时间做好鉴证准备。新加坡的气候审计师还需要发展必要的保证能力，并申请注册为气候审计师。此外，在保证水平上，要求出具具有最低限度的有限保证，而不是要求合理保证，因此其披露的成本以及合规负担更低。

总的来说，新加坡强调了企业需详细披露气候相关风险和机遇对财务状况、财务业绩以及现金流量的影响，包括当前以及预期的财务影响。企业需根据可获得的信息和资源，尽可能提供有用的定量和定性信息，以帮助财务报告使用者全面了解企业面临的气候相关财务风险和机遇。

2024 年 3 月 7 日，新加坡交易所监管公司发布了一份全称为《可持续报告：增强一致性以及可比性》的咨询文件，就如何将国际可持续准则理事会准则纳入其气候相关披露可持续报告规则公开征求意见。主要内容包括：自 2025 会计年度起，发行人应当根据《国际财务报告可持续披露准则第 1 号——可持续相关财务信息披露一般要求》（IFRS S1）以及《国际财务报告可持续披露准则第 2 号——气候相关披露》（IFRS S2）来编制气候相关披露信息。自 2025 会计年度起，发行人应披露范围 1 以及范围 2 温室气体排放及其计量方法。自 2026 会计年度起，发行人应披露范围 3 温室气体排放的适用类别。发行人应披露气候相关行业指标和跨行业指标类别。自 2025 会计年度起，应根据当前时间表发布可持续报告。自 2026 会计年度起，可持续报告应与年度报告同时发布。

（7）我国香港地区的披露要求

2024 年 4 月 19 日，香港联交所发布其就优化环境、社会及管治框架下的气候相关信息披露的咨询总结，并正式发布《香港交易所环境、社会及管治框架下气候信息披露的实施指引》（以下简称《实施指引》）。《实施指引》旨在协助联交所发行人了解《上市规则》附录 C2《环境、社会及管治报告守则》（以下简称《ESG 守则》）D 部分气候相关披露规定。自 2025 年 1 月 1 日起，《ESG 守则》将分阶段引入针对发行人的强制气候相关披露要求。《实施指引》将 IFRS S1 与 IFRS S2 的内容以及相关披露要求纳入其中。

2024 年 12 月 12 日，香港会计师公会发布《香港财务报告准则 S1 号——可持续相关财务信息披露一般要求》（HKFRS S1）及《香港财务报告准则 S2 号——气候相关披露》（HKFRS S2）。根据香港会计师公会官网信息，HKFRS S1 及 HKFRS S2 已全面接轨 ISSB 准则，并于 2025 年 8 月 1 日起正式生效。

上述准则针对企业如何披露气候相关风险和机遇对财务状况、财务业绩以及现金流量的影响提出了具体要求。企业应该披露气候相关的风险和机遇如何在报告期内影响其财务状况、财务业绩以及现金流量，并预测这些因素在短期（通常为 1 年以内）、中期（1—5 年）以及长期（5 年以上）内的预期影响。公司需特别披露如何将这些气候相关的风险纳入财务规划。

在气候风险和机遇的分类披露上，企业应根据气候相关的物理风险和转型风险分别披露其对业务模式、供应链以及整体财务表现的影响。企业还需要在披露气候相关风险和财务报表的具体科目之间建立联系，以确保信息的透明度和一致性。这种披露要求旨在帮助投资者更好地理解气候风险对公司财务状况的直接影响。

如果无法提供定量信息，企业应提供定性信息并解释无法量化的原因。同时，企业需要解释在未来的何种条件下有可能实现量化披露。通过这些披露要求，香港旨在提高企业在气候变化风险管理中的透明度，以增强投资者的决策依据。

1.4　气候相关风险和机遇财务影响披露规则国际比较

基于当前主要国际组织和部分经济体有关气候相关风险和机遇财务影响的披露规则，本章从五个主要维度对这些财务影响披露规则进行比较和分析，这五个维度主要包括：（1）披露财务影响的重要性判断标准。（2）当期财务影响的披露要求。（3）预期财务影响的披露要求。（4）内部碳定价及其财务影响的披露要求。（5）定量与定性的披露要求。

1.4.1　披露财务影响的重要性判断标准

几乎所有框架都要求企业在判断气候相关财务信息是否需要披露时，采用“重要性判断”原则。这个原则基于信息是否对投资者或决策者具有重要意义，即如果信息的遗漏、错误陈述或模糊会影响决策者的判断，则被认为是重要的。

在对比分析 IFRS S2、ESRS E1 以及美国证券交易委员会（SEC）关于气候相关财务信息披露的重要性判断标准时，可以看出这些准则都强调了财务信息披露的重要性，但各自的侧重点以及要求有所不同。

IFRS S2 依赖于企业自身的判断，要求企业披露那些“对投资者或其他财务报表使用者的决策具有重要性”的气候相关信息。准则没有设定具体的数值或门槛，企业可以根据其特定的行业、业务以及战略对气候相关风险和机遇的重要性进行评估，灵活性较大。ESRS E1 对重要性判断的要求比 IFRS S2 更为明确和严格。它要求企业对气候相关财务信息进行强制披露，尤其是温室气体排放、减排目标及其对财务状况的影响。ESRS E1 的重要性判断不仅取决于企业的主观评估，还必须结合具体的欧洲监管要求和气候目标。美国 SEC 对财务影响的重要性的判断标准更倾向于定量衡量，对重要性判断有明确的规定，并且采用“硬性”门槛，要求在气候事件造成的财务影响达到公司利润或资产总值的1%时进行披露，重要性判断标准相对更为量化和清晰，并强调重要性标准财务数据的可核查性，这一标准在全球范围内是较为具体且严格的。

其他准则，如澳大利亚可持续报告准则提供的重要性判断较为灵活，允许企业根据行业特点以及特定业务情况进行判断，但没有设定强制性披露门槛。日本在重要性判断方面主要基于风险管理流程，企业可灵活决定是否披露气候相关财务信息，规定相对宽松。新加坡以及我国香港地区采用逐步推进的方式，企业需逐步遵守气候相关财务披露要求，并根据行业优先级进行重要性判断，但允许中小企业在初期有更多的灵活性。

1.4.2 当期财务影响的披露要求

（1）对当期财务影响的侧重程度

几乎所有的披露标准都要求企业揭示气候相关的风险和机遇对当期财务报表的具体影响，特别是对财务状况、财务业绩以及现金流量的影响。无论是IFRS S2、ESRS E1，还是美国SEC，都要求企业提供有关当前气候变化风险如何影响财务报表的具体数据。

IFRS S2要求企业披露气候相关风险和机遇对其当前财务状况、财务业绩以及现金流量的影响，强调披露定量以及定性信息。ESRS E1的披露要求更为细化，特别是在物理风险和转型风险的分类上。它要求企业不仅披露气候变化对财务报表的当前影响，还要披露预期财务影响，特别是在短期、中期以及长期内的变化。美国SEC规则侧重于要求企业披露气候相关的资本化成本、支出、损失等具体影响，特别是与严重天气事件或自然条件相关的财务影响。与IFRS S2和ESRS E1相比，SEC的披露更集中于某些确定事件对财务状况的直接影响（例如：飓风、洪水等），而非对长期风险的全面评估。

除了美国以外，其他区域的规则并没有对当期财务影响和预期财务影响有明显侧重，几乎都是既强调当期影响也强调预期影响，或者说把当期影响和预期影响放在同等重要的位置上。

（2）气候相关财务影响与财务报表的关联性

IFRS S2、ESRS E1以及美国SEC披露要求均强调了气候信息与财务报表的一致性和透明度。IFRS S2要求披露气候相关风险和机遇对企业财务状况、经营成果以及现金流量的当前和预期影响，并强调应与财务报表中的项目相联系。ESRS E1和SEC也有类似要求。ESRS E1要求企业在编制气候相关财务披露时，使用与财务报表编制相一致的数据和假设，并确保披露的货币单位与财务报表中的列报货币相匹配。IFRS S2和ESRS E1严格要求将气候相关风险的财务影响与财务报表中的特定项目明确关联，确保披露内容与财务报表中的数据相一致。美国SEC准则要求在财务报表附注中披露气候因素与具体财务报表项目的关联性。

其他地区的准则，如澳大利亚和新西兰，这两个国家的准则允许企业通过交叉引用的方式将财务报表中的信息与气候披露关联，增加了披露的灵活性。新加坡、日本以及我国香港地区虽然在文件中未明确提及气候相关财务影响与财务报表关联性的具体要求，但普遍趋势是鼓励企业在其年度报告中提供气候相关风险和机遇的信息，并考虑这些信息与财务报表的关联性。

1.4.3　预期财务影响的披露要求

（1）对短期、中期以及长期的界定

短期、中期以及长期的界定是气候相关预期财务影响披露的关键组成部分。在短期、中期以及长期的具体年限界定上，不同的披露准则在定义上有所差异。IFRS S2并没有严格规定具体的年限，要求企业根据其具体情况和战略决策的规划范围自行定义短期、中期以及长期。同时，企业需要解释这些定义如何与其财务规划和资本配置相关联。IFRS S2允许企业根据其行业特性和业务周期自行界定，但必须披露如何定义和定义的依据。ESRS E1则给出了明确的定义，其中短期为自报告年度起1—5年，中期为5—10年，长期为10年以上。美国SEC规定报告实体应分别披露合理可能在短期（12个月）和长期（12个月以上）内显现的风险，但是在企业的财务影响上，美国的规则更重视当期财务影响，并没有对预期财务影响进行阶段性的划分。

其他地区的准则，澳大利亚的披露要求强调企业在定义短期、中期以及长期时要结合其行业特点以及战略规划。通常短期定义为1—2年，中期为3—5年，长期为5年以上。新西兰的准则允许企业自行定义短期、中期以及长期，但要求企业说明其定义如何与业务战略和资本规划相吻合。一般行业内短期定义为1年以内，中期为1—5年，长期为5年以上。日本的准则没有明确规定短期、中期以及长期的具体年限，而是要求企业根据自身情况确定并披露这些时间段。同时，日本的企业通常根据行业惯例定义短期为1年，中期为1—3年，长期为3年或以上。新加坡的准则也没有给出固定的年限定义，企业被鼓励根据具体情况和行业特点进行划分。我国香港地区的披露要求企业自行定义短期、中期以及长期，并结合其行业特点以及气候相关的战略规划来解释这些定义。

（2）对气候相关风险和机遇预期财务影响的披露侧重性

各准则在风险和机遇预期财务影响的披露侧重性上存在差异。IFRS S2未明确按照气候风险类型分类以及气候相关机遇单独进行披露，强调使用合理及可支持的信息以及与主体能力相匹配的方法进行评估。ESRS E1明确按照气候风险类型分类进行披露，对物理风险和转型风险的预期财务影响披露要求详细，包括资产、负债以及净收入等方面信息，且按照气候相关机遇单独披露，关注机遇带来的成本节约和市场规模变化，评估时依据情景分析结果，对具体要素有详细说明。美国 SEC 明确需要作出重大风险的判断，关注气候相关风险在短期以及长期对财务状况的影响，按照气候风险类型分类披露，重点关注恶劣天气事件和自然条件导致的财务影响及减少温室气体排放等转型风险相关信息，要求注册人披露与转型活动相关的财务估计和假设，以及提供相关财务报表影响的上下文信息。至于气候相关机遇带来的财务影响，准则并未做强制性的披露要求，仅要求如果实体披露气候相关机遇带来的财务影响，后面要持续进行披露以保证可比性。

其他准则也有各自特点。澳大利亚未按照气候风险类型分类以及气候相关机遇单独披露，在评估方法上有类似要求。新西兰明确按照气候风险类型分类披露，未提及气候相关机遇单独披露，评估方法需披露相关风险的工具、方法、时间范围等信息。日本明确按照气候风险类型分类以及气候相关机遇单独披露，评估方法需披露情景分析结果等信息。新加坡未明确按照气候风险类型分类以及气候相关机遇单独披露，对评估方法未作明确规定。我国香港地区明确按照气候风险类型分类以及气候相关机遇单独披露，但未提及评估方法。

（3）对财务影响估计采用的方法和所做的关键假设的披露要求

IFRS S2 并未对与气候相关财务影响的评估方法和关键假设的披露有明确的要求。ESRS E1 强调了企业在评估气候相关风险和机遇时，应使用所有合理且可支持的信息，并提供相关财务影响的评估方法和关键假设的披露。美国 SEC 的规则强化了这一规定，要求企业在评估气候相关风险时，采用能够合理预测这些风险对财务状况影响的方法，并必须要详细披露所使用的关键假设和方法。这些要求旨在确保气候相关财务信息的透明度和可比性，使投资者能够更好地理解企业面临的气候风险和机遇。

其他地区的准则，如澳大利亚、新西兰、新加坡、中国香港，虽然未明确提及具体的评估方法和关键假设的强制性披露要求，但普遍趋势是鼓励企业在其年度报告中提供气候相关风险和机遇的信息，并考虑这些信息与企业长期目标和规划的关联。这些准则通常要求企业提供有助于用户理解气候相关因素如何影响企业财务状况的披露，其具体的方法以及详细程度可能因地区和监管机构的不同而存在差异。

1.4.4 内部碳定价及其财务影响的披露要求

IFRS S2、ESRS E1 以及美国 SEC 披露要求中，对内部碳定价及其财务影响的披露要求表现出一定的共性。IFRS S2 和 ESRS E1 均要求企业详细说明其内部碳定价机制，包括决策过程中的应用、碳价格的确定方法，以及这些价格如何反映在企业的财务规划中。美国 SEC 也强调了内部碳定价在评估和管理气候相关风险中的作用，要求企业披露这些定价策略如何影响其财务状况和运营决策。这些准则的共同目标是提高企业在气候风险管理方面的透明度，使投资者能够更好地理解企业如何将碳成本纳入其财务模型和战略规划。更进一步，美国 SEC 要求必须披露购买可再生能源证书给企业带来的财务影响。

其他地区的准则，如澳大利亚、新西兰、新加坡、中国香港，虽然在文件中未明确提及内部碳定价的具体披露要求，但普遍鼓励企业在其年度报告中提供气候相关风险和机遇的信息。这些准则通常要求企业提供有助于用户理解气候相关因素如何影响企业财务状况的披露，尽管具体的方法和详细程度可能因地区和监管机构的不同而存在差异。

1.4.5　定量与定性的披露要求

IFRS S2、ESRS E1 以及美国 SEC 披露要求中，企业被要求在气候相关财务信息披露中提供定量和定性的信息。IFRS S2 和 ESRS E1 强调，企业应提供关于气候风险和机遇如何影响财务状况、财务业绩以及现金流量的具体数值或范围，并在无法提供定量信息时给出解释并补充定性信息。

IFRS S2 和 ESRS E1 这两个准则对定量信息要求较为严格，鼓励提供明确的金额或数值范围（如资产减值、风险敞口等），并要求披露资产、负债以及现金流方面的具体财务影响。美国 SEC 的气候定量披露标准相对宽松一些，主要要求注册公司披露实际发生的资本化支出、费用以及损失，但不强制要求提供非常详细的定量披露，特别是在某些情况下允许仅披露部分信息。

在定性披露的详细程度上，ESRS E1 要求非常详细的定性披露，特别是针对资产的地理位置、企业管理策略、未来投资以及处置计划等方面的详细信息。IFRS S2 和美国 SEC 同样强调定性信息，但美国 SEC 的规则更专注于提供具体的上下文信息，帮助读者理解财务影响的形成过程，而不强制要求非常复杂的定性分析。

澳大利亚和新西兰这两个国家强调披露气候相关财务影响的定量和定性信息，但在首次报告期间对定量信息的披露有一定豁免权，如新西兰的企业在第一年度可以选择不披露某些定量数据。我国香港地区对定量信息的披露有一些灵活性，企业在遇到困难时可以不披露，但须提供原因说明以及相关定性信息。新加坡允许企业在无法提供定量数据时，优先提供定性信息，并仅在资源允许的情况下提供定量数据。日本要求披露气候相关财务风险和机遇的具体定量和定性信息，但如果企业无法提供定量信息，也允许只提供解释以及进行定性披露。

气候变化正在深刻重塑全球经济，企业的财务表现日益受到气候相关风险和机遇的影响。企业在应对气候风险时，不能仅仅停留在披露排放数据或环保措施的层面，而应深入分析气候变化对其财务报表中各个项目的影响，包括资产、负债、收入、成本以及资本配置等。同时，企业需要采用前瞻性的情景分析工具，预测不同气候情境下的财务表现，从而增强其长期竞争力和市场韧性。

本章通过分析 CDP、TCFD、IFRS S2 等国际框架，总结了全球气候相关风险和机遇财务影响披露的理论起源和现状，并进一步从五个维度上比较了目前主要经济体包括欧盟、美国、澳大利亚、新西兰、日本、新加坡以及我国香港地区气候相关风险和机遇财务影响信息披露规则，为后续我国气候相关风险和机遇财务影响信息披露规则的制定以及 ISSB 气候相关风险和机遇财务影响信息披露准则的进一步完善提供参考依据。

未来，气候相关财务影响信息披露的规则将朝着更加全面、细致以及全球趋同的方向发展。随着全球范围内对气候变化问题的关注度持续上升，国际准则制定机构如 ISSB 以及各国政府将进一步推动气候相关财务影响信息披露的标准化和统一化。在这一过程中，新的披露规则可能会进一步细化企业在不同时间周期下的财务影响分析，特别是短期、中期以及长期的气候情景分析，并且在披露的方法、位置、格式等方面提出一致性要求，从而增加气候相关财务影响对投资者决策的效用。

第2章
披露现状：文献综述与展望

第28届联合国气候变化大会（COP 28）明确指出了加速气候行动、摆脱化石燃料的紧迫性，但迄今为止，全球范围内的转型活动尚未实现预期进展，且地区之间的进展程度不尽相同。目前，欧盟是全球进展最快的地区，其他地区仍需加快推进转型进程。尽管宣布净零排放目标的机构数量日渐增长，但实现净零排放目标的努力程度还远远不够，众多政府机构和国际组织呼吁各类主体采取更加紧急的行动以确保气候目标的顺利实现。

随着气候变化的物理影响变得越来越频繁和严重，越来越多的企业已经认识到气候和能源转型相关的风险和机遇会显著影响其业务发展，以及其财务状况、盈利能力和未来现金流预测。与此同时，投资者需要获取充分信息以了解公司是否可能面临重大损失，包括资产是否会产生原本预期的回报、负债是否会提前到期以及是否会出现新的负债。企业管理层和审计师在编制和审计财务报表时不仅要考虑气候事项，更需要清楚地描述气候相关风险和机遇的具体影响。

本章以气候相关风险和机遇财务影响信息披露相关的文献资料为基础，对主要国家和地区上市公司财务报告中气候相关财务影响的信息披露情况、审计师对气候相关事项的关注以及审计报告中关键审计事项的披露情况进行了梳理。

2.1 气候相关财务影响披露实践

2.1.1 欧盟气候相关财务影响披露实践

（1）欧洲财务报告咨询组（EFRAG）的调查情况

欧洲财务报告咨询组（European Financial Reporting Advisory Group，EFRAG）秘书处（2023）的调查显示，78%的EFRAG调查受访者对财务报表中气候相关风险的报告表示担忧。如表 2 – 1 所示，受访者的主要担忧包括：财务报表内部和外部的信息之间缺乏联系、财务报表中报告的气候相关信息有时过于笼统且不充分等。

表 2 – 1　　欧洲财务报告咨询组（EFRAG）的调查情况

主要问题	问题表现
财务报表内部和外部的信息之间缺乏联系	◇ 在一些情况下，公司在年度报告的前面部分披露了与气候相关的风险，但在财务报表中却没有任何定量披露。例如：一家保险公司年报的前面部分（包括可持续性披露）提及气候风险 330 次，但财务报表没有对此风险进行定量披露。 ◇ 管理报告和可持续发展报告中披露的承诺和投资通常不会反映在财务报表中。 ◇ 账面价值、剩余使用寿命和残值、资产减值以及分部报告中的信息通常与财务报表之外有关公司投资及其转型相关业务模式调整的披露无关。 ◇ 目前尚不清楚报告企业未能履行其“净零”相关承诺时，何时将被确认为准备金或作为或有负债披露。 ◇ 通常很难将可持续发展报告中有关气候相关风险和机遇的信息与财务报表中的信息进行比对，例如：将欧盟分类相关投资与财务报表的行项目或分部信息进行比对。在某些情况下，比对困难可能源于可持续发展报告和财务报告所采用的记账单位的差异。例如：当易受气候相关物理风险影响的资产在可持续发展报告中按地点进行披露时，其并不能与财务报表的行项目或分部报告进行比对。 ◇ 可持续发展报告中某些术语的使用可能与财务报表中的使用不一致。例如：承诺、补偿和中立性。此外，报告风险的聚合程度和披露水平也不一致。例如：总风险与净风险、是实际风险还是潜在风险。
财务报表中报告的气候相关信息有时过于笼统且不充分	◇ 有时缺乏信息来说明企业为何得出财务报表中未报告重要气候风险的结论。一些利益相关者指出，企业未能在财务报表中应用重要性的定性阈值，有时将重要性视为纯粹的定量概念。 ◇ 财务报表中的披露大多是定性的而非定量的。一些利益相关者表示，他们对欧盟银行样本（法国、德国、意大利、荷兰和西班牙）的气候风险报告的审查表明，在许多情况下，这些银行只是定性地提到气候风险被纳入预期信用损失模型。 ◇ 很多时候，财务报表不披露支撑未来现金流量预测和财务报表项目估值的气候相关假设和估计。此外，由于与气候相关风险直接相关的关键假设的变化，通常缺乏可收回金额的敏感性分析。

上述问题产生的原因在于，一些企业对国际财务报告准则（International Financial Reporting Standards，IFRS）的理解不充分，包括如何应用重要性，以及现有 IFRS 和国际会计准则要求的局限性（即 IAS 1 财务报表列报和 IAS 36 资产减值）、当前国际会计准则理事会（IASB）教育材料的局限性、气候风险量化方面的挑战以及与财务报表信息相关的预期差距。所有 EFRAG 调查受访者一致认为，根本原因在于没有遵守 IFRS 的最新要求。

（2）欧洲证券和市场管理局（ESMA）的调查情况

欧洲证券和市场管理局（European Securities and Market Authority，ESMA）2023年3月对98家上市公司2021年气候风险评估报告的分析结果显示，目前的一些主要问题表现在：IFRS财务报表与非财务信息之间缺乏一致性，资产减值，不动产、厂房和设备以及无形资产，准备金、或有负债与或有资产等具体项目的披露，具体表现如表2－2所示。

表2－2　　欧洲证券和市场管理局（ESMA）的调查情况

主要问题	问题表现
IFRS财务报表与非财务信息之间缺乏一致性	◇ 8%的公司在报告中提供了不一致或部分不一致的气候相关信息。例如：在随附的可持续发展报告或管理层评论中提供气候相关信息，但在财务报表的其他任何地方都没有反映这种信息。 ◇ 33%的公司没有披露有助于财务报表用户评估气候相关事项对发行人财务状况、财务业绩或现金流量的影响的信息，包括气候相关物理风险的影响、因气候相关事项而进行转型的影响以及合规成本。 ◇ 只有10%的公司披露了一系列气候相关情景的敏感性分析。 ◇ 只有6%的公司提供了对估计中的相关不确定性的解释。
资产减值（IAS 36）	◇ 32%的公司披露了根据IAS 36应进行减值测试的实物资产，并确定气候风险是IAS 1下估计不确定性或重要判断原因的主要来源。 ◇ 子样本中45%的公司虽然表明气候风险是估计不确定性的主要来源，但没有或只有不充分的解释。 ◇ 子样本中45%的公司没有详细说明如何将与气候相关事项相关的假设纳入减值评估，只提供了常规披露。
不动产、厂房和设备以及无形资产（IAS 16和IAS 38）	◇ 28%的公司披露了在IAS 16和IAS 38范围内暴露于气候风险之下的实物资产，并确定气候风险是IAS 1下估计不确定性或重要判断原因的主要来源。 ◇ 子样本中59%的公司没有对这些判断或估计不确定性的主要来源提供充分的解释。例如：每项资产的技术特性、能源转型考虑，以及与增长率、商品价格相关的额外下行敏感性。 ◇ 子样本中52%的公司有的明确表示在进行年度评估时没有考虑气候变化，有的没有提供任何信息说明它们在评估是否需要修改非流动资产的预期使用寿命或残值时是否考虑了气候变化。 ◇ 子样本中37%的公司披露了气候相关事项导致的重大支出及此类支出的会计处理信息，这些重大支出包括改变或调整业务活动和运营（包括研发）。
准备金、或有负债与或有资产（IAS 37）	◇ 21%的公司披露了将气候相关事项作为IAS 37范围内的准备金和或有负债的估计不确定性或重要判断原因的主要来源。 ◇ 子样本中43%的公司没有对这些判断或估计不确定性的主要来源提供充分的解释。例如：指出对立法或监管要求相关的规定或义务的考虑、特定地点或技术的变化。在这类情况中，监管人员已经对其中2/3的公司提出改进建议，在财务报表中考虑气候风险相关的事项，剩下1/3的案例仍在审查中。

续表

主要问题	问题表现
准备金、或有负债与或有资产（IAS 37）	◇ 子样本中只有26%的公司确认了重大准备金或披露了或有负债的金额。其中，1%是由于公司未能实现气候相关目标或阻止或鼓励特定活动而征收的税款，17%与补救环境损害的监管要求有关，2%与繁复的合同有关，3%源于为实现气候目标而重新设计产品或服务的重组，3%源于其他气候相关问题（如法律索赔）。 ◇ 子样本中67%的公司充分描述了义务的性质。例如：二氧化碳排放或设施关闭成本准备金，以及由此产生的任何经济利益流出的预期时间。另外33%的公司没有提供或只提供了不充分的细节披露。例如：关于未来事件的预期时间或主要假设。

ESMA 强调，发行人在编制财务报表时应具体考虑会计判断与会计估计、拨备、或有负债与或有资产以及非金融资产的减值。此外，ESMA 从欧洲执法者协调会议（European Enforcers Coordination Sessions）数据库中提取了两个未能遵守 IFRS 要求在财务报表中披露气候相关风险的案例。

案例一：减值测试中的气候风险披露。在其非财务信息中，一家公司详细介绍了气候变化如何影响其业务，并提供了关于其承诺到 2025 年减少二氧化碳排放的信息。然而，公司的财务报表在减值测试披露中没有提及其二氧化碳减排承诺。监管人员得出结论，发行人关于减值测试和其对于气候风险的披露不足以满足 IAS 36 的要求，缺少的披露被认为是对 IFRS 要求的重大偏离。监管人员要求发行人进行额外的披露。

为遵守 IAS 36. 134 和 IAS 1. 125、IAS 1. 127 和 IAS 1. 129 的要求，监管人员要求发行人：①明确碳排放承诺的成本在其自由现金流预测中得到考虑，因为它们不被认为与未来的重组有关，也不会改善或提高资产的绩效（IAS 36. 45）。②解释发行人考虑的关键假设之一——机场交通假设——的修改以及使用的外部来源，并进一步解释环境转变对交通的预期影响。③解释机场交通的调整如何影响增长率［IAS 36. 134（d）（iv）］。④包括对可回收金额的敏感性分析，以合理改变与气候变化（主要是空中交通和增长率）相关的假设。

案例二：财务报表中的气候风险披露。在其非财务信息中，一家公司提出了“与气候变化相关的风险和机遇”，包括未来的环境法规和指令、运输商品的供需中断风险。然而，公司的财务报表没有提供与气候相关事项相关的任何进一步信息。监管人员得出结论，发行人在财务报表中的披露不足以满足 IAS 1 关于重大会计政策、判断和估计不确定性来源的要求，缺少的披露被认为是对 IFRS 要求的重大偏离。监管人员接受了发行人关于船舶使用寿命的解释，以及在进行减值测试时使用的判断和假设。然而，监管人员得出结论，气候风险是估计不确定性的主要来源，并要求发行人进行额外的披露。

为遵守 IAS 1. 122 和 IAS 1. 125 的要求，监管人员要求发行人披露：①将任何与气候相关的因素视为估算不确定性的来源或与 IAS 16 范围内的资产相关的重大判断的原因。②发行人在评估是否应修订非流动资产的预期使用寿命和估计残值时是否考虑了气候变化，以及为什么要进行此类修订。

（3）其他机构或个人的调查情况

挪威金融监管局于2023 年3 月对11 家挪威企业的财务报表进行审查后发现，4 家公司将气候相关事项作为估计不确定性的来源，但其中只有 1 家按照 IAS 1. 125 和 IAS 1. 129的要求进行披露，另外3 家未按国际会计准则披露。按照 IAS 36 披露减值测试是公司在财务报表中最常提及的气候相关事项，但一些公司的披露不够完整。尽管一些接受审查的企业在财务报表之外描述了减排技术的发展，但对研发支出的披露却很少。此外，财务报表之外的信息显示了绿色收入与非绿色收入以及受审查企业业务各个部分在气候风险暴露和未来前景方面的重大差异。然而，这些企业的客户合同收入披露均未将低排放活动的收入与其他活动的收入分开列报，并且只有一个企业的分部报告单独识别了其具有高气候风险暴露的业务分部。

法国金融市场监管局（Autorité des Marchés Financiers，AMF）于 2022 年 11 月对 27 家承诺减少其净排放的法国企业财务报表审查后指出，这些承诺在财务报表中的反映并不清晰，也不够详细。几乎所有发行人都得出结论，气候变化对它们的业务没有重大的财务影响，但它们只在集团层面进行了常规分析，没有在活动或地理层面进行实质性分析的信息。此外，尽管审查的发行人符合应用欧盟分类法的条件，但除一个发行人之外，对其他发行人的收入细分、运营费用和资本支出均没有影响。

Mazars（2022）基于对约 80 家法国和欧洲企业（不包括金融机构）2021 年年度报告的审查发现，其中超过 80% 的样本提到了气候问题，如风险、承诺以及较小程度上的机遇。识别的气候风险主要涉及转型风险，即企业适应气候变化引发的技术、监管等变化的风险。与气候变化相关的物理风险和机遇很少被提及。40% 的样本提供了气候风险的详细信息，而其他样本公司要么没有提及这些风险，要么认为这些风险不重要而没有提供详细信息。

Sakhel（2017）对 126 家规模相当的欧洲公司的碳信息披露项目（CDP）数据进行分析发现，大多数公司认为自身面临的物理和市场风险低于监管风险。这是因为物理风险预计将在更远的未来显现，而市场风险的发生被认为不太可能。此外，受监管行业的公司比非受监管行业的公司采取了更多的监管应对措施，但两组公司在面临物理和市场风险方面及其应对措施上并无显著差异。

Sullivan（2010）调查了 125 家大型欧洲公司的温室气体（GHG）排放政策，发现大多数大型欧洲公司已经建立了有效管理其温室气体排放和相关业务风险所需的管理体系和流程，但只有略高于 1/3 的公司在 2002 年至 2007 年温室气体排放总量保持稳定或有所减少，而不到 1/3 的公司预计在未来几年内其排放量能够保持稳定或减少。很显然，公司为自己设定的目标与欧盟设定的目标（即在 1990 年的基础上，到 2020 年将排放量减少 20%）之间存在明显差距，只有少数公司承诺绝对减少其温室气体排放。

Tas 等（2022）根据对 88 家荷兰企业 2021 年报告的审查发现，其中 39 家企业在其财务报告中提及了气候变化，但很难据此判断是否能够按照投资者的要求实现与《巴黎协定》一致的目标。总体而言，企业可以通过解释管理报告中表达的承诺与财务报告中使用的假设之间的联系，来显著提高财务报告的有用性。这可以通过描述情景、披露价格（范围）和预期数量、敏感性分析来完成。

2.1.2 英国气候相关财务影响披露实践

（1）英国财务报告委员会（FRC）的调查情况

为了回应投资者、监管机构和其他企业报告使用者对公司如何应对气候变化带来的风险和机遇，以及向低碳经济转型的应对措施的披露要求，英国金融行为监管局（Financial Conduct Authority，FCA）为上市公司引入了 TCFD 的披露要求，首批报告由 2021 年 12 月期末的优质上市公司发布。

根据与 FCA 商定的监督策略，英国财务报告委员会（Financial Reporting Council，FRC）于 2022 年对 25 家较大市值且更容易受到气候变化影响行业上市公司的 TCFD 披露和财务报表中的气候相关信息披露进行了审议。第一年强制性 TCFD 披露对许多编制者而言具有挑战性，因为数据收集的复杂性、需要建立强大的新流程、有时涉及公司价值链中第三方提供的信息以及缺乏良好的报告实践。

审查发现，纳入审查范围的公司普遍应对了挑战，并能够提供英国金融行为监管局《上市规则》第 22 条特别期望的 TCFD 披露。25 家公司中的 22 家在其财务报表披露中提到了与气候相关的风险，体现了英国上市公司在气候变化报告方面的重要进步。但公司之间的披露成熟度存在差异，需要继续加强其叙述性披露和财务报表披露。

①在细致度和具体性方面，一些公司提供了关于气候变化的通用信息，这些信息没有充分解释对不同企业、行业和地区可能产生的潜在影响，气候相关披露的细致度和具体性有待提高，与财务规划的联系需要更加清晰和量化。

②在平衡性方面，一些公司讨论了气候变化带来的机遇以及向低碳经济转型的机遇，但没有明确说明这些机遇相对于现有高碳密集型业务的预期规模，也没有识别出对新技术的依赖性。公司应确保对气候相关风险和机遇的讨论保持平衡，并考虑将气候相关机遇的描述与任何技术依赖性联系起来。

③在与其他叙述性披露的相互联系方面，TCFD 披露与公司年报中其他叙述性报

告元素融合不佳。公司应在年报中考虑 TCFD 披露与其他叙述性披露的相互联系。例如：在战略报告中，可能需要在关于公司业务模式和战略的其他部分讨论气候变化相关情景分析的结果，或者解释与其他风险相比，如何评估和确定气候相关风险的优先级。

④在重要性方面，样本中大多数公司都按照新的上市规则要求，在 TCFD 框架中声明了遵守程度。然而，并未解释其在 TCFD 披露中如何应用重要性，许多公司也未说明他们对 TCFD 全部门指导和针对金融及非金融公司的补充指导是如何考虑的。如果公司未在其披露中包含来自这些指导的某些元素，信息使用者就不清楚该公司是否已考虑这些元素并决定它们是不相关或不重要，还是由于其他原因（如缺乏稳健的数据）而省略了。FRC 对公司遵守 TCFD 水平的评估始终低于公司自己声称的水平。

⑤在 TCFD 与财务报表披露的联系方面，一些公司虽然讨论了气候对财务报表的影响，但不太有助于理解气候相关风险与财务报表中金额之间的关系。少数几家公司在战略报告中广泛讨论了气候变化和转型计划。投资者团体呼吁在叙述性报告与财务报表中的气候相关假设和估计之间建立更紧密的联系，包括理解会计假设和估计在多大程度上与《巴黎协定》一致。

审查主要发现如表 2－3 所示。

表 2－3　　英国财务报告委员会（FRC）的调查情况——TCFD 披露

维度	要求	披露情况
治理	描述组织在气候相关风险和机遇方面的治理情况	◇ 所有公司都提供了关于气候相关治理的信息。 ◇ 较少有公司解释董事会多久考虑一次气候相关事项，管理层如何向董事会汇报，是否已设定气候相关的绩效目标，以及气候对重大资本支出、收购和处置的影响。
战略	披露与气候相关风险和机遇对组织业务、战略和财务规划的实际和潜在影响	◇ 所有公司都描述了一些与气候相关的风险和机遇，但这些对战略的影响并未得到普遍而详尽的阐述，且有时会缺失与业务或地域相关的详细信息。 ◇ 一些公司对气候相关风险和机遇的讨论似乎过于侧重机遇，而忽视了风险。 ◇ 大多数公司进行了情景分析，但提供的细节程度不一，只有 1/4 的公司披露了量化结果。 ◇ 从大多数评论来看，情景分析如何为财务规划提供信息并不明确。
风险管理	披露组织如何识别、评估和管理与气候相关的风险	◇ 大多数公司将与气候相关事项的风险管理纳入了整体风险管理过程中，但往往并不清楚气候风险是如何优先于其他风险的，气候风险的实质性如何也没有得到很好的解释。

续表

维度	要求	披露情况
指标和目标	披露用于评估和管理气候相关风险和机遇的指标和目标	◇ 披露的指标主要集中在范围 1 和范围 2 的碳排放上，这些排放也是法定报告所要求的。而较少公司报告范围 3 的碳排放或其他气候相关风险和机遇的指标。 ◇ 大多数公司报告了一个净零目标，但在描述这一目标时缺乏清晰性和一致性。 ◇ 不常提供有关指标变动的历史数据和解释，导致难以理解公司如何朝着其目标取得进展。

如表 2 -4 所示，对财务报表披露的调查显示，在披露重大判断或有重大风险导致下一个财政年度内重大调整的估计不确定性来源时，气候变化相关事项通常没有得到有效解决。

FRC 就与气候有关的估计和判断向一家上市公司提出了两项询问。第一个问题涉及已披露的气候相关风险和机遇的相对影响和不确定性。FRC 要求该企业澄清所披露的气候相关风险和机遇对毛利率的相对影响。第二个问题与气候目标有关，FRC 指出，该企业在年度报告中的气候转型计划包括大量目标，但不清楚这些目标是否被纳入预算、业务计划和会计假设。

FRC 强调，公司有必要披露导致重大调整的具体估计，并对关键假设进行量化。同时，强调了敏感性披露的重要性。《国际会计准则第 1 号——财务报表列报》（第 122 段、第 125 段、第 129 段）和《国际会计准则第 8 号——会计政策、会计估计的变更和差错》（第 39 段）对这些披露提出了明确要求。

表 2 -4　　英国财务报告委员会（FRC）的调查情况——财务报表披露

主要项目	披露情况
判断和估计	◇ 几家公司在财务报告中披露将气候变化作为在下一财年进行重大调整的重大风险不确定性评估的来源相关因素，以及重大判断的相关因素。 ◇ 在某些情况下，公司解释了为什么目前气候不是重大判断和估计的相关因素。 ◇ 一些公司提供了额外的敏感性信息，以说明在 TCFD 披露的情景分析中纳入的假设所产生的影响。
资产减值测试	◇ 多家公司明确在资产减值测试中考虑了气候变化，对重大假设（如商品定价和碳定价）进行了量化，并提供了额外的与气候相关的敏感性分析。 ◇ 其他公司则提供了非常一般的披露，只说明如何将气候因素纳入资产减值测试和敏感性分析中。 ◇ 少数公司没有提供国际会计准则第 36 号（IAS 36）所要求披露的所有信息，这导致很难评估它们在资产减值测试中如何考虑气候变化。 ◇ 并不清楚气候风险是否已被纳入现金流预测或贴现率中。

续表

主要项目	披露情况
资产的有效使用年限	◇ 多家公司明确解释了为什么某些资产的有效使用年限没有受到气候变化或向低碳经济转型的影响。 ◇ 其他公司，包括一些已表明有意替换或升级特定类型资产或生产设施，或已设定具体净零目标的公司，并未解释在确定相关资产的有效使用年限时，是如何考虑气候变化的。
分部报告和详细收入披露	◇ 多家公司修订了它们的分部报告，以反映在管理信息的传递方式上因应对气候变化和转型而作出的改变。 ◇ 其他公司关于新低碳业务的讨论在分部报告或详细收入披露中并未明显体现出来。
新兴领域	◇ 只有少数公司确认了排放权资产或者披露了绿色金融或可持续金融的信息。 ◇ 相关的会计政策的解释程度与公司叙述性报告中所阐述的重要性的匹配性不足。

（2）英国背书委员会（UKEB）的调查情况

英国背书委员会（UK Endorsement Board，UKEB）（2023）对 2020 年 2 月至 2023 年 4 月期间发表的 24 份关于气候相关风险及其与财务报表关系的研究报告和文章的非现场审查表明，当前主要的问题在于以下三个方面：①连通性，与气候相关的叙述性披露与财务报表披露之间的连通性水平。②发生和质量，气候相关信息披露的频率有所增加，但质量没有提高。③估计和判断，在用于编制财务报表的估计和判断中，气候相关事项的使用或影响缺乏透明度。

（3）其他相关研究

Sullivan 和 Gouldson（2016）比较了英国企业和美国企业在气候变化方面的行动，发现在所采取的行动（特别是关注供应链相关排放的意愿）、为自己设定的减排目标的雄心以及能源消耗和温室气体排放的改善率方面，英国公司都在一定程度上领先于美国公司，因此，人们普遍认为英国在应对气候变化方面领先于美国的说法部分体现在企业应对气候变化的方式上。

2.1.3　澳大利亚和新西兰气候相关财务影响披露实践

（1）澳大利亚和新西兰特许会计师公会（CAANZ）

澳大利亚和新西兰特许会计师公会（Chartered Accountants Australia and New Zealand，CAANZ）（2022）的统计数据显示，从披露位置来看，在年度报告的前端，分别有 84% 和 70% 的澳大利亚和新西兰企业提到了气候。相比之下，78% 的全球企业在年度报告的开头提到了气候问题。在财务报表中，澳大利亚和新西兰企业分别有 23% 和 16% 提及气候。相比之下，9% 的全球企业在其法定财务报表中提及气候。

从披露项目来看，对于澳大利亚和新西兰企业，气候相关风险主要影响非流动资产减值、财务风险以及环境恢复准备金等的披露。全球企业的情况类似，但并未显示气候相关风险会影响财务风险。对于澳大利亚企业，影响频率最高的是非流动资产减值（占企业的44%）、财务风险（占企业的24%）和环境恢复拨备（占企业的11%）。对于新西兰企业，影响频率最高的是财务风险（38%的企业）、非流动资产减值（25%的企业）和关键会计估计（25%的企业）。对于全球企业而言，非流动资产减值受到影响的频率最高（77%的企业）。全球企业似乎没有在财务风险中报告与气候相关的风险，这与澳大利亚和新西兰企业的方法存在显著差异。具体影响如表2－5所示。

表2－5　澳大利亚和新西兰特许会计师公会（CAANZ）的调查情况——财务报表披露

主要项目	气候相关风险的潜在影响
资产减值（IAS 36）	◇ 披露气候相关风险敞口作为减值指标。 ◇ 披露如何将气候相关风险纳入可收回金额计算。例如：它们如何影响现金流量预测所依据的关键假设。 ◇ 减值的识别。
不动产、厂房和设备（IAS 16） 无形资产（IAS 38）	◇ 披露资产预计使用年限的变更。 ◇ 每年确认的折旧或摊销金额的变更。
公允价值计量（IFRS 13）	◇ 披露如何将气候相关风险纳入公允价值计算。
金融工具（IFRS 9）	◇ 披露气候相关风险敞口如何影响贷款和投资的预期信用损失。
金融工具：披露（IFRS 7）	◇ 披露企业如何管理与金融工具相关的气候相关风险。
准备金、或有负债与或有资产（IAS 37）	◇ 披露对未来事件所做的假设。 ◇ 披露如何将气候相关风险纳入最佳拨备估计中。 ◇ 披露由于更严格的环境和其他法规而导致的潜在诉讼和罚款/处罚的或有负债。 ◇ 承认在不同的气候相关风险情况下，由于潜在收入损失（由于产品和服务需求减少）或成本增加而导致的繁复的合同条款。 ◇ 认可因监管变化或项目寿命缩短而导致工厂退役或恢复环境破坏的规定。

企业之间讨论气候相关风险影响的方式也存在差异。常见的一些表述主要有：①气候相关风险影响的估计存在不确定性，但不影响估计的价值或测量。②企业仅表示考虑了气候相关风险的影响，但没有进一步声明是否有影响以及有多大影响。③气候相关风险尚未产生影响。④气候相关风险已产生影响。

从行业分类来看，能源（占企业的23%）、材料（占企业的19%）和金融（占企业的17%）行业气候相关风险对财务报表的影响最大。气候相关风险对医疗保健（GICS第35部门）和信息技术（GICS第45部门）行业的财务报表没有影响。

（2）澳大利亚会计准则委员会（AASB）和审计与鉴证准则委员会（AUASB）的调查情况

澳大利亚会计准则委员会（Australian Accounting Standards Board，AASB）和审计与鉴证准则委员会（Auditing and Assurance Standards Board，AUASB）（2022）以2018—2021年几乎所有在澳大利亚上市的公司为样本，研究了澳大利亚上市公司年度报告中气候相关披露的趋势以及相关的审计实践。

表2－6　　AASB－AUASB（2022）的调查情况——披露位置

项目	2018年		2019年		2020年		2021年		合计
	数量	百分比	数量	百分比	数量	百分比	数量	百分比	数量
有气候相关披露的公司	364		416		527		696		2003
报表附注中披露	16	4.4%	31	7.5%	47	8.9%	73	10.5%	167
董事薪酬报告中披露	5	1.4%	14	3.4%	21	4.0%	42	6.0%	82
年度报告其他部分披露	364	100%	416	100%	527	100%	696	100%	2003

如表2－6所示，在年度报告中披露气候相关信息的澳大利亚证券交易所（ASX）上市公司数量稳步增长。在年度报告或公司治理声明中披露气候相关信息的公司数量，从2018年的364家（占上市公司的19%）增加到2021年的696家（占上市公司的36%）。这表明澳大利亚公司越来越认识到气候影响的重要性。所有行业不断增长的披露率为特定行业报告标准的有效性提供了支持，并且可能为考虑在澳大利亚哪些披露最相关提供基础。

分行业来看，在TCFD（2017）和AASB－AUASB（2019）的指导下，AASB－AUASB（2022）根据暴露于气候相关风险的程度将行业进行分组，并定义气候敏感行业为消费品、能源、金融、工业、材料、房地产和公用事业。研究发现，每个行业的气候信息披露率都实现了增长，其中，公用事业在2018年（56%）和2021年（74%）的年度报告中披露比例最高。相比之下，医疗保健（从2018年的9%增长到2021年的21%）和信息技术（从2018年的7%增长到2021年的24%）的披露比例最低。披露率提高范围为11%～34%，能源行业增长最大，工业增长最小。气候敏感行业的公司在年度报告中披露气候相关信息的可能性显著更高，同时每个行业每年都在持续增长。

气候相关报告的各种报告框架表明需要采用可比较的、国际一致的方法来提供更一致的可持续性基准，包括气候相关的披露。气候敏感行业更有可能根据现有的报告标准或指南自愿披露气候相关信息，所有行业的公司越来越自愿地认识到这些披露对其投资者和利益相关者的重要性。然而，没有任何行业的披露率达到100%。原因可能在于公司对气候相关事项的考虑不足，或者此类事项并非对所有上市公司都重要，即使是一些气候敏感行业的公司。

从气候相关财务影响信息披露位置来看，所有披露气候相关信息的公司都将信息放在年度报告的财务报告和薪酬报告之外的部分，可能在公司治理声明，或者在年度报告中关于可持续性、风险管理、环境法规部分，或者在董事报告的业绩讨论部分，或者在董事长或 CEO 的业绩讨论部分。由于澳大利亚的年度报告格式并不标准化，因此有一部分披露在上述规定的部分之外。

如表 2－7 所示，报表附注中涉及气候相关影响的披露事项有多个项目，其中，非金融或无形资产账面价值和减值最多，共 57 条，占 25.1%。其次是风险管理（39 条，占 17.2%）。涉及会计政策和判断或编制基础的共 33 条，占 14.5%。不动产、厂房和设备共 29 条，占 12.8%。资产负债表日后事项以及准备金和或有事项共 27 条，占 11.9%。与利润相关的共 11 条，占 4.8%。与投资相关的共 5 条，占 2.2%。有 5 条提到对气候相关披露的鉴证或现任审计师提供的非鉴证服务，例如：在审计师薪酬附注中提及 TCFD 披露差距分析。另有 21 条也有提及气候相关影响的情况，但未纳入上述类别中，这些附注主要是针对公司或特定资产类型的注释。

表 2－7　澳大利亚和新西兰特许会计师公会（CAANZ）的调查情况——报表附注披露

主要项目	数量（条）	百分比
非金融或无形资产账面价值和减值	57	25.1%
风险管理	39	17.2%
会计政策和判断或编制基础	33	14.5%
不动产、厂房和设备	29	12.8%
资产负债表日后事项以及准备金和或有事项	27	11.9%
利润，包括收入和费用	11	4.8%
投资	5	2.2%
审计师薪酬	5	2.2%
其他	21	9.3%
合计	227	100.0%

（3）其他相关研究

Garg（2023）以澳大利亚上市公司为样本，对财务报表进行基于机器学习的文本分析，以制定气候变化和可持续发展相关披露的指数评分。研究发现，气候变化得分与盈利能力呈负相关，与累计折旧和摊销呈正相关。这表明在财务报表和附注中披露气候变化相关信息的公司作出的会计和运营决策会导致总资产收益率降低，由于其资产的折旧和摊销费用逐年增加，其会计和经营决策导致历年累计折旧和摊销金额较高。这些公司对其非流动资产提取更高的折旧和摊销金额，这表明会计调整考虑到未来气候变化相关事件的负面影响。

此外，气候变化报告在提高企业对风险和机遇的认识和理解方面发挥着重要作用。通过提供有关气候变化的披露和详细信息，企业向投资者和其他利益相关者通报气候变化风险的潜在影响以及所采取的行动，并支持明智的决策。考虑到气候变化风险对其运营的影响，预计披露公司也将对其资产价值进行调整。但 Brad 等（2023）对澳大利亚上市公司的气候风险情景分析的披露情况进行梳理，发现情景分析的披露在具体温度情景、披露依据、情景的预计时间表、披露地点等诸多方面存在较大差异，不具有跨公司的可比性，这使投资者在获取信息方面面临着重大挑战。而公司不愿意完全披露情景分析及风险细节的原因可能在于，担心可能会面临的诉讼或其他成本。或者一些公司可能会作出机会主义假设，通过减少情景分析对公司的预测影响来减少负面披露，但这种策略对公司规划气候变化影响并无裨益。

Scholten 等（2020）将财务会计准则视为一个体制框架，并探究这一框架在多大程度上支持公司披露气候变化如何影响其业务和生产资产价值的问题。为了测试公司在多大程度上披露与气候变化有关的信息，文章选择了 4 家能源公司并进行了比较案例研究分析。研究的重点是生产资产的估值，更具体地说，是钻井平台、风车平台、用于支持生产的重型设备和运输工具，以及用于运输生产的能源设备的管道和电缆。

研究发现，在 4 个案例中，与生产资产估值有关的潜在未来变化（由气候变化引起）均未列入其资产负债表附注。值得注意的是，气候变化可能会影响可再生能源公司和非可再生能源公司的生产资产的未来价值，原因是可再生能源需求的增长是以不可再生能源需求为代价的。现行的财务报告体系不支持可再生能源公司提供有意义的、定量的洞察，以预测其未来现金流入的增长以及其金融和创新潜力。这妨碍了投资者准确而有意义地评估一家可再生能源公司的业务与一家不可再生能源公司的业务相比的价值。

Haque 和 Deegan（2010）对 5 家大型澳大利亚能源密集型企业在 16 年间与气候变化相关的公司治理披露情况的调查发现，随着时间的推移，公司在与气候变化相关的公司治理披露方面呈上升趋势。然而，在很多情况下，这些披露对于揭示样本公司所面临的气候变化相关风险和机遇的作用非常有限。随后，Haque 等（2016）基于对不同利益相关者群体的气候变化专家的调查以及对企业气候变化管理人员的访谈，深入了解了利益相关者期望的信息与澳大利亚公司披露的信息之间的差距，发现澳大利亚公司披露水平低的原因主要在于，缺乏积极的利益相关者参与、明显关注财务业绩和提升股东利益以及管理者未能接受问责。

2.1.4 其他国际组织的调查情况

（1）气候相关财务信息披露工作组（TCFD）的调查情况

由 FSB 设立的 TCFD 的工作目标是为公司和其他组织提供一个框架，以便它们通过现有的报告渠道更有效地进行与气候相关的财务信息披露，通过提高气候变化相关风险的透明度，支持更明智、高效的资本配置决策。

TCFD 发布的建议框架是目前在气候相关财务信息披露方面最具影响力的框架之一，并受到多个国家政府、监管机构和标准制定者的认可和采纳。TCFD 在其 2017 年首份建议中即提出，公司应在其年度财务文件中提供气候相关财务披露。美国证券交易委员会（SEC）、英国议会、欧盟委员会和国际可持续准则理事会（ISSB）在制定气候相关报告要求和标准时已经纳入或借鉴了 TCFD 建议，证监会国际组织（IOSCO）支持 ISSB 准则，呼吁其 130 个成员管辖区“考虑采用、应用或以其他受到 ISSB 准则影响的方式，在其管辖范围内的安排中，以促进一致和可比的气候相关和其他可持续信息披露。”

随着气候相关财务信息披露受到越来越广泛的重视，信息披露工作也面临着重大挑战。TCFD 在其 2023 年进展报告中指出，TCFD 试图平衡披露使用者的需求与编制者面临的挑战，并深刻意识到公司担心多个气候相关披露框架增加了其披露工作的行政负担和成本，以及投资者和其他使用者将公司的不具有可比性的报告识别为将气候相关问题纳入其财务决策的主要障碍。鉴于这些担忧，TCFD 借鉴了现有的气候相关披露制度，开发了一个单一的、易于访问的气候相关财务披露框架，这将有助于现有的披露制度随着时间的推移更加一致。

鉴于政府间气候变化专门委员会（Intergovernmental Panel on Climate Change, IPCC）最近的警告，许多气候相关风险比之前评估的要高，并且随着每次升温，损失和损害将会增加，TCFD 认为越来越多的公司将需要将气候相关问题纳入其财务文件中。近年来，公司在其财务文件中对气候相关财务信息的关注增加，包括财务报表中的信息。例如：美国 SEC 成立了一个工作组，以识别潜在的违规行为，包括公司在现有规则下披露气候相关风险时的重大差距或错误陈述。此外，欧洲证券和市场管理局（ESMA）将气候相关事项作为其 2022 年监控和评估上市公司遵守相关报告要求的优先事项之一。英国财务报告委员会（FRC）审查了公司在有合理预期认为气候风险会对财务报表产生重大影响时，如何解释其净零目标和转型计划与财务报表之间的联系。

全球气温上升导致重大损失的一个具体例子是极端天气事件。2022 年，自然灾害导致全球经济损失 2840 亿美元，其中不到一半（1250 亿美元）由保险覆盖。自 2017 年以来，自然灾害的平均年度保险损失超过 1100 亿美元，是前五年平均 520 亿美元的两倍多。随着全球气温在短期内继续上升，导致更大的极端事件，TCFD 强调公司考虑气候变化及其相关的缓解和适应工作对其战略和运营的影响，并披露相关信息，包括在适当时在其财务报表中披露。这些信息对于投资者、贷款人和保险承保人适当评估和定价气候相关风险和机遇以及分配资本至关重要。

TCFD 在其 2023 年进展报告中，使用人工智能（AI）技术审查了全球特定行业共 1365 家大公司在 2020—2022 年公开发布的报告，发现很少有公司披露决策有用的气候相关财务信息，特别是与气候变化对其业务、战略和财务规划的影响相关的信息。主要发现如下：

- 披露与 TCFD 一致信息的上市公司比例持续增长，但仍需要取得更多进展。对于 2022 财年报告，58% 的公司至少披露了 11 项建议披露中的 5 项，比 2020 年的 18% 有所上升。然而，只有 4% 的公司披露了所有 11 项。
- 报告气候相关风险或机遇、董事会监督以及气候相关目标的公司比例在 2020—2022 年显著增加，分别增长了 26%、25% 和 24%。
- 在财务文件中披露的气候相关财务信息仍然有限。对于 2022 财年，平均而言，大多数公司在可持续发展报告和年度报告中披露与 11 项建议披露一致的信息，而非在财务文件中披露。
- 2022 年披露最多的事项是公司用以评估气候相关风险或机遇的指标，71% 的公司披露了这一事项。
- 在 2020—2022 年三年间披露最少的事项是公司在不同气候相关情景下的战略韧性，只有 11% 的公司在 2022 年披露了这一信息。
- 有最终或建议的气候相关披露要求的管辖区大多规定气候相关信息应在财务文件或年度报告中披露。

（2）碳追踪者（Carbon Tracker）的调查情况

Carbon Tracker（2021）研究发现，几乎没有证据表明公司将与气候相关的重大事项纳入其财务报表。在 107 家公司中，超过 70% 的公司在编制 2020 财年财务报表时没有考虑气候问题，尽管重要的机构投资者已经将这些公司确定为高碳暴露公司，并且大多数公司都被列入气候行动 100 + 投资者关注名单。

大多数与气候相关的假设和估计在财务报表中都不可见。只有 25% 的公司披露了它们在编制财务报表时至少使用了一些定量假设和估计。

大多数公司在报告中没有讲出一致的故事。72% 的公司在其财务报表中对气候问题的处理似乎与其在其他报告中披露的气候相关风险以及相关承诺不一致。这包括该公司承认气候相关风险在财务上很重要的情况。

公司似乎没有使用与《巴黎协定》一致的假设和估计。虽然一些公司使用了已发布的气候情景，但似乎没有一家公司使用与《巴黎协定》一致的假设和估计，也没有一家提供对此的敏感性分析。

Carbon Tracker（2022）的调查结果仍未有明显改观。研究团队对134家高碳暴露公司进行了审查，几乎没有证据表明它们在准备财务报表时考虑了重大气候相关事项的影响。98%的公司没有证明它们的财务报表考虑了重大气候事项的财务影响。

总体而言，公司未能披露用于准备财务报表的气候相关的定量假设和估计，即使它们指出气候风险可能影响这些假设。99%的公司没有全面披露相关假设和估计。这是值得注意的，因为公司及其审计师通常将这些相同的假设和估计识别为对财务准备至关重要，并受到相当大的判断和估计不确定性的影响。

公司没有呈现一致的气候叙述。它们的财务报表未能充分反映其他报告中包括的气候考虑。134家公司都存在某种程度的不一致性。尽管许多公司认识到气候相关风险是重大的，并表示它们正在采取措施设定和实现排放目标，但它们未能在财务报表中揭示相关性。这些差异可能是洗绿的证据。

没有一家公司使用与2050年或更早实现净零排放一致的假设和估计。尽管绝大多数公司都有实现这一目标的雄心。虽然只有3家公司提供了与净零目标一致的敏感性分析，但这与上一年相比仍然是一种改进。嘉能可（Glencore）最好地说明了提供这些信息的重要性，它指出在使用净零假设时，几乎完全减计了与动力煤相关的资产。

Carbon Tracker（2023）研究发现个别公司的得分相比上年虽有所提高，但整体表现仍不乐观。总体而言，气候相关的披露仍然缺乏投资者评估和参与所需的细节。在140家公司和审计报告中，有60%未能说明气候风险和能源转型如何影响其财务报表或审计。然而，有40%的公司提供了部分信息，其中，有20份报告在财务报表和审计报告要素的一系列评估中至少有一个年度得分有所提高。

与2022年调查结果一样，大多数公司没有解释气候问题将如何影响其资产负债表中的碳暴露项目。31%的公司提供了部分但不是全部的信息。只有3%的公司对所有相关财务报表项目都做了解释。有9家公司通过在其2022财年财务报表中表明一些气候风险的纳入，提高了它们的年度得分，而在前一年几乎没有或根本没有有关气候风险的纳入。

81%的公司继续遗漏财务报告中使用的相关定量假设和估计。尽管这些假设和估计被认为是准备财务报表的重要内容，并且对不确定性的判断和估计有重大影响。尽管如此，也只有18%的公司在其2022财年的报告中提供了这些信息的部分内容。只有壳牌公司完全满足了这一评估标准。6家公司（包括壳牌）提高了它们对此类假设和估计的年度披露，从而提高了得分。

没有一家公司在其财务报表和其他报告中提供完全一致的气候叙述。这一差异可能是重大错误、公司治理不佳或潜在的洗绿行为的证据。然而，30%的公司在其报告中提供了部分一致的叙述，通常用于处理气候风险。有3家完全满足了这一评估标准。8家公司提高了它们的年度一致性相关得分。

投资者对与净零目标一致的敏感性分析的要求没有一家公司能够完全满足。尽管超过100家被评估的公司有净零目标。然而，仅6%的公司提供了部分有关与净零目标保持一致的潜在影响的信息，有4家公司提高了它们的年度得分。

Carbon Tracker（2024）在2023年分析报告的基础上，采用交通灯评级体系对140家公司2022财年财务报表和审计报告做了进一步分析。结果显示，财务报表和审计报告中提及气候问题的次数有所增加，但这些通常只是对能源转型存在性和/或对《巴黎协定》目标支持的泛泛之谈。一些公司重复了其他报告中的风险和目标讨论。这些陈述缺乏对这些话题如何或将在相关财务报表项目中具体体现的洞察力。

在过去三年的分析中，有一小部分公司和审计师至少提供了一些所需信息，使投资者能够洞察能源转型对资产负债表可能带来的短期和长期影响。这些共同性可能有助于促进持续的透明度，并帮助人们理解为什么在其他地方会看到不足。

关于实现全球净零目标的影响，信息仍然缺乏。没有公司在编制财务报表时使用与净零目标完全一致的假设和估计。也没有公司提供所有相关财务报表项目的所需敏感性分析。在适当的情况下，已记录和未记录的资产退休/退役义务的潜在影响经常被忽略。

总体而言，气候相关财务影响的信息披露进展缓慢，尚未出现明显转变，也未与能源转型保持一致，投资者往往仍处于信息不透明的状态。

近三年的主要变化在于披露质量的地理差距日益扩大。许多美国申报者甚至拒绝提供在欧洲或英国已公开的基本信息，如重要估计和假设。一些美国公司用挑战或重复定性分析来回应投资者的要求。在气候问题如何影响公司账目存在重大不确定性和持续不透明性的背景下，投资者需要了解公司编制财务报表时已使用的定量输入。没有这些信息，投资者就缺乏必要的信息来理解财务报表的金额，调整自己的模型，并进行互动。

Carbon Tracker（2024）还指出，美国公认会计原则和国际财务报告准则都要求披露重要信息，它们还要求或建议披露某些会计项目的关键假设和估计。准则要求基本上具有一致性，但公司实际披露的财务报告中却缺乏相关信息，表明问题原因并不在于准则本身，而在于对准则的执行，因此，需要更多的监管干预来确保会计和审计要求得到遵守。

碳追踪者（Carbon Tracker）2021—2024年对气候相关信息披露情况的对比如表2-8所示。

表 2－8　　碳追踪者（Carbon Tracker）2021—2024 年的调查情况对比

年份	样本数	气候相关信息披露情况
2021	107	• 超过 70% 的公司在编制 2020 财年财务报表时没有考虑气候问题。 • 只有 25% 的公司披露了它们在编制财务报表时至少使用了一些定量假设和估计。 • 72% 的公司在其财务报表中对气候问题的处理似乎与其在其他报告中披露的气候相关风险以及相关承诺不一致。 • 没有一家公司使用与《巴黎协定》一致的假设和估计，也没有一家提供对此的敏感性分析。
2022	134	• 98% 的公司没有证明它们的财务报表考虑了重大气候事项的财务影响。 • 99% 的公司没有全面披露气候相关假设和估计。 • 134 家公司都存在某种程度的不一致性，财务报表未能充分反映其他报告中包括的气候考虑。 • 没有一家公司使用与 2050 年或更早实现净零排放一致的假设和估计。
2023	140	• 60% 的公司未能说明气候风险和能源转型如何影响其财务报表，然而，有 40% 的公司提供了部分信息。 • 大多数公司没有解释气候问题将如何影响其资产负债表中的碳暴露项目。31% 的公司提供了部分但不是全部的信息，只有 3% 的公司对所有相关财务报表项目都做了解释。 • 81% 的公司继续遗漏财务报告中使用的相关定量假设和估计，18% 的公司在其 2022 财年的报告中提供了部分内容。只有 1 家公司（壳牌）完全满足了这一评估标准。 • 没有一家公司在其财务报表和其他报告中提供了完全一致的气候叙述。30% 的公司在其报告中提供了部分一致的叙述，通常用于处理气候风险。有 3 家完全满足了这一评估标准。 • 超过 100 家被评估的公司有净零目标，仅 6% 的公司提供了部分有关与净零目标保持一致的潜在影响的信息。
2024	140	• 财务报表和审计报告中提及气候问题的次数有所增加，但通常只是泛泛之谈，一些公司重复了其他报告中的风险和目标讨论。 • 有一小部分公司和审计师至少提供了一些所需信息，使投资者能够洞察能源转型对资产负债表可能带来的短期和长期影响。 • 关于实现全球净零目标的影响，信息仍然缺乏。没有公司在编制财务报表时使用与净零目标完全一致的假设和估计，也没有公司提供所有相关财务报表项目的所需敏感性分析。在适当的情况下，已记录和未记录的资产退休/退役义务的潜在影响经常被忽略。 • 近三年的主要变化在于披露质量的地理差距日益扩大。

2.1.5　未来可行的研究方向

TCFD 在其 2023 年进展报告中提出了未来需要继续关注或进一步工作的领域：①确保 ISSB 标准与管辖区框架的互操作性，以支持公司在不同管辖区的一致报告，并避免公司需要通过多个场所报告。②制定关于气候相关物理风险评估和适应规划、在部门或行业层面进行气候相关情景分析、部门或行业层面的温室气体排放测量等主题的实施指南。③继续关注公司在不同气候相关情景下的战略韧性披露，包括与最新的国际气候变化协议一致的气候相关情景。④继续关注对其他可持续主题（如生物多样性、水和社会问题）的决策有用披露，并考虑气候相关和其他可持续性问题之间的联系（例如：在公司的过渡计划背景下）。⑤制定一致的气候相关财务披露框架以便于不同国家和主权地区使用。一致和可比的报告将有助于公司准备全面的 TCFD 一致披露和过渡计划，适当反映其运营环境。

针对目前面临的主要担忧，IASB 建议的行动方案包括：①发布说明性示例。②增强 IASB 教育材料，包括为传统财务报告社区之外的利益相关者量身定制的材料。③发布一些更具挑战性的报告领域的应用指南。④对 IFRS 要求的核心进行有限的修改。IAS 1 关于时间范围的要求以及 IAS 36 的减值测试要求，类似于可持续性报告要求，在 IFRS 要求中具有明确的连通性要求。

许多利益相关者支持扩大 IASB“财务报表中的气候风险”项目的范围，以包括长期风险，并仅将气候相关风险的报告视为 IFRS 中的原则或概念的示例。然而，一些利益相关者担心如果发生范围变化，IASB 可能无法及时提出对气候相关风险报告的担忧的解决方案。这些利益相关者建议采取以气候风险为先的方法。

Li 和 Lee（2023）针对澳大利亚目前的披露现状，提出了一些建议的研究问题：①影响企业在其财务报表中披露气候相关风险决策的因素。②人们认为财务报表在传达气候相关风险信息方面存在的不足。③会计准则中关于在编制企业报表时是否应考虑气候相关风险的影响，如何考虑气候相关风险的要求是否明确，如何改进。④不符合相关要求的原因。⑤气候相关风险影响披露不足的原因。⑥使用者对财务报表中气候相关风险信息的需求。⑦专有企业、非营利企业、私营和公共部门企业在财务报表中报告气候相关风险的机遇和挑战。⑧如何识别财务报表中气候相关风险的影响。

2.2 气候相关财务影响审计实践

2.2.1 审计师对气候相关风险的考虑

Carbon Tracker（2021）的研究发现，几乎没有证据表明审计师考虑了与气候相关的重大财务风险或公司宣布的气候战略的影响。80% 的审计师没有说明他们在审计中是否或如何考虑了与气候相关的重大事项，如减排目标的影响、法规的变化或公司产品需求的下降。

即使公司报告（“其他信息”和财务报表）之间存在相当大的不一致，审计师也很少对任何差异发表评论。59%的一致性检查都需要受到关注，对于剩下的41%，大约一半的公司对气候问题的讨论和回应在其报告中一直受到限制。

Carbon Tracker（2022）的研究仍发现，几乎所有审计师都避免对财务报表和公司“其他信息”中的不一致性发表评论。几乎没有证据表明审计师考虑了重大气候相关事项的影响。96%的审计师没有充分解释他们如何考虑气候的影响。同一全球公司网络的审计报告中关于气候事项的讨论存在差异。值得注意的是，46家美国公司的审计师均没有在审计中考虑气候事项的影响。在2050年或更早实现净零排放或更早实现不超过1.5℃升温目标的驱动下，没有一个审计师指出公司使用的假设和估计是否是合理的。

Carbon Tracker（2023）的研究仍未发现审计师充分重视气候风险信息披露的证据。没有一家公司在其财务报表和其他报告中提供完全一致的气候表述，而审计师很少指出这一点。7%的审计报告包含了一些对注意到的不一致的评论，有3家完全满足这一评估标准。4家审计师提高了他们的年度一致性相关得分。审计师在提供透明度方面仍然落后于公司，80%提供了很少或没有证据表明在他们的审计中考虑了气候问题。即使在确定资产或负债受到气候相关风险的影响作为关键审计事项时，32家美国公司中，仍没有一份审计报告表明考虑了气候问题。20%的审计报告表明在他们的审计中至少进行了一些气候问题的评估。其中，有4家审计师提高了年度得分，证明考虑了证据。只有一家，德勤对英国石油公司的审计满足了两项审计报告指标。

投资者对与净零目标一致的敏感性分析的要求没有得到任何审计师的完全满足。尽管审计公司是净零金融服务提供商联盟（NZFSPA）的成员，然而，6%的审计师提供了部分有关与净零目标保持一致的潜在影响的信息，有2家审计师提高了他们的年度得分。

Carbon Tracker（2024）的分析结果显示，对于要求提高财务报表和审计报告透明度的回应存在显著的地域差异和行业差异，欧盟和英国的公司及审计师在提供气候相关披露方面继续领先，而美国和亚太地区的公司及审计师则继续落后。即使审计师识别出可能受气候显著影响的审计事项，或公司讨论了气候问题的考虑，审计师在提供气候问题透明度方面仍落后于公司。审计师很少就报告间明显缺乏一致性发表评论。关于实现全球净零目标的影响，如果相关公司没有提供净零敏感性分析，审计师则没有发表评论。披露质量的地理差距日益扩大。美国审计师提供的透明度低于其欧盟或英国同行。

碳追踪者（Carbon Tracker）2021—2024 年审计报告中的披露情况对比如表 2－9 所示。

表 2－9　碳追踪者（Carbon Tracker）2021—2024 年审计报告中的披露情况对比

年份	样本数	审计报告中的披露情况
2021	107	• 几乎没有证据表明审计师考虑了与气候相关的重大财务风险或公司宣布的气候战略的影响。 • 80% 的审计师没有说明他们在审计中是否或如何考虑了与气候相关的重大事项，如减排目标的影响、法规的变化或公司产品需求的下降。 • 即使公司报告（“其他信息”和财务报表）之间存在相当大的不一致，审计师也很少对任何差异发表评论。
2022	134	• 几乎所有审计师都避免对财务报表和公司“其他信息”中的不一致性发表评论。 • 几乎没有证据表明审计师考虑了重大气候相关事项的影响。 • 96% 的审计师没有充分解释他们如何考虑气候的影响。 • 46 家美国公司的审计师均没有在审计中考虑气候事项的影响。 • 在 2050 年或更早实现净零排放或更早实现不超过 1.5 ℃升温目标的驱动下，没有一个审计师指出公司使用的假设和估计是否是合理的。
2023	140	• 没有一家公司在其财务报表和其他报告中提供完全一致的气候表述，而审计师很少指出这一点。 • 7% 的审计报告包含了一些对注意到的不一致的评论，有 3 家完全满足这一评估标准。4 家审计师提高了他们的年度一致性相关得分。 • 审计师在提供透明度方面仍然落后于公司，80% 提供了很少或没有证据表明在他们的审计中考虑了气候问题。 • 即使在确定资产或负债受到气候相关风险的影响作为关键审计事项时，32 家美国公司中，仍没有一份审计报告表明考虑了气候问题。 • 20% 的审计报告表明在他们的审计中至少进行了一些气候问题的评估。
2024	140	• 对于要求提高财务报表和审计报告透明度的回应存在显著的地域差异和行业差异，欧盟和英国的公司及审计师在提供气候相关披露方面继续领先，而美国和亚太地区的公司及审计师则继续落后。 • 即使审计师识别出可能受气候显著影响的审计事项，或公司讨论了气候问题的考虑，审计师在提供气候问题透明度方面仍落后于公司。 • 审计师很少就报告间明显缺乏一致性发表评论。 • 关于实现全球净零目标的影响，如果相关公司没有提供净零敏感性分析，审计师则没有发表评论。 • 披露质量的地理差距日益扩大。美国审计师提供的透明度低于其欧盟或英国同行。

2.2.2 关键审计事项的披露

随着管理层对气候相关风险的认识增加，审计师也应考虑客户的气候相关风险，因为它们可能导致更高的固有风险和重大错报风险。

澳大利亚和新西兰特许会计师公会（CAANZ）（2022）调查显示，很少有审计报告受到气候相关风险的影响。澳大利亚和新西兰企业审计报告中分别只有2% 和6% 在关键审计事项中提到了气候，主要涉及非流动资产减值、非流动资产的使用寿命、环境恢复拨备、财务风险和关键会计估计。相比之下，5% 的全球企业审计报告在关键审计事项中提到了气候，所有这些都与非流动资产减值有关。关键审计事项的数量太少，无法推断其在财务报表领域或 GICS 部门中的变化情况。

澳大利亚会计准则委员会（AASB）和审计与鉴证准则委员会（AUASB）（2022）的研究发现，气候相关的关键审计事项从 2018 年没有、2019 年的 1 个、2020 年的 5 个增加到 2021 年的 9 个。气候相关的关键审计事项通常具有黏性，并在随后的年份中重复，例外的是力拓集团（Rio Tinto）的审计报告在 2020 年讨论了气候相关影响，但在 2021 年没有讨论。关键审计事项还详细说明了气候如何影响审计师的风险评估和/或影响审计师程序的因素，以解决他们识别的风险。

所有这些关键审计事项都来自气候敏感行业公司的审计报告。例如：包含气候相关内容的关键审计事项可能与银行的信贷损失或减值相关，以及公用事业、工业、能源和材料公司的资产评估有关。在金融和能源公司的案例中，审计师在处理关键审计事项的程序中更多地考虑气候相关影响。相比之下，在材料行业的案例中，审计师更有可能将气候作为一个因素来考虑其客户的重大错报风险。

除了关键审计事项，审计师还在审计报告中提出气候变化对审计计划的影响。毕马威在其发布的力拓集团 2020 年审计报告中强调了气候变化对业务、财务报告和审计的影响。

财务报告和薪酬报告中气候相关信息的显著增加也对财务报告审计产生了直接影响。尽管 AASB – AUASB（2019）对此有所预期，并随后推动了 IASB（2020）和国际审计与鉴证准则理事会［IAASB（2020）］分别发布相关指南，但基本审计标准或应用材料并未发生相应变化来支持这一增长。

从鉴证角度来看，年报中大多数与气候相关的披露都在财务报告之外，因此无须接受审计。根据目前的鉴证实践，尽管大多数业务仅对气候相关信息提供有限鉴证，但澳大利亚市场上出现了一种趋势，鉴证报告既包含合理的鉴证水平，也包含有限的鉴证水平。此类报告目前没有明确的指南。

2.3 研究结论与未来展望

2.3.1 研究结论

企业在气候相关风险和机遇财务影响信息披露方面面临众多挑战，大多数企业只披露了当期财务影响的相关信息，较少披露预期财务影响，且披露质量与准则要求相去甚远，管理报告、可持续发展报告与财务报告之间缺乏关联性，信息披露的规范性不足，审计师对气候变化的关注以及关键审计事项中的披露较少。

（1）当期财务影响披露参差不齐，与准则要求存在较大差距。各地区的分析数据表明，披露气候相关信息的公司数量不高，定性披露居多，定量披露较少，例如：有些银行只是定性地提到气候风险被纳入预期信用损失模型。在用于编制财务报表的不确定性估计和判断中，气候相关事项的使用或影响不够清晰，有的企业在财务报表中没有应用重要性的定性阈值，只将重要性视为纯粹的定量概念进行披露，少有企业披露气候相关情景的敏感性分析。对资产减值测试、准备金和或有负债等的披露缺乏详细信息，虽然部分企业将气候风险作为估计不确定性和判断的主要来源，但其中能够作出充分解释的企业仅占少数，无法说明气候风险和能源转型如何影响财务报表。

（2）预期财务影响大多未披露。虽然有些公司在报告中提及气候变化带来的机遇以及向低碳经济转型的机遇，但没有明确说明这些机遇相对于现有高碳密集型业务的预期规模，也没有充分解释气候变化对不同企业、行业和地区可能产生的潜在影响。虽然披露情景分析的企业越来越多，但详细程度不一，只有少数企业披露了量化结果，大多数企业无法明确情景分析如何为财务规划提供信息。

（3）财务报表内部和外部的信息之间缺乏联系。主要体现在管理报告、可持续发展报告与财务报告之间的表述不一致，无法明确气候相关风险与财务报表中金额之间的关系。例如：公司在年度报告的前面部分披露了与气候相关的风险，但在财务报表中却没有任何定量披露。管理报告和可持续发展报告中披露的承诺和投资在财务报表中没有相关披露。账面价值、剩余使用寿命和残值、资产减值以及分部报告中的信息通常与财务报表之外有关公司投资及其转型相关业务模式调整的披露无关。企业未能履行其“净零”相关承诺时，何时将被确认为准备金或作为或有负债披露没有明确说明。可持续发展报告中有关气候相关风险和机遇的信息与财务报表中的信息无法进行比对，可持续发展报告中某些术语的使用与财务报表中不一致。

（4）审计师对气候变化关注不够。Carbon Tracker 的调查显示，少有审计师会考虑与气候相关的重大财务风险或公司宣布的气候战略的影响，大多数审计师没有充分解释他们如何考虑气候的影响。即使审计师识别出可能受气候显著影响的审计事项，或公司讨论了气候问题的考虑，很少有审计师对财务报表和公司“其他信息”中的不一致性发表评论。审计师在提高气候问题透明度方面存在显著的地域差异，欧盟和英国的公司及审计师在提供气候相关披露方面继续领先，而美国和亚太地区的公司及审计师则继续落后。

（5）与气候变化相关的关键审计事项披露不足。很少有审计报告在关键审计事项中提到气候相关风险，少数审计报告中提及与气候相关的关键审计事项，主要涉及非流动资产减值、非流动资产的使用寿命、环境恢复拨备、财务风险和关键会计估计，这些关键审计事项主要来自气候敏感行业公司的审计报告。由于关键审计事项的数量太少，并且在历年报告中存在内容重复的情况，目前无法推断其在财务报表领域或行业部门中的变化情况。

以上问题的根本原因在于未能完全执行当前准则的披露要求。在国际范围内，准则要求基本上具有一致性，但企业实际披露的财务报告中却缺乏相关信息，尤其是定量信息，表明问题并不在于准则本身，而在于对准则的执行。企业对于准则要求以及如何应用重要性缺乏充分理解，提供的信息质量难以保证。因此，需要更多的监管干预来确保企业遵守并有效执行会计和审计的相关要求。

2.3.2 未来展望

总体来看，即便是全球最大的公司，对气候风险的信息披露水平仍然较低（Kouloukoui 等，2018）。已有研究发现，企业对披露气候变化相关信息的顾虑，可能主要在于对信息披露后果的不确定，研究人员的考察也呈现出积极反应和消极反应并存的结果。积极反应主要体现在更高的估值（DiSalvio 和 Dorata，2014；Flammer 等，2021）、更低的公司风险（股权成本）（Matsumura 等，2022），市场会使用气候风险重要性的预期来推断管理者气候风险披露决策的可信度，并认为面临气候风险的公司比其他公司更有能力应对。而消极反应主要在于投资者往往将碳信息披露视为坏消息，因此担心企业在应对全球变暖方面可能面临的成本，从而自愿披露碳信息的企业反而更可能出现负面的市场反应（Lee 等，2015）。

由于市场反应的不确定性，企业会在与气候变化相关的沟通中倾向于采用特定的语言策略来规避风险，甚至有向政府或供应商转移和推卸责任的嫌疑（Ferguson 等，2016），但减少负面披露的策略并非良策（Brad 等，2023），而是要探究企业不愿或不能披露相关信息的原因，并提供积极有效的解决方案，例如：更频繁的信息沟通有助于减轻企业碳信息披露给市场带来的负面冲击（Lee 等，2015）。

现有关于气候和环境的相关研究分别从监管强制、国家之间的差异、管理层的知识水平和认识水平、股东尤其是机构投资者的促进作用、投资者和利益相关者的关注、内部监督、审计监督等角度考察了气候相关信息披露，尤其是碳披露的影响因素。尽管当前披露气候变化财务影响的企业较少，但未来有进一步提升的方向。

从外部宏观环境来看，在气候变化背景下，监管在激励企业采取行动方面具有重要作用，受监管行业的企业会采取更多的监管应对措施（Sakhel，2017），企业披露其碳排放量主要是为了应对财政激励、社会压力和监管强制（Tang 和 Demeritt，2018）。Mateo - Márquez 等（2021）发现，不同国家之间制度的监管、规范和文化维度都会对公司自愿披露环境信息产生影响，并对披露信息的质量施加压力。国家和地区之间实施政策的数量在一定程度上反映了各国为实现特定政策目标所作的努力（Kameyama 和 Kawamoto，2016），气候政策的严格程度也可以对企业减少碳排放的努力产生积极影响（Cadez 和 Czerny，2016）。

Kouloukoui 等（2018）研究发现，企业所在大陆和行业部门会显著影响其气候风险披露水平。同时，由于需要考虑不同国家的气候政策，有国外销售的企业更有可能会通过碳信息披露项目（CDP）披露机构投资者要求的气候变化信息（Stanny 和 Ely，2008）。

在此背景下，及时发布官方指导可以帮助企业提升信息披露水平。DiSalvio 和 Dorata（2014）针对美国证券交易委员会（SEC）2010 年关于气候风险披露的解释性指导，调查了《财富》500 强中随机抽取的 155 家大公司，发现虽然总体上信息披露仍然相当有限，但在指导发布后，气候变化披露显著增加。控制了之前的信息披露水平之后，面临更大气候变化暴露的行业中的公司，披露信息的增幅显著更大。

从企业内部来看，一方面，要强化管理层的认识、提升管理层专业知识水平。更高的气候风险认识程度可以帮助企业寻求气候机遇的价值，提升可持续发展表现（Elijido－Ten and Clarkson，2019）。Kolk 等（2008）对企业碳信息披露项目（CDP）的回应情况分析发现，披露企业的数量呈增长趋势，碳信息披露在技术层面取得了一些进展，但在认知和价值层面则进展甚微，目前并未为投资者、非政府组织或政策制定者提供特别有价值的信息。Weinhofer 和 Busch（2013）对 11 家电力公司的观察发现，虽然企业将气候变化视为影响其业务的重要问题，但由于缺乏必要的知识，对气候风险实施的风险管理流程并没有特殊之处，与其他业务的管理流程一样，只有管理层的个体反应存在差异，但由于管理层对气候变化的认识较为有限，因而无法准确确定其对业务活动的潜在负面影响。

另一方面，要充分发挥股东、董事会和利益相关者的积极作用。Kraft（2018）对电力公司的调查发现，监管过程和运动目标的嵌入性可以提升企业气候相关的实质性披露，来自股东的压力主要在竞争市场环境下起作用。环境股东激进主义增加了气候变化风险的自愿披露，特别是由机构投资者发起，如果由长期机构投资者发起则更是如此（Flammer 等，2021）。

提升监督治理水平，将碳监督纳入董事会结构和流程，可以提升碳绩效，并向利益相关者展示企业责任（Bui 等，2020）。Kouloukoui 等（2018）对全球最大的 100 家公司的调查发现，董事会的效率是强烈影响气候风险披露水平的因素。因此，需要付出更多努力来鼓励企业采取积极态度，制定行动、政策和战略，以缓解气候变化的风险和威胁。同时，利益相关者的关注也会对企业行为施加影响，投资者重视公司在气候变化风险敞口方面的透明度（Flammer 等，2021），而环境表现不佳的公司可能会进行绿色清洗来改变利益相关者的负面看法（Wedari 等，2021）。

此外，规模和之前的披露情况也会影响企业后续的披露选择（Stanny 和 Ely，2008）。为确保信息披露质量，对与气候相关的财务披露进行审计能够揭露误导性和虚假的报告（Baboukardos 等，2023）。

综上可知，气候变化风险和机遇的识别与应对需要各方的积极参与。从政策制定者角度，需要加快完善信息披露相关制度建设并加强监管。从企业角度，需要提升企业对气候风险的认识和应对能力，增强内部监督、引入外部监督。从第三方鉴证机构角度，需要加快推进可持续信息鉴证服务。

当前，准则制定机构和各国监管机构均在积极推动气候相关财务影响的信息披露准则、应用指南和相关教育材料的制定和发布。ISSB 发布的《国际财务报告可持续披露准则第 1 号——可持续相关财务信息披露一般要求》（IFRS S1）和《国际财务报告可持续披露准则第 2 号——气候相关披露》（IFRS S2）已于 2024 年 1 月 1 日生效。2024 年 5 月 28 日，国际财务报告准则基金会（IFRS Foundation）发布了首份《各国家或地区迈向全球资本市场可比信息的路径——采用或以其他方式使用国际可持续披露准则首份司法管辖区指南》，旨在通过提供具体指导，积极支持并引导各国家或地区采用或以其他方式使用国际可持续披露准则，从而为资本市场提供更加一致、可比的气候及其他可持续相关信息。欧盟于 2023 年 7 月 31 日发布首批 12 个可持续报告准则（ESRS），最早于 2025 年发布 2024 财年的可持续发展报告将采用 ESRS。

随着准则的发布，相关教育材料也在逐渐完善。2020 年，国际会计准则理事会（IASB）发布教育材料《气候相关事项对财务报表的影响》。IASB 指出，如下准则在应用时可能需要考虑气候相关事项的影响：《国际会计准则第 1 号——财务报表列报》（IAS 1）、《国际会计准则第 2 号——存货》（IAS 2）、《国际会计准则第 12 号——所得税》（IAS 12）、《国际会计准则第 16 号——不动产、厂房和设备》（IAS 16）、《国际会计准则第 38 号——无形资产》（IAS 38）、《国际会计准则第 36 号——资产减值》

（IAS 36）、《国际会计准则第 37 号——准备、或有负债与或有资产》（IAS 37）、《国际财务报告准则第 7 号——金融工具：披露》（IFRS 7）、《国际财务报告准则第 9 号——金融工具》（IFRS 9）、《国际财务报告准则第 13 号——公允价值计量》（IFRS 13）、《国际财务报告准则第 17 号——保险合同》（IFRS 17）等。2023 年 7 月，IASB 对 2020 年版教育材料进行了更新，发布更新后的《气候相关事项对财务报表的影响》。2024 年 7 月 31 日，IASB 发布《财务报表中的气候和其他不确定性（征求意见稿）》，拟通过 8 个示例说明企业在财务报表中报告气候和其他不确定性影响时应当如何应用国际财务报告准则。

目前，大多数研究主要关注企业气候相关信息披露或环境信息披露，例如：碳排放。而聚焦气候变化相关风险和机遇财务影响的研究还较少（Kouloukoui 等，2018），原因可能在于目前数据的可得性比较受限，仅有的研究也主要基于对公司的调查和访谈。因此，上述准则和相关教育材料对推进企业气候相关财务影响的信息披露进展有着重要作用，预计在 2025 年披露 2024 年年报时，气候相关信息披露会有较大改进。随着气候相关财务信息披露框架的逐步完善，包括连通性要求在内的强制性可持续发展报告要求将对财务报告目的的重大可持续发展风险的识别产生推动作用，公司可持续发展报告和财务报告部门之间需加强协调和沟通，从而增强重大风险的识别。由此，随着连通性的提升，财务报告中气候相关风险和机遇财务影响的信息披露将得到进一步改善，未来相关的研究也将更加丰富。

第3章

披露实践：全球代表性企业分析

3.1 概述

鉴于披露气候相关风险和机遇财务影响存在诸多困难，我们选择能源、化工、钢铁、电力、信息技术、航空、电信、金融、农业、汽车等重要行业34家全球代表性企业进行案例分析，为国内企业披露气候变化财务影响提供参考。我们的分析基于这些企业公开发布的2023年度相关报告，如年度财务报告、审计报告、可持续发展报告以及CDP（碳披露项目）问卷等。部分企业披露了气候和生物多样性报告、气候转型计划报告与TCFD报告，为我们的分析提供了更加丰富的信息。这些企业大多参与了摩根士丹利资本国际（MSCI）ESG评级，其最新的评级是：AAA级5家，AA级7家，A级10家，BBB级6家，BB级2家，2家被MSCI ESG评级剔除，2家未参与MSCI ESG评级。这些评级不仅反映了企业在ESG方面的表现，也为我们提供了一个衡量其可持续发展信息披露水平的有力工具。表3－1为34家全球代表性企业概况。

表3－1　　34家全球代表性企业概况

行业类别	企业名称	分析所依据的报告	上市交易所	MSCI ESG评级
能源	英国石油公司（BP）	年度报告、CDP问卷、审计报告、可持续发展报告	纽约、伦敦证券交易所	A
	意大利国家碳化氢公司（ENI）	年度报告、CDP问卷、审计报告、可持续发展报告	意大利证券交易所	A
	挪威国家石油公司（Equinor）	年度报告、CDP问卷	奥斯陆、纽约证券交易所	AAA

续表

行业类别	企业名称	分析所依据的报告	上市交易所	MSCI ESG 评级
能源	埃克森美孚集团（Exxon Mobil）	年度报告、审计报告、可持续发展报告	纽约证券交易所	BBB
	壳牌（Shell PLC）	年度报告、CDP 问卷、审计报告	伦敦、阿姆斯特丹和纽约证券交易所	A
化工	巴斯夫（BASF）	年度报告、CDP 问卷、审计报告	法兰克福、伦敦、纽约和苏黎世证券交易所	A
	杜邦（Dupont）	年度报告、CDP 问卷、可持续发展报告	纽约证券交易所	A
	拜耳（Bayer）	年度报告、CDP 问卷、审计报告、可持续发展报告	纽约证券交易所	A
	联合利华（Unilever）	年度报告、CDP 问卷、审计报告、气候转型计划报告	伦敦证券交易所	AAA
钢铁	安赛乐米塔尔（ArcelorMittal）	年度报告、CDP 问卷、审计报告、可持续发展报告	纽约证券交易所	BB
	博思格钢铁集团（BlueScope Steel）	年度报告、CDP 问卷、审计报告、可持续发展报告	澳大利亚证券交易所	AA
电力	法国电力公司（EDF）	年度报告、CDP 问卷、审计报告、可持续发展报告、《通用注册文件》	泛欧证券交易所	剔除
	意昂集团（E. ON）	年度报告、可持续发展报告	法兰克福证券交易所	AA
	苏格兰和南方能源公司（SSE）	年度报告、CDP 问卷、审计报告、可持续发展报告	伦敦证券交易所	AAA
	伊比德罗拉（Iberdrola）	年度报告、CDP 问卷、可持续发展报告	法兰克福证券交易所	AAA
信息技术	苹果（APPLE）	年度报告、CDP 问卷、审计报告、可持续发展报告	纳斯达克证券交易所	BBB
	谷歌（Google Inc.）	年度报告、CDP 问卷、审计报告、可持续发展报告	纳斯达克证券交易所	BBB
航空	美国航空集团（AAG）	年度报告、CDP 问卷、审计报告、可持续发展报告	纳斯达克证券交易所	BBB
	汉莎航空公司（LHG）	年度报告、CDP 问卷、审计报告、可持续发展报告	法兰克福证券交易所	AA

续表

行业类别	企业名称	分析所依据的报告	上市交易所	MSCI ESG 评级
电信	美国国际电话电报公司（AT&T）	年度报告、CDP 问卷、可持续发展报告	纽约证券交易所	BBB
	威瑞森通信公司（Verizon）	年度报告、审计报告、ESG 报告、TCFD 报告	纽约证券交易所	A
	沃达丰集团（Vodafone）	年度报告、CDP 问卷、审计报告、ESG 报告、TCFD 报告	伦敦、纳斯达克证券交易所	AA
金融	友邦保险（AIA）	年度报告、CDP 问卷、气候转型报告、TCFD 报告	香港联合交易所	AA
	法国安盛保险（AXA）	年度报告、CDP 问卷、审计报告、气候和生物多样性报告	泛欧证券交易所	AAA
	汇丰（HSBC）	年度报告、CDP 问卷、审计报告	伦敦证券交易所	AA
农业	路易达孚公司（LDC）	年度报告、CDP 问卷、审计报告、可持续发展报告	未上市	剔除
	雀巢公司（Nestlé）	年度报告、审计报告、可持续发展报告	瑞士证券交易所	A
	嘉吉公司（Cargill）	CDP 问卷、审计报告、可持续发展报告	未上市	未评级
	阿彻丹尼尔斯米德兰公司（ADM）	年度报告、CDP 问卷、可持续发展报告	美国明尼苏达州证券交易所	AA
	先正达公司（Syngenta）	年度报告、可持续发展报告	瑞士、伦敦、纽约及斯德哥尔摩证券交易所	未评级
汽车	宝马集团（BMW）	年度报告	德国证券交易所	A
	奔驰集团（Mercedes－Benz）	年度报告、CDP 问卷、审计报告、可持续发展报告	德国证券交易所	A
	特斯拉（TESLA）	年度报告、可持续发展报告、TCFD 报告	纳斯达克证券交易所	BBB
	斯泰兰蒂斯有限公司（Stellantis）	年度报告、审计报告、可持续发展报告	阿姆斯特丹泛欧、巴黎泛欧、纽约证券交易所	BB

我们的分析特别关注了这些企业对气候相关风险和机遇财务影响的披露，不仅关注了当前的财务影响，还分析了预期的财务影响。对这些企业气候相关风险和机遇财务影响披露的分析，为国内企业开展气候变化财务影响披露提供了参考。

3.2 短期、中期和长期定义与财务重要性判断

3.2.1 短期、中期和长期的定义

34 家公司中，30 家披露了短期、中期和长期的定义，大部分企业将短期定义为 1 年或 3 年，也有部分企业定义为 2 年，个别企业定义为 8 年。对于中期的定义相对短期差异较大，3 年、5 年、8 年都有，更长期间有 10 年、15 年、20 年。长期的定义更是多样。表 3－2 为企业具体期间定义。

表 3－2　　短期、中期和长期的定义　　单位：年

行业	企业名称	短期	中期	长期
能源	英国石油公司（BP）	0—3（到 2025 年）	3—8（到 2030 年）	8—28（到 2050 年）
	意大利国家碳化氢公司（ENI）	0—4	4—15	15—30
	挪威国家石油公司（Equinor）	0—1	1—3	3—20
	埃克森美孚集团（Exxon Mobil）	—	—	—
	壳牌（Shell PLC）	0—3	3—10	10 年以上
化工	巴斯夫（BASF）	0—3	3—10	10 年以上
	杜邦（Dupont）	0—1	1—5	5—30
	拜耳（Bayer）	0—1	1—5	5—10
	联合利华（Unliver）	0—3	3—10	10—100
钢铁	安赛乐米塔尔（ArcelorMittal）	0—1	1—8	8—28
	博思格钢铁集团（BlueScope Steel）	0—10（到 2030 年）	10—20（2030—2040 年）	20—30（2040—2050 年）
电力	法国电力公司（EDF）	1—5	5—10	10—30
	意昂集团（E. ON）	至 2030 年	2030—2040 年	2040—2050 年
	苏格兰和南方能源公司（SSE）	0—3	3—10	10—80
	伊比德罗拉（Iberdrola）	至 2025 年	2025—2030 年	2030—2050 年
信息技术	苹果（APPLE）	0—1	1—10	10—30
	谷歌（Google Inc.）	1—8	8—34	34—84

续表

行业	企业名称	短期	中期	长期
航空	美国航空集团（AAG）	0—2	2—15	15—30
	汉莎航空公司（LHG）	0—1	1—3	3—10
电信	美国国际电话电报公司（AT&T）	0—2（2025 年或之前）	2—10（2025—2030 年）	10—30（2030—2050 年）
	威瑞森通信公司（Verizon）	0—1	1—5	5 年以上
	沃达丰集团（Vodafone）	0—5	5—15	15—30
金融	汇丰（HSBC）	至 2025 年	2026—2035 年	2036—2050 年
	友邦保险（AIA）	0—1	1—3	3—30
	法国安盛保险（AXA）	0—1	1—5	5—10
农业	路易达孚公司（LDC）	0—3	3—5	5—15
	雀巢公司（Nestlé）	—	—	—
	嘉吉公司（Cargill）	1—3	3—5	5 年以上
	阿彻丹尼尔斯米德兰公司（ADM）	0—3	3—10	10 年以上
	先正达公司（Syngenta）	—	—	—
汽车	宝马集团（BMW）	0—2	2—12	12—30
	奔驰集团（Mercedes - Benz）	0—1	1—5	5 年以上
	特斯拉（TESLA）	至 2025 年	至 2030 年	至 2050 年
	斯泰兰蒂斯有限公司（Stellantis）	—	—	—

3.2.2 财务重要性判断

22 家企业说明了财务重要性判断，有 16 家企业对财务重要性进行了量化判断，剩下的 6 家企业主要采用定性方法来判断财务重要性，侧重于评估风险对业务模式、未来业绩、偿付能力或流动性的影响，而没有设定具体的量化阈值。

定量指标的差异主要体现在不同的财务阈值设定和评估方法上。例如：谷歌以净收入的 5% 作为影响阈值，而宝马集团、巴斯夫、伊比德罗拉等采用更细致的分类体系，将风险影响分为高、中、低等多个级别，并根据风险发生的可能性进行进一步的细分。这些差异反映了不同行业和企业对风险承受能力和财务稳健性的不同考量。表 3 - 3 为企业对财务重要性判断的具体分析。

表 3-3　财务重要性判断

企业名称	具体情况
意大利国家碳化氢公司（ENI）	ENI 通过采用美国反欺诈财务报告委员会企业风险管理 ERM 框架和风险评分模型，对包括气候相关风险在内的各种风险进行评估和管理，以确保财务决策与风险管理保持一致。在这个过程中，风险的可能性和财务影响被量化为不同等级，其中风险得分 8 分或以上被视为具有实质性财务影响，需要定期向高层管理人员、控制机构和董事会报告。气候变化风险在 ENI 的评估中得分很高，显示了其对公司商业模式和组织的全面影响。这种系统化的风险管理方法有助于 ENI 在战略规划和财务决策中考虑到潜在的重大风险，从而保护公司的财务健康和长期可持续发展。
英国石油公司（BP）	BP 将主要风险定义为可能对战略实施、业务、财务业绩、经营成果、现金流、流动性、前景、股东价值和回报以及声誉造成重大不利影响的单独或组合风险。
壳牌（Shell PLC）	壳牌认为重大财务或战略影响是可能对其收益、现金流或财务状况产生重大不利或积极影响的事件，这些事件可能损害其业务活动能力或影响战略实施。公司通过识别和定义战略、运营和行为文化风险，全面管理与气候相关的风险因素，以实现减排目标。壳牌评估所有风险的影响和可能性，考虑财务后果、声誉影响、法规遵守能力以及对健康、安全和环境的影响，并基于风险暴露水平、预防能力和历史发生频率来评估风险发生的可能性。
谷歌（Google Inc.）	谷歌将“重要性财务或战略影响”定义为可能对业务、声誉、财务状况和经营成果产生重大影响的气候风险和机遇。相关影响可能包括宏观经济、政治事件及与战略或竞争相关的特定业务风险，所有这些都可能受到气候变化的影响。谷歌评估这些影响时，通常考虑财务影响是否超过净收入的 5%。
宝马集团（BMW）	宝马集团将风险金额分为：低（0—2 亿欧元）、中（>2 亿—10 亿欧元）、高（>10 亿欧元）。这些阈值用于对短期风险进行分组，对中期和长期风险进行定性评估。在落实 CSRD/ESRS 报告要求的同时，将逐步实施量化。
阿彻丹尼尔斯米德兰公司（ADM）	当信息对投资者的决策可能产生重大影响时，该信息即被视为重要。ADM 公司通过企业风险管理（ERM）系统，定期评估气候变化带来的财务风险，并结合定量与定性分析，确保其财务规划能够有效应对潜在的环境风险①。
汇丰（HSBC）	汇丰将实质性的财务或战略影响定义为长期处于风险偏好范围外且缺乏缓解手段的情况，如监管资本比率低于声明的风险偏好。该银行将气候风险纳入决策和商业规划，并将资本和流动性作为风险偏好的核心考虑因素。截至 2022 年 12 月 31 日，汇丰的一级资本比率和预计信用损失费用均在其风险偏好阈值内。气候风险直接影响汇丰的财务和非财务状况，包括物理风险、信贷损失、交易资产减值和声誉风险。汇丰的气候风险偏好聚焦于监督和管理五个关键领域的气候风险，并设定气候指标以管控风险偏好。此外，汇丰进行了重要性风险评估，以识别“洗绿”风险，并计划每年更新评估结果。

① ADM 使用一个多学科、全公司范围的企业风险管理（ERM）过程来评估可持续性风险，包括气候变化和森林砍伐。每个季度，ERM 可持续性分组与 ERM 团队一起审查和报告可持续性风险和相关的缓解行动。

续表

企业名称	具体情况
杜邦（Dupont）	杜邦在评估信息重要性时，会从理性投资者的角度出发，考虑这些信息是否会显著影响他们的投资决策。如果某些信息被认为能够显著改变投资者对“总组合”的看法，那么这些信息就被视为重要。此外，杜邦也强调了存在一些风险因素，这些因素可能会造成实际结果与预期之间出现重大差异，包括一些与气候相关的风险。这些风险因素需要被投资者所了解，以便他们能够作出更为明智的投资决策。
联合利华（Unliver）	联合利华认为实质性影响是指可能威胁其业务模式、未来业绩、偿付能力或流动性的风险，特别是气候变化等主要风险。公司通过评估持有现金、经营现金流和信贷融资对业务运营和履行负债能力的影响来确定这些风险的现金流量影响。董事会全面负责风险管理，并定期审查其有效性。在评估风险时，联合利华考虑的是“严重但合理”的情况，标准是公司营业额的1%。公司通过评估单一主要风险情景和多风险组合情景来确定实质性财务影响，所有主要风险在短期（3 年内）或中期（3—10 年）内可能影响公司业务。
巴斯夫（BASF）	巴斯夫将风险理解为任何可能对其运营或战略目标的实现产生负面影响的事件，将机会定义为超出既定目标的潜在成功。如果与计划收益的偏差超过 1000 万欧元，则认为特定风险或机会具有实质性影响。巴斯夫进一步定义了对息税前净利润的影响程度：高 = 超过 1 亿欧元，中 =1000 万—1 亿欧元，低 = 低于 1000 万欧元。如果发现新的风险，可能会对超过 1000 万欧元的收益产生影响，或者存在声誉风险，则必须立即向执行董事会报告。 只有当风险或机会发生的可能性至少为 1% 或有可能威胁到公司的经营许可证时，才会考虑财务影响，概率的估计方法取决于风险或机会的性质。如关于风险/机会发生的统计数（例如：关于天气事件的重现期的知识），这些信息将成为计算可能性的基础。如果没有这样的统计关系可以依赖（例如：在评估某些政策措施实施的可能性时），则可能性将取决于专家的估计。巴斯夫对概率进行如下分类：低 = 小于 30%，中 =30%~70%，高 = 大于 70%。
汉莎航空公司（LHG）	LHG 将对利润影响超过 3 亿欧元且发生概率超过 2%，或影响超过 1.5 亿欧元且发生概率超过 30% 的风险视为具有实质性影响。这些风险以及任何可能影响 LHG 未来商业潜力、估值、增长潜力和盈利能力［如息税前利润（EBIT）率、资本回报率］的机会或风险，都被认为是实质性的。在风险评估中，LHG 区分定性和定量风险，对气候相关风险每季度进行重新评估并尝试量化其财务影响。对于无法量化的定性风险，LHG 会估计其发生可能性和重要性。评估后，风险被分为 A、B、C 和 D 四个优先级类别，以确定其重要性。
美国航空集团（AAG）	AAG 采用全面综合策略进行风险识别、评估和管理，通过跨部门流程持续监控并评估气候风险的短期、中期、长期影响。AAG 将达到或超过财务门槛的风险，或直接影响运营的风险（如严重航班延误、成本增加、载重能力限制）定义为具有实质性财务和战略影响。实质性影响的量化指标是税前利润的 1%，尽管 2021 年受 COVID-19 影响税前利润为负，但 2019 年税前收入的 1% 在 2022 年仍被用作参考，以确定需要改变内部风险管理方法的损失或收益阈值。
安赛乐米塔尔（ArcelorMittal）	安赛乐米塔尔在识别或评估气候相关风险时，将对公司财务和战略产生重大影响的情况定义为：在 12 个月的时间范围内，对公司运营和/或供应链造成的影响超过 5000 万美元。这种影响可能以多种方式表现出来，包括收入损失、边际生产成本增加、法律罚款、市场份额损失等。

续表

企业名称	具体情况
美国国际电话电报公司（AT&T）	AT&T将任何可能影响网络可靠性或性能，或影响公司为客户提供服务能力的气候相关风险视为实质性财务和战略风险。可量化的实质性影响指标表现网络可靠性受到的干扰可衡量，并由此导致客户服务中断。对于CDP报告，公司考虑相对于调整后息税折旧及摊销前利润（EBITDA）1%或以上的量化影响为实质性影响。
苏格兰和南方能源公司（SSE）	SSE根据气候机遇或风险对其战略产生实质性潜在财务影响的能力（包括可能性和影响）以及对利益相关者产生重大影响的能力进行实质性测试。可能性分为低、中、高三个等级，财务影响则根据年化息税前利润的低（低于1亿英镑）、中（超过1亿英镑但低于2亿英镑）、高（超过2亿英镑）三个等级来评估风险或机遇的预期财务影响。
伊比德罗拉（Iberdrola）	Iberdrola的风险管理框架通过定量和定性分析，全面评估包括气候风险在内的所有重要风险对运营、经济、战略和声誉的影响，并考虑风险发生的概率。从财务角度来看，公司采用四级分类体系来量化风险的经济影响，分别是极高（超过1亿欧元）、高（5000万—1亿欧元）、中（1000万—5000万欧元）和低（1000万欧元以下），这些分类基于风险对EBITDA或EBIT的潜在影响。对于税收相关风险，公司使用相同的框架，但关注其对税后净收入的影响。根据CDP要求，中、高和极高级别的风险被视为具有实质性影响。
法国电力公司（EDF）	EDF将实质性的财务影响定义为超过300万欧元的影响，这通常与造成严重环境破坏的高风险环境事件相关，这类事件往往伴随着广泛的媒体报道或重大的财务报道。这些事件可能涉及对地区、资源、自然环境、空气质量、动植物物种或生物多样性的严重破坏，并可能影响人类健康。EDF通过RepRisk ESG评级和研究提供商工具来衡量声誉风险，以此评估环境事件对业务的实质性财务或战略影响。
法国安盛保险（AXA）	AXA将对业务产生实质性财务或战略影响的因素定义为那些可能影响其偿付能力、盈利能力、投资回报和估值的因素。在气候相关风险的背景下，这种影响可能表现为超出再保险协议覆盖能力的损失事件、导致计划收益偏离或引发与客户的纠纷，包括诉讼和仲裁风险。此外，可持续性风险如气候变化可能影响客户的声誉，进而影响其业务关系，因为这种影响难以量化，公司因此采用定性评估方法来识别和评估这些风险。
拜耳（Bayer）	在自身运营和价值链中，拜耳将对财务有重大影响的风险与相应的责任人或职能关联，并按高、中、低等级评估其对整体风险组合的重要性。风险评估包括定量和定性两部分，定量评估基于潜在现金流量损失，风险按净额基准评估，并考虑为减轻潜在影响及发生可能性而采取的风险控制措施。在10年内，根据非常不可能（<10%）、不太可能（10%~30%）、可能（30%~50%）、很可能（50%~70%）、非常可能（>70%）的范围评估发生的可能性。潜在影响按低度（>1.5亿—2.5亿欧元）、中度（>2.5亿—7.5亿欧元）、重要（>7.5亿—15亿欧元）、重大（>15亿—25亿欧元）至严重（>25亿欧元）的等级确定。而定性评估则考虑战略、声誉影响及对可持续发展原则的遵守。风险发生的可能性和潜在影响按不同概率和金额等级划分。 对于供应商，拜耳定义重大财务或战略影响基于供应商的战略重要性和潜在风险，使用国际公认的国家风险分类，并结合外部咨询进行风险分析，以提高供应链透明度。风险分类和供应商的可持续发展绩效通过评估和审计进行监控。

续表

企业名称	具体情况
嘉吉公司（Cargill）	嘉吉公司通过一个基于调整后的营业收益（AOE）的风险评估框架来确定气候变化对其财务的实质性影响，该框架将影响分为五个层次：低影响（小于0.04% AOE）、中等影响（0.04%~0.2% AOE）、重要影响（0.2%~1% AOE）、显著影响（1%~3% AOE）和关键影响（超过3% AOE）。公司会将不同层次的风险上报给董事会审计委员会，以确保财务决策基于全面的风险识别和评估。影响阈值取决于风险类型和具体标准，例如：预期财务影响超过5000万美元的风险被视为重要的，而涉及战略客户或供应商损失以及市场份额重大损失的业务中断风险则被认为是重大的。可能性的评估与商业领袖用于投资决策的时间范围相一致。
奔驰集团（Mercedes - Benz）	奔驰集团在识别和评估可持续性相关的重大风险和机遇时，采用重要性分析并纳入环境、社会和治理（ESG）因素，参考TCFD建议，将气候风险和机遇纳入风险管理流程。集团通过管理和控制系统积极识别、评估这些风险和机遇，特别关注转型风险和物理风险。气候相关风险和机遇的评估基于发生概率、预期财务影响及预期价值，分为“低”“中”“高”三个级别。奔驰集团还定性评估声誉风险及对各利益相关方的影响。在量化指标上，集团基于预期价值对气候相关风险和机遇的财务影响进行分类，将低于5亿欧元的风险定义为“低风险”，5亿—10亿欧元为“中等风险”，10亿欧元以上为“高风险”。任何达到“中等”及以上风险级别的情况都被视为具有实质性的财务和战略影响。
路易达孚公司（LDC）	在财务重要性判断中，LDC根据公司权益的百分比将影响程度分为五个等级：低于0.1%的为低影响，0.1%~0.25%的为中低影响，0.25%~0.5%的为中影响，0.5%~1%的为中高影响，超过1%的为高影响。这些阈值可帮助公司评估不同财务风险或机遇对公司权益的潜在影响。

3.3 当期财务影响披露

3.3.1 资产减值

资产减值直接关系到企业财务的稳健性，它映射了企业对市场动态和未来盈利能力的预判。面对日益严峻的气候相关风险，企业必须审慎评估这些风险对资产价值的潜在影响。在34家案例企业中，有6家明确量化了气候相关风险对资产减值的影响，10家则通过定性信息阐述了它们在资产减值评估中如何融入气候考量，详情如表3－4所示。

表3－4　资产减值的确认与计量

企业名称	具体情况
英国石油公司（BP）	BP在进行资产减值测试时，会将碳价格作为一个重要因素纳入未来现金流量的预测中。这种做法是为了评估碳成本可能对资产价值产生的影响，尤其是在碳排放成本较高的司法管辖区。在2023年的减值测试中，BP特别考虑了英国北海和盖尔森基兴炼油厂的碳价格，这表明了公司对碳成本影响的重视，并将其作为评估资产可收回金额的关键因素之一。

续表

企业名称	具体情况
英国石油公司（BP）	截至2023年12月31日，集团43亿美元的勘探和评估（E&A）总资产（2022年42亿美元）的某些可收回性可能受到气候变化和全球能源转型风险因素的影响。 由于气候变化和能源转型导致的供需变化，英国石油在不动产、厂房及设备（PP&E）中的炼油资产的账面价值可能不再可收回。英国石油在本年度确定了其位于德国Gelsenkirchen的炼油厂的减值指标，因此进行了减值测试，以评估炼油厂账面价值的可恢复性。英国石油已就Gelsenkirchen炼油厂记录了13亿美元的减值损失，主要是由于经济假设的变化所致。 由于低碳能源贴现率（可再生能源资产贴现率）的提高以及项目开发成本的增加，集团在低碳能源资产方面投资的账面价值可能不再可收回，这受到了高通胀和行业内活动水平的影响（由于能源转型）。这些因素对低碳能源项目的价值产生了不利影响，影响了投资决策。因此，为评估集团低碳能源资产的可恢复性，集团进行了减值测试（包括对土地和海床租赁的公允价值、资本和运营成本假设以及预测收益率和电价假设的判断），由此导致权益核算实体确认的减值为13亿美元。
博思格钢铁集团（BlueScope Steel）	2023年，博思格钢铁集团针对其在马来西亚的建筑产品现金生成单元（CGU）进行了减值测试，并据此计提了5000万美元的减值损失。在评估潜在的减值迹象时，博思格钢铁集团不仅测试了不动产、厂房和设备，还包括了使用权资产和有限寿命的无形资产。如果难以单独确定某项资产的可收回金额，博思格钢铁集团会估算整个CGU的可收回金额。博思格钢铁集团在进行这些减值测试时，已经将气候变化行动计划和温室气体减排目标纳入考量。在估算CGU的可收回金额时，公司会评估与气候行动计划相关的运营和资本支出，例如：为达成2030年碳减排目标所需的成本、气候变化可能对运营带来的物理影响，以及对保障机制（SGM）的潜在修订。
法国电力公司（EDF）	截至2023年12月31日，EDF确认的资产减值总额达到130.11亿欧元，较2022年的17.62亿欧元大幅上升。这一显著增长反映了EDF在评估长期资产时对气候问题的综合考量，涉及的资产主要包括集团在法国、意大利等国家运营的热电发电厂。根据多年的能源计划，法国的燃煤发电厂将逐步被淘汰，例如：Cordemais发电厂，其账面价值为1亿欧元，计划最迟在2026年停止运营。
汉莎航空公司（LHG）	在2023财政年度，LHG在其业务费用中计提了3200万欧元的资产减值损失，这一数字较上一年度的1400万欧元有显著增加。减值的原因包括了由于风暴等自然灾害的影响，导致飞机的采购成本进一步下降，从而影响了其账面价值。这种减值损失的增加反映了公司对这些资产未来可回收金额的重新评估，以及对市场条件变化的响应。
意大利国家碳化氢公司（ENI）	由于阿拉斯加、墨西哥湾、土库曼斯坦和澳大利亚的资产负储备修正，以及由于天然气价格下降的预测对ENI的预期现金流产生了负面影响，扣除了刚果一个油田的价值恢复，这些资产净值的下降对ENI的预期现金流产生了负面影响，造成了10.25亿欧元减值。
挪威国家石油公司（Equinor）	挪威石油强调气候风险的增加可能导致用于减值测试的贴现率提高进而导致减值确认的可能。假设大宗商品价格预测在资产生命周期内合理下降30%，可能导致税前约100亿美元的资产减值损失。

续表

企业名称	具体情况
安赛乐米塔尔（ArcelorMittal）	安赛乐米塔尔在对未来现金流进行预测时会考虑其面临的某些气候相关风险，由于未来现金流的预测用于确定其全球现金产生单元（GCGUs）和现金产生单元（CGUs）的可回收金额，进而会影响无形资产和有形资产的减值金额的确定。
壳牌（Shell PLC）	壳牌的资产减值评估基于管理层对未来现金流的估计，考虑了商品价格、市场供需以及温室气体（尤其是二氧化碳）的排放成本。现金流预测基于管理层最新的运营计划，该计划代表最佳估计，并适当计入风险因素。折现率采用名义税后加权平均资本成本（WACC）。
沃达丰集团（Vodafone）	作为基础设施的所有者和能源的消耗者，沃达丰面临着气候变化相关风险，例如：能源成本增加、资产受损和服务中断。公司在减值测试中采用的长期规划包含了预测能源成本以及其他内嵌于规划流程中以达成集团零碳目标的成本。长期规划还涵盖了与沃达丰使用耐用且节能的基础设施相关的资本支出，以及沃达丰广泛且持续的网络维护计划的成本。气候变化尚未对集团的减值测试结果产生重大影响。
奔驰集团（Mercedes - Benz）	租赁车辆的可回收性。在确定归类为经营租赁的租赁车辆可回收性时，奔驰集团主要考虑租赁车辆的预期残值。由于向全电动汽车转型，残值可能受到客户行为变化、新监管要求和进一步技术发展的影响。尽管目前全电动汽车的预期残值低于原先的预期，但报告年度内传统动力或全电动汽车无须计提重大减值损失。 金融服务应收账款。在确定金融服务应收账款的预期信用损失时考虑车辆的预期收益，该收益基于对可能违约预期时间的市场价值的估计。截至报告日，没有迹象表明这些估计市场价值的下降可以归因于气候变化或客户行为变化的影响。
汇丰（HSBC）	汇丰在测算无形资产减值时，其现金流预测包括与气候相关的已知和可观察到的机遇以及可持续产品和运营模式相关的成本。折现率综合了资本资产定价模型与市场预测的结果，并考虑了集团业务和所在地区的市场数据，在折现率和资产价格中已纳入了气候风险的影响。
巴斯夫（BASF）	巴斯夫坚定推进气候战略，认为相关发展与措施不会对大部分非流动资产的使用年限或可回收性造成根本性影响，也无需大幅调整环境恢复义务准备金。然而，在特定情况下，出于环保考量，巴斯夫可能会关闭部分工厂。
联合利华（Unliver）	联合利华不动产、厂房及设备包括自有资产及租赁资产，其剩余价值及可使用年限的检查已考虑气候变化的影响及为减轻及适应该等气候相关风险而采取的行动，对本年度的利润表并无重大影响。
意昂集团（E. ON）	在评估 E. ON 集团管理层确定的可收回金额时，核心假设涵盖了对集团投资活动、监管框架、增长率和资本成本的预测，以及对客户解决方案业务的收入和 EBITDA 利润率，此外，还对能源网络业务的监管资产基础和监管回报进行了预测。这些预测基于外部市场数据和内部评估，同时充分考虑了气候因素对市场状况和宏观经济的潜在影响，以及集团战略中设定的可持续发展目标。

续表

企业名称	具体情况
苏格兰和南方能源公司（SSE）	全球变暖导致的天气模式变化被视为对SSE风电和水力资产未来回报的潜在风险。截至2023年3月31日，SSE对其在英国的联合循环燃气轮机发电站以及位于爱尔兰的大岛联合循环燃气轮机发电厂进行了减值测试，以重新评估这些资产的账面价值。结果显示，大岛联合循环燃气轮机发电厂的账面价值出现了1780万英镑的减值转回。2023年3月31日，SSE对Atwick和Aldbrough的储气业务进行了减值测试，以重新评估其账面价值。评估显示，Aldbrough资产出现了1.554亿英镑的特殊减值，导致4570万英镑的净减值转回。同时，与Atwick相关的减值已在截至2022年3月31日的年度中完全转回，因此本财年无须再计提减值。
拜耳（Bayer）	2023年，与气候相关的事项不会影响拜耳资产的预期使用寿命。与物理或转型相关的气候风险也没有导致任何重大减值。

在资产减值方面，不同企业根据其业务特点和气候风险敞口，进行了不同程度的定量和定性披露。在定量披露方面，英国石油公司（BP）在减值测试中特别考虑了碳价格的影响，而博思格钢铁集团（BlueScope Steel）在马来西亚的建筑产品现金产生单元（CGU）减值测试中考虑了气候变化的物理影响和相关支出。

在定性描述方面，汇丰（HSBC）和壳牌（Shell PLC）在测算资产减值时，采用了包括气候风险影响的现金流预测和折现率，拜耳（Bayer）、沃达丰集团（Vodafone）、联合利华（Unliver）、奔驰集团（Mercedes－Benz）以及巴斯夫（BASF）虽然认为其气候战略不会对大部分非流动资产的使用年限或可回收性造成根本性影响，但巴斯夫（BASF）也指出在特定情况下可能会关闭部分工厂。全球变暖导致的天气模式变化也被视为对苏格兰和南方能源公司（SSE）风电和水力资产未来回报的潜在风险。意昂集团（E. ON）更多地描述了气候相关风险对资产减值的可能潜在影响，但没有披露具体数据。

将气候风险作为一个重要因素纳入资产减值测试，这不仅有助于企业更好地应对当前的气候风险，也为未来的气候挑战做好了准备，反映了企业在财务决策中对可持续发展和长期价值创造的重视。随着全球对气候风险的关注不断增加，资产减值的考量和管理将成为企业财务规划和风险管理中越来越重要的一环。

3.3.2 商誉减值

在34家案例企业中，有9家公司描述了它们在评估商誉时如何纳入气候相关风险的考量，详情如表3－5所示。这些披露揭示了企业在商誉管理上的策略和对未来市场变化的预期，共同构成了对企业财务健康和未来前景的全面评估。

表 3－5　　商誉减值的确认与计量

公司名称	具体情况
安赛乐米塔尔（ArcelorMittal）	2023 年商誉减值余额为 1.94 亿美元。安赛乐米塔尔每年都会对商誉进行减值测试，商誉的可收回金额主要根据其使用价值确定，而使用价值通过估算未来现金流量确定。在进行未来现金流的预测时，公司会考虑其面临的气候相关风险。此外，安赛乐米塔尔还考虑了欧盟和加拿大的法律义务，即到 2050 年实现碳中和的目标。因此，对于在欧盟和加拿大生产扁平碳钢产品的业务，安赛乐米塔尔认为未来的脱碳资本支出是必要的，这也被纳入对未来现金流的假设中。
巴斯夫（BASF）	2023 年商誉减值金额为 9.91 亿欧元。巴斯夫的减值测试过程不仅考虑了宏观经济和行业特定的市场假设，如天然气、原材料价格、汇率及市场增长，还结合了战略业务单元的战略规划，特别是数字化和可持续性趋势。
法国电力公司（EDF）	2023 年商誉减值余额显著增加至 17.79 亿欧元，比 2022 年的 11.76 亿欧元多出 6.03 亿欧元，显示出商誉价值的下降趋势。这一增长主要与 Hinkley Point C 项目相关，该项目的未来现金流预测考虑了建设成本、进度和潜在延误，以及相应的额外成本，这些都会对 EDF 的长期财务状况产生影响。为了评估这些长期影响，EDF 采用了贴现未来现金流的方法，综合了多个关键因素：两个核反应堆 60 年的建设和运营成本、与英国政府签订的差价合同（CfD）规定的电价、长期通胀假设，以及市场价格与 CfD 执行价格的差异。这些因素共同决定了 EDF Energy 的可回收价值，它们将在未来几十年内持续影响公司的现金流和财务健康。
苏格兰和南方能源公司（SSE）	根据国际会计准则第 36 号的要求，SSE 每年对其风力发电组合的商誉余额进行减值测试。该评估模型还考虑了电价对市场中新建项目带来的潜在敏感性。这一情况表明，尽管电价降低了 10%，但 SSE 风力发电资产的账面价值仍有很大的上升空间。
博思格钢铁集团（BlueScope Steel）	博思格钢铁集团每年至少对商誉进行一次减值测试，并依据管理层监控商誉的级别分配到现金产生单元（CGU）或 CGU 组合中进行评估。公司已经实施了气候变化行动计划并制定了炼钢厂的温室气体减排目标。在评估 CGU 的可收回金额时，博思格钢铁集团会考虑与这些计划相关的运营和资本支出。这包括为实现 2030 年的碳减排目标而预计的支出、气候变化可能对公司运营产生的物理影响，以及对保障机制（SGM）的修订。这些因素都会影响到 CGU 未来现金流的预测，进而影响商誉的减值测试结果。
汇丰（HSBC）	汇丰对现金产生单元（CGU）未来现金流估计时，融入了与气候相关的已知和可观察到的机遇以及可持续产品与运营模式的相关成本。在设定折现率时，汇丰已充分考量了气候风险所带来的影响。
英国石油公司（BP）	截至 2023 年 12 月 31 日，BP 的总商誉余额为 125 亿美元，其中 70 亿美元涉及上游油气资产。由于气候变化，商誉的账面价值可能不再可收回，因此可能需要减值。对于石油生产和运营（OP&O），商誉在部门一级总体上分配给 CGU，对于天然气和低碳能源（G&LCE）分部，商誉在部门内分配给碳氢化合物 CGU。在受气候变化影响的商誉减值测试中，最重要的假设与未来的石油和天然气价格有关。鉴于商誉减值测试有很大的剩余空间，BP 没有发现其他假设可能因能源转型和其他气候变化因素而导致商誉的重大错报。公共关系和客户服务（C&P）部门的商誉余额为 54 亿美元，其中最重要的部分是与润滑油业务有关的 27 亿美元。尽管预计全球将向电动汽车过渡，这可能会减少对润滑油的需求，但由于最近的减值测试有很大的空间，BP 认为商誉的可收回金额低于其账面价值的可能性很小。

续表

公司名称	具体情况
汉莎航空公司（LHG）	目前，关于气候保护监管措施对 LHG 成本增加影响程度尚不确定。气候因素导致的成本增加可能会对 LHG 的商誉产生影响。在此背景下，LHG 已将排放交易和可持续航空燃料等额外成本纳入了其战略规划中。
沃达丰集团（Vodafone）	沃达丰评估了与已识别风险相关的预期财务影响，考虑了不动产、厂房和设备的使用年限和报废义务，商誉和其他资产减值的可能性以及递延所得税资产的可收回性。沃达丰进行了判断并得出结论，气候相关的风险和机遇对合并财务报表无重大影响。

在定量披露方面，如法国电力公司（EDF）在 2023 年的商誉减值余额显著增加至 17. 79 亿欧元，商誉价值明显下降，其影响因素包括两个核反应堆 60 年的建设和运营成本、与英国政府签订的差价合同规定的电价等。在定性描述方面，如苏格兰和南方能源公司（SSE）每年对其风力发电组合的商誉余额进行减值测试，博思格钢铁集团（BlueScope Steel）会考虑与气候变化行动计划和温室气体减排相关的运营和资本支出。

3.3.3 可再生能源资产减值

在进行可再生能源项目的财务评估时，有 2 家企业披露了相关减值测试，以应对气候变化和市场波动带来的财务风险。表 3 – 6 为气候相关风险和机遇财务影响披露涉及可再生能源减值的具体企业分析。

表 3 – 6　　可再生能源减值的确认与计量

公司名称	具体情况
挪威国家石油公司（Equinor）	2023 年，Equinor 在美国的可再生能源项目上确认了 3 亿美元的减值，这一减值主要是由于通货膨胀和供应链限制的影响，导致纽约州公共服务委员会（PSC）驳回了包括 Equinor 合资企业在内的几家陆上风电场开发商的提价申请。
苏格兰和南方能源公司（SSE）	SSE 在英国和爱尔兰的可再生能源发电能力大幅增加，未来可能出现可再生电力供应过剩，从而导致风力发电资产的可实现电价下降。然而，截至 2023 年 3 月 31 日，SSE 尚未确认这是否构成减值指标，因为其基线投资模型假设，在现有资产的使用寿命内，这些市场中新建项目的数量符合集中批准的预测。

对可再生能源进行减值测试显示了企业在能源行业转型和应对气候风险方面的努力，帮助企业及时识别财务风险，确保财务报告的准确性和透明度，对企业在动态能源市场中保持竞争力和可持续发展具有重要意义。减值测试不仅是财务审慎的需要，也是企业适应能源转型和市场变化的关键策略。

3.3.4 资产折旧或摊销

在34家案例企业中，有9家企业已经根据预期的气候变化影响，对资产的残值、折旧或摊销方法和使用寿命进行了调整，2家为定量披露，7家为定性披露。表3-7为气候相关风险和机遇财务影响披露涉及资产的具体企业分析。

表3-7　　资产折旧或摊销的确认与计量

公司名称	具体情况
安赛乐米塔尔（ArcelorMittal）	安赛乐米塔尔定期对其不动产、厂房和设备的残值、折旧方法及使用寿命进行复核。在2021年进行的年度复核中，考虑到实施脱碳战略后，特定资产如高炉、碱性氧气转炉、烧结厂和焦化厂等的预期退役日期可能会提前。因此，安赛乐米塔尔调整了在欧盟和加拿大生产扁平碳钢业务的不动产、厂房和设备剩余使用寿命。这一变更导致2023年的折旧费用增加了1.68亿美元。
特斯拉（TESLA）	2023年，特斯拉的太阳能系统资产净值达到了52.29亿美元，而累计折旧为16.43亿美元。公司对这些太阳能系统的折旧政策是按照30—35年的使用年限进行的，这表明公司对这些资产的长期价值保持信心。通过租赁方式，公司在2023年和2022年分别管理了价值7.40亿美元和8.02亿美元的太阳能系统资产。这种租赁模式不仅提供了额外的收入来源，而且有助于将初始租赁协议成本在最长25年的租期内进行摊销，确保与客户协议相关的成本与收入周期相匹配。
宝马集团（BMW）	宝马集团考虑了气候相关因素对于使用寿命（包括内燃机汽车生产的厂房和机械设备使用寿命等）的影响。使用寿命估计基于长期企业规划和产品相关决策的假设，其中气候相关因素对不动产、厂房和设备的利用产生间接影响。通过结合灵活的制造安排和资产保护措施，可以避免厂房和机械设备使用寿命的减少。
奔驰集团（Mercedes-Benz）	奔驰集团资产和负债的确认和计量考虑了与转型相关的气候相关风险和发展，其中还包括《巴黎协定》中设定的气候目标。在核算下述资产和负债时，特别考虑了与可持续性相关的会计估计和管理判断： 资本化开发成本的有效年限的确定和产品预期生命周期。向全电动汽车的转型可能会导致最初设想的产品生命周期发生变化。由于奔驰集团通过有关加速转型的决议，传统动力系统领域的新开发减少，部分已资本化的研发支出将延长资产使用年限。 不动产、厂房及设备资产的使用寿命。不动产、厂房及设备资产的使用寿命会根据全电动汽车转型情况定期进行审查。由于奔驰集团的生产设施基本可以灵活使用，因此截至报告日，并不需要对使用寿命进行任何重大调整。
拜耳（Bayer）	2023年，与气候相关的事项不会影响拜耳资产的预期使用寿命。与物理或转型相关的气候风险也没有导致任何重大折旧、摊销。
联合利华（Unliver）	联合利华的不动产、厂房及设备包括自有资产及租赁资产，其剩余价值及可使用年限的检查已考虑气候变化的影响及为减轻及适应该等气候相关风险而采取的行动，对本年度的利润表并无重大影响。自有资产按历史成本进行初始计量。折旧按资产预期平均可使用寿命以直线法计提。剩余价值及可使用年限至少每年检查一次。

续表

公司名称	具体情况
英国石油公司（BP）	随着社会向“净零”排放目标迈进，以及BP寻求实现其净零排放目标，该公司炼油资产的有效经济寿命可能会缩短，因此折旧费用被大大低估了。到2050年，在资产负债表上的炼油资产总额中，除了主要与土地和建筑物有关的无形残值外，其余将全部计提折旧。BP的结论是，对成品油的需求预计仍足以使现有炼油厂在其剩余使用寿命内继续运作，因此不需要改变其炼油厂资产的有效经济寿命。
苏格兰和南方能源公司（SSE）	SSE集团每年都要评估其不动产、厂房和设备的使用经济寿命。SSE预计，市场上的其他资产在Keadby2、Marchwood和Saltend之前更可能退役，这些电厂在2030年后仍将为英国电力市场提供平衡服务。因此，截至2023年3月31日财务报表编制时，预计只有四项资产将在2030年后继续运营：Great Island；Keadby2；Marchwood（根据租赁协议运营）；以及Triton合资企业内的Saltend Power Station。
汉莎航空公司（LHG）	目前，关于气候保护监管措施对LHG成本增加影响程度尚不确定。气候因素导致的成本增加可能会对LHG的商誉、飞机账面价值、存货计量以及递延所得税资产产生影响。在此背景下，LHG已将排放交易和可持续航空燃料等额外成本纳入了其战略规划中。LHG目前并未发现任何气候相关因素可能导致飞机和备用发动机的预期使用寿命出现显著变化。

企业在资产折旧或摊销的考量中体现了对气候变化影响的前瞻性思维。通过调整资产的折旧或摊销策略，企业不仅反映了对资产物理寿命变化的预期，还展示了对环境责任的承担和对长期可持续发展目标的追求。这种策略有助于企业更好地适应气候相关的风险，同时也向投资者和监管机构传达了企业对财务透明度和责任的承诺。

3.3.5　碳排放权及其配额的确认与计量

随着全球对气候变化的关注日益增加，碳排放权及其配额已成为企业财务策略中不可忽视的组成部分。34家案例企业中，4家企业定量披露了排放权相关金额，详情如表3-8所示。此外，有3家企业定性披露了排放权相关确认和计量方式。

表3-8　　碳排放权及其配额相关定量披露

公司名称	具体情况
安赛乐米塔尔（ArcelorMittal）	排放权账面价值为6.42亿美元，与2022财年相比减少了1.06亿美元
汉莎航空公司（LHG）	碳排放权金额为4.26亿欧元
博思格钢铁集团（BlueScope Steel）	碳排放许可收入余额为1.07亿美元，碳排放准备金余额为0.285亿美元
挪威国家石油公司（Equinor）	碳配额购买支出为4.86亿美元

尽管拜耳（Bayer）、巴斯夫（BASF）和宝马集团（BMW）没有披露具体的碳排放权金额，但它们明确说明了碳排放权的确认和计量方式。

碳排放权及其配额在企业财务报告中的重要性日益凸显，不同企业根据自身情况对其进行确认和计量。从挪威国家石油公司（Equinor）在欧盟排放交易体系下的碳配额购买，到巴斯夫（BASF）对排放权的资本化处理，以及博思格钢铁集团（BlueScope Steel）对未来碳排放成本的财务应对策略，再到其他企业对碳排放权的减值测试和摊销，这些实践表明了企业对碳排放权管理的多样性和复杂性。这些做法不仅反映了企业对当前气候政策的响应，也体现了它们对未来市场变化的预期和准备。随着全球气候变化政策的不断演变，碳排放权的管理将成为企业财务规划和风险管理中越来越重要的一环，对企业的长期可持续发展产生深远影响。

3.3.6 碳抵销

拜耳（Bayer）披露了其在碳抵销方面的具体活动，这些活动体现了公司为实现运营碳中和所作的努力。公司通过在巴西、印度尼西亚和柬埔寨等国家投资重新造林和森林保护项目，成功封存了大量二氧化碳。这些项目在 2023 年帮助拜耳（Bayer）抵销了相当于60 万吨二氧化碳当量的温室气体排放，这一数字直接反映了公司在碳抵销方面的具体成果。这些投资不仅有助于减少大气中的温室气体，还获得了经过认证的碳抵销证书，这些证书可以在碳市场上出售，为公司带来潜在的财务收益。这种策略不仅展示了拜耳（Bayer）对环境保护的承诺，也体现了公司在气候变化应对措施上的创新和领导力。

拜耳（Bayer）在碳抵销方面的实践展示了企业如何通过具体的环境项目来减少自身的碳足迹，并在此过程中寻求财务和环境效益的双赢。这种做法不仅有助于企业实现长期的可持续发展目标，也为全球气候行动作出了积极贡献。

此外，汉莎航空公司（LHG）在其可持续发展报告中披露了其绿色机票计划。根据该计划，自 2023 年 2 月起，客户可以自主选择经济绿色机票或商务绿色机票，使用的可持续航空燃料可以抵销个人飞行产生二氧化碳排放的 20%，剩余 80% 通过欧洲的高质量气候保护项目抵销。自 2023 年 11 月起，已在 12 条航线上试行绿色机票。通过推出绿色机票，LHG 成为全球首家提供包含飞行碳排放补偿选项的航空集团。

3.3.7 可再生能源证书/协议

在应对全球气候变化和推动能源转型的过程中，可再生能源证书和相关协议扮演着至关重要的角色。在 34 家案例企业中，9 家企业详细分析了可再生能源证书/协议在不同企业中的应用情况及其对财务表现的影响。表 3 – 9 为气候相关风险和机遇财务影响披露涉及可再生能源证书/协议的具体企业分析。

表3-9　　可再生能源证书/协议的确认与计量

公司名称	具体情况
法国电力公司（EDF）	截至2023年12月31日，EDF根据可再生能源证书政策要求，将购买的证书计入无形资产，并计提了11.76亿欧元的准备金，以反映可再生能源证书交付义务对财务状况的影响。在法国，公司通过实施能源节约措施、资助节能项目和购买证书来满足能源节约证书的要求，确保履行能源节约义务并避免惩罚。如果年末获得的能源节约证书不足以满足累积的义务，公司需要设立准备金，金额相当于完成剩余义务所需的成本。这些准备金的支出将记录在当年的财务报表中，超出累积义务的部分则计入存货，可用于满足未来年度的义务。
拜耳（Bayer）	2023年5月，拜耳与Cat Creek Energy（CCE）签订了一项长期可再生能源购买协议，该协议将使拜耳集团每年从CCE在美国爱达荷州建设的可再生能源和储能设施中获得高达1.4太瓦时（TWh）的清洁电力，同时每年获得高达140万个再生能源证书（REC）。为实现与温室气体减排计划相关的自愿气候目标而获得或生产的二氧化碳证书，包括可再生能源证书，按成本确认为无形资产，并在使用完毕时根据相关功能成本终止确认。如果它们在生产过程中使用或打算在正常经营过程中出售，则在存货中确认。证书在取得后被抵销而立即报废的，直接在功能成本中确认。
联合利华（Unliver）	联合利华致力于提高能源属性证书（EAC）的采购质量，并继续遵循RE100标准。RE100是一个全球性的倡议，鼓励并支持企业承诺使用100%可再生能源电力。联合利华的这一承诺意味着公司将只在证书来源与能源使用地相同市场的条件下，将其电力消费报告为“可再生”。在缺乏EAC的市场，联合利华会从邻近市场购买相同数量的EAC，以确保其能源使用的可持续性。
巴斯夫（BASF）	巴斯夫签订了多项为期25年的实物购电协议以及为期15年的虚拟电力购买协议，并获得了绿色电力证书（GoOs），这些证书允许未来存储和使用电力，因此即使以固定价格购买，也享受自用豁免，不会在资产负债表上被视为衍生品。然而，对于未能完全消耗的电力部分，相关的电力远期协议不符合自用豁免标准，这部分以固定价格购买的电力将按公允价值通过损益表确认为衍生品。这可能导致能源市场价格波动对公司的收益产生不利影响。
威瑞森通信公司（Verizon）	截至2023年12月31日，Verizon与第三方签订了26份可再生能源购买协议（REPA）。每个REPA都基于可再生能源发电设施的预期运行，并具有自该设施开始商业运营之日起12—20年的固定价格期限。目前已有13个设施投入商业运营，其余设施仍在开发中。预计REPA将在设施发电时，基于当时的市场价格进行财务结算。
杜邦（Dupont）	杜邦视可再生电力为创造客户价值及推进减排目标的关键途径。2023年，杜邦采取了长期策略，即签订虚拟购电协议（VPPA）和购电协议（PPA），以提高可再生能源发电能力，提前达成了其运营所需电力的60%源自可再生能源或购买可再生能源信用（REC）的目标。
谷歌（Google Inc.）	2023年，谷歌签署了购买约4吉瓦清洁能源发电能力的合同，刷新了公司年度清洁能源采购纪录。2023年通过与多个公司合作，完成了首批碳清除信用承购交易。

续表

公司名称	具体情况
安赛乐米塔尔（ArcelorMittal）	2023年4月18日，安赛乐米塔尔宣布，巴西子公司将与巴西最大的可再生能源项目开发商和生产商之一 Casa dos Ventos 成立合资企业 VdSA，以开发一个554兆瓦的风力发电项目。该项目耗资8亿美元，旨在满足安赛乐米塔尔巴西子公司相当大一部分未来的电力需求，并对其进行脱碳处理。巴西子公司对 VdSA 的投资为1.5亿美元，采用权益法核算。建筑工程已于2023年开始，预计2025年投入运营。此外，巴西子公司将与 VdSA 签订为期20年的电力购买协议，以供应电力。
美国国际电话电报公司（AT&T）	根据AT&T的2022—2023年可持续发展报告，AT&T在2022年初确认了两个来自马里兰州和宾夕法尼亚州新太阳能项目的虚拟电力购买协议。

总体而言，可再生能源证书/协议为企业提供了一种减少环境影响、提高能源效率和优化成本结构的手段，同时也带来了新的财务考量。随着全球对可再生能源的需求增加，这些工具的重要性预计将进一步增加。

3.3.8 资产退役义务

资产退役部分揭示了油气行业在面临气候变化和能源转型压力下所采取的财务策略。在34家案例企业中，3家公司为未来的资产退役义务计提了相应的准备。表3－10为气候相关风险和机遇财务影响披露涉及资产退役的具体企业分析。

表3－10　　资产退役义务的确认与计量

公司名称	具体情况
挪威国家石油公司（Equinor）	预计资产退役义务增加了6.26亿美元，达到123.60亿美元
英国石油公司（BP）	确认了124亿美元的退役准备金
苏格兰和南方能源公司（SSE）	退役准备金有所减少，从2.494亿英镑降至2.014亿英镑

这些准备金的规模和变动不仅体现了企业对未来环境政策变化的预期，也反映了它们在财务规划上对可持续发展的重视。随着全球对减少碳排放和推动能源转型的压力不断增加，这些准备金的规模和策略可能会继续变化，以适应不断变化的法规和市场条件。企业需要持续评估和调整其财务规划，以确保能够有效管理资产退役过程中的风险和成本。

3.3.9 符合欧盟分类法的收入与支出

随着全球对可持续发展和环境责任的日益关注，欧盟分类法的实施为企业提供了一个明确的框架，以评估和披露其经济活动对环境可持续性的影响。欧盟的2020/852法规及其授权法案实施了欧盟分类法披露，确立了判断经济活动是否符合环境可持续性的标准。这些标准要求企业使用定量的经济绩效指标来披露其可持续性程度。根据该法规，企业可持续发展项目分为两类：①符合条件的项目（Eligible Activities）。这类活动只要在相关的监管或法规中被描述，就被认为是“符合条件”，不论其是否满足特定的技术筛选标准。简而言之，只要经济活动被相关法规列出，就符合条件。②符合可持续分类要求的活动（Aligned Activities）。这类活动不仅要在相关法规或框架中被描述，还必须明显支持一个或多个环境目标，对其他环保目标没有重大负面影响，并且符合最低的维护和保护标准。这意味着这些活动不仅要被列出，还要在实际操作中对环境有实质性贡献，并遵守相关的环保与社会责任标准。

通过投资于符合欧盟分类法的项目，企业不仅展示了其对环境保护的承诺，还可能从政策支持和市场机会中获得财务上的回报。34家案例企业中，共有8家企业明确披露符合欧盟分类法的收入、支出或比例，分别为挪威国家石油公司（Equinor）、拜耳（Bayer）、巴斯夫（BASF）、法国电力公司（EDF）、宝马集团（BMW）、壳牌（Shell PLC）、意昂集团（E. ON）和特斯拉（TESLA）。表3－11为气候相关风险和机遇财务影响披露涉及符合欧盟分类法的收入与支出的具体企业分析。

表3－11　　符合欧盟分类法的收入与支出的确认与计量

公司名称	具体情况
挪威国家石油公司（Equinor）	2023年，Equinor在符合欧盟分类法的可持续项目上的资本支出高达11.87亿美元。这些投资涵盖了一系列关键的绿色能源项目，包括风力发电项目、二氧化碳捕集与封存、太阳能光伏发电设施、氢能项目以及在欧洲的电池储能项目。
巴斯夫（BASF）	巴斯夫在评估其减缓气候变化的环境目标时，制定了一套严格的标准，要求相关活动必须对减缓气候变化有显著贡献，不能对其他环境目标产生重大负面影响，并且要满足基本的社会保障要求，才能被认定为符合分类标准的活动。 巴斯夫的销售收入总额为689.02亿欧元，其中与欧盟分类一致的销售额为84.21亿欧元，占比12.2%。在资本支出方面，总额为60.06亿欧元，符合标准的支出为13.85亿欧元，占比23.1%。业务支出总额为46.45亿欧元，符合标准的支出为5.77亿欧元，占比12.4%。
拜耳（Bayer）	2023年，拜耳符合欧盟分类标准的销售额为182.99亿欧元，不符合欧盟分类标准的销售额为293.38亿欧元。因此，符合欧盟分类法的销售额占比为38.4%。 2023年，拜耳符合欧盟分类标准的资本支出为5.43亿欧元，不符合欧盟分类标准的资本支出为27.98亿欧元，符合分类标准的资本支出达到16.3%，其中有关减缓气候变化的资本支出为0.163亿欧元，适应气候变化的资本支出为0.022亿欧元。

续表

公司名称	具体情况
法国电力公司（EDF）	截至2023年12月31日，EDF 64%的投资与欧洲当前分类标准（EU Taxtonorny）一致，2022年为66%，包括核能和天然气活动的影响。
宝马集团（BMW）	2023年，据欧盟分类法，宝马集团相关收入增至236.9亿欧元，占总收入的15%。在资本支出方面，公司支出了79.26亿欧元，占到了欧盟分类法相关资本支出的26%。此外，与欧盟分类法一致的经济活动产生的运营支出为20.51亿欧元，占到了欧盟分类法合格运营支出的31%以上。
壳牌（Shell PLC）	壳牌的合格活动包括化学品、发电和储存、氢气、沼气和生物燃料、电动汽车充电、碳捕集与封存（CCS）以及基于自然的解决方案（NBS）业务。壳牌其余的业务不符合条件。 2023年，壳牌的合格营业额为84.45亿美元，占2.7%（2022年为119.86亿美元，占3.1%），资本支出为60.32亿美元，占19.2%（2022年为67.44亿美元，占20.9%），运营支出为13.82亿美元，占25.9%（2022年为7.96亿美元，占16.1%）。 2023年，壳牌与欧盟分类法一致的营业额为5.42亿美元，即0.2%，资本支出为41.73亿美元，即13.3%，运营支出为3000万美元，即0.6%，而2022年报告为零。增加归因于壳牌不断发展的市场实践以及对沼气业务的收购。壳牌的分类合格活动包括氢能、风能、太阳能、电池存储、沼气和生物燃料以及电动汽车充电业务等。
意昂集团（E. ON）	2023年，E. ON集团的运营费用总计约为13亿欧元，其中，有8.55亿欧元的费用符合分类标准，占总运营费用的大约66%。 在E. ON集团的外部销售中，只有19%被归类为符合欧盟可持续金融分类，这一比例与2022年持平。其中，最大部分的收入与E. ON集团的配电网输电费用直接相关，共计162亿欧元。
特斯拉（TESLA）	特斯拉的“能源生成和储存”业务收入从2022年的38.09亿美元增长至2023年的60.35亿美元，增幅达到58.4%，支持了清洁能源的发展，符合欧盟分类法对绿色转型的要求。

随着全球对气候变化和环境问题的关注度不断提高，符合欧盟分类法的活动将成为企业战略规划和财务报告的重要组成部分，进一步推动企业在环境保护和可持续发展方面取得实质性进展。

3.3.10 绿色投融资

（1）碳捕集与封存（CCS）

随着全球气候变化问题日益严峻，碳捕集与封存（CCS）技术被视为减缓气候变化的关键途径之一。CCS技术通过捕获工业和能源生产过程中产生的二氧化碳，并将其安全封存，防止其释放到大气中，从而减少温室气体排放。在绿色投融资领域，对CCS项目的投入不仅体现了企业对环境保护的承诺，也反映了其对未来低碳经济的投资布局。

挪威国家石油公司（Equinor）、阿彻丹尼尔斯米德兰公司（ADM）以及埃克森美孚集团（Exxon Mobil）在这一领域的投资正逐步增加，体现了对低碳未来的坚定承诺。挪威国家石油公司（Equinor）和阿彻丹尼尔斯米德兰公司（ADM）通过采用先进的CCS技术，实现了长期碳减排与碳储存，这不仅减少了二氧化碳的排放，还为全球碳减排目标的实现提供了强有力的支持。此外，安赛乐米塔尔（ArcelorMittal）耗资2亿欧元用于碳捕集和利用（CCU）设施，即“Steelanol”的建设。意大利国家碳化氢公司（ENI）用于碳捕集、储存和转化的支出共计2300万欧元。这些投资不仅有助于企业减少环境足迹，也可能从政府政策和市场趋势中获得长期的财务回报。随着全球对减少温室气体排放的压力不断增加，CCS技术的投资将成为企业实现环境目标和提升长期竞争力的关键策略。表3－12为气候相关风险和机遇财务影响披露涉及碳捕集与封存（CCS）的具体企业分析。

表3－12　　碳捕集与封存（CCS）

公司名称	具体情况
挪威国家石油公司（Equinor）	Equinor的目标是形成可再生和低碳解决方案，在提供可靠能源的同时，逐步降低排放，创造长期价值。目前，公司正在采取一系列有利于气候变化缓解的措施，如将CCS（carbon capture and storage，碳捕集与封存）工业化、参与挪威的北极光项目、提供二氧化碳运输和储存解决方案（与壳牌和道达尔能源公司合作）等。公司还在其他具备低碳解决方案必要框架条件的地区开展新的CCS项目，比如收购Bayou Bend公司25%的股份。这次收购使公司拥有美国最大的碳捕集与封存项目之一，该项目位于德克萨斯州东南部的墨西哥湾沿岸。此项目的收购投资和出资在2023年达到1.79亿美元（2022年为3600万美元）。
阿彻丹尼尔斯米德兰公司（ADM）	永久性碳捕集与封存（CCS）。ADM积极采用先进的碳捕集与封存技术，通过现场注入和地质封存实现长期碳减排。公司在生产基地建立了碳捕集设施，能够将二氧化碳从工业排放中捕获，并通过地质封存方式将其永久储存在地下。此项技术不仅能减少二氧化碳的排放，还为全球碳减排目标的实现提供了强有力的支持，标志着ADM在气候变化缓解方面取得了关键进展。
埃克森美孚集团（Exxon Mobil）	技术创新成为关键驱动力。新技术不仅需降低成本、提升替代能源的可扩展性，还需依赖如碳捕集与封存（CCS）等成熟技术来辅助实现减排目标，同时保障全球能源供应的稳定与合理价格。埃克森美孚集团已设立低碳解决方案（LCS）业务部门，专注于推动CCS、氢能、低排放燃料、锂技术、高效能工艺、先进节能材料及其他前沿技术的研发与部署，通过内部研发与外部合作双轮驱动战略，与顶尖学府及领先的低排放能源技术企业携手共进，加速技术创新与成果转化。 2023年完成了两项重要的收购，一是在11月2日以51亿美元收购了Denbury公司，该公司专注于碳捕集、利用和存储解决方案，并拥有墨西哥湾沿岸和落基山地区的石油和天然气业务。二是在10月11日宣布收购先锋自然资源公司，这是集团二十年来最大的一笔交易，交易价值约为650亿美元，预计发行约5.46亿股埃克森美孚集团股票。这两次收购显著增强了埃克森美孚集团在碳捕集和石油天然气领域的业务能力。

续表

公司名称	具体情况
安赛乐米塔尔（ArcelorMittal）	2023 年 6 月 14 日，安赛乐米塔尔与碳利用技术公司兰萨科技宣布，安赛乐米塔尔在比利时根特的旗舰级碳捕集和利用（CCU）项目“Steelanol”正式启动。这个项目投资达 2 亿欧元，是欧洲钢铁行业首个采用兰萨科技生物基工艺的商业化设施。该设施能够捕获炼钢过程中产生的富含碳的废气，并通过兰萨科技的专有工艺将其转化为高级乙醇。预计这一举措将使根特工厂的年碳排放量减少 125000 吨，从而推进欧盟的 2030 年气候目标计划，在十年后将温室气体排放量减少 55%。
意大利国家碳化氢公司（ENI）	ENI 专注于开发可持续能源解决方案，特别是加大对可再生能源（如太阳能、海洋能、风能）及储能技术的投入。ENI 不仅专注于直接削减二氧化碳排放，还积极探索并开发二氧化碳捕集与封存技术，2023 年，用于碳捕集、储存和转化二氧化碳的支出共计 2300 万欧元。此外，通过引入更高效的生产工艺及采用低碳足迹的能源载体，以减轻工业流程对环境的影响。

（2）可再生能源投资

在应对全球气候变化和推动低碳经济的背景下，可再生能源投资已成为企业实现可持续发展目标的关键途径。34 家案例企业中，共有 16 家企业披露了可再生能源投资的相关内容，详情如表 3－13 所示。挪威国家石油公司（Equinor）、联合利华（Unliver）和意大利国家碳化氢公司（ENI）等多家公司定量披露了可再生能源投资额。法国电力公司（EDF）、汉莎航空公司（LHG）以及苹果（APPLE）定性描述了其在可持续能源投资方面的战略规划，虽然没有披露具体的可再生能源投资金额，但它们的行动和战略清晰地表明了对推动可持续发展的坚定承诺，这些行动表明了其对长期可持续发展和环境责任的重视。

表 3－13　　可再生能源投资的确认与计量

公司名称	具体情况
挪威国家石油公司（Equinor）	2023 年，Equinor 大幅增加对可再生能源的投资，总额高达 21.86 亿美元，较 2022 年的 3.34 亿美元有了显著提升，特别是在海上和陆上可再生能源项目上的投资分别增至 8.80 亿美元和 11.27 亿美元。此外，尽管公司在电气化领域的投资从 2022 年的 2.5 亿美元减少到 2 亿美元，但其在推动能源转型和减排方面的进展依然显著。
联合利华（Unliver）	联合利华在可再生能源项目上额外投资 4200 万欧元。
意大利国家碳化氢公司（ENI）	2023 年，ENI 投入 14.32 亿欧元进行了一系列收购，包括光伏、油气和生物材料领域的资产，以及承担了 9100 万欧元的净金融负债。这些收购包括在光伏领域的显著扩张，如在德克萨斯州和西班牙的太阳能项目，以及对印度尼西亚油气区块的工作权益增持，进一步加强了在东南亚油气市场的影响力。

续表

公司名称	具体情况
伊比德罗拉（Iberdrola）	Iberdrola在脱碳经济中加大投资力度，主要用于推动电气化、可再生能源、电网和储能领域的发展。2023年其投资总额更是突破新高，达到11.382亿欧元。PERSEO项目自2008年启动以来，已投资超过1.5亿欧元支持能源领域的初创企业，并在2023年取得了显著成就，包括与Seaya Andromeda可持续技术基金IFCR合作，扩大基金规模至3亿欧元，专注于支持欧洲的可持续性、能源转型和经济电气化相关的技术规模企业。此外，PERSEO还计划推进电气化和循环经济的建设，涉及光伏组件、叶片和电池的回收利用，以及工业供热和重型运输等行业的脱碳挑战。
安赛乐米塔尔（ArcelorMittal）	2023年，安赛乐米塔尔向波士顿金属公司投资3600万美元，该公司正在开发一种用于脱碳初级炼钢的熔融氧化物电解（MOE）专利平台。开发风力发电项目，该项目耗资8亿美元，旨在满足安赛乐米塔尔巴西子公司未来相当大一部分的电力需求，并对其进行脱碳处理；投资6700万欧元在贝尔瓦尔（Belval）工厂建设一个新的电弧炉（EAF）；投资500万美元开发高温热解（HTP）技术；向颠覆性的制氢技术（H_2Pro）公司投资500万美元；向核能创新公司Terra Power投资5000万美元，因为该公司的领先技术Natrium™能够将具有成本竞争力的钠快速反应堆与熔盐储能系统相结合提供清洁能源，并且可以无缝集成到可再生能源渗透率高的电网中。 此外，安赛乐米塔尔向可再生能源技术公司Heliogen投资2000万美元。Heliogen通过镜子捕获阳光，进一步转化为热量、电能或清洁燃料，转化的这三种产品都可能适用于炼钢工艺，并且能够推动钢铁行业向净零排放过渡。
壳牌（Shell PLC）	2023年，壳牌在低碳能源和非能源产品上的投资比上年有所增加，投资额约为79亿美元。其中，低碳能源解决方案上的投资额为56亿美元（包括生物燃料、氢气、电动汽车充电、风能和太阳能项目），该额度比上一年增长了30%。其余23亿美元投资于化学品、润滑剂和便利零售等非能源产品。
博思格钢铁集团（BlueScope Steel）	自2019年以来，博思格钢铁集团一直试图在整个北美价值链中建立影响力，通过合理的收购来扩大现有的足迹，寻求更多低排放炼铁的途径，为低碳社会作出贡献，目前已在几个关键领域投资超过22亿美元。此外，2023年投资4亿美元为清洁能源产业提供相关设施，并审查碳边境调整机制（CBAM）的可行性，以确保进口和国内商品的公平竞争。
意昂集团（E. ON）	天然气网络投资额为3.82亿欧元，与上年相比有显著增长，这标志着E. ON在推动能源转型和支持低碳技术方面的进一步努力。配电网络是欧洲互联系统的重要组成部分，不断整合可再生能源发电设施并将客户与可持续能源解决方案紧密联系起来，E. ON在此项目的投资额高达45亿欧元。
嘉吉公司（Cargill）	嘉吉公司通过多项举措减少碳足迹，投入7800万美元用于支持能源效率和可持续项目。此外，嘉吉公司在比利时根特建立了欧洲最大的生物柴油工厂之一，每年生产12万吨高级生物柴油，预计能够减少41.8万吨的碳排放，相当于每年减少约9万辆汽车上路。
友邦保险（AIA）	2023年可再生能源投资13亿美元。

续表

公司名称	具体情况
法国安盛保险（AXA）	AXA 对在其业务范围内的每个国家都进行了评估，以确定哪个国家拥有成熟的可再生能源市场，承诺 2023 年向绿色投资领域投资 260 亿欧元，以此推动对安盛运营范围之外的碳减排业务的进一步投资。
美国航空集团（AAG）	2023 年，AAG 采购了 250 万吉焦耳具有成本竞争力的可再生能源，为公司的运营提供动力。
法国电力公司（EDF）	通过其对天然气联合循环燃气轮机（CCGT 发电厂）的现代化改造，以及宣布将所有岛屿领地的发电转变为无碳发电的计划，展现了其在减少排放和提升能源效率方面的积极行动。
汉莎航空公司（LHG）	LHG 通过更新机队和对现有机队技术改造，以及开展 67 个节省燃料项目，显著降低了飞机的燃油消耗和碳排放。
苹果（APPLE）	APPLE 通过在全球范围内投资大型清洁能源项目，进一步推动了清洁能源的应用和开发。
美国国际电话电报公司（AT&T）	AT&T 实施的能效项目和可再生能源投资已经带来了显著的成本节约。截至 2022 年年底，约 161000 个能效项目产生了约 6.63 亿美元的年化成本节约，2022 财年实现了超过 7 百万兆瓦时的能源节省。此外，AT&T 在美国的可再生能源投资组合每年产生 290 万兆瓦时的清洁能源，2022 年签署的 38 个社区太阳能项目协议预计在未来 15 年内可节省 1500 万美元。

（3）研发投资

研发投资在推动企业向绿色能源转型和实现环境可持续性方面至关重要。在 34 家案例企业中，有 5 家公司公开披露了它们在环境相关研发上的投资情况，彰显了它们对创新和环保技术解决方案的重视，详情如表 3 – 14 所示。这些投资不仅有助于企业开发新的环保技术，还能提升现有业务的环境绩效，从而在竞争激烈的市场中保持领先地位。

表 3 – 14　研发投资的确认与计量

公司名称	具体情况
挪威国家石油公司（Equinor）	2023 年，Equinor 研发活动总投资额达到了 3.11 亿美元，其被用于推动公司在石油和天然气业务的优化、减排措施的实施，以及在可再生能源和低碳解决方案领域的新商机开发等活动。
法国电力公司（EDF）	2023 年，EDF 的总研发预算为 7.06 亿美元。EDF 的 99% 研发预算专注于实现净零目标和能源系统转型，这些预算主要用于以下领域：提升能源效率，用电替代化石燃料，可再生能源及其并网，能源储存和生产，无碳氢及其在脱碳经济中的应用，可持续城市建设，以及研究当地气候变化影响和其他环境问题，如生物多样性、水质和污染缓解。
斯泰兰蒂斯有限公司（Stellantis）	Stellantis 资本支出和研发支出增加到了 90.31 亿英镑，这一增长可能与其在环保改进上的投入增加有关。

续表

<table>
<tr><th>公司名称</th><th>具体情况</th></tr>
<tr><td>特斯拉（TESLA）</td><td>特斯拉的运营费用从2022年的71.97亿美元增加到2023年的87.69亿美元，增幅约21.9%。其中，研发支出增长了29.1%，达到39.69亿美元，这部分支出直接用于研发低碳技术和改善工厂的气候适应能力。</td></tr>
<tr><td>意大利国家碳化氢公司（ENI）</td><td>在2023—2026年的四年计划中，旨在实现ENI脱碳目标的研发活动（R&D）约占研发计划总支出的70%以上（约6.67亿欧元），资金将平均分配于减少运营碳足迹的活动，循环经济和新生物基产品开发项目，可再生能源开发项目以及磁约束聚变，捕获、储存和转换二氧化碳的项目中。2023年与净零有关的研发资本支出如下：
<table>
<tr><th>支出类别</th><th>费用</th></tr>
<tr><td>研发资本支出</td><td>1.66亿欧元</td></tr>
<tr><td>与脱碳有关的资本支出</td><td>1.35亿欧元</td></tr>
<tr><td>可再生能源</td><td>1700万欧元</td></tr>
<tr><td>储能和磁约束聚变</td><td>1500万欧元</td></tr>
<tr><td>捕集、储存和转化二氧化碳</td><td>2300万欧元</td></tr>
<tr><td>化学来源于可再生资源</td><td>3900万欧元</td></tr>
<tr><td>氢能和新能源载体</td><td>1400万欧元</td></tr>
<tr><td>环境</td><td>700万欧元</td></tr>
<tr><td>生物炼制</td><td>1200万欧元</td></tr>
<tr><td>效率和能量回收</td><td>800万欧元</td></tr>
</table>
</td></tr>
</table>

挪威国家石油公司（Equinor）、法国电力公司（EDF）、斯泰兰蒂斯有限公司（Stellantis）、特斯拉（TESLA）以及意大利国家碳化氢公司（ENI）在2023年的研发投资兑现了这些企业对绿色能源转型和环境可持续性的坚定承诺。这些研发投资不仅体现了企业在推动能源行业绿色转型中的领导作用，也为公司的长期增长和市场竞争力提供了支持。随着全球对清洁能源和环境技术的需求不断上升，这些投资的重要性将进一步增加，有助于企业在可持续发展的道路上取得更大的进步。

（4）可持续投融资

投资者、监管机构和消费者开始更加关注企业在环境保护和社会责任方面的实际行动和成果，可持续投融资已成为企业实现长期增长、提升环境与社会治理（ESG）表现的重要工具。在34家案例企业中，多家公司通过定量方式披露了其在可持续投融资方面的活动，体现了它们对环境保护和社会责任的承诺。这些投资涵盖了绿色项目、社会项目和其他可持续项目，展现了企业在推动可持续发展方面的积极行动和战略规划。表3－15为气候相关风险和机遇财务影响披露涉及可持续投融资的具体企业分析。

表 3－15　可持续投融资的确认与计量

公司名称	具体情况
汇丰（HSBC）	可持续融资高达 2678 亿美元，与 ESG 相关可持续投资为 266 亿美元。
法国安盛保险（AXA）	绿色投资规模达到 299 亿欧元，通过投资政府和绿色企业债券、绿色基础设施相关的债务和股权，以及符合最高标准的房地产，体现了其在绿色投资方面的深度参与。截至 2023 年 12 月 31 日，关于森林投资超 9 亿欧元，并通过安盛投资管理公司（AXA IM）管理的自然资本基金分配了 3 亿欧元，资助旨在保护和恢复自然资本的项目，如森林、红树林和泥炭地。
法国电力公司（EDF）	发行了 11 笔绿色债券，总价值达到 113 亿美元，并通过其绿色债券融资框架资助了多个可再生能源和生物多样性保护项目。
意大利国家碳化氢公司（ENI）	发行了 10 亿欧元的高级无担保可转换债券，这些债券与公司的可持续发展目标紧密相关，包括减少上游业务的碳足迹和增加可再生能源的装机容量，其转换价格设定为 17.5513 欧元。
威瑞森通信公司（Version）	2023 年取得了 86 亿美元的长期借款，并且其发行的票据所得款项净额约 10 亿美元，预计将用于资助某些可再生能源项目。Verizon 积极拥抱绿色金融趋势，自 2019 年以来，公司已发行了 5 只绿色债券，总额达 50 亿美元，成为美国最大的企业绿色债券发行人之一。
伊比德罗拉（Iberdrola）	绿色债券发行量显著增长，达到了 36.36 亿欧元。与欧洲投资银行合作，签署了 11.5 亿欧元的绿色贷款，并通过 Neoenergia 获得了 1.5 亿巴西雷亚尔的绿色贷款以支持电网建设。此外，通过国际金融公司获得了 8 亿巴西雷亚尔的“超级绿色贷款”，用于网络升级与扩展，并成功签署了 53 亿欧元的可持续银团信贷额度。
路易达孚公司（LDC）	2023 年投资 Natural Fiber Welding 公司，其致力于生产可替代动物源或石化材料的公司。同时，LDC 投资了 bound4blue 公司，开发自动风力辅助推进系统以减少海上产业的燃料消耗和排放。此外，LDC 通过加速器项目如“ChangeMakers 2023”支持创新者，发起了首届“LDC 气候弹性奖”。2023 年的“LDC 气候弹性奖”授予了来自澳大利亚的初创企业 SeaStock，并奖励了 12 万美元（约 10 万瑞士法郎），以推动食品与农业价值链中的气候弹性。 LDC 于 2023 年 11 月与法国农业信贷银行的企业和投资银行部门（CIB）成功签署一项创新可持续发展挂钩融资协议，其中一笔为期十年、总额达 4000 万美元的可持续发展关联定期贷款的部分金额直接用于支持 LDC 水果供应商的农场可持续性评估（SAI/FSA）标准核查与认证工作。此外，LDC 还投资改善了亚洲、北美和拉丁美洲的设施，旨在通过一系列热回收和能源效率措施（高效电机和蒸汽疏水阀）来优化燃料和电力消耗。
意昂集团（E. ON）	E. ON 投资决策不仅基于对商品市场价格、批发和零售市场未来电力和天然气价格的预测，而且还考虑了气候目标对二氧化碳价格的影响以及不断变化的天气条件。2023 年，E. ON 发行了三笔绿色债券，总额达 25 亿欧元。此外，供水网络的投资达到 7700 万欧元，在确保水资源的可持续利用和保护方面作出了贡献。客户解决方案部门的分类相关投资总额为 4 亿欧元，是欧盟可持续金融分类的主要贡献者。

续表

公司名称	具体情况
博思格钢铁集团（BlueScope Steel）	博思格钢铁集团与新西兰政府共同出资3亿新西兰元在新西兰钢铁公司格伦布鲁克工厂建造一座新的电弧炉（EAF），目标是2026年投入运营，并将范围1和范围2的温室气体排放量减少至少45%。此外，投资11.5亿美元对肯布拉港钢厂的6号高炉（6BF）进行全面翻新和升级。
英国石油公司（BP）	2023年，BP低碳活动投资从2022年的40多亿美元下降到25亿美元左右，集中在沼气、海上风能、太阳能和电动汽车充电领域。BP宣布向氢电解槽创新者Advanced Ionics投资1250万美元，促进其Symbion™水蒸气电解槽技术在重工业领域的初步部署。2023年10月，其子公司Archaea Energy（古菌能源公司）在美国印第安纳州的Medora创新性地启动了首个模块化设计的可再生天然气（RNG）工厂。
苹果（APPLE）	自2016年2月以来，APPLE已通过发行绿色债券筹集了总计47亿美元的资金，这些资金主要用于投资温室气体减排项目，迄今为止已投入超过32亿美元。
美国航空集团（AAG）	AAG为减少二氧化碳排放推出机队更新战略，投资数十亿美元改造出更省油的飞机和发动机。此外，与巴西航空工业公司签署了初步协议，以协助开发能量概念飞机，旨在利用电动、氢能和混合动力推进技术，推进下一代零排放飞机的发展。
美国国际电话电报公司（AT&T）	AT&T的2022—2023年可持续发展报告显示，公司在2022年投入了243亿美元用于资本支出。这笔资本支出的一部分用于提高网络基础设施的气候适应性。
友邦保险（AIA）	截至2022年12月31日，友邦的一般账户投资组合中有26亿美元的绿色债券，并且关于ESG投资总额达63亿美元。
先正达公司（Syngenta）	截至2023年，Syngenta在可持续农业领域已累计投资15.7亿美元，占总投资目标的78%，其中2023年的投资额为2.44亿美元。这些投资主要集中在作物保护和种子研发领域，涵盖了TINIVION®和TYMIRIUM®等一系列创新农业技术，旨在提升作物生产力和土壤健康，同时减少对环境的影响。
嘉吉公司（Cargill）	嘉吉公司投资640万美元恢复了1000公顷退化森林，通过种植近100万棵树苗促进碳封存和土壤保护。
特斯拉（TESLA）	TESLA的资本支出明显增加，财产、工厂及设备的净值从2022年的235.48亿美元上升至2023年的297.25亿美元，增加了61.77亿美元，增幅达26.2%。这部分支出用于对工厂和设施进行的设备升级，以便更高效地管理排放。太阳能系统的资本支出在2023年翻倍，达到了0.1亿美元。
安赛乐米塔尔（ArcelorMittal）	安赛乐米塔尔计划向位于希洪的工厂投资10亿欧元，并建设一座年产230万吨的氢能直接还原铁（DRI）工厂。2023年2月，公司获得了欧盟委员会对还原铁工厂（DRI）的4.5亿欧元国家援助的批准。2023年11月，公司与工业工程公司Sarralle签署了一份合同，将在希洪建造一座新的电弧炉（EAF），在希洪新建的DRI和EAF设施将使公司西班牙业务的碳排放量减少约50%。

续表

公司名称	具体情况
雀巢公司（Nestlé）	雀巢公司的资本支出减少，可能表明更多资源用于气候融资项目。2023年，雀巢公司的资本支出从82.64亿瑞士法郎减少到71.59亿瑞士法郎。这一减少表明，雀巢公司在传统的基础设施投资上趋于稳定，可能将更多的资源和资金用于支持景观企业网络（LENs）等基于自然的解决方案项目。这种资金重新分配使雀巢能够扩大其气候相关项目的规模，支持可持续农业和水资源管理等基于自然的战略。 净财务债务的增加为气候融资战略提供了必要资金。2023年，雀巢公司的净财务债务从481.59亿瑞士法郎增加到496.38亿瑞士法郎。净债务的增加可能是为了支持可持续发展和气候融资战略。
汉莎航空公司（LHG）	机队更新仍然是LHG减少二氧化碳排放的关键驱动力，2023年12月，LHG订购了80架波音737 MAX和空客A220-300中短程飞机，耗资约90亿欧元。
奔驰集团（Mercedes-Benz）	截至2023年年底，奔驰集团在全球范围内集成了超过150万个交直流充电点，到2030年年末，将在全球建立2000多个充电中心，超过1万个充电点。
联合利华（Unliver）	联合利华通过建立基础设施、监控及验证系统管理无砍伐森林的供应链，并在巴西投资“绿色炼油厂”，描述了其在推动供应链可持续方面的努力。

其中，联合利华（Unliver）和奔驰集团（Mercedes-Benz）虽然未披露具体金额，但定性描述了其在推动供应链可持续和能源网络投资方面的努力，体现了企业在环境保护和社会责任方面的战略规划和承诺。随着全球对可持续实践的关注度不断提高，这些投资的重要性将进一步增强，成为企业战略规划的重要组成部分。

3.3.11 资产剥离

在34家案例企业中，只有一家公司通过定量方式披露了其环境相关资产剥离事项对财务带来的影响。在2023年，意大利国家碳化氢公司（ENI）通过一系列资产剥离操作实现了财务优化和结构调整，包括天然气管道合资企业和加蓬勘探业务的剥离。这些交易为公司带来了4.2亿欧元的现金收入，并获得价值5.8亿欧元的合资企业股权，同时有效减轻了1.8亿欧元的净金融负债，其中包括2500万欧元的现金及现金等价物释放。

3.3.12 递延所得税资产

递延所得税资产是企业税务策略和财务规划的重要组成部分，尤其在动态变化的市场和法规环境中，它们对企业的长期发展和盈利能力有着显著影响。在34家案例企业中，4家企业披露了它们在递延所得税资产上的描述。表3-16为气候相关风险和机遇财务影响披露涉及递延所得税资产的具体企业分析。

表3-16　　递延所得税资产的确认与计量

公司名称	具体情况
汇丰（HSBC）	在评估未来应纳税利润的可能性和充足性时，汇丰披露了其管理层会考虑是否有证据支持递延所得税资产的确认，并且会考虑长期预测的固有风险，其中也包括气候变化相关的风险。
沃达丰集团（Vodafone）	评估递延所得税资产的可回收性时，沃达丰集团已经将气候相关风险纳入考虑，显示了其对长期税务规划的前瞻性思维。
宝马集团（BMW）	在评估递延所得税资产的可收回性时，宝马集团考虑了气候变化相关的立法，由于这些因素的不确定性，宝马集团无法完全控制未来业务发展，导致递延所得税资产的计量存在一定的不确定性。
汉莎航空公司（LHG）	目前，关于气候保护监管措施对LHG成本增加的影响程度尚不确定。气候因素导致的成本增加可能会对LHG的商誉、飞机账面价值、存货计量以及递延所得税资产产生影响。在此背景下，LHG已将排放交易和可持续航空燃料等额外成本纳入了其战略规划中。

3.3.13　金融工具

金融工具在企业管理风险和把握市场机遇方面发挥着关键作用，特别是在应对价格波动、货币风险和利率变动等方面。在34家案例企业中，3家企业定量披露了它们使用金融工具优化财务状况和支持长期战略的信息，详情如表3-17所示。这些披露反映了企业在风险管理和把握市场机会方面的复杂性和深度。

表3-17　　金融工具的确认与计量

公司名称	具体情况
巴斯夫（BASF）	巴斯夫针对原材料价格的不稳定性，实施了多元化的风险管理策略。对于核心原材料，包括石脑油、苯和天然气等，巴斯夫不仅运用衍生品（例如：期权）进行风险对冲，还与供应商签订了长短期采购合约，并在现货市场中积极寻求多元化的采购渠道，同时利用远期合约等手段来管理价格波动风险。在农业解决方案业务板块，巴斯夫则通过交易农产品相关的衍生品来应对价格波动。 在天然气采购方面，采用现金流量套期会计方法。公司利用基于商品价格的期权和掉期作为对冲手段。截至2023年年底，相关期权的平均执行价格分别为每兆瓦时72.00美元或每百万英热单位4.02美元，而掉期的平均对冲执行价格则为每兆瓦时48.31欧元。这些尚未实现的套期保值和对应交易产生的现金流预计将在2024年和2025年反映在公司的损益表中。

续表

公司名称	具体情况
意昂集团（E. ON）	E. ON 的实物资产、长期合同以及最终客户销售组合，面临着大宗商品价格波动带来的显著风险，尤其是电力、天然气、环保和排放证书的价格变动。为了应对这些风险，E. ON 采取了系统化的风险管理措施，包括定期向风险委员会成员报告整个集团的商品风险敞口以及每季度编制的复杂天气风险报告，以确保对潜在风险的持续监控和评估。 市场波动对 E. ON 财务影响的模拟分析。E. ON 通过模拟分析，评估了电力和天然气市场价格波动对集团财务的潜在影响。在假设市场价格上升或下降 10% 的情况下，电力衍生品的公允价值和确认收入可能会增加 7. 67 亿欧元或减少 7. 68 亿欧元，而天然气衍生品可能增加 2. 79 亿欧元或减少 2. 79 亿欧元。这一分析揭示了市场波动对集团财务的直接和潜在影响。
拜耳（Bayer）	2023 年 5 月，拜耳与 Cat Creek Energy（CCE）签订了一项长期可再生能源购买协议。根据 IFRS 9. 2. 4，该购买协议属于自身使用豁免，但也包含一份差价合约，该合约符合通过损益以公允价值计量的嵌入衍生金融工具的定义。在初始阶段，嵌入衍生金融工具的公允价值等于零。合同期限内公允价值的变动主要受未来能源价格的影响，在利润表中予以确认。截至 2023 年 12 月 31 日，公允价值为 1. 31 亿美元。如果截至 2023 年 12 月 31 日，预期能源价格上涨（或下跌）10%，在其他条件相同的情况下，嵌入衍生金融工具的公允价值将上涨 5400 万欧元（或下跌 6800 万欧元）。

在金融工具的使用上，不同企业采取了多样化的策略，并且根据其业务需求和市场状况进行了相应的披露。巴斯夫（BASF）通过采用现金流量套期会计方法，利用期权和掉期对冲天然气采购价格波动风险，具体披露了相关期权和掉期的平均执行价格，以及电力远期协议的公允价值变动对损益表的影响。意昂集团（E. ON）通过模拟分析，评估了电力和天然气市场价格波动对其财务的潜在影响，定量分析了价格变动对电力和天然气衍生品公允价值和确认收入的可能影响。拜耳（Bayer）长期可再生能源购买协议属于通过损益以公允价值计量的嵌入衍生金融工具，定量评估其受未来能源价格影响的公允价值变动额。

这些定量披露为企业的风险管理提供了具体的视角，使外界能够了解企业如何利用金融工具来对冲气候风险和把握市场机会。随着全球金融市场的不断演变，金融工具的使用将继续是企业财务管理的关键组成部分。

3. 3. 14　法律诉讼

法律诉讼是企业运营中不可避免的一部分，尤其是在环境法规日益严格的当下，许多企业面临着与气候变化、污染和产品责任相关的诉讼风险。这些诉讼不仅可能对企业的财务状况造成重大影响，还会影响其声誉和市场地位。在 34 家案例企业中，4 家企业定量披露了它们面临的法律诉讼可能带来的财务负担，而 1 家企业则提供了定性描述，展示了它们如何应对这些挑战。表3－18为气候相关风险和机遇财务影响披露涉及法律诉讼的具体企业分析。

表3－18　　　　关于承担法律诉讼的预计负债

公司名称	具体情况
杜邦（Dupont）	杜邦就全氟烷基和多氟烷基化合物（PFAS）相关的饮用水索赔达成了财务安排，定量披露了它们将承担的损失金额。杜邦承担了与PFAS杂项负债相关的71%的可赔偿损失，以及有关水性成膜泡沫多地区诉讼的和解协议相关的4.05亿美元负债。
法国电力公司（EDF）	EDF的子公司Edison因出售Ausimont SpA工业综合体而引发的多起法律诉讼，仲裁庭裁定的赔偿金为9100万欧元。
拜耳（Bayer）	拜耳面临着许多法律风险，特别是在产品责任、竞争和反垄断法、反腐败、专利纠纷、税务评估和环境问题方面。任何当前或未来诉讼的结果通常无法预测。因此，法律或监管判决或未来的和解可能会产生保险公司未承保或未完全承保的费用。2023年，拜耳重大诉讼的开支为8.89亿欧元（2022年为7.91亿欧元），主要涉及多氯联苯及草甘膦。杂项经营费用包括总额为7300万欧元的非拨备相关法律费用，以及与出售环境科学专业业务和Nebido TM的产品权利有关的5400万欧元费用。 拜耳的子公司孟山都在美国多个政府机构提起的诉讼中成为被告，认为公司作为制造商应对环境中多氯联苯造成的各种损害负责。2020年，拜耳达成了一项价值约6.5亿美元的集体和解协议。2022年，法院最终批准了集体和解协议。集体和解协议中约有84家选择退出，其中62家目前已提起诉讼。华盛顿特区、华盛顿、新墨西哥州、俄亥俄州、宾夕法尼亚州、新罕布什尔州和弗吉尼亚州先前提起或威胁提起的诉讼，合计和解金额约为4.56亿美元。该公司还以6.98亿美元的价格与俄勒冈州了结了一项未决案件。2023年6月，佛蒙特州司法部长向州法院提起诉讼，要求赔偿与多氯联苯污染该州环境和学校建筑有关的损害。
英国石油公司（BP）	在墨西哥湾石油泄漏事件中的净现金流出为12.8亿美元，逐年减少的现金流出显示了其在支付这些和解款项方面的进展。因墨西哥湾石油泄漏事件而面临的财务责任，包括自然资源损害、州级索赔和《清洁水法》的罚款。截至2023年12月31日，根据折现基础，这些协议中的应付款项分别是37.82亿美元（9年支付期）、20.98亿美元（10年支付期）和28.12亿美元（9年支付期），这些数据突显了BP在应对环境事故方面的重大财务负担。
壳牌（Shell PLC）	在美国，壳牌面临多起诉讼，被指控对气候变化负有责任。截至2023年12月31日，有24起诉讼正在审理中，三起索赔已提交但尚未送达，还有一项保全证词的请求正在审理。此外，还面临其他类型的法律诉讼，如格罗宁根天然气田案、尼日利亚和哈萨克斯坦地区的开采运营许可证纠纷。这些诉讼可能对壳牌的财务状况产生重大不利影响。

在法律诉讼方面，不同企业根据其面临的具体情况，进行了不同程度的定量和定性披露。这些定量披露为企业可能面临的财务负担提供了具体的视角，而定性描述则揭示了企业在应对法律诉讼方面的策略和挑战。总体来看，无论是定量披露还是定性披露，这些信息都反映了企业在管理法律诉讼风险和维护其长期可持续发展方面的复

杂性和多样性。随着全球对企业行为的监管日益增强，法律诉讼的管理将继续是企业风险管理的重要组成部分。

3.3.15 环境相关成本与支出

环境相关成本与支出是企业在运营过程中必须面对的关键财务考量，尤其是在全球对环境保护和可持续发展要求不断提高的背景下。这些成本不仅包括直接的环境修复和补救费用，还涉及环境保护项目的资本支出，以及与环境合规相关的各种运营成本。在34家案例企业中，多家企业定量披露了它们在环境相关事项上的支出和计提的准备金，这些定量披露揭示了企业在环境管理和财务规划方面的具体实践和潜在的财务影响。随着全球对环境保护的关注持续增加，环境相关成本与支出的管理将是企业财务健康和可持续发展的关键因素。表3－19为气候相关风险和机遇财务影响披露涉及环境相关成本与支出的具体企业分析。

表3－19　环境相关成本与支出的确认与计量

公司名称	具体情况
巴斯夫（BASF）	2023年，环境保护、安全举措、拆除及搬迁费用，以及非强制资本化的项目成本为5.3亿欧元。若其项目成本不符合国际财务报告准则的资本化要求，则这些费用将被记为支出。2023年和2022年，与德国路德维希港场地及中国新Verbund场地开发相关的拆卸、搬迁及项目规划支出分别为4.07亿欧元和3.52亿欧元。此外，由于北美洲部分已停止运营的场地增加了环境准备金，2023年和2022年分别产生了1.23亿欧元和0.59亿欧元的相关支出。 在2023年，巴斯夫确认了高达9.48亿欧元的环境保护和补救费用，这表明了公司在环境保护方面的投入和承诺。
杜邦（Dupont）	环境项目相关的资本支出总额为2300万美元，其中800万美元专门用于气候变化举措。2023年产生了6900万元的环境修复成本，并指出环境修复成本的估算存在显著的不确定性，潜在的责任可能会比截至2023年12月31日的应计金额高出3.13亿美元，这一描述揭示了公司面临的环境风险和潜在的财务影响。
安赛乐米塔尔（ArcelorMittal）	安赛乐米塔尔位于巴西的图巴朗工厂预计的减排投资成本为0.78亿美元，如果不遵守环境承诺协议（ECA），可能面临最高0.21亿美元的罚款。截至2023年12月31日，公司设立了2900万美元的排放义务准备金和6.20亿美元的环境责任准备金。
拜耳（Bayer）	拜耳在环境保护准备金上的增加额为1亿欧元，截至2023年12月31日，账面余额为6.54亿欧元。
埃克森美孚集团（Exxon Mobil）	埃克森美孚集团在2023年的环境支出总额为71亿美元，其中43亿美元作为费用入账，其余部分计入资本支出，以支持公司在预防和补救环境影响方面的努力。环境负债提取的准备金为2.08亿美元，而截至2023年年底，相关负债为7.01亿美元，较2022年年底的7.30亿美元有所下降。

续表

公司名称	具体情况
意大利国家碳化氢公司（ENI）	2023年，由ENI环境相关支出的总额为700万欧元。在环境保护方面，公司特别关注土地和地下水的修复、废物管理等核心领域，并已投资超过10亿欧元用于这些关键项目，以实现环境的长期改善和保护。
汉莎航空公司（LHG）	2023年，LHG环境修复准备金为0.32亿欧元，这一准备金的调整反映了公司对环境修复成本的重新评估，以及对未来环境修复需求的预测。
先正达公司（Syngenta）	截至2023年12月31日，Syngenta报告了1.56亿美元的环境修复准备金，其中部分包含于重组准备金中。2023年，因修复活动成本估算更新而释放了1000万美元的环境准备金。同时，因第三方承包商设施出现广泛的运营和监管问题，需分担修复成本，先正达公司额外确认了1000万美元的环境准备金，承担了其中16%的成本。
博思格钢铁集团（BlueScope Steel）	2023财年，博思格钢铁集团为新西兰钢铁公司和澳大利亚钢铁产品部门分别设立了460万美元和2960万美元的恢复和复原准备金。
法国电力公司（EDF）	截至2023年12月31日，EDF已经计提了17.07亿欧元的准备金，这项准备金是为了应对与EDF环境计划相关的费用，包括温室气体排放配额交易、可再生能源证书以及相关的节能证书规定。

3.3.16 环境相关收入

环境相关收入是衡量企业在可持续发展和环境保护方面取得的经济回报的重要指标。随着全球对绿色经济和清洁能源的重视日益增加，企业通过各种环保项目和产品实现的收入越来越受到关注。在34家案例企业中，3家企业定量披露了它们在环境相关项目上的收入，提供了具体的数字和财务影响。

2023年，巴斯夫（BASF）定量披露了其对冲交易和高管长期激励项目（LTI）的收入主要来源于北美地区的虚拟和实物购电协议估值，同时也确认了由于停止在北美地区的环保措施相关的资金预留而增加的收入，以及出售碳排放权证书所得的1.85亿欧元。拜耳（Bayer）则通过其财产和业务中断保险，在飓风艾达导致的生产中断后获得了1.95亿欧元的保险赔偿，这是对环境相关事件的直接财务回应。此外，法国安盛保险（AXA）2022年绿色保费收入已达17亿欧元，其将2023年的最低绿色保费收入目标设定为17亿欧元。

这些定量披露提供了企业在环境相关事项上经济影响的具体数据，反映了企业在利用环保项目创造收入和加强其可持续发展能力方面的努力。随着全球对可持续实践的需求不断增长，环境相关收入将成为企业越来越重要的财务组成部分。

3.3.17 销售与运营

在34家案例企业中，4家企业披露了气候相关风险和机遇对企业销售与运营的影响，分别是博思格钢铁集团（BlueScope Steel）、意昂集团（E. ON）就恶劣/极端天气对企业当期财务的影响作出定量披露，雀巢公司（Nestlé）对可持续发展项目对企业当期财务业绩的影响进行了定量披露，而威瑞森通信公司（Verizon）仅披露了定性描述，详情如表3-20所示。

表3-20　　气候影响下销售与运营的确认与计量

企业名称	披露内容
博思格钢铁集团（BlueScope Steel）	2023财年，博思格钢铁集团在澳大利亚的业务实现了79.302亿美元的销售收入，与2022年相比减少了2.985亿美元，销售量减少的原因是由于分销渠道的去库存和供应链中断，包括潮湿天气、铁路停运和劳动力短缺。同时，在新西兰和太平洋岛屿的业务实现了9.626亿美元的销售收入，与2022年相比减少1.626亿美元，主要原因是分销客户在价格下降的环境中减少了库存，进口延迟抵达，以及该财政年度初期的恶劣天气。
意昂集团（E. ON）	2023年，E. ON的电力销售量出现了显著下降，总计减少了580亿千瓦时，最终降至2037亿千瓦时。天然气销售同样呈现下降趋势。原因之一是2022年，冬季温和的天气条件减少了对供暖能源的需求。
雀巢公司（Nestlé）	雀巢公司可持续发展项目通过减少碳排放和提升农业效率，促进了财务增长。2023年，尽管销售额略有下降，但运营利润和利润率均有所提升，自由现金流和净利润也显著增加。此外，雀巢公司的可持续发展战略还提高了股东回报，促进了公司的长期财务健康。
威瑞森通信公司（Verizon）	Verizon的业务运营可能会因停电、战争行为、恐怖主义或其他敌对行为，以及包括飓风、野火、洪水、冰雹和风暴在内的自然灾害或气候变化的潜在影响而中断。

3.3.18 审计报告中的披露

在34家案例企业中，14家企业的审计师在其审计报告中披露了与气候风险和机遇相关的关键审计事项，其中，资产减值问题尤为突出，共有6家企业对此进行了详细说明。

各公司披露的关键审计事项如表3-21所示。

表3-21　　气候相关审计关键事项

企业名称	披露内容
英国石油公司（BP）	（1）石油和天然气价格假设在资产减值测试中的应用； （2）提前弃置成本； （3）勘探与评估资产的可回收性。

续表

企业名称	披露内容
意大利国家碳化氢公司（ENI）	（1）不动产、厂房和设备以及使用权资产的减值测试； （2）与勘探以及生产部分相关的有形资产、无形资产及使用权资产的减值； （3）报废准备金与社会成本。
挪威国家石油公司（Equinor）	（1）气候转型对财务报表的影响； （2）生产工厂和油气资产（包括开发中资产）的减值估计； （3）资产退役义务（ARO）的估值。
埃克森美孚集团（Exxon Mobil）	已开发石油和天然气储量对上游不动产、厂房和设备净值影响。
壳牌（Shell PLC）	（1）气候变化和能源转型对合并财务报表的影响； （2）石油和天然气储量估算； （3）不动产、厂房和设备（PP&E）以及合资企业和联营企业（JVA）的减值评估； （4）核算壳牌复杂交易以及金融衍生品的估值。
巴斯夫（BASF）	商誉减值测试。
拜耳（Bayer）	与产品相关的法律纠纷所产生的风险。
安赛乐米塔尔（ArcelorMittal）	商誉、无形资产以及不动产、厂房和设备减值。
博思格钢铁集团（BlueScope Steel）	不动产、厂房和设备以及无形资产（包括商誉）的账面价值。
苏格兰和南方能源公司（SSE）	（1）部分发电站和储气资产的减值和减值转回； （2）确认的估计收入的会计处理。
法国电力公司（EDF）	核能发电相关准备金和专用资产的计量。
奔驰集团（Mercedes－Benz）	（1）经营租赁的减值风险； （2）金融服务应收账款的估价准备； （3）产品保修准备的计量； （4）法律诉讼的会计处理。
宝马集团（BMW）	（1）租赁产品的计量； （2）销售融资应收账款的估值； （3）法定和非法定保修义务以及产品担保准备金的评估。
斯泰兰蒂斯有限公司（Stellantis）	如何评估气候相关风险和能源转型的潜在影响，特别是在“具有明确使用寿命的非流动资产的可回收性”这一关键审计事项中。

比较特别的是，埃克森美孚集团（Exxon Mobil）认定已探明石油和天然气储量对上游净额的影响有关的程序是一个关键审计事项，其主要考虑因素有：（1）管理

层在估算已探明石油和天然气储量时作出了重大判断，包括使用管理层的专家。(2) 在执行程序和评估与管理层及其专家在估算已探明石油和天然气储量时使用的数据、方法和假设有关的审计证据时，审计师需要作出高度判断、主观臆断并付出很大努力。

此外，尽管资产减值测试、估值及计量等事项属于常见的关键审计事项，但审计师在进行判断和应对时所采取的具体措施存在差异。为了更深入地理解这些差异，有必要研读相关公司披露的审计报告。

进一步研读这34家企业的审计报告，我们注意到有4家企业的审计师虽然未在审计报告中列示与气候风险和机遇相关的关键审计事项，但在其他部分对气候变化带来的可能影响及审计应对进行了描述，分别是联合利华（Unilever）、沃达丰集团（Vodafone）、汇丰（HSBC）和嘉吉公司（Cargill），具体描述及审计应对可以通过研读相关公司披露的审计报告知晓。

3.4 预期财务影响披露

3.4.1 碳成本与内部碳价

随着全球对碳排放监管日益严格，多个地区已经实施碳定价计划，预计碳排放成本将会增加。34家案例企业中，多家企业披露了对碳定价的预测和应对策略。挪威国家石油公司（Equinor）预计碳排放成本将增加，并已设定内部碳价以评估投资决策。联合利华（Unilever）实施了内部碳定价机制，以反映长期上涨趋势。壳牌（Shell PLC）预测碳排放成本将受政策影响，并设定了不同地区的碳价预测。伊比德罗拉（Iberdrola）假设了较高的长期碳价，并考虑了监管风险。表3－22为碳成本与碳定价企业的具体分析。

表3－22 碳成本与内部碳价的确认与计量

企业名称	具体情况
挪威国家石油公司（Equinor）	对于投资组合和决策分析，Equinor的基本假设包括所有资产和项目的碳成本。Equinor默认的最低价格是每吨68美元，到2030年将增加到每吨108美元，此后保持不变；在碳成本较高的国家，Equinor使用国别成本预期。这种碳成本包括在投资决策中，并且在测试盈利能力稳健性时是盈亏平衡点计算的一部分。2022年，Equinor运营资产的实际二氧化碳成本为10.19亿美元。

续表

<table>
<tr><th>企业名称</th><th>具体情况</th></tr>
<tr><td>英国石油公司（BP）</td><td>BP继续在某些情况下应用碳价格，预计到2030年将升至每吨二氧化碳100美元，到2050年将升至每吨二氧化碳250美元（以2021年的实际美元计算）。以2022年的实际美元计算，相当于到2030年每吨二氧化碳108美元，到2050年每吨二氧化碳270美元。
<table>
<tr><th>2025年</th><th>2030年</th><th>2040年</th><th>2050年</th></tr>
<tr><td>54美元/吨</td><td>108美元/吨</td><td>216美元/吨</td><td>270美元/吨</td></tr>
</table></td></tr>
<tr><td>联合利华（Unliver）</td><td>联合利华在其内部实施了碳定价机制，目前设定的碳价为每吨70欧元，并且会每年进行审查。这一做法是基于2017年碳定价高级别委员会报告的建议，该报告预计到2020年碳价应在每吨40—80美元，而到2030年，碳价应上升至每吨50—100美元。联合利华在进行中长期（2030—2050年）的1.5℃情景分析时，采用了90—250美元/吨的碳价范围，这与国际能源机构（IEA）的全球能源与气候（GEC）2023模型“2050年净零排放情景”相一致。该模型预测，所有发达经济体以及承诺净零排放的新兴经济体的碳价格将快速上涨。因此，联合利华的碳定价策略反映了其对碳价格长期上涨趋势的预期，并已将减轻及适应风险和把握机遇的行动纳入公司的可持续发展目标和气候转型行动计划（CTAP）的进度更新中。</td></tr>
<tr><td>壳牌（Shell PLC）</td><td>壳牌推断未来几十年碳排放成本将如何发展存在很大的不确定性。在短期和近期（直至2030年左右）碳排放估算成本主要受政策驱动，包括碳排交易计划或政府征税（目前各国之间差异很大）。2030年以后，政策预测更加具有挑战性，因为碳排放成本是根据2050年所需的减排技术的预期成本估算的。据此，2050年的估计碳成本趋向于每吨125美元或170美元。运营计划使用的碳价展望处于100—200美元的减排成本范围的中间，该价格代表了管理层的最佳估计。对于重点地区和国家，壳牌运营计划中假设了以下每吨碳价：
<table>
<tr><th>地区</th><th>运营计划期间</th><th>后期</th></tr>
<tr><td>欧盟①</td><td>87—132美元/吨</td><td>134—170美元/吨</td></tr>
<tr><td>挪威</td><td>97—226美元/吨</td><td>226—226美元/吨</td></tr>
<tr><td>英国</td><td>94—145美元/吨</td><td>146—170美元/吨</td></tr>
<tr><td>加拿大</td><td>59—113美元/吨</td><td>113—125美元/吨</td></tr>
<tr><td>美国</td><td>0—42美元/吨</td><td>47—125美元/吨</td></tr>
<tr><td>澳大利亚</td><td>29—61美元/吨</td><td>65—125美元/吨</td></tr>
<tr><td>其他国家</td><td>0—55美元/吨</td><td>25—125美元/吨</td></tr>
</table></td></tr>
<tr><td>伊比德罗拉（Iberdrola）</td><td>国际能源署-声明政策情景（IEA-SPS）分别假设2030年、2040年和2050年的（以2020年实际价格计）二氧化碳为65美元/吨、75美元/吨、90美元/吨，而国际能源署-可持续发展情景（IEA-SDS）将其翻倍至120美元/吨、170美元/吨、200美元/吨。
Iberdrola假设2025—2050年的平均水平为76.83美元/吨二氧化碳，假设美元/欧元的长期汇率为1.1—1.2。这一预测远高于目前的市场价格（2025—2050年平均95—100欧元/吨二氧化碳名义价格，而市场价格为70—80欧元/吨二氧化碳），但并未完全反映IEA-SDS的价值。这是因为公司假设存在很高的监管风险。</td></tr>
</table>

① 荷兰除外，其价格为每吨87—159美元（2024—2033年）和每吨163—220美元（2034—2050年）。

续表

企业名称	具体情况
苏格兰和南方能源公司（SSE）	作为发电商，SSE 受到影响碳价格的政策的约束。在报告中，苏格兰和南方能源公司使用的碳价格在英国为 78 英镑/吨二氧化碳，欧盟为 86 欧元/吨二氧化碳。
拜耳（Bayer）	拜耳为实现其 2050 年温室气体净零排放目标，设定了内部二氧化碳价格，即每公吨二氧化碳 100 欧元。
威瑞森通信（Verizon）	Verizon 认识到潜在的碳定价政策可能对公司财务产生重大影响，因此对国际能源署（IEA）的净零排放（NZE）模型进行了详细分析。该模型假设到 2030 年碳价将达到 140 美元/吨二氧化碳，全球碳排放将在 2020 年到 2030 年间下降近 34%。
斯泰兰蒂斯有限公司（Stellantis）	Stellantis 将碳定价纳入决策过程，优化减排技术以满足监管要求并提升经济效益。通过成本效益分析，公司优化了减排杠杆，以确保在符合监管要求的同时提升经济效益。这一系统化的应用不仅体现在现有的减排措施上，还为未来车辆的设计和生产提供了明确的方向。

总体来看，随着对气候变化的关注增加，越来越多的企业已经意识到碳成本对企业财务产生的影响，并采用内部碳定价来衡量，尽管目前内部碳定价机制没有统一标准，但实施内部碳定价机制有助于企业内部对碳排放的认知更加直观，并为企业减碳项目或举措提供统一的经济性评估标尺。

3.4.2 投资及资本支出

为应对气候变化、满足可持续政策要求、符合低碳市场趋势，企业预期会发生投资及资本支出。在定量披露方面，意大利国家碳化氢公司（ENI）在未来四年内预计资本投资和资本支出总额达到 350 亿欧元。英国石油公司（BP）重点投向转型增长引擎与石油天然气两大领域，各增 80 亿美元，预计至 2030 年，含无机物在内的资本投资总额为 140 亿—180 亿美元，其中转型增长引擎的投资占比将攀升至约 50%。阿彻丹尼尔斯米德兰公司（ADM）2023 经营活动现金支出为 45 亿美元，投资活动的现金支出为 15 亿美元，2024 年预计资本支出为 13 亿美元，额外的现金支出约为 10 亿美元的股息和高达 23 亿美元的股票回购。汉莎航空公司（LHG）为减少燃烧燃料产生的碳排放，至 2026 年将使用高达 2.5 亿美元资金采购可持续航空燃料。安赛乐米塔尔（ArcelorMittal）为实现全球 2030 年碳排放降低 25% 的目标，估计总资本支出约为 100 亿美元。

在定性披露方面，挪威国家石油公司（Equinor）预计在未来几年内，其总资本支出中分配给石油和天然气的份额将不断减少。斯泰兰蒂斯有限公司（Stellantis）在低碳交通工具的制造、维护和改造方面加大投入，涉及车辆的零排放和低碳技术开发，导致资本支出增加。伊比德罗拉（Iberdrola）将继续主要投资于电网，有选择地增加可再生能源，并将进一步增加其存储容量，并打算继续将资源集中在开发绿色产品。

表3－23为企业未来投资及资本支出的具体分析。

表3－23　　　　　　　　未来投资及资本支出

<table>
<tr><th>企业名称</th><th>具体情况</th></tr>
<tr><td>意大利国家碳化氢公司（ENI）</td><td>ENI在未来四年的规划期内，预计其资本投资和资本支出总额将达到350亿欧元。ENI作出的长期资本支出承诺概览如下：
<table><tr><th>单位</th><th>2024年</th><th>2025年</th><th>2026年</th><th>2027年</th><th>2028年及以后</th></tr><tr><td>支出（百万欧元）</td><td>7655</td><td>7023</td><td>3562</td><td>2075</td><td>7048</td></tr></table></td></tr>
<tr><td>英国石油公司（BP）</td><td>在资本分配方面，重点投向转型增长引擎与石油天然气两大领域，各增80亿美元。预计至2030年，含无机物在内的资本投资总额为140亿—180亿美元，其中转型增长引擎的投资占比将攀升至约50%。
截至2023年12月31日，净债务为209亿美元，预计将随着经营现金流的增长而减少。BP预计，到2024年和2025年，每年资本支出约为160亿美元，到2030年，预计每年的资本支出为140亿—180亿美元。2023年，BP的平均资本回报率为18.1%，平均每桶83美元。公司的目标是，到2025年，平均资本回报率将超过18%。</td></tr>
<tr><td>挪威国家石油公司（Equinor）</td><td>Equinor预计在未来几年内，其总资本支出中分配给石油和天然气的份额将不断减少，产量也可能随时间推移而下降。要实现公司在范围1和范围2排放方面净减排50%的目标，需要在全公司范围内协调努力，执行减排项目并使之成熟，提高能源效率，开发新技术，并加强投资组合的弹性。</td></tr>
<tr><td>斯泰兰蒂斯有限公司（Stellantis）</td><td>Stellantis低碳转型将带来长期财务影响，通过符合欧盟分类法条例（EU Taxonomy Regulation），公司在未来的资本支出和技术创新上投入，旨在降低碳排放和提升可持续性。根据欧盟分类法条例，公司必须在低碳交通工具的生产上符合特定的技术标准，这包括在2025年之前，轻型乘用车的二氧化碳排放量必须低于50g/km，2026年后则需达到零排放。为此，公司将在低碳交通工具的制造、维护和改造方面加大投入，涉及车辆的零排放和低碳技术开发。这些投入将对公司的未来资本开支产生重大影响，特别是在研发、技术升级以及合规成本方面。
预计在短期内，公司低碳技术改造将导致资本支出增加，这可能会暂时压缩利润率。然而，随着欧盟对可持续和低排放产品需求的增加，公司未来将从政策激励和市场扩展中获益，推动长期财务回报。通过符合欧盟分类法，公司有望在未来降低合规成本，同时提升生产效率并强化市场竞争力。</td></tr>
<tr><td>阿彻丹尼尔斯米德兰公司（ADM）</td><td>为了应对上述气候变化带来的挑战，ADM计划通过保持充足的流动性和强健的资产负债表来维持其资本密集型业务的稳定运行。公司将继续依赖信贷市场筹措资金，满足营运资金需求及资本支出计划。2023年，公司通过经营活动产生了45亿美元现金，并将其主要用于营运资金需求、资本支出以及股东回报（如股票回购和分红）。未来，ADM将继续在碳减排、可再生能源项目上进行大量资本投资。
2024年，公司预计资本支出为13亿美元，额外的现金支出约为10亿美元的股息和高达23亿美元的股票回购，具体取决于全年的其他战略资本使用以及经营现金流和营运资本状况的演变。</td></tr>
</table>

续表

企业名称	具体情况
汉莎航空公司（LHG）	目前，全球可持续航空燃料（SAF）的生产能力非常有限，总体大约只能满足全球航空燃料消耗的0.1%。为了持续保障SAF的供应，LHG采取了三部分策略： ①为了能够持续在现货市场采购SAF，至2026年将使用高达2.5亿美元的资金。 ②集团评估了全球范围内的长期供应协议，预计从2025年起有大量生产和稳定的供应。在报告年度内，LHG签署了两份新的意向书，以确保长期稳定供应可持续航空燃料。 ③LHG特别关注基于残留物、木质生物质和可再生电力合成的煤油以及直接利用太阳能合成燃料的研究。为了加快引入可持续航空燃料，LHG计划2024年成立一个SAF买家联盟，通过集结多个企业客户的需求，推动建立燃料生产试点系统。 在报告年度，LHG还与德国航空航天中心、慕尼黑机场等签署了一份研究合作协议，在日常飞行操作中对PtL（电能转化为液体燃料的技术）燃料及SAF使用的各方面进行测试，如使用100% PtL燃料以及SAF对尾迹形成的影响。
安赛乐米塔尔（ArcelorMittal）	突破能源（Breakthrough Energy）由比尔·盖茨（BillGates）创立，致力于拓展世界到2050年实现净零排放所需的技术。安赛乐米塔尔是突破能源催化剂计划（Breakthrough Energy's Catalyst program）的主要合作伙伴，承诺在未来五年内进行1亿美元的股权投资。 另外，为了实现2030年全球碳排放强度降低25%的目标，安赛乐米塔尔估计所需的总资本支出约为100亿美元，预计这些资本支出的35%将部署到2025年，其余部分将在2025—2030年部署。
伊比德罗拉（Iberdrola）	Iberdrola将继续主要投资于电网，有选择地增加可再生能源，并将进一步增加其存储容量。此外，Iberdrola打算继续将资源集中在开发绿色产品上，在所有能源使用环境中为客户带来附加值。对于个人来说，产品侧重于太阳能自我消费、电动交通和可再生室内气候控制。对于工业客户，公司专注于通过直接电气化或绿色氢气提供工业热脱碳计划。Iberdrola坚信，到2050年向碳中和经济转型在技术上是可能的，在经济上是可行的，在社会上是必要的。公司已投资超过15万欧元，旨在增加已安装的可再生能源产能、陆上和海上风能、光伏、电池、水电以及电网投资。
美国国际电话电报公司（AT&T）	公司未来可能需要增加在环保领域的投资。例如：AT&T可能需要投资于更加节能的网络设备，或者加大对可再生能源的采购力度。此外，为了支持5G网络的推广，公司需要对现有站点进行大规模改造，以增加支持新频率的设备，特别是C频段和3.45GHz频段。这些升级不仅需要大量的资本投入，还需要考虑到气候变化带来的挑战。例如：公司可能需要投资于更具气候适应性的基础设施，以确保网络在极端天气事件中保持稳定运行。 AT&T将可再生能源投资视为其碳中和目标的核心支柱之一，计划继续扩大其可再生能源投资组合。同时，公司在2022年签署的38个社区太阳能项目协议预计在15年内可节省1500万美元，这种模式可能会在未来得到进一步扩展，为公司带来更多的成本节约。
拜耳（Bayer）	为了实现剩余排放量的绝对减少，拜耳计划到2030年投资5亿欧元用于可再生能源以及提高设施和建筑的能源效率。拜耳在中国北京的基地已经建成并并网了1兆瓦光伏发电系统，还计划在2024年再建一个9000平方米的光伏发电系统。

续表

企业名称	具体情况
联合利华（Unliver）	未来三年，联合利华计划投资1.5亿欧元用于推动公司制造业的脱碳进程。这一投资将集中于三个关键领域，优化热能和电能的使用以实现脱碳，增加可再生能源在能源结构中的比例以及减少制冷过程中的排放。此外，联合利华致力于扩大可再生农业的规模，预计到2030年，其可再生农业项目累计成本将达到1.4亿欧元。 联合利华已承诺在2020年至2030年通过气候与自然基金投资10亿欧元，以支持应对气候变化和保护自然环境的相关项目和行动。
博思格钢铁集团（BlueScope Steel）	2021财年，博思格钢铁集团宣布在五年内对脱碳项目和流程的投资将高达1.5亿美元，推动公司实现2030年目标和长期脱碳雄心，预计10年内（到2030年）总支出为3亿—4亿美元。目前，公司已经花费了1.5亿美元的40%以上，预计2025年将花费约1.1亿美元。
苏格兰和南方能源公司（SSE）	2023年5月，SSE对净零加速计划（NZAP）进行了修订，新的"NZAP Plus"指出到2027年资本投资将达到180亿英镑。 在全面资助的计划中，资本投资达到180亿英镑。其中约90%的资本投资将用于可再生能源和电力网络，重点支持公司到2030年的碳中和目标。计划中的投资方向符合1.5℃气候路径，并与欧盟分类法的技术筛选标准一致。投资细分如下：可再生能源占40%，输电占30%，热能及其他占10%，分布式能源占20%。其中约40%的资金将投资于能源网络，以支持可再生能源的发展并增强输配电能力。
法国电力公司（EDF）	未来三年内，EDF将增加在电子投资方面的年度投资，预计每年将达到250亿欧元，其中至少90%将分配给脱碳活动。
意昂集团（E.ON）	E.ON将重点放在扩大数字化能源基础设施以及开发脱碳解决方案上，计划到2028年投资总额达到420亿欧元，以加速能源转型的进程。
谷歌（Google Inc.）	2024年3月，谷歌承诺与美国能源部的二氧化碳去除购买计划进行合作，计划在未来12个月内签订至少3500万美元的碳清除信用额度。同时，谷歌还积极参与碳去除采购。截至2023年年底，谷歌已签署了三项碳信用收购协议，总计购买了约62500吨二氧化碳的去除信用。
美国航空集团（AAG）	Graphyte是一个专注于碳清除技术的初创公司，创新碳铸造工艺可以永久且经济有效地去除和储存二氧化碳。AAG与Graphyte签署协议，购买10000吨永久性除碳设备，并将于2025年初交付。
雀巢公司（Nestlé）	雀巢公司预计至2025年，将投资32亿瑞士法郎实现净零排放，其中包括为促进整个供应链的再生农业所需的12亿瑞士法郎。
先正达公司（Syngenta）	尽管没有提供具体的财务数据，但Syngenta强调了其在作物保护（CP）和种子研发（R&D）领域的投资占比较大，这些投资对于推动农业创新和可持续性至关重要。
嘉吉公司（Cargill）	嘉吉公司与Taco Bell和NFWF合作，承诺在未来四年内投资400万美元，帮助牛肉生产者采用再生牧场管理实践，每年预计减少44000公吨二氧化碳当量。嘉吉公司还与Nestlé和NFWF合作，通过1500万美元的初始投资，计划覆盖1.7百万英亩的土地，促进土地管理、水质改善和栖息地恢复。
奔驰集团（Mercedes-Benz）	奔驰集团计划未来五年内在全球范围内投资数十亿欧元，用于扩大可再生能源的使用和电动车生产能力的提升。

应对气候变化要求企业在投资和资本支出上作出重大调整，以适应低碳经济的需求。这意味着企业需要投资于清洁能源、能效提升、可持续材料和绿色技术等领域，以减少温室气体排放并提高环境可持续性。这些投资可能会带来初期成本的增加，但长期来看，它们有助于企业降低运营成本、提高资源使用效率、增强品牌声誉，并可能获得政府补贴和税收优惠。同时，未能适应气候变化的企业可能会面临更高的合规成本、市场风险和声誉损失。因此，企业需要在短期成本和长期收益之间作出权衡，以确保其投资决策与全球减排目标和市场需求保持一致。

3.4.3 未来环境支出

34 家案例企业中，有 3 家企业在年报中定量披露了环境修复的支出或准备金，详情如表 3－24 所示。埃克森美孚集团预计 2024 年环境支出增至约 97 亿美元，资本支出占总额的约 47%，2025 年预计增至约 102 亿美元，资本支出占总额的约 51%。截至 2023 年 12 月 31 日，杜邦公司根据合同约定，有义务支付 1.48 亿美元的未来现金款项，用于应对这些环境修复责任，预计在 2024 年，环境相关的资本项目支出将约为 2500 万美元，其中气候变化计划的支出预计不到 500 万美元。汉莎航空公司对环境修复准备金作出估计，2025 年、2026 年、2027 年预计现金流出为每年 300 万欧元，2028 年以后现金流出为 1900 万欧元。

表 3－24　　未来环境支出

<table>
<tr><th>企业名称</th><th colspan="8">具体情况</th></tr>
<tr><td>埃克森美孚集团（Exxon Mobil）</td><td colspan="8">随着埃克森美孚集团减排计划的推进，预计 2024 年全球环境支出将增至约 97 亿美元，其中资本支出预计将占总额的约 47%。2025 年的费用预计将增加到约 102 亿美元，资本支出预计将占总额的约 51%。</td></tr>
<tr><td>杜邦（Dupont）</td><td colspan="8">杜邦环境修复义务涉及因环境问题和非 PFAS（全氟烷基和多氟烷基化合物）清理责任而产生的修复和恢复成本。截至 2023 年 12 月 31 日，杜邦根据合同约定，有义务支付 1.48 亿美元的未来现金款项，用于应对这些环境修复责任。其中，有 4600 万美元的款项预计将在未来 12 个月内支付，而剩余的款项则计划在 2024 年之后支付。
公司预计在 2024 年，环境相关的资本项目支出将约为 2500 万美元，其中气候变化计划的支出预计不到 500 万美元。</td></tr>
<tr><td rowspan="4">汉莎航空公司（LHG）</td><td colspan="8">LHG 对环境修复准备金作出如下估计：</td></tr>
<tr><td colspan="4">截至 2023 年 12 月 31 日（单位：百万欧元）</td><td colspan="4">截至 2022 年 12 月 31 日（单位：百万欧元）</td></tr>
<tr><td>2025 年</td><td>2026 年</td><td>2027 年</td><td>2028 年之后</td><td>2024 年</td><td>2025 年</td><td>2026 年</td><td>2027 年之后</td></tr>
<tr><td>3</td><td>3</td><td>3</td><td>19</td><td>3</td><td>3</td><td>3</td><td>20</td></tr>
</table>

环境修复支出体现了企业对社会责任的承担和对可持续发展的承诺。通过投资生态保护和修复项目，不仅有助于改善和恢复受损的自然环境，还能促进生态产品的开

发和相关产业的发展，这表明企业在追求经济效益的同时，也注重环境保护和社会责任。此外，企业通过参与环境修复，可以提升其品牌形象，增强公众信任，同时可能通过政府支持和社会资本合作模式获得经济回报，实现环境效益和经济效益的双赢。这种参与方式也符合国家鼓励和支持社会资本参与生态保护修复的政策导向。

3.4.4　未来资产折旧与减值

考虑到公司实施脱碳战略后特定资产的预期退役日期可能会发生变化，安赛乐米塔尔预计在2024年12月31日、2025年12月31日、2026年12月31日、2027年12月31日和2028年12月31日结束的年份中，折旧费用将分别增加1.68亿美元、1.42亿美元、1.24亿美元、0.28亿美元和0.26亿美元。壳牌（Shell PLC）对于化工和炼油利润的预测，通过提供对利润变化的敏感性来进行测试，根据使用价值进行减值测试的化学品利润率平均为每吨252美元。在整个现金流预测期间，长期化学品利润率每吨减少30美元或每吨增加30美元的变化将导致化学品和产品分别发生高达20亿美元的减值或不发生减值回转。按照使用价值进行减值测试的炼油利润率平均为每桶7.6美元。在整个现金流预测期内，每桶炼油利润率下降1美元，将导致10亿—20亿美元的减值，详情如表3－25所示。

表3－25　　未来资产折旧与减值分析

企业名称	具体情况
安赛乐米塔尔（ArcelorMittal）	在2021年对使用寿命进行年度复核时，安赛乐米塔尔减少了其在欧盟和加拿大生产扁平碳钢产品的业务活动中的不动产、厂房和设备的剩余使用寿命估计。因此，公司预计在2024年12月31日、2025年12月31日、2026年12月31日、2027年12月31日和2028年12月31日结束的年份中，折旧费用将分别增加1.68亿美元、1.42亿美元、1.24亿美元、0.28亿美元和0.26亿美元。
壳牌（Shell PLC）	对于化学品和产品业务中的炼油厂资产折旧采用直线法，在资产使用寿命内计算（从资产可供使用之日起计算，期限为20年）。在能源转型过程中，假设没有进一步投资，所有炼油厂将在4—11年内完全折旧。炼油厂的当前账面价值约60亿美元。 化学产品不以燃烧的方式生产，因此不会产生温室气体的排放。根据IEA NZE2050情景，预计到2050年化学品产量与当前的水平相比不会下降。因此，预计化学资产将在能源转型中具有弹性。壳牌拥有250亿美元的化学品相关资产。与贸易和供应中的储罐、船舶、码头和仓库有关的资产（约80亿美元）预计在能源转型中也将具有弹性。 对于化工和炼油利润预测，尚未确定可靠的气候情景，因此通过提供对利润变化的敏感性来进行敏感性测试。根据使用价值进行减值测试的化学品利润率平均为252美元/吨（20年平均值）。在整个现金流预测期间，长期化学品利润率每吨－30美元或每吨＋30美元的变化将导致化学品和产品分别发生高达20亿美元的减值或不发生减值回转。按照使用价值进行减值测试的炼油利润率平均为7.6美元/桶（20年）。在整个现金流预测期内，每桶炼油利润率下降1美元，将导致10亿—20亿美元的减值。

3.4.5 对财务规划和业绩的影响

34 家案例企业中，共有 17 家披露了气候变化风险和机遇对财务规划的影响，详情如表 3－26 所示。主要通过以下几个方面体现影响：首先，多数公司通过增加对可再生能源、能源效率和减排技术的投资来调整资本支出，以应对气候变化带来的风险并抓住绿色能源的机遇。其次，公司在财务规划中考虑了气候变化对运营成本的影响，包括能源消耗和合规成本的增加。再次，气候变化促使公司开发新的低碳产品和服务，影响研发支出和收入结构。此外，公司通过与环境绩效挂钩的金融工具来获取资本，影响资本成本和财务结构。最后，气候变化风险和机遇也被纳入长期战略规划，包括投资决策、撤资决策和资产配置。这些公司的披露显示，气候变化已成为财务规划中不可忽视的重要因素，它们通过多种方式影响公司的财务决策和绩效。

表 3－26　气候相关风险和机遇对财务规划和业绩的影响

企业名称	具体情况
英国石油公司（BP）	在获得资本上，BP 预计能源转型短期内不会影响其资本获取，特别是银行和债务投资者对碳氢化合物项目的资金支持，计划将 2023 年盈余现金流的 40% 用于减债和加强资产负债表，以保持“A”级投资级信用评级。 在投资标准上，公司实施了包含碳价格机制的评估体系，以 100 美元每吨二氧化碳当量的价格评估高排放项目的经济可行性，并开发了投资可持续发展评估模板，以深入分析投资案例对环境和社会目标的影响，确保投资决策与公司的长期可持续发展目标一致。
挪威国家石油公司（Equinor）	Equinor 在资本支出和分配上明确了其能源转型和战略目标的投资计划，短期内计划增加有机资本支出以支持常规业务和能源转型相关的投资，预计 2023 年支出 100 亿—110 亿美元，并逐年增加至 2024—2026 年的年均约 130 亿美元。中长期目标是增加对可再生能源和低碳解决方案的投资，预计到 2025 年这类投资将占总资本支出的 30% 以上，2030 年超过 50%。 在收购和撤资方面，公司通过剥离 Kalundborg 炼油厂和 Bakken 资产减少排放，并通过收购 East Point Energy、BeGreen 以及 Triton Power 等公司推进其低碳战略，同时准备从 2027 年开始在 Saltend 发电站使用高达 30% 的氢气，并最终实现 100% 氢气使用，以支持其能源安全和脱碳战略。
谷歌（Google Inc.）	谷歌的资本支出集中在维护和升级关键的信息技术和通信系统，包括数据中心和办公场所，以确保业务连续性，而气候变化带来的极端天气和海平面上升可能对这些设施造成损害，增加未来的资本支出需求。2020 年的谷歌气候风险评估揭示了 2030 年前极端高温和洪水对全球多处设施的潜在影响。 同时，谷歌的间接成本，尤其是全球运营中的能源消耗和数据中心的冷却成本，可能会因气候变化导致的气温上升而增加，进一步推高运营成本。

续表

企业名称	具体情况
宝马集团（BMW）	在间接成本方面，宝马集团通过技术和工艺改进提高了全球生产网络的能源和资源效率，并设定了到2030年将每辆汽车的碳排放量减少80%以及能源、水资源消耗、废物处理和溶剂使用量减少25%的目标。 在资本支出方面，宝马集团增加了研发支出，特别是在电池动力汽车领域，2022年交付了超过43万辆电动汽车，预计到2025年电动汽车份额将超过30%，并可能在2030年前实现全电动汽车销量占比50%。 此外，宝马集团通过全面透明的报告确保资本市场的吸引力，以获得长期融资条件。
奔驰集团（Mercedes-Benz）	奔驰集团的财务规划深受气候相关风险和机遇的影响，特别是在收入、碳中和目标、可再生能源使用和可持续发展投资方面。尽管面临供应链挑战，但其电动车销量在2022年显著增长，对收入贡献显著，公司设定了雄心勃勃的减排目标，并致力于在生产中使用100%可再生能源，同时在能源效率和可再生能源项目上进行投资，以降低长期成本并减少碳排放，确保财务规划的可持续性。
嘉吉公司（Cargill）	嘉吉公司在其产品开发和运营中积极应对气候变化，通过创新减少环境影响的产品和实践，致力于农业过程中的关键可持续发展议题。公司设立专门团队开发基于自然的解决方案，投资减排技术和可再生能源，以降低碳价格成本，并在生物柴油工厂建设等方面取得进展，减少供应链中的温室气体排放。嘉吉公司还通过水土成果基金等项目减少二氧化碳排放，并在研发上投入巨资，使用多种可再生能源，以实现减排目标。此外，嘉吉公司通过收购Croda等行动扩大其生物工业业务，强化其在生物基解决方案领域的领导地位，以应对环境挑战并支持全球食品体系的可持续性。
阿彻丹尼尔斯米德兰公司（ADM）	收入：ADM一直致力于通过提供可持续来源的商品选择以及植物性化学品和塑料来增加收入。 直接成本：碳减排和能源效率项目不仅减少了范围1和范围2的温室气体排放，而且每年节省了运营成本。通过再生农业实践或认证产量实现范围3的削减可能需要为原材料支付溢价。 并购和撤资：ADM的并购协议包括对温室气体排放的审查，以评估潜在的新资产的碳责任。 资产：ADM通过无线会话协议（WSP）进行的碳减排可行性研究，确定了在全球业务中减少温室气体排放的项目，这些项目的实施需要对设施进行资本投资。
路易达孚公司（LDC）	LDC在资本支出方面引入了碳评估框架，将投资引向清洁技术、低碳解决方案和可再生能源项目，并通过影子碳价对资本支出投资进行评估，以适应不同地区的碳法规。 在资本获取方面，公司通过区域银团循环信贷工具（RCF）和其他金融设施，如与环境绩效挂钩的贷款和私募配售，获取资金，这些机制将贷款利率与公司的环境关键绩效指标（KPI）和减排目标相挂钩，确保了资本的可持续性，同时推动了公司在环境绩效方面的改进。

续表

企业名称	具体情况
联合利华（Unliver）	联合利华通过进行2 ℃及4 ℃气候变化情景分析，评估了不同温度升高对公司长期业务的潜在影响，并根据最新的科学证据扩展了分析，以预测1.5 ℃温升对业务的具体影响。公司的收入增长和盈利能力与产品组合、地理位置和渠道分布紧密相关，这些因素需随消费者需求变化而调整。联合利华正通过创新，如推出纯素和素食产品来抓住市场机会，目标是到2025年实现植物性产品年销售额达到15亿欧元，以适应和利用气候变化带来的市场变化。
巴斯夫（BASF）	巴斯夫通过系统化的评估流程，将气候相关因素全面融入投资项目的商业案例评估与决策中，确保气候保护措施与商业战略目标的一致性。公司在财务规划中考虑了创新与现有产品对未来收入的贡献，以及与气候相关的风险和机遇，特别是在研发活动上投入巨资以提升能源和资源效率。巴斯夫的产品组合与低碳经济过渡的社会需求高度契合，为销售增长作出积极贡献，并设定了实现可持续销售额的目标。同时，公司也考虑了碳排放法规对运营成本的影响，并将其纳入工厂绩效预测。巴斯夫采用欧盟可持续活动分类法报告相关信息，保持支出和收入与可持续金融分类的一致性，并计划到2025年和2030年，维持与减缓气候变化相关的调整金额占选定财务指标的0.4%的份额。
拜耳（Bayer）	拜耳在其财务规划中已考虑了直接成本和间接成本的影响，尤其是监管风险导致的能源成本预测变化，这已纳入3年的财务规划周期，并在公司运营规划会议上批准。欧盟立法讨论和欧盟排放交易计划（ETS）可能导致碳价格上涨，间接影响拜耳的能源供应链和能源生产设施，预计在2021—2024年将产生6000万—8000万欧元的总成本。尽管能源支出占运营支出的比例不到5%，但气候变化相关监管风险对预计运营成本的影响较低。此外，拜耳通过与银杏生物工厂成立合资企业，投资约7000万欧元以减少农业环境影响，并在年度战略会议中考虑包括由气候变化相关机遇推动的项目，规划未来两年的资本支出组合发展。
汉莎航空公司（LHG）	LHG的财务规划在气候监管相关风险和开发可持续能源的机遇中寻找平衡。面对碳定价和燃料税等气候法规导致的成本上升，LHG通过更新机队以降低燃料消耗和排放，特别是在欧盟排放交易体系（EU ETS）下的合规成本。公司在2019—2022年整合了51架新型空客A320/A321neo飞机，减少了20%的燃料消耗和相关排放。LHG的财务规划考虑了未来三年的排放权和燃料成本，并积极探索SAF（可持续航空燃料）战略，同时通过COMPENSAID平台提供碳抵销选项。此外，LHG设立了二氧化碳补偿基金和绿色电力基金，以支持可持续投资，并关注欧盟分类法对资本获取的潜在影响。
博思格钢铁集团（BlueScope Steel）	博思格钢铁集团在其资本配置框架中将气候相关投资作为资本的主要投向，并将其优先级置于增长投资和股东回报之前，以支持公司的长期可持续性发展。公司通过审查不同气候情景下的投资、优先考虑高资本效率的脱碳路径投资、评估经济效益较差的投资选项以及探索研发和合作机会，来优化其投资组合，确保投资既能带来财务回报，又能实现气候目标。2021财年，博思格钢铁集团宣布已为未来五年的气候相关投资分配了高达1.5亿美元的初始资金，并预计需要3亿—4亿美元的资本支出以实现中期承诺和长期脱碳目标。

续表

企业名称	具体情况
安赛乐米塔尔（ArcelorMittal）	气候相关风险和机遇对安赛乐米塔尔的财务规划产生了深远影响，涉及收入、成本和资本支出等多个财务要素。安赛乐米塔尔已将与欧盟排放交易体系相关的运营成本风险纳入规划，预计每年影响达2.3亿—7.55亿美元，且在全球其他地区碳交易计划的兴起也对公司产生影响。此外，碳法规可能导致生产水平、收入和现金流的下降，同时增加成本和竞争压力。在资本支出方面，公司已批准了与环境项目相关的4.88亿美元持续资本支出，并计划到2030年每年投资约100亿美元作为脱碳计划的一部分，以应对碳法规带来的风险和把握低碳产品需求增加的机遇。
苏格兰和南方能源公司（SSE）	SSE通过其净零加速计划（NZAP）及其加强版（NZAP Plus）显著调整了资本分配，将重点放在网络（50%）、可再生能源（40%）和其他灵活发电、分布式能源和客户业务（10%）上，预计到2027年的五年间，90%的资本支出将与1.5℃的气候目标相一致。公司的投资计划绝大多数集中在气候解决方案上，以实现2030年中期目标，这与联合国可持续发展目标（SDG）相一致，并符合欧盟分类的技术筛选标准。SSE计划在2025年和2030年分别调整90%的选定财务指标，以与组织的气候转型保持一致。
伊比德罗拉（Iberdrola）	作为可再生能源领域的领导者，Iberdrola的财务规划深受气候转型的影响。公司通过巨额投资扩大可再生能源装机容量，并加强电网基础设施，预计到2025年资产基础将增长44%，同时90%的投资符合欧洲分类标准，主要通过可持续/绿色工具融资。 公司计划增加资本与运营支出，以推动包括制氢、光伏、风电、水电、输电配电、储能及节能设备在内的关键活动。 遵守欧盟规定，通过三个经济指标报告其资格和调整情况，并已通过有限保证审查，确保其活动与欧盟环境目标一致，同时披露其活动与减缓和适应气候变化目标的经济活动的关系。
汇丰（HSBC）	通过运用气候情景分析，汇丰指导其业务运营、战略规划及财务规划，并将可持续融资及融资排放因素融入融资规划中。此外，汇丰发布了全集团的净零转型计划，明确了净零路径及实施行动，以支持其宏伟目标。这些战略举措体现了汇丰对气候风险和机遇的重视，以及其在财务规划和业绩上的影响。 然而，汇丰在气候机遇对财务规划与绩效的具体影响方面的披露尚不充分，这主要受限于数据获取的挑战。尽管如此，汇丰已在该领域启动初步探索并持续推进，同时优化信息披露，特别是探索与财务规划、预算及转型计划执行相关的财务度量方法。 汇丰在披露与气候机遇相关的业务活动（如低碳产品设计与服务收入）及其前瞻性指标方面尚存不足，这些指标应与汇丰的业务及战略规划时间框架相契合。对于可持续财务收入与资产，汇丰已披露部分相关信息。展望未来，随着数据可靠性的提升及技术解决方案的应用，汇丰期望在中期内解决与财务规划、绩效及气候机遇指标相关的数据与系统限制，并进一步加强相关披露。

3.4.6 气候情景分析

气候情景分析是对未来气候状态的预测和评估，可以帮助企业了解气候变化的潜在影响，评估不同温室气体排放情景下的可能后果，并为制定适应和减缓气候变化的策略提供科学依据。通过气候情景分析，决策者、企业和公众可以更好地准备应对气候变化带来的挑战，优化资源配置，减少风险，并促进可持续发展。34 家案例企业中，有 12 家企业披露了其为应对气候变化进行的情景分析，详情如表 3 – 27 所示。

表 3 – 27　　气候情景分析

企业名称	具体情况
埃克森美孚集团（Exxon Mobil）	埃克森美孚集团关注了 IPCC 提出的可能将全球升温控制在 2 ℃以下的目标情景，以及 IEA 提出的三种不同情景：政策情景（STEPS）、承诺方案（APS）和 2050 年净零排放情景（NZE），定性分析了不确定因素影响转型成本，采用更灵活全面的策略，以期找到最经济有效的转型路径。
英国石油公司（BP）	BP 的气候情景分析涵盖了与远低于 2 ℃和 1.5 ℃升温目标一致的情景，以及既定政策情景（BAU），旨在评估这些情景对公司战略弹性的影响。分析结果表明，尽管存在不确定性，BP 的战略能够适应包括 1.5 ℃升温情景在内的各种过渡风险情景，而物理风险分析则显示，除非发生大规模的石油和天然气生产中断，否则，气候诱发的恶劣天气事件不太可能在 2030 年之前对 BP 的战略复原力构成重大威胁。
联合利华（Unliver）	联合利华评估了三种不同的气候情景对公司业务的影响。1.5 ℃情景考虑了到 2100 年全球气温上升 1.5 ℃的影响，并使用 IPCC RCP 1.9 模型，结合 TCFD 指南，全面评估了从原材料到销售的整个价值链，识别了 40 个潜在的风险和机遇领域。RCP 8.5 情景则假设到 2100 年气温上升 4 ℃，重点评估了 2030 年对公司业务的物理影响，未考虑监管限制。过渡情景 IEA 450 则基于 2 ℃的升温目标，假设社会迅速采取行动限制温室气体排放，评估了监管变动对业务的影响，所有情景分析均覆盖了 2030 年、2039 年和 2050 年的时间范围。
巴斯夫（BASF）	巴斯夫评估了过渡和物理两类气候情景。过渡气候情景 1.6 ℃—2 ℃考虑了全球气候政治的雄心和实施对化学工业及其客户增长的影响。通过宏观经济模拟分析了不同社会心态下能源市场监管、二氧化碳价格以及电动汽车区域份额发展对 GDP 增长率、工业产出和化学品需求的影响，时间范围截止到 2050 年。物理气候情景则包括 RCP 8.5、RCP 2.6 和 RCP 4.5，这些情景用于评估巴斯夫主要生产基地的战略规划与发展蓝图，通过气候风险仪表板提供的数据，分析了不同全球变暖程度下高温、干旱、强风等气候灾害对生产基地运营、供应链和物流活动的影响，气候数据可持续到 2100 年，以推动关于气候变化适应能力的内部讨论。

续表

企业名称	具体情况
拜耳（Bayer）	拜耳针对气候变化评估了两种主要情景。过渡气候情景1.5 ℃，基于IPCC第六次评估报告的SSP 1－2.6情景，考虑了2040年全球平均气温上升1.5 ℃，到2050年实现完全脱碳，以及快速的技术进步等因素，同时关注法律、政策、碳定价等过渡影响和极端天气事件等物理影响。物理气候情景3.1 ℃—4 ℃，基于IPCC的SSP 3－7.0情景，预测了2040年全球平均气温上升1.5 ℃，2060年上升2.1 ℃，2100年上升3.6 ℃，这一情景下，温室气体排放量仍然很高，缺乏额外气候政策，导致更高的物理影响和创新技术的缓慢适应。两种情景的时间范围均为短期（2021—2025年）、中期（2026—2035年）和长期（2036—2050年）。
美国航空集团（AAG）	在进行气候风险分析时AAG遵循了气候相关财务信息披露工作组（TCFD）的建议，采用了政府间气候变化专门委员会（IPCC）评估中使用的代表性浓度路径（RCP）情景来分析物理风险，同时在评估转型风险时，参考了国际能源署（IEA）的世界能源展望（WEO）中的“现状政策”（STEPS）和“净零排放”（NZE）情景，以综合评估气候变化对公司业务的潜在影响。
安赛乐米塔尔（ArcelorMittal）	安赛乐米塔尔在2023年的气候情景分析中，探讨了五种情景来评估气候变化对其业务的潜在影响，包括三种转型风险情景：情景一（控制全球变暖在2 ℃以下），情景二（控制全球变暖在1.5 ℃），情景五（控制全球变暖在2.1 ℃—3 ℃），以及两种物理风险情景：情景三（“一切照旧”，全球变暖可能高达5 ℃），情景四（“2 ℃及以下”，排放量将在近期达到峰值后减少），这些情景与TCFD的推荐和IPCC的SSP情景数据相结合，旨在研究钢铁行业的脱碳路径和评估公司的物理风险。
博思格钢铁集团（BlueScope Steel）	博思格钢铁集团以温度上升、碳价格、政策不同等指标构建了加速跃进、协同爬升、分散车道、一切照旧四个情景进行分析，分别披露了对于澳大利亚肯布拉港钢厂、北美北极星、新西兰格伦布鲁克钢铁厂、博思格钢铁集团的影响。肯布拉港钢厂受到碳定价和贸易政策的影响最为显著，长期盈利能力可能会下降。碳定价和贸易政策支持北极星利用废料和矿石金属生产电弧炉钢，能带来更高的利润率。在“分散车道”和“不变路径”情景下，格伦布鲁克钢铁厂当前炼铁工艺的寿命可能会更长，在碳定价较高时获益。在“加速飞跃”和“协调爬升”情景中，博思格钢铁集团受益于北极星的低成本电弧炉以及格伦布鲁克钢铁厂部分转型的电弧炉。此外，博思格钢铁集团进行了气候物理风险评估，选择了2030年、2050年和2100年进行压力测试，选择两个情景与IPCC的SSP1－2.6和SSP5－8.5保持一致，选定的与气候相关的物理风险包括热应力、洪水、干旱、气旋/飓风/台风、海平面上升和丛林大火。在评估的两种气候情景下，总体风险敞口概况在中短期内基本保持不变，到2050年风险敞口预计略有增加。
宝马集团（BMW）	宝马集团采用三种情景来识别和评估与气候相关的风险，这些情景基于政府间气候变化专门委员会（IPCC）的共享社会经济路径（SSP）情景。这些气候情景范围从全球变暖＜＋1.5 ℃的低排放情景（《巴黎协定》，SSP1－2.6），到平均变暖＋2.5 ℃的中等情景（中间路线，SSP2－4.5）到＋4 ℃（化石燃料发展，SSP5－8.5）。宝马集团致力于将其业务活动与《巴黎协定》的低排放情景保持一致，并始终以此为基础制定长期企业规划。

续表

企业名称	具体情况
法国电力公司（EDF）	EDF 对其转型风险的研究具体采用了 NGFS 场景与 MESSAGEix – GLOBIOM 模型，考虑了 G4 国家（法国、英国、意大利、比利时）的三种不同情景：快速过渡—2050 年净零排放、中心—低于 2 ℃以及慢过渡—当前政策场景。在研究物理风险时，参考三种情景：SSP2 –4.5、SSP3 –7.0 和 SSP5 –8.5（影响最大的场景），主要考察空气温度、河流流量和温度、海平面和表面温度、风和辐射、极端事件在中长期（2050—2100 年）的影响。EDF 采取了一系列战略措施来减轻转型风险，包括实现净零排放、淘汰煤电、改造核电站、建设新反应堆、发展可再生能源和储能等。同时，EDF 还利用碳价格来指导投资决策，并针对物理风险采取了适应性措施，如提高设施的韧性和延长核电站的运营期限。
汇丰（HSBC）	汇丰在气候情景分析中探讨了五种不同情景，一是净零排放情景，与《巴黎协定》一致，假设有序而显著的气候行动，到 2100 年将全球变暖控制在较工业化前水平高 1.5 ℃以内。二是当前承诺情景。基于当前政府已承诺的政策行动，预计 2100 年全球气温将上升 2.4 ℃，此情景帮助汇丰识别向净零排放过渡过程中需采取的措施。三是延迟转型风险情景，假设气候行动延迟至 2030 年后快速但无序地转向净零排放，以控制 2100 年全球变暖在 2 ℃以下，用于测试极端转型风险的影响。四是下行物理风险情景。在现有政府政策下，极端全球变暖导致 2100 年气温上升超过 4 ℃，评估气候变化的直接物理风险。五是短期情景，聚焦于 2027 年前五年内，政策驱动的急剧净零转型和极端气候事件频发，特别关注汇丰在亚洲的业务影响。通过气候情景分析，汇丰能够模拟多种潜在气候走向对其客户及投资组合韧性的影响，特别是信贷损失方面，分别定量披露了气候变化对批发贷款组合、零售抵押贷款投资组合、商业地产投资组合的影响。
法国安盛保险（AXA）	AXA 披露了转型情景和物理气候情景，其中转型情景包括了基于 NGFS（绿色金融系统网络）的五种气候情景，涉及从 +1.5 ℃到 +3 ℃的温度上升范围，并考虑了有序和无序的低碳经济过渡方式。物理气候情景则聚焦于气候变化对安盛财产和意外伤害业务的影响，包括洪水、热带气旋和干旱等风险，并探讨了如何通过调整策略来管理这些风险。此外，安盛还披露了在房地产投资组合中对物理风险的分析和管理，以及如何利用气候风险价值模型来评估投资组合在不同气候情景下的潜在成本和收益。

3.4.7 商品价格情景

基于低碳经济的市场趋势，未来商品价格存在不确定性，可能会使企业资产减值，从而影响企业利润。对此，34 家案例企业中，有 3 家披露了其在减值测试中应用了商品价格情景，详情如表 3 –28 所示。例如：挪威国家石油公司（Equinor）披露了 NEZ 情景、APS 情景以及管理层估计三种情况下原油价格、天然气价格以及欧盟碳排市场碳价。英国石油公司（BP）保持了关键投资评估价格假设不变，从 2024 年到 2050 年，布伦特原油和亨利中心天然气的假设价格分别平均约为每桶 64 美元和每百万英热单位 4.0 美元。壳牌（Shell PLC）基于使用价值对商品价格变化敏感度参考了 1HS Markit/ACCS2023、Woodmac WM AET –1.5、EA NZE50 三个外部气候变化情景的平均价格。

表 3-28　　商品价格情景分析

<table>
<tr><th>企业名称</th><th>具体情况</th></tr>
<tr><td>挪威国家石油公司（Equinor）</td><td>
<table>
<tr><th>商品类型</th><th>管理层估计价格</th><th>NEZ 情景价格①</th><th>APS 情景价格②</th></tr>
<tr><td>布伦特原油 2030 年</td><td>78 美元/桶</td><td>46 美元/桶</td><td>79 美元/桶</td></tr>
<tr><td>布伦特原油 2040 年</td><td>73 美元/桶</td><td>37 美元/桶</td><td>72 美元/桶</td></tr>
<tr><td>布伦特原油 2050 年</td><td>68 美元/桶</td><td>28 美元/桶</td><td>65 美元/桶</td></tr>
<tr><td>欧洲天然气 2030 年</td><td>9.1 美元/百万英热单位</td><td>4.5 美元/百万英热单位</td><td>6.8 美元/百万英热单位</td></tr>
<tr><td>欧洲天然气 2040 年</td><td>9.5 美元/百万英热单位</td><td>4.4 美元/百万英热单位</td><td>6.2 美元/百万英热单位</td></tr>
<tr><td>欧洲天然气 2050 年</td><td>9.5 美元/百万英热单位</td><td>4.3 美元/百万英热单位</td><td>5.6 美元/百万英热单位</td></tr>
<tr><td>欧盟碳排市场碳价 2030 年</td><td>123 美元/吨 CO_2</td><td>146 美元/吨 CO_2</td><td>141 美元/吨 CO_2</td></tr>
<tr><td>欧盟碳排市场碳价 2040 年</td><td>150 美元/吨 CO_2</td><td>214 美元/吨 CO_2</td><td>182 美元/吨 CO_2</td></tr>
</table>
Equinor 对不同商品市场和汇率的预期驱动因素发展进行了全面的分析。由于向低碳经济的转型、OPEC+未来的供应行动以及其他因素，未来商品价格发展存在很大的不确定性。公司在价值减值测试中应用的商品价格假设是基于管理层对未来市场趋势的最佳估计。目前，公司使用的价格设定并不等同于《世界经济展望》2050 年净零排放情景中概述的到 2050 年实现净零排放的价格设定。公司计算上游生产资产和某些无形资产的可能减值时使用了国际能源机构（IEA）估计的两种情况下的假定价格。国际能源机构（IEA）估计的两种情况下的假定价格有一定的局限性，其主要强调石油和天然气价格，并未反映出对公司的可再生和低碳项目或贸易和炼油利润的潜在影响。为此，管理层的最佳价格估计对比假设方案在布伦特油价上增加了每桶 2 美元的运输成本。
上面列出了与管理层最佳估计相比的一些相关价格和变量。情景价格设定取自国际能源机构的报告《2023 年世界能源展望》，价格已根据通货膨胀进行调整，并以 2023 年实际价格表示。
</td></tr>
<tr><td>英国石油公司（BP）</td><td>
2023 年，BP 保持了关键投资评估价格假设不变，对于 2024 年评估的相关投资案例，已经应用并计划应用下面显示的价格。从 2024 年到 2050 年，布伦特原油和亨利中心天然气的假设价格分别平均约为每桶 64 美元和每百万英热单位 4.0 美元（2022 年实际美元）。
<table>
<tr><th>商品类型</th><th>2025 年</th><th>2030 年</th><th>2040 年</th><th>2050 年</th></tr>
<tr><td>布伦特原油（美元/桶）</td><td>70</td><td>70</td><td>63</td><td>50</td></tr>
<tr><td>亨利中心天然气（美元/百万英热单位）</td><td>4</td><td>4</td><td>4</td><td>4</td></tr>
<tr><td>炼油标杆利润（美元/桶）</td><td>14</td><td>14</td><td>11</td><td>8.5</td></tr>
</table>
</td></tr>
</table>

① NZE 情景：在这一情景下，各国政府制定的所有国家能源和气候目标都能按时全面实现。在这种情况下，预计 2100 年全球气温将上升 1.7 ℃。

② APS 情景：在这一情景下，全球可能会将相对于工业化前水平的全球升温控制在 1.5 ℃。

续表

<table>
<tr><th>企业名称</th><th colspan="2">具体情况</th></tr>
<tr><td rowspan="5">壳牌（Shell PLC）</td><td colspan="2">壳牌基于使用价值对商品价格变化的敏感度参考三个外部气候变化情景的平均价格，具体如下：</td></tr>
<tr><td>1HS Markit/
ACCS2023</td><td>在此情景下，石油价格2023年实际价格（RT23）在2037年逐渐下降至每桶25美元，在2045年逐渐回升至63美元/桶，随后在2050年之前保持在62—69美元/桶。亨利港的天然气价格（RT23）在2050年之前约为每百万英热单位3美元。对于欧洲，价格从2024年的17美元/MMBtu下降到2030年的3美元/MMBtu左右，并保持该水平直到2050年。对于亚洲，价格从2024年的18美元/MMBtu下降到2031年的3美元/MMBtu左右，并保持在3—4美元/MMBtu的水平直到2050年。</td></tr>
<tr><td>Woodmac WM
AET－1.5</td><td>在此情景下，石油价格（RT23）将在2050年逐渐下降至28美元/桶。亨利港的天然气价格（RT23）将在2033年之前保持在3美元/百万英热单位左右，随后将在2046年之前保持在4美元/百万英热单位左右，之后将在2050年之前保持在3美元/百万英热单位左右。对于欧洲，天然气价格（RT23）将从2024年的15美元/百万英热单位左右逐渐下降至2050年的5美元/百万英热单位左右。对于亚洲，天然气价格将从2024年的15美元/百万英热单位下降至2031年的7美元/百万英热单位，随后将在6美元/百万英热单位和10美元/百万英热单位之间徘徊，直到2050年。</td></tr>
<tr><td>EA NZE50</td><td>在此情景下，石油价（RT23）逐渐下降，到2050年将降至约26美元/桶。天然气价格（RT23）从2024年的约5美元/百万英热单位下降到2030的约2美元/百万英热单位，并在2050年之前一直保持在该水平以下。对于欧洲和亚洲，天然气价格（RT23）分别从2024年的约26美元/百万英热单位和14美元/百万英热单位下降到2030年左右的约4美元/百万英热单位和6美元/百万英热单位，并在2050年之前一直保持在该水平。</td></tr>
<tr><td colspan="2">壳牌取三个外部价格前景的平均值（这些外部情景并不代表管理层对中间价格的合理最佳估计）。将此价格线应用于截至2023年12月31日的720亿美元（2022年750亿美元）的综合天然气资产和840亿美元（2022年880亿美元）的上游资产，可回收金额分别比截至2023年12月31日的账面价值低120亿—160亿美元（2022年：40亿—60亿美元）和30亿—50亿美元（2022年：10亿—20亿美元）。对于综合天然气，与2022年相比的敏感度变化反映了价格线中应用的欧洲和亚洲近期天然气价格较低，以及2023年12月31日账面价值与可回收价值之间某些资产的净空较低。对于上游，与2022年相比的敏感度变化反映了价格线中应用的油价较低，以及2023年12月31日账面价值与可回收价值之间某些资产的净空较低。</td></tr>
</table>

通过应用不同的商品价格情景，企业能够评估与商品价格波动相关的风险，根据商品价格的变化，评估资产的可回收金额，及时识别和处理潜在的资产减值问题，优

化资源配置。

3.4.8 可再生能源投资

为减少温室气体排放，对抗全球气候变化，减少对环境的破坏，更多企业探索可再生能源，34家案例企业中，有4家在年报中披露了其使用可再生能源情况，详情如表3－29所示。如：巴斯夫（BASF）逐步从化石能源转向可再生能源，在电力供应方面，2023年可再生能源电力已占总用电量的20%，其目标是到2030年从可再生能源中获取超过60%的电力需求。在蒸汽发电方面，探索新技术以降低碳排放技术，并推进多个项目促进可再生能源转型。汉莎航空公司（LHG）设定实现100%绿色电力目标，为此购买了绿色电力证书，使绿色电力的生产得到保证，并发起了一项电力购买协议（PPAs）的招标，如果招标成功，购电协议将从2026年开始实施。威瑞森通信公司（Version）积极推进可再生能源采购，截至2023年年底，已与第三方签署26份长期购买协议，合同期限为12—20年，目前13个项目已投入商业运营，其余正在开发中。这些协议通常根据市场价格进行财务结算，反映了威瑞森通信公司在清洁能源转型方面的长期战略规划。拜耳（Bayer）到2029年，确保其所有工厂使用的电力100%来自可再生能源。因此，拜尔（Bayer）将签订可再生能源电力的直接供应协议或购买相应的可再生能源信用额度。

表3－29　　可再生能源投资

企业名称	具体情况
巴斯夫（BASF）	巴斯夫正逐步将能源供应从化石能源转向可再生能源，特别是在电力供应方面。2023年，可再生能源电力已占巴斯夫总用电量的20%，而公司的长远目标是到2030年从可再生能源中获取超过60%的电力需求。为实现这一宏伟目标，巴斯夫正积极投资可再生能源资产，并通过与电厂运营商签订长期供应协议、电力购买协议或购买可再生能源证书等方式，在市场上大力采购绿色电力。巴斯夫还与国家电力投资集团公司（SPIC）延长了长期供应合同，确保从2025年起每年供应1000吉瓦时的绿色电力。 在蒸汽发电领域，巴斯夫也在探索新技术以降低CO_2排放。例如：与西门子能源公司的合作在德国路德维希港建设的水电设施预计将于2025年投入运营，该设施将生产多达8000公吨的无排放氢气，并每年减少高达7.2万吨的温室气体排放。巴斯夫计划将生产的氢气主要用作生产低碳产品的原材料。此外，随着未来氢应用领域的拓展，如能源使用等，对氢气的需求将呈现增长趋势。因此，以具有竞争力的价格获得大量低排放或无排放的氢气对巴斯夫来说至关重要。 在2023年，巴斯夫公司成功推进了其可再生能源供电计划，特别是与Vattenfall和Allianz合作的Hollandse Kust Zuid海上风电场项目。这个项目在2023年秋季正式落成，并预计在2024年全面投入运营。Hollandse Kust Zuid风电场拥有139台涡轮机，总装机容量达到1.5吉瓦（GW），这使其成为世界上最大的海上风电场之一。该风电场的建成不仅体现了巴斯夫

续表

企业名称	具体情况
巴斯夫（BASF）	在环境保护方面的努力，也展示了公司在推动可再生能源使用方面的承诺。 巴斯夫与 Vattenfall 达成协议，将获得 Nordlicht 1 号和 2 号风力发电场 49% 的股份。这标志着双方在可再生能源领域的进一步合作。预计这些股份的转让将在 2025 年作出最终投资决定之前完成，而风力发电场的建设则计划在 2026 年开始，目标是在 2028 年全面投入运营。这个风力发电场的总装机容量达到 1.6 吉瓦，届时将成为 Vattenfall 迄今为止实现的最大海上风电场项目。此外，巴斯夫还计划利用其在 Nordlicht 风力发电场的份额来为其在欧洲的化学品生产基地供电，特别是位于德国的路德维希港。这与巴斯夫致力于减少温室气体排放和推动能源转型的长期目标相一致。 在中国，巴斯夫也展现了其对可再生能源的承诺。巴斯夫与明阳新能源投资控股集团有限公司成立了一家合资企业，专注于中国南方的海上风力发电场的开发、建设和运营。广东省湛江风电场是该合资企业计划中的项目之一，该风电场预计将拥有 500 兆瓦的容量，并计划在 2025 年投入运营，目前正在等待批准。
汉莎航空公司（LHG）	LHG 在 2019 年设定的目标是在 2020 年实现 100% 的绿色电力，以满足其在德国、奥地利、瑞士和比利时国内市场的电力需求，这一目标继续使用。为此购买了德国和瑞士的绿色电力证书，这些证书使绿色电力的生产得到保证，从而有助于扩大可再生能源。在本报告年度，LHG 的能源采购部门发起了一项电力购买协议（PPAs）的招标，例如：来自太阳能发电厂和风力发电场的电力。如果招标成功，购电协议将从 2026 年开始实施。在签订购电协议时，LHG 的目标是最大限度地降低能源市场发生重大采购风险，以确保可持续的能源供应。
威瑞森通信公司（Verizon）	Version 公司积极推进可再生能源采购，截至 2023 年年底，已与第三方签署 26 份长期购买协议。这些协议基于可再生能源设施的预期运营，合同期限为 12—20 年。目前 13 个项目已投入商业运营，其余正在开发中。这些协议通常根据市场价格进行财务结算，反映了威瑞森通信公司在清洁能源转型方面的长期战略规划。
拜耳（Bayer）	拜耳到 2029 年，确保其所有工厂使用的电力 100% 来自可再生能源。因此，拜尔将签订可再生能源电力的直接供应协议或购买相应的可再生能源信用额度。

3.4.9 碳抵销证书

企业可以用购买碳抵销证书来抵销其在碳排放权交易市场中的排放配额，降低履约成本，其中，拜耳在年报中披露其计划到 2030 年实现所有工厂（范围 1 和范围 2）的碳中和，到 2029 年年底，与 2019 年的基线相比，将自身运营中的温室气体排放量（以绝对值计算）减少 42%，拜耳将通过购买认证的碳抵销证书（主要是林业和农业），抵销自身运营过程中剩余的所有温室气体排放。此外，拜耳积极参与自愿碳市场，既从经过验证的碳抵销证书中购买碳补偿，也提供自身的碳补偿。除自愿碳市场外，拜耳还参与强制性排放交易。

3.4.10　气候机遇带来的预期财务影响

企业披露气候机遇潜在的财务影响，不仅有助于投资者和利益相关者更好地理解气候变化对企业财务表现的正面和负面影响，作出更加明智的决策，而且增强了企业在市场中的透明度和责任感，推动企业采取更积极的措施来适应和利用气候变化带来的机遇，从而在实现可持续发展的同时，也为股东和社会创造长期价值。

34家案例企业中，有26家披露了气候机遇的财务影响，其中25家进行了定量披露。主要的气候机遇包括以下几个方面：一是开发和扩大低排放产品和服务，多家企业如苹果、谷歌、宝马集团等都在这一领域看到了机遇，预计这将因产品和服务需求增加而带来收入增长。二是技术创新和能源基础设施升级：如意大利国家碳化氢公司（ENI）和挪威国家石油公司（Equinor）通过这些措施预计能够进入新兴市场并增加收入。三是资源效率和能源来源，如嘉吉公司（Cargill）和路易达孚公司（LDC）通过提高资源效率和开发新的能源来源预计能够减少成本。

这些机遇带来的财务影响从数万美元到数十亿欧元不等，具体取决于机遇的性质和企业的实施程度。例如：意大利国家碳化氢公司（ENI）通过扩张可再生能源预计在短期内能增加收入高达10.3亿英镑。这些数据显示企业在应对气候变化的同时，也看到了潜在的经济增长和盈利机会。表3－30为气候机遇到来的财务影响企业具体分析。

表3－30　气候机遇带来的预期财务影响

企业名称	机遇	财务影响	时间	影响程度	预期财务影响数字	实现机会成本
意大利国家碳化氢公司（ENI）	扩张可再生能源	对产品和服务的需求增加导致收入增加	短期	高	10.3亿英镑	62.4亿英镑
	增加生物燃料使用	生产能力提高带来收入增加	短期	中	18亿英镑	33.96亿英镑
	技术创新以及能源基础设施升级	通过进入新兴市场增加收入	中期	中	18亿英镑	6.67亿英镑
英国石油公司（BP）	氢能、可再生能源与电力	因产品和服务需求增加而带来收入增长	中期	中—高	20亿—30亿美元	300亿美元
	便利性和电动汽车充电	因产品和服务需求增加而带来收入增长	中期	中—高	40亿美元	150亿美元
	生物能源	通过进入新兴市场增加收入	中期	中	40亿美元	150亿美元
壳牌（Shell PLC）	消费者偏好的转变	对产品和服务的需求增加导致收入增加	短期	中高	10亿—20亿美元	10亿美元

续表

企业名称	机遇	财务影响	时间	影响程度	预期财务影响数字	实现机会成本
挪威国家石油公司（Equinor）	扩大低排放产品和服务生产	生产能力提高带来收入增加	长期	高	55亿—155亿美元	14亿美元
	碳捕集与封存	生产能力提高带来收入增加	中期	中高	0.45亿—27亿美元	0.65亿美元
苹果（APPLE）	开发和/或扩大低排放商品和服务	降低间接（运营）成本	中期	中低	15.225亿美元	0
谷歌（Google Inc.）	开发和/或扩大低排放商品和服务	因产品和服务需求增加而带来收入增长	短期	低	0.263亿美元	0.14亿美元
	开发和/或扩大低排放商品和服务	因产品和服务需求增加而带来收入增长	中期	中等	2.828亿美元	0.14亿美元
	通过研发和创新开发新产品或服务	因产品和服务需求增加而带来收入增长	短期	中等	2.52亿美元	0.14亿美元
	转向分散式能源生产	低排放技术的投资回报	短期	中等	29亿美元	0.14亿美元
	使用低排放能源	低排放技术的投资回报	短期	中高	29亿美元	0.14亿美元
	发展和/或扩大低排放产品和服务	因产品和服务需求增加而带来收入增长	短期	中低	2.828亿美元	0.14亿美元
宝马集团（BMW）	增加资金可用性	增加获得资本的途径	短期	中	0.8亿欧元	139.32亿欧元
阿彻丹尼尔斯米德兰公司（ADM）	发展和/或扩大低排放货物和服务	由于对产品和服务的需求增加而增加的收入	短期	中	—	—
	通过研发和创新开发新产品或新服务	通过进入新兴市场增加收入	短期	中等偏下	—	2.16亿美元
汇丰（HSBC）	通过研发和创新而开发新的产品和服务	对于（新）产品和服务需求的增加导致收入增加	短期	中等	784亿美元	0
	通过研发和创新而开发新的产品和服务	对于（新）产品和服务需求的增加导致收入增加	短期	中等	190亿美元	—
	通过研发和创新而开发新的产品和服务	对于（新）产品和服务需求的增加导致收入增加	短期	中等	1133亿美元	—

续表

企业名称	机遇	财务影响	时间	影响程度	预期财务影响数字	实现机会成本
杜邦（Dupont）	开发和/或扩大低碳产品和服务	因产品和服务需求增加导致收入增加	长期	中等	0—3.95亿美元	0
联合利华（Unliver）	通过研发和创新开发新产品或服务	因产品和服务需求增加导致收入增加	中期	高	15亿欧元	—
	使用低排放能源	降低成本	长期	低	490万欧元	0
巴斯夫（BASF）	开发和/或扩大低排放产品和服务	由于产品和服务需求增加，导致收入增加	中期	高	70亿欧元	40亿欧元
	开发和/或扩大低排放产品和服务	由于产品和服务需求增加，导致收入增加	中期	高	1.5亿欧元	1亿欧元
	开发和/或扩大低排放产品和服务	由于产品和服务需求增加，导致收入增加	短期	中高	0.3亿欧元	12万欧元
	利用更高效的生产和分配流程	降低间接（经营）成本	短期	中	0.23亿欧元	0.2亿欧元
汉莎航空公司（LHG）	更有效的运输方式	减少直接成本	中期	中等偏高	6.12亿欧元	158亿欧元
美国航空集团（AAG）	使用新技术	降低运营成本	中期	高	1.456亿—2.912亿美元	71亿美元
安赛乐米塔尔（Arcelor-Mittal）	减少用水量和消耗量	降低间接（运营）成本	短期	低	735.8568万美元	37.6万美元
美国国际电话电报公司（AT&T）	进入新的市场	通过进入新的市场而增加收入	短期	中等	0—3.5亿美元	80万美元
沃达丰集团（Vodafone）	开发绿色数字化解决方案	市场需求增加	—	—	—	—
	投资可再生能源项目	成本节省	—	—	—	—
	在气候行动方面的领先地位有助于吸引ESG投资者	吸引更多绿色投资	—	—	—	—
苏格兰和南方能源公司（SSE）	加快风电投资	其他，请具体说明（调整后的营业利润增加）	中期	中	10.9亿—15亿英镑	70亿英镑

续表

企业名称	机遇	财务影响	时间	影响程度	预期财务影响数字	实现机会成本
苏格兰和南方能源公司（SSE）	有价值的灵活水电	其他，请具体说明（调整后的营业利润增加）	中期	中等	1.5亿—2亿英镑	100万英镑
	加速传输增长	其他，请具体说明（调整后营业利润增加）	中期	中等	11亿—15亿英镑	50亿英镑
	推动配电转型	其他，请具体说明（调整后的营业利润增加）	中期	中等	3.1亿—4.2亿英镑	35亿英镑
	有价值的灵活热能	其他，请具体说明（调整后的营业利润增加）	中期	中等	6.6亿—9.9亿英镑	25亿英镑
伊比德罗拉（Iberdrola）	全球能源去碳化	生产能力提高带来收入增加	中期	高	85亿欧元	170亿欧元
	经济电气化推动可再生能源转型	因产品和服务需求增加而带来收入增长	中期	高	85亿欧元	270亿欧元
	绿色氢能的发展	通过进入新兴市场增加收入	中期	高	85亿欧元	30亿欧元
法国电力公司（EDF）	参与碳市场	降低间接（运营）成本	短期	高	41.44亿欧元	154亿欧元
	用于支持性政策激励措施	低排放技术投资回报	短期	中高	7.55亿欧元	22亿欧元
	电力需求的预期增长	对产品和服务的需求增加导致收入增加	短期	高	2.5亿欧元	4.07亿欧元
法国安盛保险（AXA）	气候适应性、韧性和保险风险解决方案的开发（安盛气候）	因产品和服务需求增加带来收入增长	中期	中—低	—	—
	气候适应性、韧性和保险风险解决方案的开发（绿色商业计划）	因产品和服务需求增加带来收入增长	短期	中	17亿欧元	10万欧元
	金融资产多元化提升（如绿色债券和基础设施）	金融资产多元化提升	短期	中—高	13亿欧元	—

续表

企业名称	机遇	财务影响	时间	影响程度	预期财务影响数字	实现机会成本
友邦保险（AIA）	资源效率	间接（运营）成本减少	长期	高	83.32 万美元	83.32 万美元
	从新开发/新兴环境市场和产品中发展新的收入来源	金融资产多元化提升	短期	中—低	1.292251 亿美元	1.292251 亿美元
拜耳（Bayer）	研发和创新开发新产品或服务（开发能够减轻极端天气条件对农作物生长影响的农艺解决方案）	因产品和服务需求增加导致收入增加	长期	低	0.93 亿欧元	0.701 亿欧元
	研发和创新开发新产品或服务［智能玉米系统（SCS）］	因产品和服务需求增加导致收入增加	中期	高	10 亿欧元	28.76 亿欧元
嘉吉公司（Cargill）	客户对生物基产品和服务的需求增长	由于对产品和服务的需求增加而导致收入增加	短期	高	253.7 万美元	10.3 亿美元
	生产能源消耗和成本降低	降低间接（运营）成本	短期	中	0.25 亿美元	0.1 亿美元
	生产可再生电力帮助电网绿色化	降低间接（运营）成本	长期	中	5 万美元	5 万美元
奔驰集团（Mercedes - Benz）	产品和服务	产品和服务需求增加带来收入增加	中期	中	2.5 亿—5 亿欧元	5 亿欧元
	能源资源	减少直接成本	中期	中等偏下	0.01 亿—2.5 亿欧元	1 亿欧元
路易达孚公司（LDC）	资源效率	减少直接成本	中期	中高	591.8 万美元	3467 万美元
	能源来源	减少直接成本	长期	中	1380 万—3460 万美元	268 万美元

3.4.11　气候物理风险的预期财务影响

气候物理风险对企业造成了显著的财务影响，包括由于极端天气事件和气候变化导致的供应链中断、生产能力下降、资产减值、运营成本增加以及资本支出上升，这些影响在不同企业中表现为短期至长期的财务损失和额外成本，涉及数百万至数十亿欧元不等的潜在损失和应对成本。企业必须通过战略调整、资本投资和风险管理来减轻这些风险对财务表现的负面影响，确保长期可持续发展和财务稳定。表 3－31 为气候物理风险预期财务影响披露具体企业分析。

表 3－31　　气候物理风险预期财务影响

企业名称	财务影响	时间	影响程度	预期财务影响数字	应对风险的成本
英国石油公司（BP）	急性物理风险，如极端天气事件——海浪的影响，使资产价值或资产使用寿命减少，导致现有资产注销、资产减值或提前报废	长期	高	—	50 万美元
谷歌（Google Inc.）	急性物理风险，如气旋和洪水等极端天气事件的严重性增加，使资本费用增加	长期	中	—	0
	慢性物理风险，如平均气温上升，使间接运营成本增加	中期	中低	—	0
斯泰兰蒂斯有限公司（Stellantis）	急性物理条件或极端天气条件，使生产能力下降，收入减少	短期	高	9 亿欧元	1.5 亿欧元
奔驰集团（Mercedes－Benz）	急性物理因素，飓风和洪水等极端天气事件频繁增加，由于减少生产容量导致收入减少	中期	大概和不大可能	0.01 亿—2.5 亿欧元	0.3 亿欧元
路易达孚公司（LDC）	由于急性物理因素与干旱因素，使生产容量减少导致收入降低	长期	中	1680 万—2800 万美元	870 万美元
汇丰（HSBC）	急性风险——洪水，资本支出增加	长期	低	220 万美元	0
杜邦（Dupont）	急性物理风险增加成本和费用，并造成额外的供应链和运营中断风险	长期	中	0—40 万美元	0
巴斯夫（BASF）	急性物理风险、干旱，使产能下降	短期	高	2.5 亿欧元	0.23 亿欧元
拜耳（Bayer）	雨、冰雹、雪、冰，对公司的运营产生影响	短期	中等偏上	7.5 亿—15 亿欧元	28.76 亿欧元
	热浪风险对销售产生显著影响	短期	中等偏上	7.5 亿—15 亿欧元	28.76 亿欧元

续表

企业名称	财务影响	时间	影响程度	预期财务影响数字	应对风险的成本
伊比德罗拉（Iberdrola）	慢性疾病、不断变化的降水模式和类型（雨、雹、雪/冰），生产能力下降导致收入减少	长期	中	2700万欧元	0.305亿欧元
	极端天气事件增加，导致直接费用增加	中期	高	4000万—5300万欧元	140万欧元
	热浪或寒潮和风暴等极端天气事件的严重性和频率增加，影响发电和需求，毛利率因收入低于预期和采购成本高于预期而降低	短期	高	4000万—9000万欧元	5000万欧元
法国电力公司（EDF）	热浪风险导致产能下降	中期	高	1.2亿欧元	9.08亿欧元
	旋风、飓风、台风造成材料破坏和生产能力下降	短期	高	6000万欧元	3亿欧元
法国安盛保险（AXA）	剧烈自然因子，洪水等极端天气事件的严重性和频率增加，使保险索赔责任增加	中期	低	—	—
	剧烈自然因子导致间接（运营）成本增加	中期	中—低	2060.2万欧元	—
	根据集团面临的风险（包括欧洲的洪水、美国的飓风、法国的城市大气污染和传染病、气候相关的财务风险），法国审慎监督管理局（ACPR）与安盛集团自有风险和偿付能力评估（ORSA）情景估计的财务影响仍然相对有限：（1）投资方面，根据2020年ACPR试点练习，财务市场情景对安盛集团范围内投资（即安盛集团普通账户资产中的公司债券和股票）的影响较小，主要是由于安盛集团对碳密集型部门的低暴露，这些部门可能在气候转型中受到最大影响。（2）财产与意外保险（P&C）方面，由于安盛集团在全球范围内的风险暴露较为多样化，风险相对分散。安盛集团未来P&C自然灾害的索赔主要受未来暴露（如人口变化、财富增长）的变化影响，而非气候危险本身的增加。基于2020年ACPR试点练习的研究显示，在法国，洪水风险在悲观气候情景下将每年增加1.5%直至2050年（其中80%归因于暴露变化，20%归因于洪水特征变化），在这种情景下，温室气体排放将持续上升直至世纪末。这样的变化可以通过及时调整AXA的承保、定价、准备金或再保险策略，以及推动预防措施来有效管理。（3）健康与保护方面，2020年ACPR试点练习显示，主要影响来自空气质量恶化导致的较高死亡率。然而，即使采用非常保守的方法，评估的影响预计可以通过管理行动（如合理的重新定价）得到吸收，因此总体影响较为有限。保费将根据索赔模式的变化进行调整，以确保对客户和安盛集团的公平性。安盛集团还通过摩根士丹利资本国际（MSCI）开发的模型（仅适用于公司债券和上市股票）探索气候变化对其投资的潜在影响，将风险和机遇结合并转化为“气候价值风险”指标。				

续表

<table>
<tr><th>企业名称</th><th>财务影响</th><th>时间</th><th>影响程度</th><th>预期财务影响数字</th><th>应对风险的成本</th></tr>
<tr><td rowspan="2">意大利国家碳化氢公司（ENI）</td><td>飓风和洪水等急性物理风险的严重程度和频率增加</td><td>短期</td><td>中</td><td>4.3 亿英镑</td><td>1.46 亿英镑</td></tr>
<tr><td colspan="5">物理风险[①]对 ENI 公司在天然气营销与炼油业务领域的经营业绩构成了直接且显著的影响。首先，极端天气事件如暖冬、热浪或异常寒流发生频率和强度的增加，直接关联到天然气及精炼产品的市场需求。在气候寒冷的年份，供暖需求的激增往往会带动天然气和某些精炼产品（如取暖油等）的消耗量显著上升，从而推高这些产品的市场价格，为 ENI 公司带来一定的业绩增长机遇。然而，暖冬则可能抑制供暖需求，导致需求下滑，对公司的经营业绩构成压力。此外，极端天气事件还可能对 ENI 公司的供应链和物流体系造成冲击。其次，气候变化带来的天气不确定性，使能源市场的预测和规划变得更加复杂和困难。传统上基于历史数据的预测模型准确性和可靠性大打折扣。这要求 ENI 公司必须迅速捕捉天气变化带来的市场信号，并据此调整其生产和营销策略。</td></tr>
<tr><td rowspan="2">美国航空集团（AAG）</td><td>高温可能造成收入损失</td><td>中期</td><td>—</td><td>710 万—1130 万美元</td><td>25 万美元</td></tr>
<tr><td colspan="5">气候变化可能带来的急性和慢性物理影响，例如：风暴、洪水、火灾的频率和强度增加，海平面上升，极端高温，气候变化以及其他气候相关事件，都可能对 AAG 的运营、基础设施和财务业绩产生影响，同时也可能危及员工的安全。在运营方面，比如航班取消的频率增加，可能会导致收入减少。公司可能需要投入大量资金来增强基础设施的气候适应性，并为气候变化的这些物理影响做好准备、响应和缓解措施，AAG 无法准确预测与气候变化的物理影响相关的潜在损失或成本的实质性影响。</td></tr>
<tr><td>沃达丰集团（Vodafone）</td><td colspan="2">气候变化相关风险，使基础设施损坏，增加成本</td><td colspan="3">短期财务影响：4000 万—1 亿南非兰特
长期运营成本：由于气温升高导致的能源需求增加，可能导致直接成本增加 5%，预计金额达到 23 亿南非兰特</td></tr>
<tr><td>特斯拉（TESLA）</td><td colspan="5">为应对气候变化带来的物理风险，特斯拉可能需要增加资本支出，以提升设施的防灾和适应能力。例如：公司可能需要在地震活跃区加强建筑的抗震能力，或在易受洪涝灾害影响的地区改善防洪措施。虽然这些资本投资有助于长期应对气候风险，但在短期内会直接增加公司的财务负担，导致资金支出的上升。
供应链中断也是一个显著的财务风险。极端天气和自然灾害不仅会影响特斯拉自身的运营，还可能打击供应商的生产能力，导致原材料供应延迟。供应链问题会迫使公司调整生产计划，增加物流成本，进而推高生产成本，影响整体运营效率。
综合来看，气候变化带来的物理风险不仅对特斯拉的运营构成了挑战，也对其财务状况形成了多方面的压力。公司必须通过战略调整和资本投资规划，减少这些风险对财务表现的负面影响，确保长期可持续发展与财务稳定。</td></tr>
</table>

① 意大利及欧洲其他地区每年经历的气候变化，特别是极端天气现象的频发。

续表

<table>
<tr><th>企业名称</th><th>财务影响</th><th>时间</th><th>影响程度</th><th>预期财务影响数字</th><th>应对风险的成本</th></tr>
<tr><td>阿彻丹尼尔斯米德兰公司（ADM）</td><td colspan="5">气候变化带来的极端天气事件，如飓风和洪水，可能会增加公司供应链中断的风险，进而导致原材料采购成本上升。此外，极端天气还可能影响 ADM 的生产能力，进而对公司的销售和收入产生直接影响。例如：原材料的短缺将直接影响到公司满足客户需求的能力，从而损害公司的市场地位和营收预期。</td></tr>
<tr><td>安赛乐米塔尔（ArcelorMittal）</td><td colspan="5">在安赛乐米塔尔集团中，所有运营资产都可能受到气候变化物理风险所带来的负面影响，从而影响钢铁产能。其中，降雨、洪水和野火的风险最高，其负面影响包括运营资产的工作能力下降，从而减少供应给市场的产品数量。
就积极影响而言，气候变化物理风险可能会提高基础设施的韧性以应对更高频率和更严重的山体滑坡和热带气旋，在钢铁需求增加的推动下增加安赛乐米塔尔的收入。</td></tr>
<tr><td rowspan="2">美国国际电话电报公司（AT&T）</td><td>野火和洪水等极端天气的严重程度及发生频率上升使运营成本增加</td><td>短期</td><td>中等</td><td>750 万—7070 万美元</td><td>6.5 亿美元</td></tr>
<tr><td colspan="5">AT&T 在 2023 年年报中披露了多项与气候和环境变化相关的重大运营风险。公司指出，极端天气事件如洪水和飓风可能对其网络基础设施造成严重损害，导致服务中断。此外，地震、森林火灾等自然灾害也构成了对网络服务稳定性的潜在威胁。能源短缺可能影响网络系统正常运行，以及公共卫生紧急情况可能间接引发极端天气，从而影响公司运营的情况。
上述运营风险可能对 AT&T 的财务状况产生多方面的影响。网络服务中断将直接导致服务收入的减少。考虑到 AT&T 的业务规模，即使是短期的服务中断也可能造成数亿美元的收入损失。修复受损的网络设备和基础设施将产生大量额外支出。在面临重大自然灾害时，这些修复成本可能高达数十亿美元。为应对极端天气和自然灾害，公司还需要增加应急准备和响应支出，如购置备用电源、加强网络冗余等，会导致运营成本的提升。
此外，频繁的极端天气事件可能导致公司相关保险费用的上涨，进一步增加财务负担。从长远来看，为了提高网络韧性以应对日益严峻的气候风险，AT&T 可能需要加大在基础设施升级方面的投资，这将会增加长期资本支出。</td></tr>
<tr><td>雀巢公司（Nestlé）</td><td colspan="5">雀巢重点评估气候变化相关的物理风险，以量化其预期财务影响。气候变化带来的物理风险，如极端天气、水资源短缺和土地退化，可能导致供应链中断、原材料获取困难和运营成本波动。雀巢通过评估这些物理风险，识别对生产和供应链造成的潜在中断，尤其是可能引发的财务压力，例如：因原材料供应短缺导致的额外采购成本、生产延误或需要寻找替代供应链的成本增加。这类气候风险若管理不善，可能直接影响公司的利润和现金流。</td></tr>
<tr><td>壳牌（Shell PLC）</td><td colspan="5">壳牌在设计和建设项目以及运营资产时考虑并融入了降低物理风险的措施。物理变化的潜在影响来自紧急和慢性物理风险。洪水和干旱、野火和严重的热带风暴等紧急风险以及气温上升和海平面上升等慢性风险可能会影响壳牌的部分设施、运营和供应链。
对于物理风险对重要资产的影响的评估，壳牌使用了 IPCC 气候建模数据，涵盖了 2025 年、2030 年和 2050 年时间范围内的三种未来气候情景（RCP2.6、RCP4.5 和 RCP8.5）。在短期至中期内，风险的识别与壳牌已经意识到的因素有关，例如：美国墨西哥湾沿岸的飓风影响、中东气温上升以及欧洲和亚洲的水资源短缺，壳牌正在积极设法缓解这些风险。例如：近年来，欧洲莱茵河在夏季出现了历史最低水位，导致使用传统驳船运输产品存在一定的挑战，疏浚港口和投资浅水驳船有助于减轻风险。从长远来看，虽然壳牌已经根据当前已知的风险对当前的资产组合进行了评估，但到 2050 年已识别风险因素的频率和严重程度可能会增加。</td></tr>
</table>

续表

<table>
<tr><th>企业名称</th><th>财务影响</th><th>时间</th><th>影响程度</th><th>预期财务影响数字</th><th>应对风险的成本</th></tr>
<tr><td>壳牌（Shell PLC）</td><td colspan="5">目前，气候风险可预测性的不足使对资产的气候适应措施进行投资的需求并不迫切。截至2022年12月31日，壳牌测试了实物资产70%以上的账面价值，以评估气候变化对壳牌重要资产的潜在影响。13%的受测实物资产被认为在短期至中期内面临气候相关的物理风险，这些资产已经在积极设法减轻这些风险。此外，壳牌审查了2023年进行的重大收购，其中没有一项被认为在短期至中期内面临与气候相关的物理风险。总而言之，壳牌的计划反映了短期至中期减缓行动的影响。壳牌将继续监测和评估其资产在长期内受气候变化的影响，以确定是否需要采取进一步的适应行动。</td></tr>
<tr><td>挪威国家石油（Equinor）</td><td colspan="5">物理气候参数的变化可能会影响Equinor的运营，导致运营中断、成本增加或事故。这可能是通过极端天气事件或长期的物理影响，如海平面上升伴随波浪高度增加。随着Equinor可再生能源组合的增长，气象参数的意外变化，如平均风速或风模式及云层的变化，会影响能源生产以及维护和设备寿命等因素。

气候变化影响油气盈利能力。向可再生能源的过渡、技术发展以及全球对碳基能源需求的预期减少，可能会影响某些上游石油和天然气公司未来的盈利能力。Equinor采用情景分析法勾勒出各种可能的能源未来，其中一些意味着石油和天然气价格下降以及二氧化碳税增加。如果这种情况发生，会导致石油和天然气的现金流减少，并可能缩短某些资产的经济寿命。Equinor试图通过提高油气资产的抗风险能力来降低这种风险。其目标是在现有上游项目组合的基础上，最大限度地提高非大陆架基础设施的利用率，并优化高质量的国际项目组合。项目组合在油气价格低迷的情况下依然保持稳健，Equinor将继续为项目组合增加高价值桶数。</td></tr>
<tr><td>联合利华（Unliver）</td><td colspan="5">气候变化正在以各种方式影响联合利华业务。水资源短缺等物理环境风险可能会影响公司的运营或减少消费者使用过程中对公司产品的需求。高温、飓风或洪水等极端天气事件的频率增加，可能会导致供应链、制造和分销网络中断的可能性增加。如果不采取行动，气候变化可能会导致成本增加、利润减少和增长放缓。

物理风险：对评估的风险和机会进行财务量化。
<table>
<tr><th rowspan="2">关键假设</th><th colspan="4">对年内溢利的预期财务影响（亿欧元）</th></tr>
<tr><th>策略</th><th>2030年</th><th>2039年</th><th>2050年</th></tr>
<tr><td rowspan="2">2050年，在主动情景中，水资源短缺将使价格上涨，棕榈上涨10%，商品和食品配料上涨11%。到2050年，在反应情景中，水资源短缺将使价格上涨，棕榈上涨14%，商品和食品配料上涨16%</td><td>p</td><td>-2</td><td>-5</td><td>-12</td></tr>
<tr><td>r</td><td>-3</td><td>-7</td><td>17</td></tr>
<tr><td rowspan="2">到2050年，在主动情景中，极端天气将使价格上涨，棕榈上涨12%，商品和食品原料上涨14%。到2050年，在反应情景中，极端天气将使价格上涨，棕榈上涨18%，商品和食品原料上涨21%</td><td>p</td><td>-3</td><td>-8</td><td>19</td></tr>
<tr><td>r</td><td>-4</td><td>-11</td><td>28</td></tr>
</table></td></tr>
</table>

续表

企业名称	财务影响	时间	影响程度	预期财务影响数字	应对风险的成本
苏格兰和南方能源公司（SSE）	在2021/2022年上半年，SSE经历了有记录以来最干旱、最平静的夏季（4—9月），导致该季度的调整后营业利润减少，并影响了全年的财务规划。展望未来，随着到2031年可再生能源产能增长五倍，这一天气风险将继续对公司的财务产生影响。 在4 ℃情景下，预计2050年该风险范围在1.3亿—1.7亿英镑，而在2080年风险增至2亿—27亿英镑。相比之下，1.5 ℃情景显示未来该风险相对较小，但仍会带来显著的财务影响。 在2021/2022年冬季，SSE遭遇了五场被英国气象局命名的风暴，这些风暴被列为红色警报事件，影响了超过10万名客户。长期来看，在4 ℃情景下，预计类似极端天气事件的风险增至1.5亿—2亿英镑，而在1.5 ℃情景下，风险水平较低但依然显著，反映了气候变化对公司未来运营的预期财务影响。				

3.4.12　气候转型风险的预期财务影响

气候转型风险财务影响主要集中在合规成本增加、收入下降、资产减值、运营成本增加等方面，涉及金额从数千美元到数十亿美元不等。披露较多的风险，一是碳定价机制和新兴法规，多家企业提到了由于碳定价机制和新兴法规导致的直接成本增加，这包括合规成本、运营成本和资本支出的增加。二是产品和服务需求变化，由于市场和消费者行为的变化，企业可能面临产品和服务需求减少，从而导致收入下降。具体金额范围广泛，从数千美元到数十亿美元不等，显示了气候变化对企业财务可能造成的广泛和深远的影响。这些风险的披露显示了企业对气候变化影响的关注，以及它们在财务上可能面临的挑战。表3－32为气候转型风险预期财务影响的具体分析。

表3－32　　气候转型风险的预期财务影响

企业名称	财务影响	时间	影响程度	预期财务影响数字	应对风险的成本
壳牌（Shell PLC）	新兴监管风险提高直接成本	短期	高	40.05亿美元	70.59亿美元
挪威国家石油公司（Equinor）	新兴法规、碳定价机制提高直接成本	长期	中	13亿美元	56250美元
	减少对石油和天然气需求的风险，带来的收入的减少	长期	高	220亿美元	14亿美元
苹果（APPLE）	新兴监管、碳定价机制使间接（运营）成本增加	中期	中低	152250万美元	0

续表

企业名称	财务影响	时间	影响程度	预期财务影响数字	应对风险的成本
谷歌（Google Inc.）	温室气体排放定价使间接（运营）成本增加	短期	低	1.31 亿美元	1400 万美元
	利益相关者的担忧或负面反馈增加，产品和服务需求减少导致收入下降	中期	中	2.52 亿美元	1400 万美元
	市场改变客户行为，产品和服务需求减少导致收入下降	中期	中	22.4 亿美元	1400 万美元
	企业清洁能源采购政策的回退，间接（运营）成本增加	短期	中	—	1400 万美元
斯泰兰蒂斯有限公司（Stellantis）	新兴法规、碳定价机制，对产品和服务的需求减少，收入减少	中期	中	1.8 亿—2.6 亿欧元	71.78 亿欧元
奔驰集团（Mercedes－Benz）	新型监管，对现有产品和服务的授权和监管，直接成本增加	中期	不太可能	1.8 亿欧元	86 亿欧元
	用低排放的选择替代现有的产品和服务，直接成本增加	短期	大概和不大可能	0.01 亿—2.5 亿欧元	0.01 亿欧元
阿彻丹尼尔斯米德兰公司（ADM）	农产品供应和价格的波动，影响销售和收入	短期	中	1000 万—72000 万美元	0
	气候相关法规、协议等的变化，增加的业务费用、资本费用	中期	中	0.2 亿—27 亿美元	5000 万美元
路易达孚公司（LDC）	新兴的监管和碳定价机制，提高间接成本	中期	中	2900 万美元	3900 万美元
汇丰（HSBC）	对于金融行业的气候相关风险的监督和管理使信贷风险增加	中期	高	预估最高数值为 1167 亿美元	0
巴斯夫（BASF）	新兴监管、碳定价机制增加成本	中期	高	0.65 亿—3.13 亿欧元	10 亿欧元
拜耳（Bayer）	碳定价机制提高采购产品的价格	中期	低	0.6 亿—0.8 亿欧元	1.81 亿欧元
汉莎航空公司（LHG）	欧盟排放交易计划（ETS）规则的收紧以及引入碳价格变化使成本上升	中期	高	11.75 亿欧元	212.84 亿欧元

续表

<table>
<tr><th>企业名称</th><th>财务影响</th><th>时间</th><th>影响程度</th><th>预期财务影响数字</th><th>应对风险的成本</th></tr>
<tr><td rowspan="3">苏格兰和南方能源公司（SSE）</td><td>可变可再生能源发电风险使营业利润下降</td><td>中期</td><td>高</td><td>1 亿—1. 4 亿英镑</td><td>33. 3 万英镑</td></tr>
<tr><td>加速天然气关闭风险对运营利润造成影响</td><td>中期</td><td>中</td><td>0. 34 亿—5. 1 亿英镑</td><td>2970 万英镑</td></tr>
<tr><td>风力捕获市场风险，市场价格波动</td><td>中期</td><td>高</td><td>0. 38 亿—5. 2 亿英镑</td><td>730 万英镑</td></tr>
<tr><td rowspan="2">法国安盛保险（AXA）</td><td>新兴法规、碳定价机制使抵押品贬值和存在变为搁浅资产与非流动资产的潜在可能</td><td>短期</td><td>中</td><td>—</td><td>—</td></tr>
<tr><td>向低排放技术转型，投资组合的盈利能力下降</td><td>中期</td><td>中—高</td><td>—</td><td>—</td></tr>
<tr><td rowspan="2">友邦保险（AIA）</td><td>声誉、消费者偏好转变，产品和服务需求降低造成的收入减少</td><td>中期</td><td>未知</td><td>—</td><td>—</td></tr>
<tr><td>市场风险，投资组合的盈利能力下降</td><td>中期</td><td>低</td><td>—</td><td>—</td></tr>
<tr><td rowspan="2">安赛乐米塔尔（ArcelorMittal）</td><td>碳定价机制使间接（运营）成本增加</td><td>中期</td><td>高</td><td>2. 3 亿—7. 55 亿美元</td><td>100 亿美元</td></tr>
<tr><td colspan="5">政策与法律：碳政策没有平等地适用于所有市场参与者（例如：无效的碳边境调节机制），降低了在碳成本较高的地区生产的钢铁的成本竞争力。另外，有机会利用政策支持来降低绿色能源的成本，并在竞争对手之前实现脱碳。
技术：清洁能源可扩展性受到限制，在一些地区（如欧洲），脱碳成本增加。
声誉：由于延迟脱碳或缺乏对气候正义的承诺，无法满足利益相关者的期望，失去消费客户、监管机构、政府和投资者的信任。
市场：与常规业务相比，由于材料效率的提高和产品寿命的延长，钢材需求将减少。相比之下，由于对低碳钢材的需求增加和价格溢价，以及对支持其他行业（例如：汽车行业）脱碳的钢材产品的需求，可能会出现更高的销售量或增加的收入。此外，低碳钢材项目在降低资本成本（提高资本可用性）方面也有显著的机会。</td></tr>
<tr><td rowspan="2">沃达丰集团（Vodafone）</td><td>声誉风险</td><td colspan="4">174 亿—300 亿南非兰特</td></tr>
<tr><td>法规政策变化</td><td colspan="4">预计到 2050 年，碳税将达到每吨 CO_2 排放 1848 南非兰特。</td></tr>
<tr><td rowspan="2">联合利华（Unliver）</td><td>现有产品和服务的授权和监管政策，使作物产量下降和原材料成本上升</td><td>长期</td><td>高</td><td>3 亿—17 亿欧元</td><td>35 万欧元</td></tr>
<tr><td>碳定价机制影响原材料成本和工厂运营成本，进而影响公司的利润率和盈利能力</td><td>长期</td><td>高</td><td>48 亿—52 亿欧元</td><td>1070 万欧元</td></tr>
</table>

续表

<table>
<tr><th>企业名称</th><th>财务影响</th><th>时间</th><th>影响程度</th><th>预期财务影响数字</th><th>应对风险的成本</th></tr>
<tr><td>联合利华（Unliver）</td><td colspan="5">政府为了应对气候变化，可能会采取一系列措施，比如征收碳排放税、制定土地使用政策或对某些高排放产品设定限制。这些措施可能会增加企业的成本或限制其运营的灵活性。
转型风险：对评估的风险和机会进行财务量化。
<table>
<tr><th rowspan="2">项目</th><th rowspan="2">关键假设</th><th colspan="4">对年内溢利的预期财务影响（亿欧元）</th></tr>
<tr><th>策略</th><th>2030 年</th><th>2039 年</th><th>2050 年</th></tr>
<tr><td rowspan="2">碳税及自愿除碳成本</td><td rowspan="2">到 2030 年，范围 1 和范围 2 实现净零排放，范围 3 排放税不包括间接消费者使用排放量；
到 2050 年，排放量在 2021 年基准上减少 90%；
到 2050 年，碳价格将达到 250 美元/吨；
到 2050 年，碳清除价格将达到 88 美元/吨；
2039 年或之后 100% 消除排放；
2039 年或之后 100% 的排放都面临着清除成本和碳税。</td><td>p</td><td>-54</td><td>-104</td><td>-18</td></tr>
<tr><td>r</td><td>-35</td><td>-93</td><td>-18</td></tr>
<tr><td rowspan="2">土地使用管制对粮食作物产量的影响</td><td>到 2050 年，在反应情景中，土地使用监管将使价格上涨：棕榈上涨 10%，商品和食品配料上涨 11%。</td><td>p</td><td>-8</td><td>-21</td><td>-51</td></tr>
<tr><td>到 2050 年，在主动情景中，土地使用监管政策将使价格上涨，棕榈上涨 28%，商品和食品配料上涨 33%。</td><td>r</td><td>-3</td><td>-7</td><td>-17</td></tr>
<tr><td rowspan="2">能源价格上涨对供应商和制造业的影响</td><td rowspan="2">在向 1.5 ℃过渡期间，能源价格可能发生的变化具有高度不确定性，到 2050 年平均电价美洲上涨 16%，欧洲上涨 18%，亚洲/AMET/RU 下降 1%，到 2050 年，全球平均天然气价格将上涨 141%。</td><td>p</td><td>-6</td><td>-15</td><td>-34</td></tr>
<tr><td>r</td><td>-6</td><td>-15</td><td>-34</td></tr>
</table></td></tr>
<tr><td>美国国际电话电报公司（AT&T）</td><td colspan="5">监管和法律风险：随着气候变化成为全球关注的焦点，联邦、州和外国政府在气候、能源和环境方面的法规变化可能会给公司带来多方面的挑战。AT&T 预计将面临更严格的环境合规要求。这可能导致公司在短期内需要大幅增加投资，升级设备、改进流程，以满足新的排放标准或能源效率要求。这些合规成本可能会对公司的利润率产生直接压力。为了适应不断变化的监管环境，AT&T 可能需要对其业务模式进行实质性调整。例如：公司可能需要加大对可再生能源的投资，或者重新设计其数据中心和网络基础设施，以提高能源效率。这些战略性调整虽然在长期可能带来效益，但在短期内可能会增加资本支出，影响现金流。随着环境法规的收紧，公司可能面临更高的法律风险。环境相关的诉讼或监管处罚不仅可能导致</td></tr>
</table>

续表

企业名称	财务影响	时间	影响程度	预期财务影响数字	应对风险的成本
美国国际电话电报公司（AT&T）	直接的财务损失，还可能损害公司声誉，影响客户对公司的看法。这种声誉风险可能转化为长期的业务损失，对公司的市场份额和收入增长产生负面影响。 声誉风险：环境表现已经成为影响企业声誉和品牌价值的重要因素。如果 AT&T 未能有效应对气候变化挑战或在环境保护方面表现不佳，可能会面临声誉损害的风险。这种声誉风险可能直接转化为财务损失，例如：客户流失、投资者信心下降，甚至可能影响公司的融资能力和资本成本。				
宝马集团（BMW）	暂时性气候风险源于各行各业向低排放经济转型，而低排放经济转型对于缓解气候变化必不可少。暂时性的气候风险有五个维度。宝马集团认为，目前政治、法律风险的级别最高，到中期（2035 年）市场竞争将和政治、法律风险级别一样超过其他三个类别的风险。 ①技术。可持续技术创新可能带来挑战，加速电动汽车的普及对宝马集团来说可能会对交付产生负面影响。现有产品的材料余值正在不断缩水，而工艺的变化可能会增加制造成本和后续风险。为了商业流程中更好地管理材料，企业和产品之间的数字连接在不断增加，从而增加了风险。新技术的应用需要时间验证，例如：如果供应链的某些领域无法提供相关的标准和验证，则可能导致交付延迟。 ②市场与竞争。产品的竞争性、能耗价格和运输成本不断上涨对宝马集团的制造成本产生了直接影响。现有和新兴的竞争对手也在加强行动，并将重点放在电动汽车市场。这些因素对宝马集团的交付产生了更大的压力。 ③资本与金融市场。拥有良好的 ESG 评级，并且受到资本市场的高度认可，能够对投资决策产生有利影响。投资者或贷款人的融资决策取决于良好的 ESG 评级。如果不能及时应对监管框架的变化，短期内不可预见的波动可能会降低公司在资本市场上的吸引力，并增加再融资成本。政府的碳排放目标与碳市场的变化可能会对汽车行业的资本需求产生影响。碳排放价格的上升可能会导致公司在资本市场上的融资成本增加，进而可能导致信用风险。 ④政治、法律事务和监管框架。宝马集团主要市场（欧洲、美国、中国）的任何短期立法或法规的重大变化可能会超出宝马集团供应链的应对能力，并在时间、成本和剩余价值方面带来风险。生产流程必须迅速转变为更高效的流程以实现更好的资源使用，这要求宝马集团迅速适应新法规，但如果适应时间不足，可能会产生额外成本。对于供应商而言，延迟交货、回收利用和避税条款等因素可能会导致采购成本上升。快速上涨的原材料价格和当地政府的税收变化可能会导致相关产品价格上涨或下跌。 ⑤社会。世界各地人们的环境意识正在增强，公众对气候变化状况的认识以及社会价值的变化，可能会导致行为模式的变化，影响经济的转型和宝马集团的市场份额。				
英国石油公司（BP）	现行法规、碳定价机制增加直接费用	中期	中等	1 亿—10 亿美元	5 万美元
	交通去碳化、电动汽车的移动性和便利性，使产品和服务需求减少导致收入下降	中期	中低等	1 亿—10 亿美元	—
	低碳经济转型措施。未来预计将采取与向低碳经济转型相关的更严格的国家和地区措施，例如：英国的 2050 年净零碳排放承诺。这些措施可能会增加 BP 某些产品的生产成本，增加合规和诉讼成本，增加对竞争能源替代品或低碳强度产品的需求，并影响 BP 许多产品的销售和规格。此外，此类措施可能会导致生产和供应以及新储量的获取受到限制，特别是由于 BP 许多项目的长期性。				

续表

企业名称	财务影响	时间	影响程度	预期财务影响数字	应对风险的成本
英国石油公司（BP）	美国温室气体法规影响。在美国，BP 的运营在许多方面受到温室气体法规的影响。联邦清洁空气法案（CAA）规范空气排放、许可、燃料规格以及公司生产、精炼、分销和营销活动的其他方面。2023 年 11 月，美国环境保护局（EPA）颁布了“新建、重建和修改源的绩效标准以及现有源的排放指南：石油和天然气行业气候审查”。这些法规重点关注新设施和现有设施的石油和天然气生产中的甲烷排放，并包括无组织排放监测和维修、火炬燃烧、排放事件报告、过程控制器和泵排放以及储存容器等领域的重要要求。 甲烷排放费。《通货膨胀减少法案》（IRA）要求 EPA 对超过特定排放水平和甲烷强度的石油和天然气设施的甲烷排放征收年度废物排放费（WEC）。WEC 的标准是 2024 年发生的甲烷排放量为 900 美元/公吨，2025 年发生的甲烷排放量为 1200 美元/吨，2026 年及其后几年的排放量为 1500 美元/吨。2024 年 1 月，EPA 提出了实施 IRA 的 WEC 条款的法规。最终法规的发布日期和细节尚不确定。				
意大利国家碳化氢公司（ENI）	低碳投资的潜在财务成本。ENI 在追求能源转型的过程中，潜藏着多重挑战与风险。资产处置计划成功与否直接关系到 ENI 能否顺利实现预期效益。然而，市场的不确定性、资产估值的波动以及潜在买家的兴趣等因素，都可能导致资产处置计划无法全面或部分执行，进而对集团的整体财务状况造成不利影响。为了应对这一挑战，ENI 公司正积极拓宽低碳产品和服务的边界，通过太阳能、风能、生物燃料、二氧化碳封存及电动汽车充电解决方案等多个领域的布局，力求在新兴市场中占据一席之地。 新兴市场的竞争激烈，技术迭代迅速。ENI 计划通过并购与合作的方式加速市场布局，但新业务的开展往往需要时间积累，包括员工技能的提升、系统的优化以及分销渠道的拓展等，这些都可能成为转型过程中的阻碍因素。更为严峻的是，低碳产品和服务的运营利润率相对较低，这意味着在转型初期及过渡阶段，ENI 可能会面临较大的经济压力。这要求公司在推进转型的同时，必须审慎评估并应对各种潜在风险，以免对运营成果、现金流、资金流动性、业务展望、财务健康以及股东回报等方面造成不利影响。				
美国航空集团（AAG）	AAG 面临气候变化监管的挑战，包括适应国际航空碳抵销和减排计划（CORSIA）以及欧盟排放交易体系（EU ETS）的修订版，这可能导致运营成本增加。同时，消费者对气候变化的意识提高，可能减少飞行或选择更环保的航空公司，从而影响 AAG 的业务。AAG 也在努力实现减排目标，包括增加可持续航空燃料（SAF）的使用，但 SAF 的供应和成本存在不确定性。此外，AAG 还可能面临与可持续性相关的法律和监管风险。				
伊比德罗拉（Iberdrola）	电力的市场价格。包括批发和零售，与燃料（主要是天然气）的价格和生产电力所需的排放权密切相关。这些价格存在不确定性（因每个国家的电力市场结构及其监管而异）。定期电价还受新发电厂计划投入运营以及未来计划或多或少的储备容量的影响。 发电和商业部分的利润率受到获得的价格（零售时来自客户，批发时来自市场）与生产成本之间差异的风险。在向客户销售的情况下，利润率的不确定性在很大程度上受到营销公司之间或多或少竞争的影响。 除了上述市场风险外，还面临其他风险。例如：（1）监管干预批发市场的运营。（2）修改或取消关税、溢价和可再生能源激励措施。（3）对能源销售和核废料管理征税或增加税收。（4）其他义务（例如：反贫困措施，英国监管的最高价格等）。随着可再生能源可变成本降低及分布式发电的发展，批发市场价格的动态变化成为重点关注对象。				

第4章
中国实践：问卷调查与分析

2023年6月26日，国际可持续准则理事会（ISSB）正式发布两项国际财务报告可持续披露准则（以下简称“ISSB准则”）。2024年4月19日，香港联交所修改了ESG指引，将ISSB准则S1和S2的相关披露要求纳入指引。2024年4月12日，在证监会的统一部署下，沪深北交易所重磅发布了《上市公司自律监管指引——可持续发展报告（试行）》。与此同时，财政部于2024年5月27日正式发布了《企业可持续披露准则——基本准则（征求意见稿）》。

以上准则或指引均要求企业披露可持续风险和机遇的当期和预期财务影响。如何识别、计量和披露可持续风险和机遇的当期和预期财务影响，成为企业实施以上准则或指引所面临的重大挑战。为了解气候相关风险和机遇对各企业当期和预期的财务影响，以及各企业在披露中面临的挑战与所形成的良好实践，我们编制了问卷，邀请多家国内企业填写反馈。

问卷调查工作于2024年9月3日启动，经过16天密集的问卷编制和问卷发放工作，截至2024年9月19日，共有155家样本企业对问卷调查内容进行了回复。本章基于样本企业的问卷调查回复，进行数据分析和总结，内容涵盖样本企业基本情况、气候相关风险和机遇财务影响披露情况、披露困难及成本、未来规划及改进内容四个方面，最后给出总体结论和政策建议。

4.1 样本企业基本情况

4.1.1 样本企业行业分布

参与本次调查问卷的企业共155家。如图4－1所示，参与调查的企业中，制造业占比最多，约占58%，信息传输、软件和信息技术服务业约占12%，金融业约占

5%，批发和零售业约占 2%，交通运输、仓储和邮政业约占 2%，水利、环境和公共设施管理业约占 3%，租赁和商务服务约占 2%，科学研究和技术服务业约占 4%[①]。

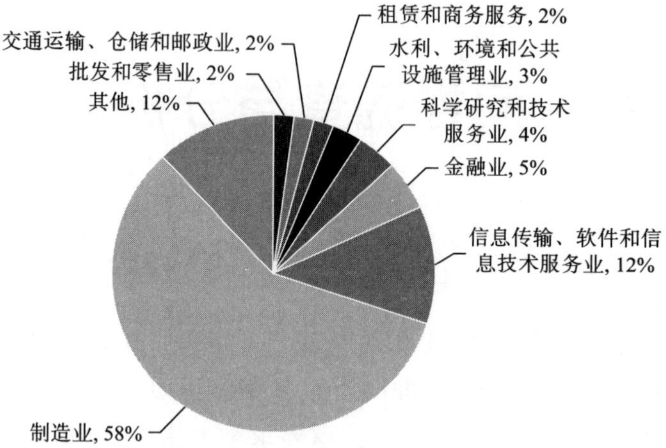

图 4－1　样本企业行业分布

4.1.2　样本企业的股权性质

从企业性质来看，根据图 4－2 可知，参与调查的企业中有 69% 的企业属于民营企业，15% 的企业属于中央国有及国有控股企业，12% 的企业属于地方国有及国有控股企业，其他包括外资企业、混合所有制企业等。

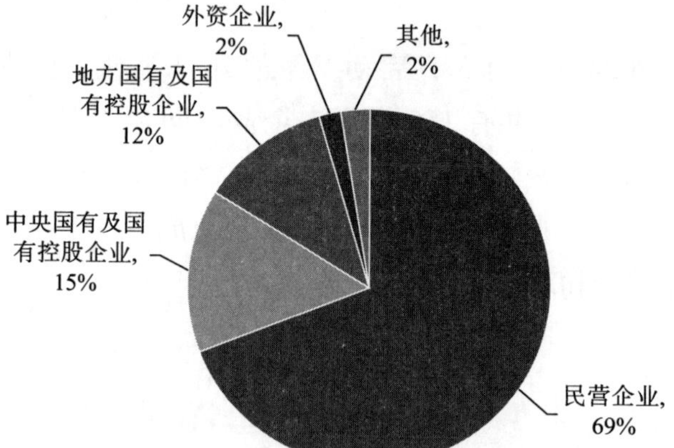

图 4－2　样本企业性质

① 本章参照《国民经济行业分类》将调查问卷结果中的细分行业合并成一级门类。

4.1.3 样本企业上市情况

由图4－3和图4－4可知，参与此次问卷调查的企业，94%的企业为上市企业，且近70%的上市地为上海证券交易所，25.34%的上市地为深圳证券交易所。

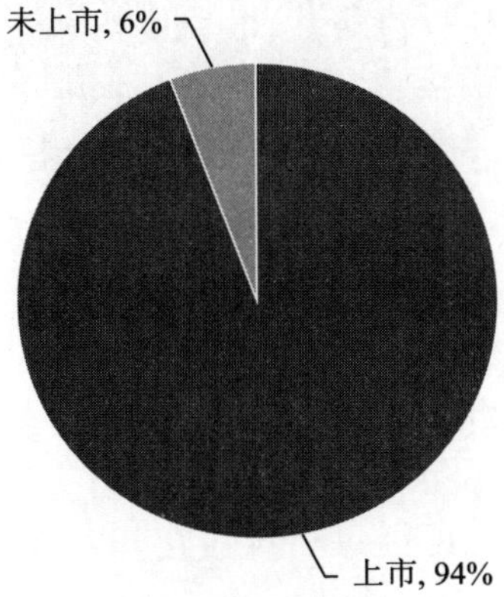

图4－3 样本企业上市状态

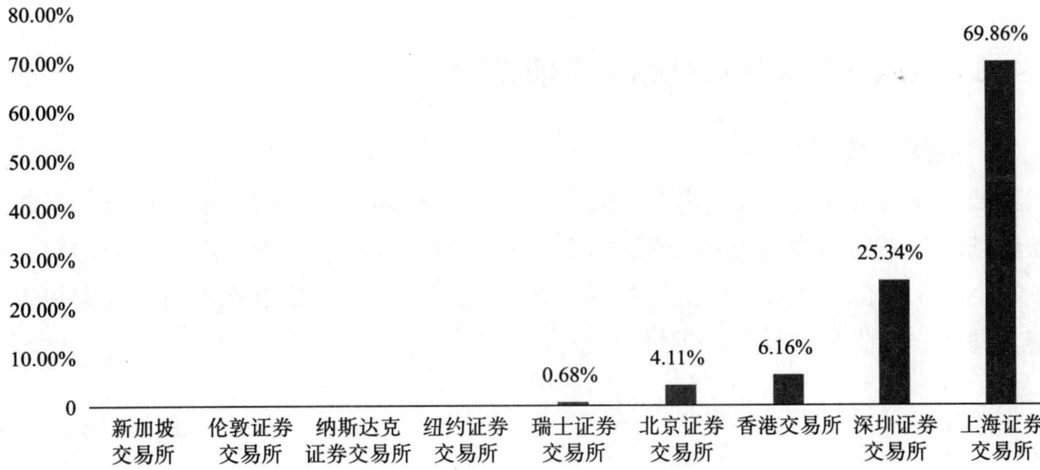

图4－4 上市地点

4.1.4 样本企业问卷调查填写人情况

从参与填写此次调查问卷的填写人职务来看，有超过43%的人为财务部门负责人或部门代表，有27.7%的人来自证券部门，12.3%的人来自董事部门，5.8%的人来自ESG部门，具体分布情况如图4－5所示。

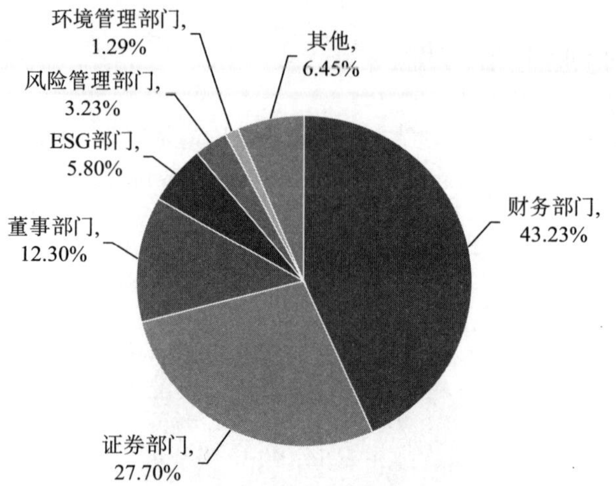

图 4-5 样本企业问卷填写人职务情况

4.2 气候相关风险和机遇财务影响披露情况

4.2.1 气候相关信息整体披露情况

（1）披露位置

从是否披露以及披露位置来看，近 50% 参与本次问卷调查的企业未披露气候相关财务信息，有 40% 的企业定期在环境、社会及治理（ESG）报告中披露相关内容，约 16% 的企业在社会责任报告中进行披露，还有近 10% 的企业定期在可持续发展报告中披露，具体分布情况如图 4-6 所示。

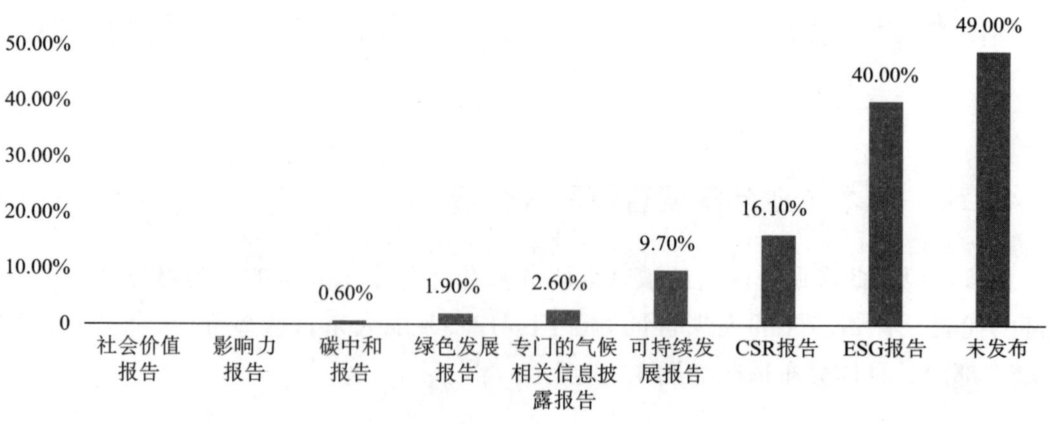

图 4-6 样本企业气候相关信息披露位置

（2）参考气候信息披露准则情况

由图4－7可知，参与调查的企业中有超过65%的企业未定期披露气候相关信息，13%的企业参考TCFD定期披露，约10%的企业无参考准则但定期披露气候相关信息，还有约9%的企业参考其他准则定期披露气候相关信息，仅7.74%的企业参考IFRS S2定期披露。

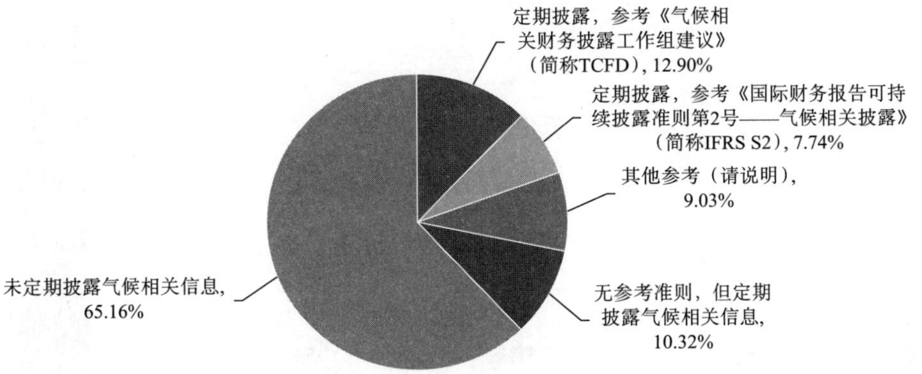

图4－7 企业参考气候信息披露准则情况

（3）财务重要性判断

在财务重要性判断方面，不同企业对于气候风险和机遇财务重要性的判断披露情况不同，其中近50%的企业未进行气候风险和机遇财务重要性判断，约43%的企业将气候相关信息在可持续发展报告（ESG报告或社会责任报告等）中披露，有近15%的企业认为需要本企业采取财务措施管控风险和机遇，也有11.61%的企业将气候相关信息在财务报表及附注中披露。另外，有一家企业选择其他并进行了内容补充：企业在定期报告中披露环保情况、安全环保风险及采取的措施，具体分布情况如图4－8所示。

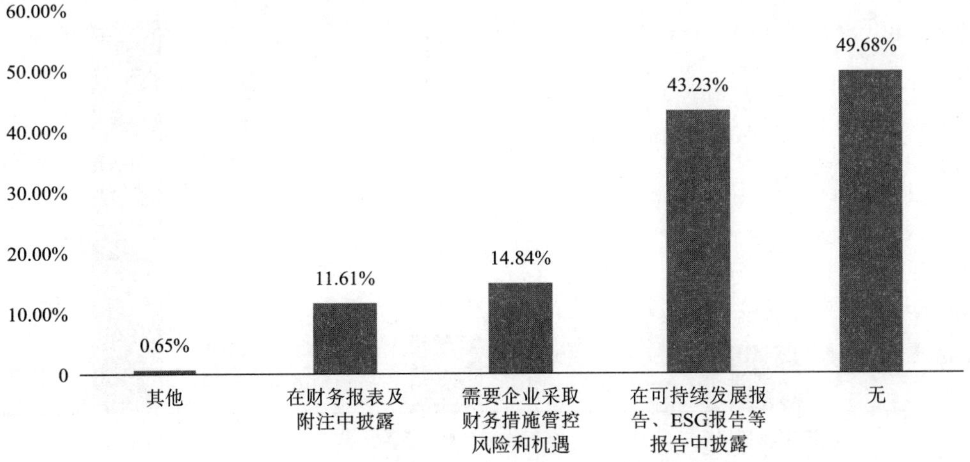

图4－8 企业财务重要性判断情况

（4）时间范围

对于气候相关风险和机遇财务影响的时间范围，由图 4－9 可知，有近 93% 的企业未能从不同时间范围上进行识别。已识别企业中，对于短期的定义大部分为 1—3 年，对于中期的定义大部分为 3—5 年，对于长期的定义大部分为 5 年以上。

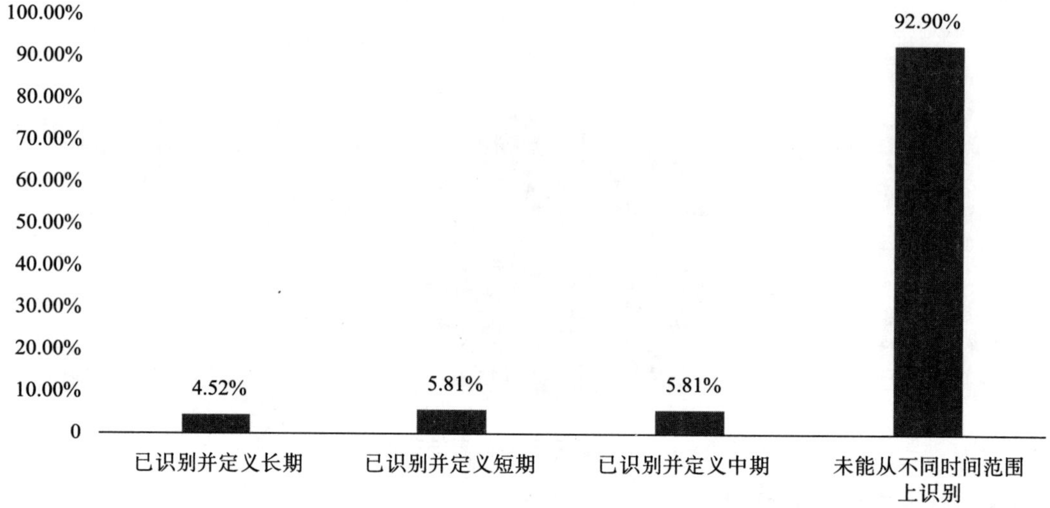

图 4－9　时间范围定义

（5）影响范围

对于气候相关风险和机遇财务影响范围，根据图 4－10 可知，有 81.29% 的企业未能识别气候相关风险和机遇财务影响范围，16.13% 的企业能识别转型风险，13.55% 的企业能识别物理风险。

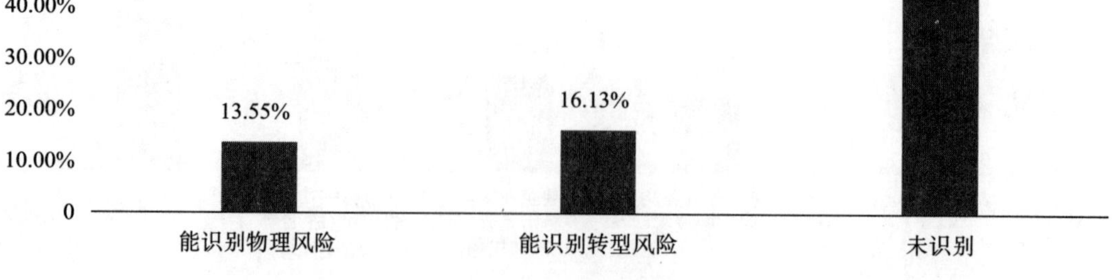

图 4－10　影响范围情况

4.2.2　当期和预期财务影响

（1）识别和分析气候相关风险和机遇的当期和预期财务影响

在识别和分析气候相关风险和机遇的当期和预期财务影响方面，56.13%的企业未识别当期影响，22.58%的企业可定性分析当期影响，仅5.16%的企业可定量分析当期影响。对于预期影响，55.48%的企业未识别预期影响，21.94%的企业可定性分析预期影响，2.58%的企业可定量分析预期影响，具体分布情况如图4－11所示。

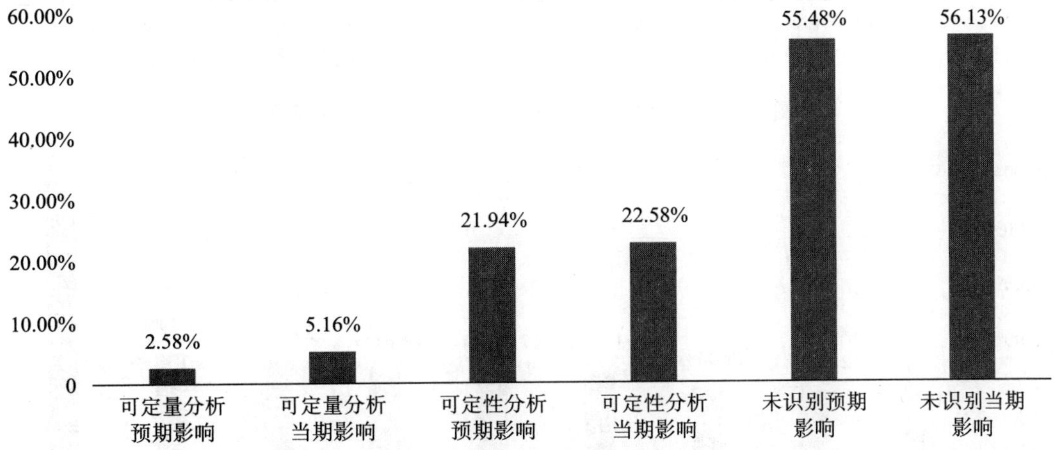

图4－11　识别和分析当期和预期财务影响情况

（2）评估预期影响时采用的方法或关键假设

在调查评估气候风险和机遇带来的预期影响所采用方法或关键假设时，由图4－12可知，81.29%的企业将情景分析结果用于重大物理风险和转型风险预期财务影响评估，20%的企业根据自身设置的内部方法，量化预期财务影响所需的假设以及确定投入时行使的重大判断，其中大部分为未做评估。

4.2.3　受财务影响的经济活动和项目

（1）主要受气候风险和机遇预期财务影响的经济活动和事项

在披露主要受气候风险和机遇预期财务影响的经济活动和事项方面，53.55%的企业认为能源消耗成本受气候风险和机遇的预期影响，超过25%的企业也关注到了碳排放权相关支出、因气候相关风险造成的供应链中断、气候相关法规导致的潜在罚款、未来产品收入受到的影响，另外，也有企业认为应对气候变化的投资、融资成本、碳排放权相关收入也会受到气候相关的影响，具体情况如图4－13所示。

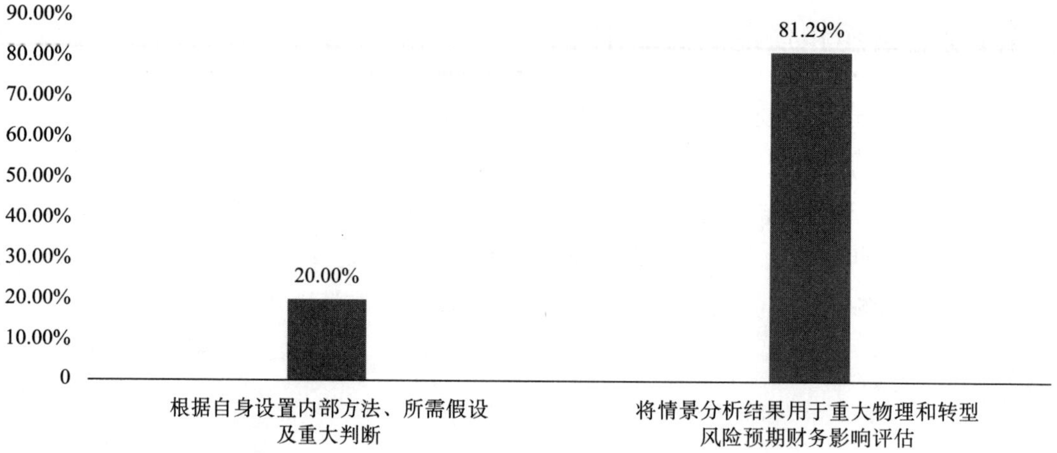

图 4－12 评估预期影响时采用的方法或关键假设

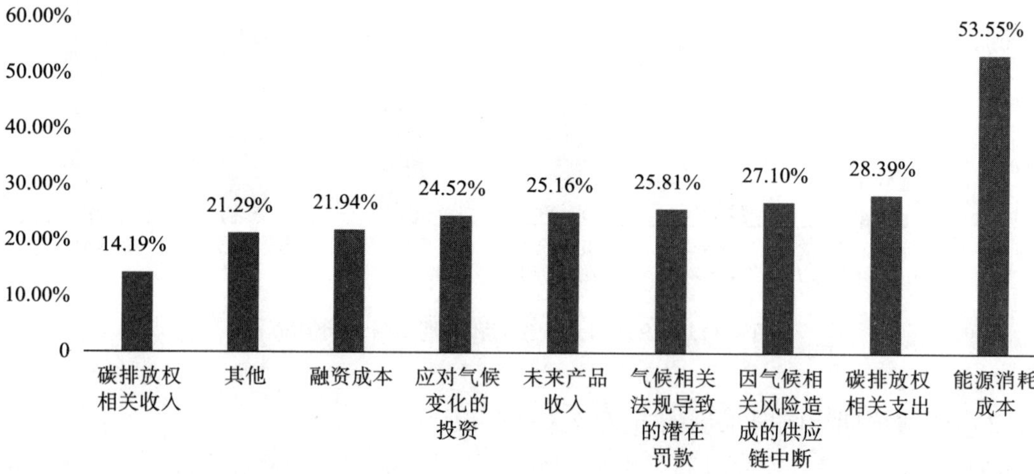

图 4－13 主要受气候风险和机遇预期财务影响的经济活动和事项

（2）企业识别和评估的主要气候风险和机遇影响

在选择主要遭受的气候风险和机遇影响方面，在转型风险中，56.13%的企业选择市场风险（如需求变化、原材料价格波动），49.68%的企业选择政策和法规变化（如碳税、排放限额），29.68%的企业选择声誉风险（如公众对环境问题的关注），28.39%的企业选择技术风险（如低碳技术投资）。在物理风险中，37.42%的企业选择急性（如极端天气事件对生产设施的影响），25.16%的企业选择慢性（如全球平均气温上升的影响），具体分布情况如图 4－14 所示。

（3）气候相关财务影响定性和定量披露情况

在定性和定量披露方面，由图 4－15 可知，53.55%的企业定量披露和定性披露均无法做到，43.23%的企业可定性披露，仅 9.68%的企业能够做到定量披露。

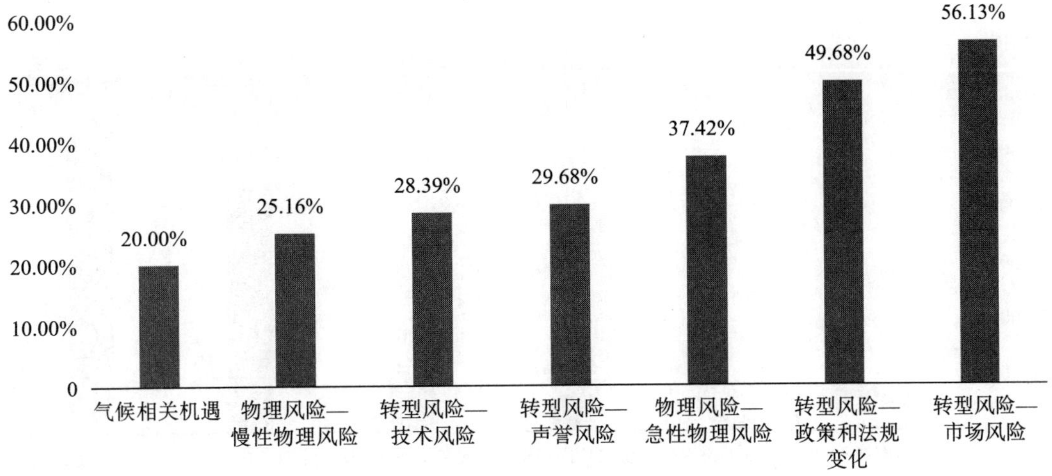

图4－14　企业识别和评估的主要气候风险和机遇影响

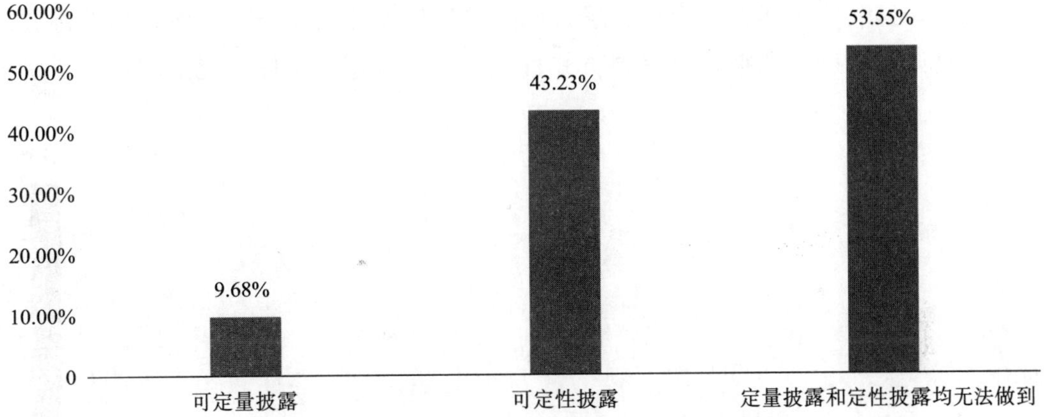

图4－15　气候相关财务影响定性和定量披露情况

（4）气候相关风险和机遇造成的财务影响程度

在气候相关风险和机遇造成的财务影响程度方面，由图4－16可知，57.42%的企业认为财务影响的程度为轻微正面影响，45.16%的企业认为有轻微负面影响，12.26%的企业认为有较大正面影响。

（5）披露具体受影响的财务报表项目

在调查的155家企业中，有81.29%的企业在财务报表附注或相关报告中没有披露气候变化对具体财务报表项目的影响。在披露了影响的企业中，影响主要体现在主营业务成本（8.39%）和主营业务收入（6.45%）上。其他财务报表项目受到影响的比例较低，包括存货（7.10%）、预期信用损失（3.87%）、或有事项（3.87%）、现金流量（3.87%）等。在“其他”类别中，有部分企业提到了纳税额/研发投入、碳排放配额交易收支等，但大多数企业表示这些影响目前无法量化到具体科目，或者

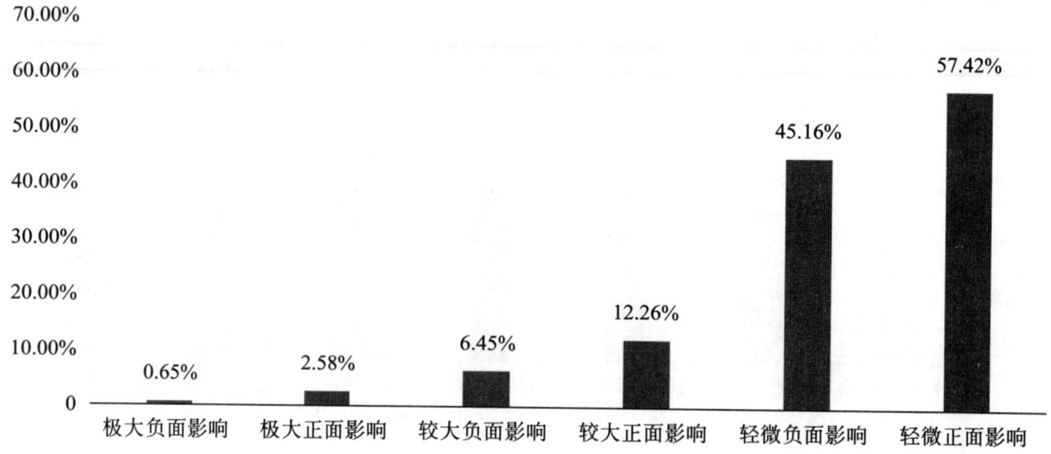

图 4-16　气候相关风险和机遇造成的财务影响程度

未进行披露。这表明虽然一些企业已经开始关注气候变化对财务的影响，但普遍看来，企业对于具体财务影响的披露仍有限，并且缺乏量化数据，具体情况如图 4-17 所示。

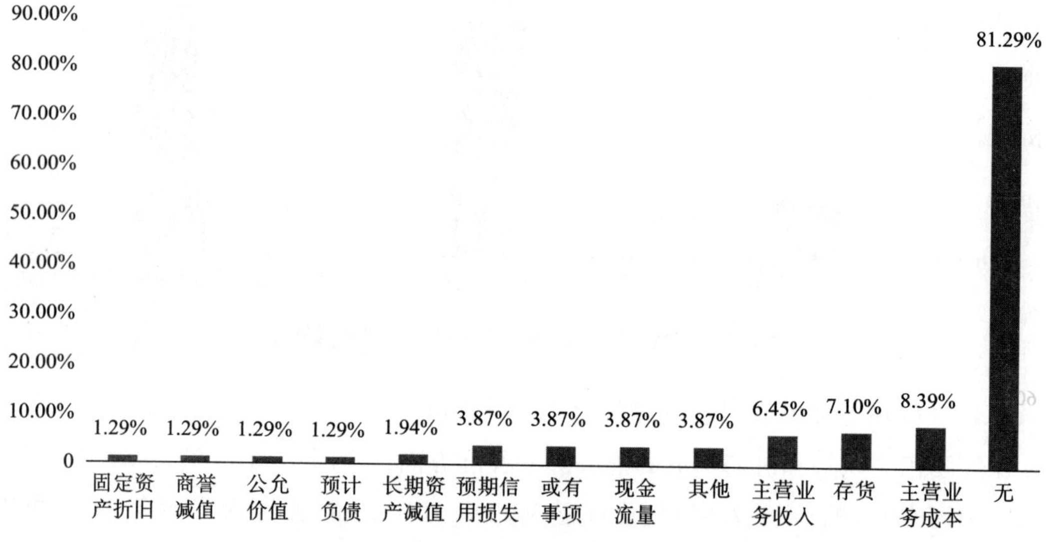

图 4-17　披露具体受影响的财务报表项目情况

（6）受气候相关风险和机遇影响的财务报表项目披露方式

在披露受气候相关风险和机遇影响的财务报表项目时，根据图 4-18 可知，过半数企业（61.29%）表示既无法进行定量披露也无法进行定性披露。能够进行定性披露的企业占比为 35.48%，而能够定量披露的企业最少，仅占 7.74%。这表明在披露气候相关风险和机遇对财务报表项目的影响方面，多数企业面临挑战，且定量披露的能力尤为不足。

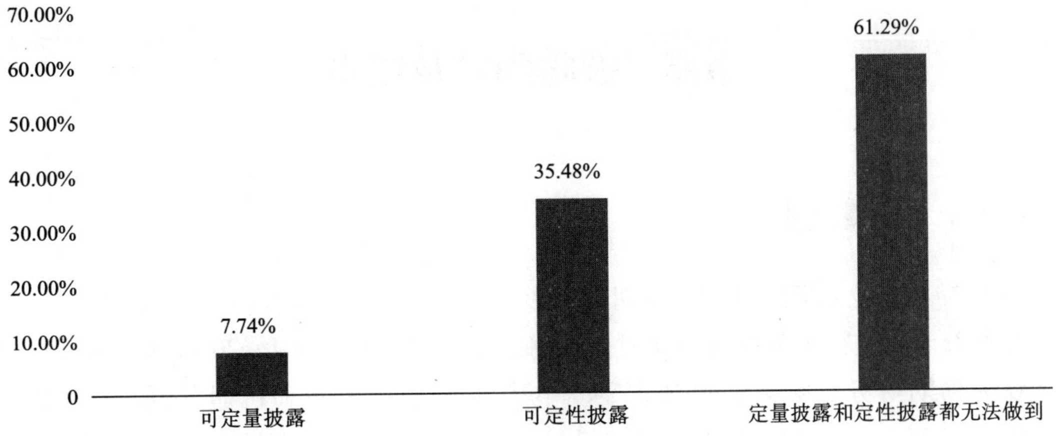

图4-18 受气候相关风险和机遇影响的财务报表项目披露方式

（7）内部碳定价

在参与此次问卷调查的企业中，93.55%的企业尚未制定内部碳价格，只有极少数企业已经开始应用内部碳价格，其中用于情景分析的有8家企业，占比5.16%，用于投资决策和转移定价的各有3家企业，各占1.94%。这表明内部碳价格的制定和应用在所调查的企业中并不普遍，大多数企业尚未采取这一措施来管理碳排放相关的财务风险和机遇，具体情况如图4-19所示。

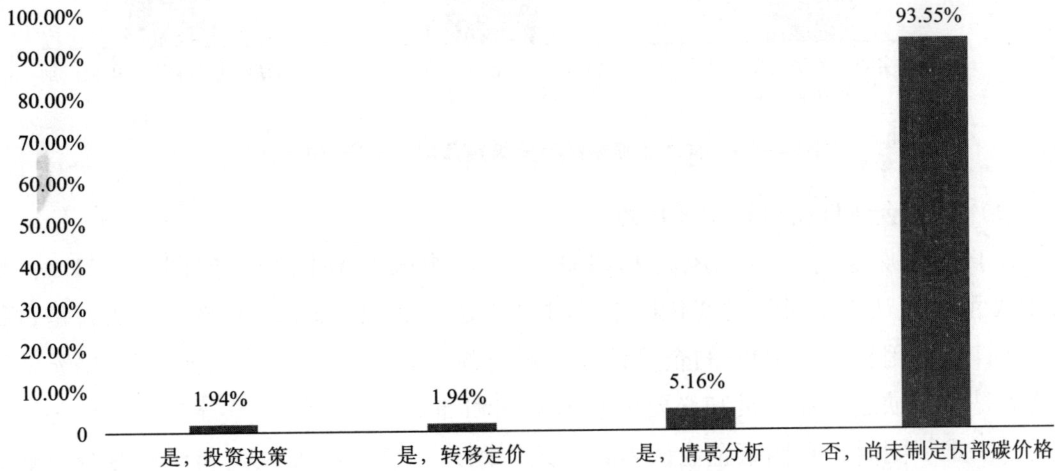

图4-19 内部碳定价及应用情况

（8）审计与鉴证

在审计与鉴证方面，此次参与问卷调查的155家企业均未将气候变化对财务报表的相关影响列为关键审计事项，或列示于企业财务报表的审计报告中。

4.3 披露困难及成本

4.3.1 披露困难

（1）样本企业未能定量披露预期财务影响的原因

在调查未能进行定量披露预期财务影响的原因时，根据图 4 - 20 可知，56.13% 的企业认为预期财务影响无法单独识别（与其他类型的风险和机遇共同产生影响），53.55% 的企业认为企业没有提供该定量信息的技能、能力或资源，42.58% 的企业认为测量预期财务影响不确定性非常高，因此得到的定量信息无效。

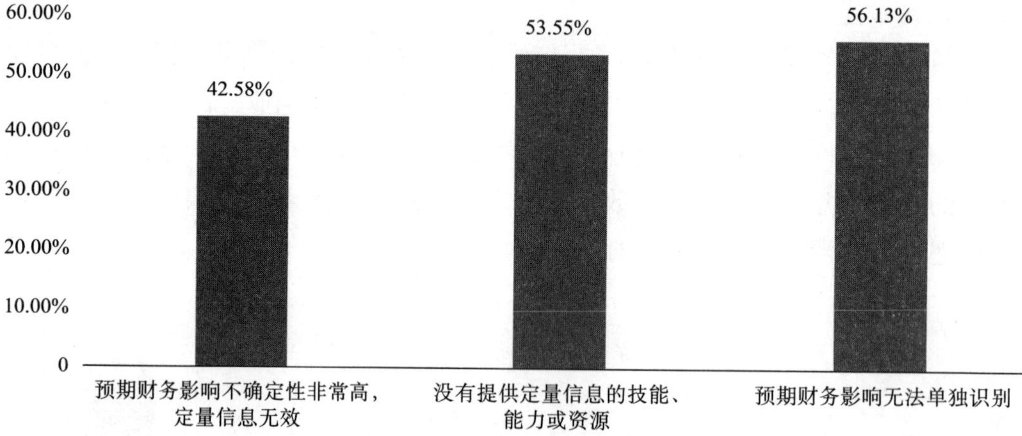

图 4 - 20　样本企业未能定量披露预期财务影响的原因

（2）样本企业披露过程主要困难

对于目前披露气候相关风险和机遇财务影响的主要困难，如图 4 - 21 所示，65.81% 的企业认为是对气候变化影响的评估方法不成熟，63.23% 的企业认为是数据收集和计量的困难，60.00% 的企业认为是缺乏统一的披露标准和指南，56.13% 的企业认为是企业缺乏专业人员和必要的技术基础和知识储备，仅 2.58% 的企业认为不存在任何困难。同时，有四家企业认为除上述原因外，气候相关风险和机遇对企业财务数据影响较低，气候变化在过去以及预期在 1—3 年内不会对企业造成重大影响，这也是披露气候相关风险和机遇财务影响的困难。

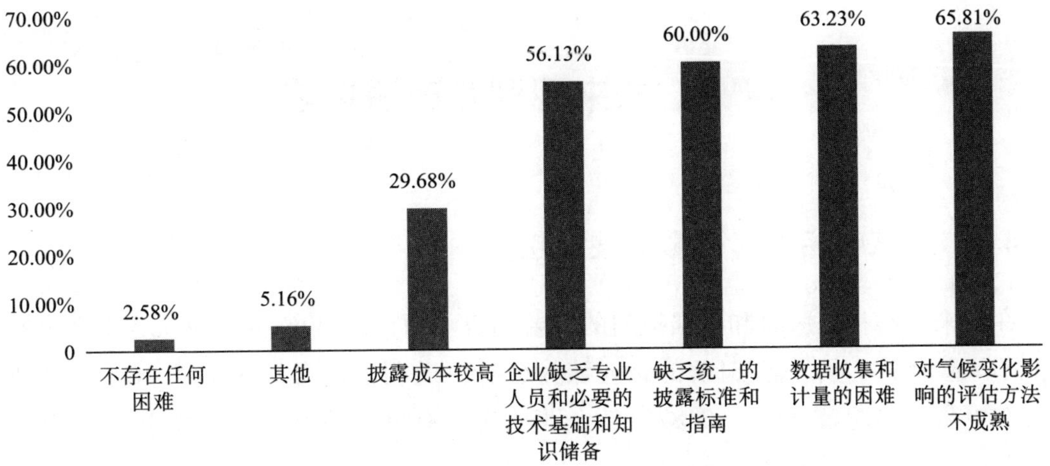

图4－21　样本企业披露过程主要困难

4.3.2　外部因素对气候相关风险和机遇财务影响披露的影响

除了企业自身原因，外部因素也会促进或阻碍企业披露气候相关风险和机遇的财务影响。根据图4－22可知，71.61%的企业认为政策法规要求影响企业披露，65.81%的企业认为是缺乏行业标准与最佳实践，42.58%的企业认为是投资者与利益相关者压力阻碍企业进行披露。

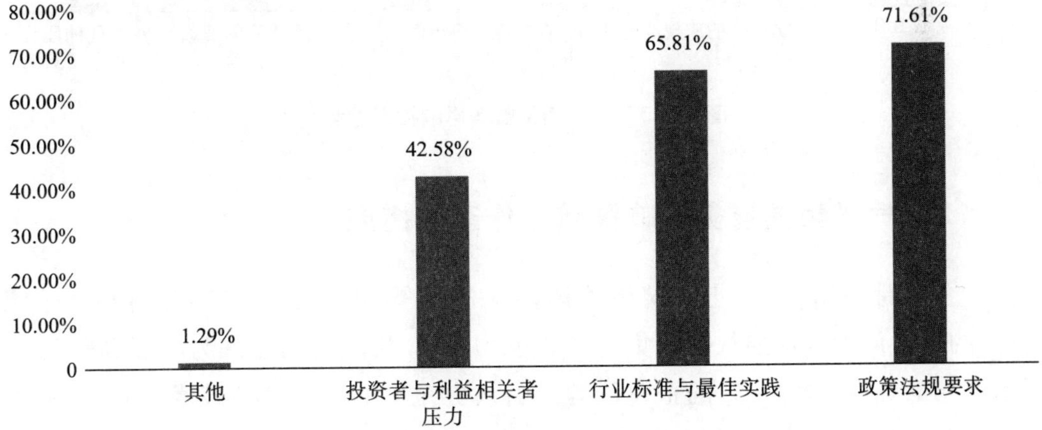

图4－22　外部因素对气候相关风险和机遇财务影响披露的影响

4.4 未来规划及改进内容

4.4.1 气候相关财务影响披露趋势

在未来气候相关风险和机遇披露的主要趋势方面，68.39%的企业认为未来会有更智能的风险评估工具，65.81%的企业认为会有更透明的信息披露，65.16%的企业认为会有更全面的情景分析，63.87%的企业认为会有更高的行业标准和指南，58.06%的企业认为会有更严格的法规要求，具体分布情况如图4－23所示。

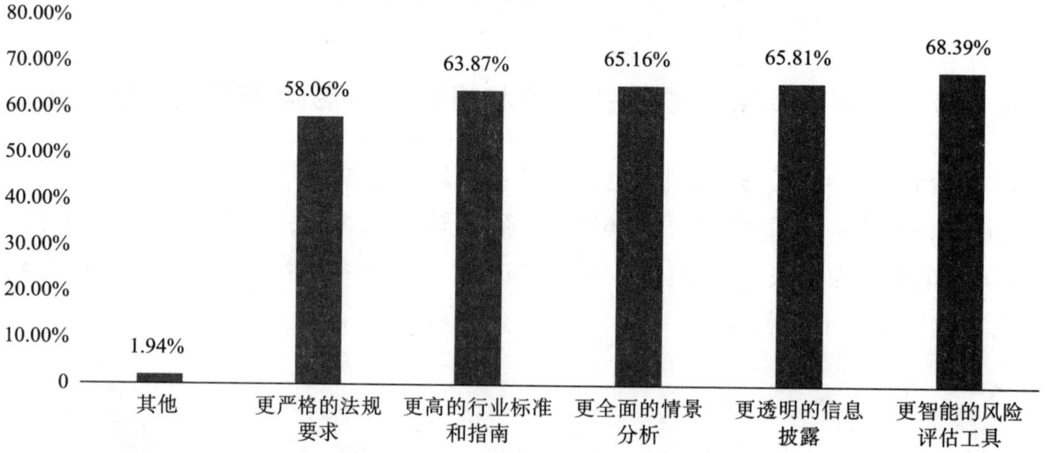

图4－23　气候相关财务影响披露趋势

4.4.2 气候相关财务影响披露工作改进措施

对于企业计划如何改进气候相关风险和机遇财务影响的披露工作这一问题，76.77%的企业认为应加强数据收集与核算能力，57.42%的企业认为应提高信息披露的透明度与准确性，56.77%的企业认为应引入更先进的风险评估技术，50.97%的企业认为应加强与利益相关者的沟通，还有两家企业进行了补充：一是企业会根据气候对企业的影响进行判断及披露，二是加深对气候相关风险和机遇财务影响的了解，具体情况如图4－24所示。

4.4.3 气候风险模型融入财务影响评估建议

本问卷对未来气候风险模型在融入财务影响方面需要哪些支持和发展这一问题进

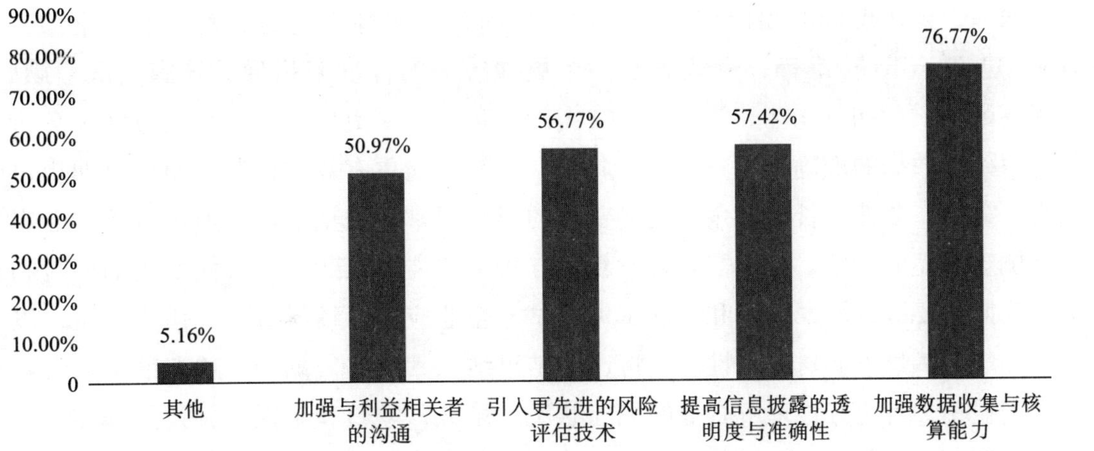

图4－24　气候相关财务影响披露工作改进措施

行了调查，如图4－25所示，有77.42%认为需引入更先进的气候模型，提高预测准确性，73.55%认为需实现模型的智能化与自动化，减少人工干预，67.74%认为需加强跨领域合作，获取更全面的气候与金融数据，52.90%认为需与其他风险管理工具（如压力测试）进行更紧密的整合。

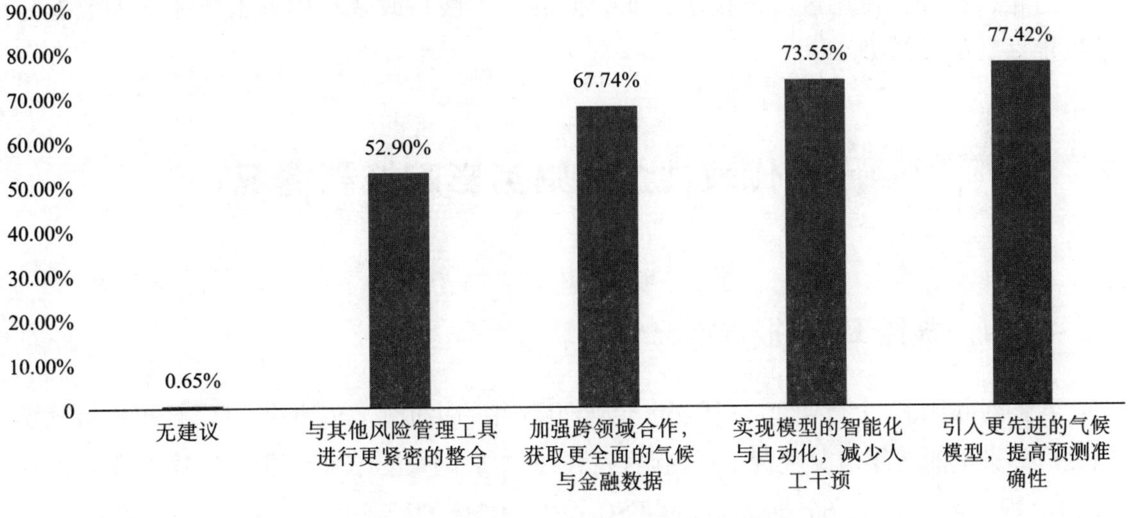

图4－25　气候风险模型融入财务影响评估建议

4.4.4　其他建议

我们对"除上述方面，企业在披露气候相关风险和机遇财务影响方面还需要哪些改进或支持"这一问题进行了询问。一些企业给出了许多宝贵的建议，主要涵盖以下八个方面：

第一，要实现标准和框架的一致性。目前存在多种不同的披露标准和框架，如TCFD建议、GRI标准等，企业需要一个更加统一的标准来指导其披露实践。第二，要提高数据质量和可比性。为了提高披露的质量，需要更好的数据收集方法和分析工具，以确保数据的准确性和一致性，此外，需要建立更有效的机制来验证企业提供的信息。第三，要拥有长期视角。气候变化的影响通常是长期性的，但传统的财务报告往往侧重于短期绩效。企业需要开发新的方法来评估和传达长期气候变化的风险和机会。第四，要进行情景分析和气候压力测试。企业应进行情景分析和压力测试，以评估不同气候情景下的财务韧性，并将这些结果纳入其战略规划中。这有助于投资者和其他利益相关者更好地理解企业的风险状况。第五，学习和掌握相关技能和知识。目前的决策者和财务专家可能缺乏足够的关于气候变化及其对企业财务影响的知识。因此，需要加强培训和教育，提升这方面的能力。第六，加强政策和法规支持。政府可以通过立法强制要求企业披露气候相关信息，这不仅可以增加透明度，还能促进做法的一致性。同时，政府还可以提供激励措施鼓励自愿披露。第七，鼓励利益相关者参与。应鼓励更多的利益相关者参与进来，包括投资者、客户、供应商等，共同推动对气候风险和机遇的认识和行动。第八，研究技术解决方案。利用技术进步来简化数据收集过程，例如：使用区块链技术保证数据的真实性，或者利用人工智能和大数据分析来提高数据分析效率。

4.5 代表性企业财务影响披露情况

4.5.1 披露ESG报告情况

我们对我国13个行业26家代表性企业2023年的年报、ESG报告和CDP报告中气候相关财务影响的披露情况进行了详细调查。根据本次调查的结果，目前26家企业均未发布CDP报告，但大部分企业已经披露ESG报告，具体的行业及企业名单如表4－1所示。

表4－1　重点调查行业及代表性企业

行业	企业名称	行业	企业名称
电力	中国华电集团有限公司	汽车	比亚迪（BYD）集团
	华能国际电力股份有限公司		上海汽车集团股份有限公司
信息技术	华为技术有限公司	水泥	安徽海螺集团有限责任公司
	东软集团股份有限公司		华新水泥股份有限公司

续表

行业	企业名称	行业	企业名称
油气行业	中国石油天然气集团公司	采矿	中国神华能源股份有限公司
	中国海洋石油集团有限公司		紫金矿业集团股份有限公司
化工行业	中国石油化工集团公司	钢铁	中国宝武钢铁集团有限公司
	恒力石化股份有限公司		河钢集团有限公司
航空	中国东方航空股份有限公司	金融行业	中国工商银行股份有限公司
	中国南方航空集团有限公司		中信证券股份有限公司
电信	中国移动有限公司	保险	中国人寿保险（集团）公司
	中国电信集团有限公司		
农业食品	内蒙古伊利实业集团股份有限公司		
	新希望六和股份有限公司		

据统计，2023年，26家企业中大部分企业都已披露ESG报告，仅4家未披露，其中未披露企业所在行业为电力、水泥与钢铁行业，具体如图4－26所示。

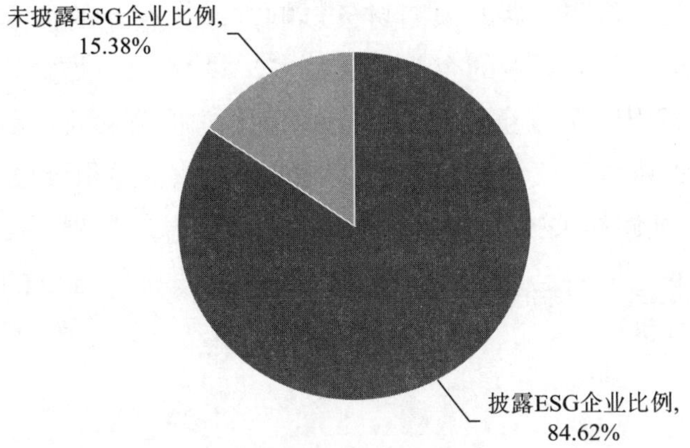

图4－26　2023年我国代表性企业ESG报告披露情况

4.5.2　当期财务影响披露情况

从总体披露情况看，虽然大部分企业已经披露ESG报告，但是气候相关财务影响部分披露信息十分有限。

根据26家企业ESG报告的披露情况，如图4－27所示，2023年气候相关风险和机遇对当期财务影响的披露情况中，仅有个别企业披露少数内容，包括：净零转型的可持续融资（3家）、资金来源（3家）、准备、或有负债和或有资产（2家）、气候融资战略（1家）、审计方法（1家）、保险合同（1家）。

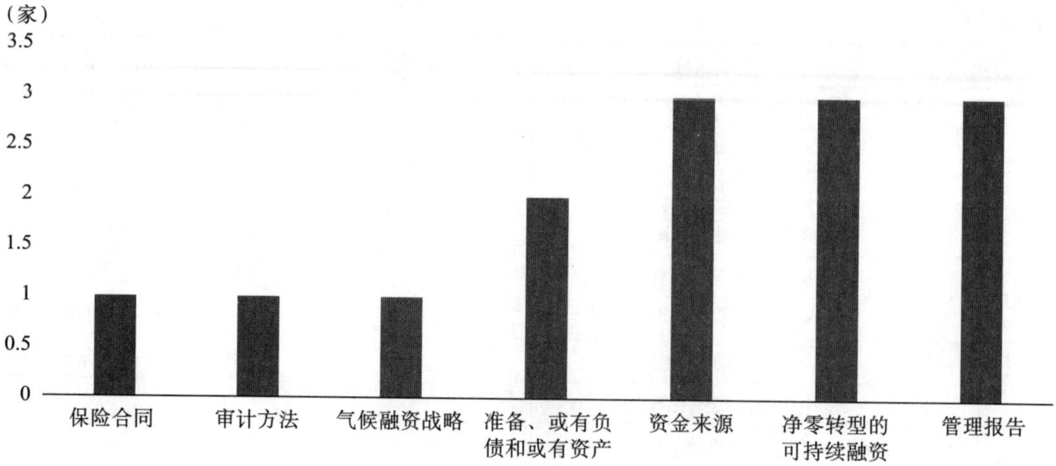

图 4－27　气候信息当期财务影响披露情况

4.5.3　预期财务影响披露情况

在气候变化相关风险和机遇的预期财务影响方面，企业的披露数量明显增多，其中，披露物理风险预期财务影响的企业数量最多，共 14 家，披露转型风险预期财务影响的企业数量达到 13 家，7 家企业披露了气候相关机遇带来的预期财务影响，能够看出不少企业已经逐步认识到气候相关财务影响的重要性，并积极披露相关信息。同时，有 13 家企业披露了气候相关投资及资本性支出相关信息。另外，个别企业披露了碳定价、投资计划、短期至长期定义及净零转型的可持续投资等维度的气候信息，具体分布情况如图 4－28 所示。

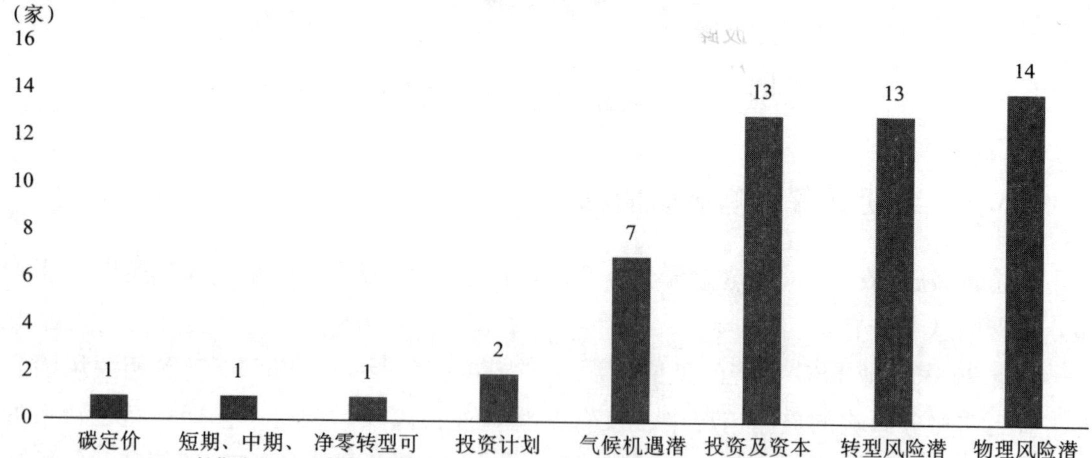

图 4－28　气候信息预期财务影响披露情况

4.5.4 气候相关财务影响具体披露信息情况

从企业披露的各维度具体内容来看，大部分企业在披露气候相关财务影响信息时都采用定性披露的方式，仅有少量企业能够进行定量披露或定性与定量结合披露。另外，不同企业在披露相同维度信息时，在披露形式、披露内容的详实程度和规范程度上存在差异，需要进一步加强气候信息披露的规范性和透明度。

4.6 总体结论与政策建议

根据本次问卷调查和代表性企业具体气候相关财务影响信息整理情况，目前我国一些企业已经开始探索气候相关财务影响披露工作，在财务重要性判断、时间范围、财务影响范围、识别和分析气候相关风险和机遇的当期和预期财务影响方面已经作出初步尝试和努力。

从调查结果看，目前企业更关注转型风险，特别是市场风险以及政策和法规变化，如需求变化、原材料价格波动、碳税变化、排放限额等。在物理风险方面，企业目前更加关注急性物理风险给企业造成的损失，如极端天气事件对生产设施的影响。另外，在主要受气候风险和机遇预期财务影响的经济活动和事项中，消耗成本是多数企业重点关注的事项，此外，碳排放权相关支出、因气候相关风险造成的供应链中断、气候相关法规导致的潜在罚款、未来产品收入也被一些企业认为会受到气候相关风险和机遇的影响。

尽管一些企业已经开始披露气候相关财务影响，但目前大部分企业仍然面临许多困难。由于目前气候风险评估模型不成熟、气候相关信息数据可得性较低、缺乏统一的披露标准和指南、披露成本高以及企业自身缺乏相关技能、能力或资源，样本企业中只有很少的企业能够做到定量披露，一些企业可以做到定性披露，但一半以上的企业定性和定量披露均无法实现。另外，目前不同企业在气候相关财务影响信息披露内容方面存在很大差异，大部分企业需要进一步加强气候信息披露的规范性和透明度。

在未来气候相关风险和机遇财务影响披露趋势方面，大部分企业认为在风险评估工具、气候相关信息披露透明度、情景分析、行业标准和指南以及法规要求方面会有更好的发展以支持企业进行气候相关财务影响信息的披露，同时许多企业表示未来会通过提高气候相关数据收集与核算能力、引入更先进的风险评估技术以及加强与利益相关者的沟通，改进气候相关财务影响信息披露工作。

第 5 章
披露指引：基于准则与实践

2023 年 6 月 26 日，国际可持续准则理事会（ISSB）正式发布两项国际财务报告可持续披露准则（以下简称“ISSB 准则”）。截至目前，全球已有超过 20 个世界主要经济体宣布采用 ISSB 准则或确保当地可持续披露准则与 ISSB 准则保持一致，可持续信息披露已经由标准林立的时代迈入相对统一的准则新时代。2024 年 4 月 19 日，香港联交所发布修改后的《香港交易所环境、社会及管治框架下气候信息披露的实施指引》，全面引入 ISSB 准则。2024 年 4 月 12 日，在证监会统一部署下，沪、深、北三大交易所重磅发布了《上市公司自律监管指引——可持续发展报告（试行）》，要求于 2026 年 1 月 1 日开始执行。2024 年 11 月 20 日，财政部发布《企业可持续披露准则——基本准则（试行）》，标志着国家统一的可持续披露准则体系建设拉开序幕。按照国内可持续披露准则与 ISSB 准则趋同的步调，国内企业披露气候相关信息在即。鉴于披露气候相关风险和机遇财务影响存在诸多困难，本章在分析中国可持续披露准则有关气候信息披露要求基础上，借鉴全球代表性企业的披露实践和 IFRS 会计准则、ISSB 准则的相关要求，就中国企业如何披露气候相关风险和机遇财务影响提供具体指引。

5.1 中国的企业会计准则和可持续披露准则

5.1.1 中国的企业会计准则

会计作为我国财政经济工作的基础和重要组成部分，经历了渐进式的改革历程。2006 年 2 月 15 日，财政部修订了《企业会计准则——基本准则》并发布了《企业会计准则第 1 号——存货》等 38 项具体准则；2006 年 10 月 30 日，财政部又印发了《企业会计准则——应用指南》（财会〔2006〕18 号），自此建成了由 1 项基本准则、38 项具体准则及其应用指南构成的企业会计准则体系。从 2007 年 1 月 1 日起，我国企业会计准则在所有上市公司执行，目前已经扩大到几乎所有大中型企业。

2005年11月8日，时任中国财政部副部长、会计准则委员会秘书长王军与国际会计准则理事会主席戴维·泰迪爵士签署了联合声明，确认了中国会计准则与国际财务报告准则除极少数问题外，已实现了实质性趋同。2006年5月12日，财政部会计准则委员会与香港会计师公会就两地会计准则的实质性趋同签署了联合声明。2007年12月6日，财政部会计准则委员会与香港会计师公会就两地会计准则等效签署了联合声明。2008年国际金融危机爆发后，为全球协同应对国际金融危机而成立的二十国集团（以下简称"G20"）峰会和金融稳定理事会（FSB）倡议建立全球统一的高质量会计准则，着力提升会计信息透明度，将会计准则的重要性提升到了前所未有的高度。为了顺应各国会计准则国际趋同大势，更加深入地参与国际财务报告准则的制定，中国响应G20和FSB倡议，于2010年发布了《中国企业会计准则与国际财务报告准则持续趋同路线图》，为我国企业会计准则与国际财务报告准则持续趋同规划了方向、策略和时间安排。

2014年以来，财政部对长期股权投资、收入、金融工具等14项准则进行了修订，发布了公允价值计量、合营安排等4项新的会计准则，与国际财务报告准则实现了实质性的持续趋同。

5.1.2 中国的可持续披露准则

2024年4月19日，香港联交所发布其就优化环境、社会及管治框架下的气候相关信息披露的咨询总结，并正式发布《香港交易所环境、社会及管治框架下气候信息披露的实施指引》（以下简称《实施指引》）。《实施指引》旨在协助联交所发行人了解《上市规则》附录C2《环境、社会及管治报告守则》（以下简称《ESG守则》）D部分气候相关披露规定。自2025年1月1日起，《ESG守则》将分阶段引入针对发行人的强制气候相关披露要求。《实施指引》将IFRS S1和IFRS S2的内容和相关披露要求纳入其中。2024年12月12日，香港会计师公会发布《香港财务报告准则S1号——可持续相关财务信息披露一般要求》（HKFRS S1）及《香港财务报告准则S2号——气候相关披露》（HKFRS S2）。根据香港会计师公会官网信息，HKFRS S1及HKFRS S2已全面接轨ISSB准则，并将于2025年8月1日起正式生效。

2024年4月12日，在证监会统一部署下，沪、深、北三大交易所重磅发布了《上市公司自律监管指引——可持续发展报告（试行）》，定于2026年1月1日开始执行。该指引要求披露主体分析并披露可持续相关风险和机遇对公司当期财务状况、经营成果、现金流的影响，以及可持续相关风险和机遇是否会对公司下一年度财务状况、经营成果、现金流产生重大影响，鼓励披露主体披露可持续相关风险和机遇对公司财务状况、经营成果、现金流在短期、中期和长期内的影响，包括但不限于下列定性和定量信息：（1）结合公司投资、资产处置、融资计划等规划，预计公司财务状况在短期、中期和长期内的变化趋势。（2）结合公司管理可持续相关风险和机遇的战略，预计公司经营成果和现金流在短期、中期和长期内的变化趋势。披露主体在披露财务影响的定量信息时，应当结合实际情况披露具体数值或者合理的区间范围。披露主体不具备披露财务影响定量信息的能力、相关财务影响无法单独识别，或者因计量的不确定性过大导致该定量信息不具备使用价值的，披露主体应当披露相关财务影响的定性信息，解释未披露定量信息的原因，并应当在合理范围内提供有助于投资者了解相关影响的信息和说明，以及相关披露的工作计划、进度和时间表。

2024 年 11 月 20 日，财政部等九部委正式发布《企业可持续披露准则——基本准则（试行)》，标志着国家统一的可持续披露准则体系建设拉开序幕。《企业可持续披露准则——基本准则》要求企业披露可持续风险和机遇的当期和预期财务影响，包括下列定量和定性信息：（1）可持续风险和机遇对企业报告期间的财务状况、经营成果和现金流量的影响。（2）识别出的可能对下一年度报告期间相关财务报表的资产和负债账面价值产生重大影响的可持续风险和机遇。（3）基于管理可持续风险和机遇的战略，企业预计其财务状况、经营成果和现金流量在短期、中期和长期将如何变化。

目前，财政部正在会同相关部委起草《企业可持续披露准则第 1 号——气候》(征求意见稿)。基于国家统一的可持续披露准则体系的构建原则，即“积极借鉴、以我为主、兼收并蓄、彰显特色”，《企业可持续披露准则第 1 号——气候》（征求意见稿）应与 IFRS 2 的主要披露要求保持一致，即要求企业披露气候相关风险和机遇的当期和预期财务影响，包括下列定量和定性信息：（1）气候相关风险和机遇对企业报告期间的财务状况、经营成果和现金流量的影响。（2）识别出的可能对下一年度报告期间相关财务报表的资产和负债账面余额产生重大影响的气候相关风险和机遇。（3）基于管理气候相关风险和机遇的战略、制定的投资和处置计划，以及实施战略所计划的资金来源，说明短期、中期和长期财务状况、经营成果和现金流量的预期变化。

5.2 确认、计量和披露财务影响的基本原则

5.2.1 明确短期、中期、长期的时间范围

由于可持续披露准则要求企业披露气候相关风险和机遇的当期财务影响、下一报

告期财务影响，以及短期、中期和长期的预期财务影响，企业在确认、计量和披露财务影响前，需要明确短期、中期、长期的时间范围。短期，是指可持续信息报告期间结束后 1 年以内（含 1 年）。中期，一般是指可持续信息报告期间结束后 1—5 年（含 5 年）。长期，一般是指可持续信息报告期间结束 5 年以上。由于企业行业特殊性、业务周期、投资期限等原因，导致上述对中期和长期的定义不符合其实际情况从而无法提供有用信息的，应当采用更合适的中期和长期定义，并披露有关如何定义中期和长期及相关理由的信息。

（1）行业性质。房地产开发商会采用较长的时间范围，因为房地产及基础设施项目规划一般跨越十年时间，而消费或服务类行业（例如：电讯及软件开发）的规划时间范围可能较短。

（2）投资周期及资本配置。企业可考虑其惯常的投资持有期限，并根据投资周期调整时间范围。

（3）司法管辖区的相关政策。例如：在我国香港地区运营的企业可以考虑寻求在 2050 年之前实现碳中和，与香港公布的《香港气候行动蓝图 2050》保持步调一致。

（4）气候相关风险的性质。企业可以根据其想要分析的风险类型来确定时间范围。大多数气候相关的物理风险往往会在中长期内显现，因此捕捉海平面上升及流域水资源短缺等气候相关的长期物理风险的影响，可能需要较长的时间范围。

（5）气候目标。企业可参考其现有的气候相关目标，例如：基于科学的温室气体减少目标。

（6）资产使用寿命。企业可考虑确定匹配其资产使用寿命的时间范围。

例如：壳牌（Shell PLC）将短期定义为 0—3 年，将中期定义为 3—10 年，将长期定义为 10 年以上。苹果（APPLE）将短期定义为 0—1 年，将中期定义为 1—10 年，将长期定义为 10—30 年。

5.2.2　明确财务重要性的判断标准

为披露气候相关风险和机遇的当期财务影响和预期财务影响，企业应当制定财务重要性的判断标准。对于当期财务影响，重要性评估标准应当与财务报表重要性判断标准保持一致，同时从气候相关风险和机遇的阈值和性质评估是否具有重要性。对于预期财务影响，应当以短期、中期和长期财务影响的潜在规模以及气候相关风险和机遇发生的可能性作为重要性判断标准。对于气候相关风险和机遇发生的可能性和潜在影响规模，有条件的企业可通过情景分析等方法进行定量测算，其他企业可结合其实际的技能、能力和资源进行定量或定性的判断。

例如：谷歌将“重要性财务或战略影响”定义为可能对业务、声誉、财务状况和经营成果产生重大影响的气候相关风险和机遇。相关影响可能包括宏观经济、政治事件及与战略或竞争相关的特定业务风险，所有这些都可能受到气候变化的影响。企业评估这些影响时，通常考虑财务影响是否超过净收入的5%。

例如：拜耳将对财务有重大影响的风险与相应的责任人或职能关联，并按高、中、低等级评估其对整体风险组合的重要性。风险评估包括定量和定性两部分，定量评估基于潜在现金流量损失，风险按净额基准评估，并考虑为减轻潜在影响及/或发生可能性而采取的风险控制措施。在10年内，根据非常不可能（<10%）、不太可能（10%~30%）、可能（30%~50%）、很可能（50%~70%）、非常可能（>70%）的范围评估发生的可能性。潜在影响按低度（>1.5亿—2.5亿欧元）、中度（>2.5亿—7.5亿欧元）、重要（>7.5亿—15亿欧元）、重大（>15亿—25亿欧元）至严重（>25亿欧元）的等级确定。而定性评估则考虑战略、声誉影响及对可持续发展原则的遵守。风险发生的可能性和潜在影响按不同概率和金额等级划分。

5.2.3 充分考虑价值链的影响

确认、计量和披露气候相关风险和机遇的当期财务影响和预期财务影响时，企业应当充分考虑其价值链，包括与企业及其通过直接和间接业务关系形成的上下游价值链活动有关的气候相关风险和机遇。根据IFRS S1，价值链的定义是“与报告主体的商业模式和主体所处的外部环境相关的所有互动、资源和关系”，价值链包括主体创造产品和服务，将其从概念转化到交付、消费和报废所使用和依赖的互动、资源和关系。相关互动、资源和关系包括主体经营中的活动、资源和关系（例如：人力资源），也包括主体供应、营销和分销渠道中的活动、资源和关系（例如：原材料和服务采购、产品和服务的销售和交付），还包括主体所处的融资、地理、地缘政治和监管环境。价值链相关信息非常重要，因为企业与其整个价值链中的利益相关方、社会、经济乃至自然环境之间的互动和报告主体在短期、中期、长期内产生现金流量的能力密不可分，同时，企业对价值链中资源和关系的依赖以及对这些资源和关系的影响产生了主体的气候相关风险和机遇。企业气候相关重大风险和机遇不仅产生于其自身运营，而且产生于其上游或下游价值链。仅关注企业自身运营只能提供部分气候相关重大风险和机遇的信息，并不能充分识别所有气候相关风险和机遇。从价值的创造过程来看，价值链的各环节都受到环境和社会的影响，也会对环境和社会产生影响，通过对价值链的分析，利益相关方可以充分了解价值链上下游潜在的重大风险和机遇。

5.2.4　运用相称性原则和豁免条款

企业在确认、计量和披露气候相关风险和机遇预期财务影响的信息时，应当采用与其技能、能力和资源相称的方法，使用报告日合理且有依据的信息（该信息无须付出过度成本或者努力即可获得）。合理且有依据的信息，这意味着企业所使用的信息需要有合理的依据，企业应当实施适当的治理和控制措施，确保所使用的信息有证据支撑。无须付出过度的成本或者努力，也就是说，企业应当考虑成本效益原则，无须不惜代价详尽无遗漏地收集相关信息。

此外，根据IFRS S2，如果企业特定气候相关风险和机遇的财务影响无法单独识别，或者估计这些财务影响所涉及的计量不确定性很高，可能导致产生的定量信息没有价值，则企业无须提供有关当期或者预期财务影响的定量信息。如果企业不具备提供气候相关风险和机遇定量信息的技能、能力或者资源，则企业无须提供预期财务影响的定量信息。如果企业确定无须提供气候相关风险和机遇的当期或者预期财务影响的定量信息，则应当披露下列信息：（1）未提供定量信息的原因。（2）有关财务影响的定性信息，包括财务报表中可能受到或者已经受到该气候相关风险和机遇影响的行项目、合计项目和总计项目。（3）关于该气候相关风险和机遇、其他气候相关风险和机遇以及其他因素的综合财务影响的定量信息（除非该定量信息没有价值）。

5.3　确认、计量和披露财务影响的具体流程

通常，确认、计量和披露气候相关风险和机遇的当期财务影响和预期财务影响，需要遵循以下步骤：（1）开展气候相关情景分析。（2）识别、评估气候相关风险和机遇。（3）对气候相关风险和机遇进行优先性排序。（4）分析气候相关风险和机遇的影响。（5）分析气候相关风险和机遇对战略和决策的影响。（6）构建模型并量化气候相关风险和机遇的财务影响。（7）将气候相关风险和机遇纳入财务报表和可持续发展报告。本节着重介绍前六个步骤。

5.3.1　开展气候相关情景分析

气候相关情景是指在未来可能发生的不同气候变化和极端气候事件对社会、经济和自然系统造成的潜在影响。这些气候相关情景通常基于不同的温室气体排放路径和气候模型，以及不同的社会、经济和技术发展路径等因素进行模拟和预测。表5－1列示了全球多个权威机构或组织设计的气候风险情景。

表 5-1　　主要机构气候相关情景

情景提供机构	年份	情景名称	针对行业	估计导致的气温升幅	说明
NGFS（央行与监管机构绿色金融网络）	2020	有序转型	金融业	1.4 ℃或1.6 ℃（2022年）	有序转型和无序转型情景均分别对可以部分或全部清除二氧化碳的情况进行假设
		无序转型	金融业	1.4 ℃或1.6 ℃（2022年）	转型风险高于有序转型情景
		温室世界	金融业	3.2 ℃（2022年）	仅实施当前政策，不设定NDC，即相当于IEA的STEPS情景
IPCC（联合国政府间气候变化专门委员会）	2014	RCP（代表性浓度路径）	所有行业	1.0 ℃（RCP2.6） 1.8 ℃（RCP4.5） 2.2 ℃（RCP6.0） 3.7 ℃（RCP8.5）	RCP情景概述了耦合模式比较计划第五阶段（CMIP5）中不同水平辐射强迫情景下的路径
IPCC（联合国政府间气候变化专门委员会）	2018	SR15	所有行业	1.5 ℃	在RCP1.9的基础上，将路径目标设置为变暖幅度在1.5 ℃
IEA（国际能源署）《世界能源展望》(WEO)	2020	NZE2050（到2050年实现净零排放）	能源	1.5 ℃	概述了到2050年实现净零排放所需的必要技术、政策和行为改变
		SDS2020（可持续发展情景）	能源	1.8 ℃（66%） 1.5 ℃（50%）	考虑了社会目标（SDG）和气候目标
		STEPS（既定政策情景）	能源	2.7 ℃—3.3 ℃	考虑了既定政策取代“新政策情景”（NPS）
		APS（宣布承诺情景）	能源	<2.5 ℃	50多个国家以及整个欧盟都承诺实现净零排放目标
IEA（国际能源署）《能源技术展望》(ETP)	2017	B2DS（低于2 ℃情景）	能源	1.75 ℃	
		2DS（2 ℃情景）	能源	2 ℃	
		RTS（参考技术情景）	能源	2.75 ℃	考虑了现有的能源和气候相关承诺，包括国家自主贡献（NDC）
PRI（联合国责任投资原则组织）的必然的政策回应（IPR）	2020	预测政策情景	所有行业	1.5 ℃	基于对达成《巴黎协定》所设定目标的必然政策响应进行假设

从适用行业看，IEA提供的情景主要针对碳密集型行业。例如：石油和天然气、电力、发电、重工业和汽车行业，在预测二氧化碳排放量上主要考虑的是能源部门和

工业部门。许多能源部门在预测风险时，大多使用IEA设计的两种气候风险情景。NGFS设置的情景考虑了所有部门的二氧化碳排放量，气候风险情景设计可信度高，并且主要针对金融行业，为金融业的气候情景设定了标准。IPCC和PRI未明确特定的适用行业。

从预计气温上升幅度看，在NGFS气候风险情景、IPCC的RCPs排放路径情景和IEA设置的情景中，不同的情景最终产生了三种气温上升幅度，大致可以分为1.5 ℃及以下、2 ℃及以下和大于2 ℃。其中，NGFS和IPCC的全球变暖幅度可以进行大致匹配。IPCC的SSP情景和PRI设置的情景都是以实现气温上升幅度在1.5 ℃左右为目标的，物理风险情景较单一，不便进行多种情景下的气候风险评估。

从指标丰富程度看，NGFS除了预测不同情景下碳排放量变化和全球变暖结果，还对不同情景下的多种物理风险、转型风险和宏观经济指标进行了预测，包括全球众多国家或地区，并且NGFS在2020年推出气候风险情景后，每年对预测的指标进行更新，逐渐增加预测指标的准确度。IPCC的RCPs情景对不同排放路径下可能造成的慢性物理风险情况进行预测，对NGFS预测的情景指标起到了很好的补充作用。IEA预测结果主要包括碳排放量和化石能源需求。PRI预测结果主要包括不同部门的碳排放量。

为使情景在商业背景下更有利于作出决策，企业应深入研究多个情景来源，了解每个情景的特征，并选出最符合其情况的情景。在适当情况下，企业可以结合不同情景来源的变量自行开发情景，以确保随后的分析最适合其业务用途。企业应选择具有高对比性的情景，以显示更多不同路径及结果，例如：气温上升1.5 ℃的情景（符合《巴黎协定》于本世纪将全球气温升幅限制在1.5 ℃以内的规定）和气温上升3 ℃或以上的情景。使用多种气候相关情景有助于探讨及分析不同状况下气候相关风险和机遇的潜在影响。

企业在气候相关情景分析中选择和使用情景、变量及其他参数时应有合理的支撑依据。例如：业务集中位于排放受监管或未来可能受监管的司法权区的企业，可以采用有序向低碳经济转型的相称情景，或对实现最新国际气候变化协议作出承诺的司法权区的相称情景。面临较高气候相关物理风险的企业，可以采用局部气候相关情景，此类情景考虑的是不减排路径下的潜在影响。

在确定情景分析的范围及边界时，企业可以优先考虑之前通过投资者接洽或重要性评估等途径识别的重大气候相关风险和机遇。企业确认风险范围后，应确定情景分析所涵盖的业务范围，通常需要考虑以下因素：

（1）企业性质及业务情况。例如：预计将受气候相关风险和机遇严重影响的产品线、资产。企业可确定分析工作是否应该集中于企业主要营运的业务，或是否涵盖整个企业的营运。企业不仅需要针对直接业务开展初步分析，还需要将分析扩展至整个价值链（包括其供应链及客户）。

（2）地理位置。企业可以根据其业务所在的主要地理位置确定分析范围。

（3）数据可用性。基线和预测数据有限的企业可以首先把分析重点放在可获得数据的参数上，或对潜在基线或预测进行简化的假设及估计。

随着企业经验逐渐积累，企业应考虑扩大情景分析所覆盖的业务范围和风险范围。

例如：某公司气候相关情景分析的方式和范围，如表 5－2 所示。

表 5－2　　某公司的气候相关情景分析

气候相关情景		分析范围	情景温度标准	参数、假设、分析性选择
转型风险	定制转型风险	全公司	1.6 ℃—2 ℃	对转型风险的评估是基于物理气候情景 RCP2.6 确定的。
物理风险	RCP2.6	全公司	不适用	评估的主要定量指标是监管计划下的碳价格暴露率，还定性地评估了其他转型风险，例如：客户/消费者偏好的变化。 截止到 2050 年，每十年对风险进行一次评估。
物理风险	RCP8.5	全公司	不适用	选择该情景是为了测试在一个更温暖的世界中与气候相关的风险，尤其是物理风险。 评估了包括海平面上升、恶劣天气事件、干旱/水压力和炎热在内的物理风险对财务的影响。风险评估主要基于资产价值。 截止到 2050 年，每十年对风险进行一次评估。

5.3.2　识别和评估气候相关风险和机遇

气候相关风险，是指气候变化对企业可能产生的消极影响，分为气候相关物理风险和气候相关转型风险。气候相关物理风险，是指由气候变化导致的风险，可能由台风、飓风或洪水等极端天气事件驱动（急性物理风险），也可能由气候模式的长期转变导致（慢性物理风险）引起海平面上升或长期酷热等较为长期的气候模式转变。气候相关转型风险，是指向低碳经济转型带来的风险。转型风险包括：①政策和法律风险，即各种围绕气候变化展开的政策措施以及各种涉及气候的诉讼索赔所带来的风险。②技术风险，即支持向低碳、节能经济体系转型的技术改进或创新可能对企业产生的重大影响。③市场风险，即某些商品、产品和服务的供需结构可能随着气候变化而发生转变。④信誉风险。无论是转型风险还是物理风险，均可能对企业的财务状况、经营成果和现金流量产生重大影响。根据 TCFD 的总结，气候相关风险具有如下特点：

（1）地理位置和活动不同，带来的影响也不同。发生在当地、区域和全球范围的气候变化和气候相关风险，对不同公司的业务、产品和服务、市场、经营、价值链等带来的影响不同。

（2）时间跨度更长，影响更久远。一些气候相关风险在超出传统商业计划和投资周期的更长时间跨度上持续发挥作用。这些风险和其相关影响可能是由驱动因素（例如：大气中的温室气体浓度）几十年间变化带来的短、中、长期气候相关物理或转型风险变化。

（3）新颖性和不确定性。气候变化带来的众多影响没有先例，因此无法使用历史数据进行统计和趋势分析。气候变化是一种动态和不确定的现象，可能的缓释措施也很复杂，存在许多未知因素。例如：关键技术和适应战略的开发和部署，以及不断变化的市场和消费者行为。

（4）变化幅度和非线性。随着时间推移，气候相关风险可能出现不同程度的变化，伴随影响严重性和范围的增加。气候系统可能会逐步导致大规模、长期、突然且潜在不可逆转变化的阈值和临界点出现。

（5）复杂关系和系统性影响。气候相关风险在社会经济和金融体系中相互关联。这种相互关联的风险通常具有连锁效应和系统性效应，因此需采用多维视角评估该类风险对公司的短期、中期、长期影响。

气候相关机遇，是指气候变化对企业可能产生的积极影响，减缓气候变化和适应气候变化的措施可以为企业创造气候相关机遇。根据 TCFD 报告，气候相关机遇包括：

（1）能源效率机遇。例如：采用更加高效的交通运输模式，采用更加高效的生产和分销流程，使用循环利用的能源，使用低能耗的房屋建筑物，降低水资源的耗用等。

（2）能源来源机遇。例如：使用低排放的能源，利用受政策支持的能源激励，利用新技术，参与碳排放交易市场，转向分散型的能源生产等。

（3）产品和服务机遇。例如：开发和扩大低排放的产品和服务，提供应对气候变化的保险解决方案，通过研发和创新开发新的产品或服务，提高利用多元规避气候风险的能力，利用消费者偏好改变的机会等。

（4）市场机遇。例如：新市场，利用政府部门的激励政策，进入需要提供气候保险的新市场等。

（5）应变能力机遇。例如：参与新能源项目，使用高效能源，实现资源替代和资源多样性等。

由于企业面临的气候相关风险与其所属行业高度相关，进行行业层面的风险审查是企业识别风险的常用方法。行业层面风险审查的关键步骤包括：一是收集可能影响企业业务的气候相关风险。二是评估这些风险的原因、关系及后果。三是编制已识别风险的清单。对于气候相关风险的评估，为便于有效运用资源来管理最重大的风险，企业应该制定评估气候相关风险的标准，例如：发生的概率、对企业的预期影响、企业对此类风险的适应力以及从此类风险中恢复需要花费的资源及时间等。

TCFD 于 2020 年发布的《风险管理整合与披露指南》中总结了转型风险和物理风险的识别和评估方法，如表 5－3 和表 5－4 所示。

表 5－3　　　　转型风险识别和评估方法

类型	特征	方法	可用指标
政策和法律	• 当地、地区和全球需求和激励的差异 • 跨辖区政策和法律执行所带来的新型和不确定性影响 • 监管发展与不同行为体和部门之间的复杂关系	• 跟踪监管发展 • 评估监管影响，包括对日常经营、供应链和司法管辖范围的影响 • 跨职能、多学科合作，以识别风险和影响 • 侧重于政策环境、优先级排序、时机和关联关系的情景分析	• 碳定价和排放交易带来的财务影响 • 资产贬值、减值和报废成本 • 影响关键政策发展的节点数量 • 相关政策措施的数量及进程时间表 • 诉讼数量
技术	• 随着时间推移，不同解决方案和技术在不同环境中的作用具有不确定性 • 新技术、新能力和新应用 • 市场条件、经济和政策环境之间的复杂关系	• 技术评估与预测 • 技术成熟度和完备度 • 关键技术的成本效益分析 • 关键技术的组织技能、知识和能力分析 • 依赖性和启动条件之间的映射（例如：投资、政策） • 侧重于技术开发、使用、部署和影响的情景分析	• 不同技术的供应成本、收益率、投资回报率和投资回收期 • 产品开发的有效性和成本 • 上市时间和研发成功率 • 同业排名 • 合作研究关系的数量和有效程度 • 专利数量
市场	• 影响原材料、产品和服务供应关系的新兴动态和信号 • 影响需求和成本的非线性关系 • 政策、消费者和社会环境之间的复杂关系	• 产品和服务的供求趋势分析 • 公司地位与竞争战略的比较 • 与客户和供应商的合作 • 合并和收购目标的识别	• 市场规模 • 增长潜力 • 商品、产品和服务定价 • 市场覆盖面和股票指数 • 机遇和威胁指数 • 产品组合指数 • 收入结构和来源
声誉	• 往往由互联网和社交媒体带来的严重程度和影响范围迅速扩张 • 社会意识和认知转变带来的不确定性、新型反映 • 关联问题引发的影响和行动	• 利用社交媒体、消费者反馈、市场调研来追踪消费者情绪和不断变化的消费者偏好 • 评估员工参与度和满意度 • 明确事件和新闻与商业和经济影响之间的关系	• 股价变化 • 竞争对手的市场地位 • 员工满意度水平 • 消费者忠诚度和留存水平（例如：净促销得分） • 消费者满意度的变化 • 媒体和社交媒体情绪 • 新客户数量 • 独立的排名和评级

表5-4　　物理风险识别和评估方法

类型	特征	方法	可用指标
短期	• 极端天气事件的发生时机、影响范围及恶劣程度具有不确定性 • 不同事件（如旋风、飓风、洪水、干旱）、不同地理位置影响不同 • 与具体事件相关、程度不断变化且非线性的影响 • 影响天气事件的各种因素和可变要素之间的复杂关系	• 采用气象学家、海洋学家、气候学家、大气学家的专家意见 • 开展压力测试，评估重要业务部门及相关活动的敏感性和应对能力 • 利用历史数据和回溯研究预测未来 • 围绕极端天气事件的发生频率、强度和位置进行情景分析 • 风险图测绘、巨灾建模	• 面临风险或潜在受到影响的位置、工厂设施、业务条线等的数量 • 事件持续时间 • 经预测或经确认的商业设施、供应链等损失 • 经预测或经确认的业务中断、维修等成本 • 经预测或经确认的销售量和消费者行为影响 • 保险成本
长期	• 某些气候变化事件的持续时间较长（如海平面上升） • 程度不断变化且非线性的影响与临界点和边界值有关 • 不同事件、不同地理位置影响不同	• 采用气象学家、海洋学家、气候学家、大气学家的专家意见 • 围绕长期物理气候变化的潜在影响和作用开展情景分析 • 风险图测绘、巨灾建模	• 经预测或经确认的收入和支出影响 • 营运成本和资金成本的变化 • 市场行为的变化 • 经预测或经确认的销售量和消费者行为影响 • 保险成本

5.3.3　对气候相关风险和机遇进行优先性排序

企业可以在确定风险评估标准后，进行定性评估或量化评分，对最相关及最重大的风险进行优先性排序。对气候相关风险进行排序通常存在两种方法：一是定性评估法，二是定量评分法。对于这两种方法，企业可根据实际需要选取合适的方法。

定性评估依靠管理层的内部讨论及其对已识别风险的排序。有效性主要取决于管理层的气候应对能力，公司也可引入外部专家以获取建议。在双方就排序达成共识之前，管理层应对已识别的风险和潜在影响有充分的认识。因此，管理层的气候应对能力是定性评估是否成功的关键。定量评分则主要根据可能性、影响、适应力和恢复力作为排序的通用准则进行评分表界定。其中，可能性是指特定事件发生的概率，若某项事件发生的可能性高，应将其放在较高的排序。影响是指特定事件对公司、环境和社会带来的财务损失、声誉受损、被罚款等，若特定事件带来的影响严重，应将其放在较高的排序。若某项事件需要更多的精力和时间才能适应，应将其放在较高的排序。若某项事件导致需要花费更多的精力、资源及时间来恢复业务，应将其放在较高的排序。

例如，银行投融资组合中，信贷资产往往最易受气候风险冲击，许多银行通过绘制气候风险敞口热图并进行披露，以此帮助银行自身、投资者和其他利益相关者更好地认识和识别银行面临的潜在气候风险和影响。表5-5列示的是某银行能源行业信贷资产气候风险热图，其中，从1至4为风险级别，数值越大，风险越高。

表5-5　某银行能源行业信贷资产气候风险热图　单位：亿元

	2023年		气候风险	
	总金额	风险敞口百分比	转型风险	物理风险
能源	4031	5.8%		
石油和天然气生产	1583	2.3%	4	3
能源加工工业	1472	2.1%	4	3
综合油气	947	1.4%	3	3
其他	30	0		

5.3.4　分析气候相关风险和机遇的影响

为确认、计量和披露气候相关风险和机遇的当期财务影响和预期财务影响，企业需要分析气候相关风险和机遇对企业的业务模式和价值链的当期和预期影响，以及企业的业务模式和价值链中气候相关风险和机遇集中的领域，包括特定活动、业务关系、地理区域、设施和资产类型等。表5-6列示的是各种气候风险对业务模式和价值链的影响。

表5-6　气候风险对业务模式和价值链的影响

风险类型	气候相关风险	对业务模式的影响	对价值链的影响
气候相关的物理风险			
急性风险	• 极端天气事件的严重程度增加，例如：热带气旋、河溪泛滥、风暴、野火	• 高风险地区的财产和资产预期受损 • 对劳动力的负面影响（如健康、安全、缺勤） • 工厂和设施的公用设施（如水、能源）供应不足	• 产能下降（如运输困难、供应链中断） • 位于高风险地区的资产预期难以投保 • 业务中断导致销量/产出降低
慢性风险	• 降雨（水）模式变化和气候模式的极端变化 • 平均气温上升 • 海平面上升		

续表

风险类型	气候相关风险	对业务模式的影响	对价值链的影响
气候相关的转型风险			
政策及法律风险	• 碳定价提高 • 加强排放报告的要求 • 对现有产品及服务的强制性监管 • 面临诉讼风险	• 加强碳定价的监管要求 • 政策变化导致现有资产提前报废 • 能源效率标准预期发生变化 • 为合规而采用/部署新型实务运作和流程	• 预计对高排放产品及服务的需求减少
技术风险	• 以较低排放的产品和服务替代现有的产品和服务 • 新技术投资未能成功 • 转型至低排放技术的成本	• 现有资产（如闲置资产）提前报废 • 加大新型和替代型技术研发支出 • 开发新技术 • 采用/部署新型实务运作和流程	• 预计对高排放商品/服务的需求减少
市场风险	• 客户行为不断变化 • 市场信号不确定 • 原材料成本上涨	• 投入成本（如原材料、能源、水）和产出需求（如废弃物处理）变化 • 突如其来的能源成本改变 • 资产重新定价（如石化燃料储备、土地评估、证券评估）	• 预计消费者偏好转变 • 收入组合及来源变化
声誉风险	• 消费者偏好的转变 • 行业被污名化 • 投资者的关注程度提高或投资者的负面反馈日益增加	• 劳动力管理和规划（如员工的招募和留任）造成负面影响 • 可用资本减少	• 预计对高排放商品/服务的需求将会减少 • 被污名化的供应商导致产能下降（如延迟规划批准、供应链中断）

表5－7列示的是常见的气候相关机遇及其对企业业务模式和价值链的潜在影响。

表5－7　气候相关机遇对业务模式和价值链的影响

机遇类型	气候相关机遇	对业务模式的影响	对价值链的影响
资源效率	• 采用更高效率的运输方式 • 使用更高效率的生产和分销流程 • 回收再利用 • 转用更高效率的建筑物 • 减少用水量和耗水量	• 提升效率 • 有利于劳动力管理和规划（如改善卫生和安全、员工满意度、生产力）	• 提高产能

续表

机遇类型	气候相关机遇	对业务模式的影响	对价值链的影响
能源来源	• 使用低碳能源 • 采用奖励性政策 • 使用新技术 • 参与碳交易市场 • 转变至非集中式能源生产	• 使用最低成本的减排方法 • 降低未来化石燃料价格上升的风险（如通过改变能源组合） • 降低温室气体排放风险 • 资本供应增加（如更多投资者看好低碳制造商）	• 预计名誉提高且商品/服务需求量上升
市场	• 进入新市场 • 善用公共部门奖励办法 • 获得需要投保的新资产和地区	• 进入新型和新兴市场（例如，与政府、开发银行合作） • 金融资产的多元化（如绿色债券和基础设施）	• 接触新的及更高效的供应商
韧性	• 参与可再生能源项目并采用节能措施 • 采用替代能源/多元化	• 加强韧性规划（如基础设施、土地、建筑物）	• 确保韧性的相关新产品和新服务 • 提高供应链可靠性及不同条件下的营运能力

5.3.5 分析气候相关风险和机遇对战略和决策的影响

为确认、计量和披露气候相关风险和机遇的当期财务影响和预期财务影响，企业需要分析气候相关风险和机遇对其战略和决策的影响，包括应对气候相关风险和机遇的资源配置。如管理或者退出关于碳、能源或者水密集型业务的计划，因需求或者供应链变化导致的资源配置，通过资本支出或者额外研发支出进行业务发展所产生的资源配置，收购或者剥离等。

例如，某公司为应对气候风险和机遇，正加大对低碳技术的资源配置，特别是在温室气体捕集与减排、甲烷制氢及排放控制领域。2023 年，公司在脱碳研发上投入超 1.14 亿元，显示出对低碳转型的坚定承诺。未来四年（2024—2027 年），公司计划将研发总支出的 70% 以上（约 6.67 亿元）用于去碳化目标相关的研发活动，涵盖减少运营碳足迹、循环经济、生物基新产品、可再生能源及磁约束聚变项目。

与此同时，需要分析企业当前和预期采取的用于减缓和适应气候变化的直接措施和间接措施。前者包括改变生产工艺或者设备、搬迁设施、调整劳动力以及改变产品规格等，后者如与客户和供应链合作等。

例如，某企业披露的应对气候相关风险和机遇的直接措施包括：（1）在位于高风险地区（如河流冲积平原）的资产中建造防洪墙，以降低业务中断的概率。（2）通过改善机械韧性及业务连续性程序以及重新重视产品包装来改变生产流程或设备。（3）围绕位于高风险地区的遗留资产及其他受控资产制定重要规则假设（如低碳能源密集型、水密集型营运策略）。（4）变更产品规格。（5）搬迁位于高风险地区的设施并调整劳工队伍。

再如，某企业应对气候相关风险和机遇的间接措施包括：（1）通过提供培训课程促进客户参与，提高他们对气候变化的认识。（2）与供应商合作，更多地采用气候韧性实践，以提高其生产力，并增强对极端天气的韧性。

气候转型计划对于确认、计量和披露气候相关风险和机遇的当期财务影响和预期财务影响至关重要，反映了企业向低碳经济转型的目标、行动或资源，包括减少温室气体排放等行动。如果企业制订了转型计划，则需要深入分析该计划和相关假设，以及实现计划目标相关的资源配置。

例如，某企业的转型计划是2050年之前实现净零排放，其相关假设是：（1）目标可实现性，企业能够于2050年之前实现净零排放的气候相关目标。（2）监管环境，假设2050年的气候政策及法规与目前相似。（3）可用资源，转型计划的实施可能取决于可用资源的水平，以及是否可以配置该资源以实现预期结果。为了实现该转型计划，该企业资源配置如下：①融入排除政策，避免投资化石燃料、石油和天然气等碳密集型行业。②减少碳密集型企业（如煤炭行业）的融资。③需求或供应链变化引起的资源配置。④通过资本支出或额外研发支出拓展业务而引起的资源配置。⑤收购低碳企业或从碳密集型企业撤资。⑥招聘专门的人才来应对气候相关风险和机遇。

5.3.6　构建模型并量化气候相关风险和机遇的财务影响

在识别、评估气候相关风险和机遇并进行优先性排序，分析相关影响后，便可以通过构建模型来量化气候相关风险和机遇的财务影响。对于当期财务影响而言，会计准则对折旧或摊销模型、减值测试模型、公允价值估计模型等已有相关要求，这里不再赘述。

相对而言，量化气候相关风险和机遇的预期财务影响要复杂很多，需要结合气候情景分析来进行建模。在气候相关风险方面，气候风险价值（Climate - Value at Risk）模型近几年来逐步得以应用，用于估计在特定投资期限内，公司、投资组合或金融市场因气候变化造成的损失金额。全球领先的金融服务机构摩根士丹利资本国际公司于2020年推出气候风险价值模型（MSCI Climate VaR），根据其研究报告，该模型可为投资者提供四项主要功能：

（1）政策转型情境。政策情境汇总了至本世纪末时间范围内未来的政策成本。该模型通过分析气候政策的前景及估算未来减排价格，结合公司数据，为当前及日后气候政策将如何影响公司提供分析见解。

（2）创新转型情境。低碳技术情境基于公司特定的专利数据，提供公司向低碳经济转型而作出策略性投资的分析见解。

（3）投资组合潜在气候变暖贡献。可计算公司活动对气候变化的影响程度，并提供准确的温度值以明确显示公司现时活动与未来气候变暖情况的关系。

（4）物理风险和机遇。物理情境针对几种极端气候灾害（例如，极度高温与寒冷、洪灾等）所带来的影响及财务风险进行评估。

5.4 当期财务影响的确认、计量和披露

参照2023年7月IASB发布的《气候相关事项对财务报表的影响》，近期发布的《财务报表中的气候和其他不确定性（征求意见稿）》，以及其他相关文件，结合企业会计准则的相关规定，本节给出企业确认、计量和披露气候相关风险和机遇当期财务影响的参考指引，具体如下：

5.4.1 当期财务影响的确认与计量

（1）存货跌价准备

《企业会计准则第1号——存货》规定，资产负债表日，存货应当按照成本与可变现净值孰低计量。存货成本高于其可变现净值的，应当计提存货跌价准备，计入当期损益。可变现净值，是指在日常活动中，存货的估计售价减去至完工时估计将要发生的成本、估计的销售费用以及相关税费后的金额。气候相关风险可能对存货的成本和可变现净值产生直接影响，既可能增加存货成本，也可能导致存货无法以预期价格销售。企业在对期末存货进行计量时，需要考虑气候相关风险，并根据测试结果计提存货跌价准备，确认存货跌价损失。

（2）资产折旧与摊销

《企业会计准则第4号——固定资产》规定，固定资产应在其可使用经济寿命内计提折旧，折旧方式应反映该固定资产未来经济利益预期被企业消耗的模式，企业需要根据实际情况估计资产的使用寿命和残值，并至少在每个年度末进行复核。气候变化、为解决气候变化而颁布的法规、日益增长的社会压力以及企业制定的减排目标，都可能导致企业提前淘汰某些固定资产，固定资产折旧年限因此而缩短。而提前淘汰的固定资产，因市场缺乏购买者而无法收回。对于重资产企业而言，折旧年限的缩短和残值的减少，必然对企业固定资产当期折旧费用产生重大影响。近年来，各国陆续

出台燃煤电厂和燃油汽车退出时间表，如英国决定于2025年前关闭所有煤电设施，芬兰至2030年全面禁煤，荷兰将从2030年起禁止使用煤炭发电，德国最迟于2038年前关闭所有燃煤电厂，荷兰、挪威将于2025年禁售传统燃油车，德国、印度将于2030年禁售传统燃油车，法国、英国将于2040年禁售传统燃油车。随着燃煤电厂和燃油汽车的逐步退出，相关固定资产必然会被逐步淘汰，需要密切关注这些固定资产折旧年限的缩短和残值的降低。

《企业会计准则第6号——无形资产》规定，企业至少应当于每年年度终了，对无形资产的使用寿命及摊销方法进行复核。无形资产的使用寿命及摊销方法与以前估计不同的，应当改变摊销期限和摊销方法。企业在复核无形资产的使用寿命及摊销方法时，同样需要考虑气候相关风险的影响。

（3）资产减值

《企业会计准则第8号——资产减值》规定，企业应当在资产负债表日判断资产是否存在可能发生减值的迹象。存在下列迹象的，表明资产可能发生了减值：①资产的市价当期大幅度下跌，其跌幅明显高于因时间的推移或者正常使用而预计的下跌。②企业经营所处的经济、技术或者法律等环境以及资产所处的市场在当期或者将在近期发生重大变化，从而对企业产生不利影响。③市场利率或者其他市场投资报酬率在当期已经提高，从而影响企业计算资产预计未来现金流量现值的折现率，导致资产可收回金额大幅度降低。④有证据表明资产已经陈旧过时或者其实体已经损坏。⑤资产已经或者将被闲置、终止使用或者计划提前处置。⑥企业内部报告的证据表明资产的经济绩效已经低于或者将低于预期，如资产所创造的净现金流量或者实现的营业利润（或者亏损）远远低于（或者高于）预计金额等。

根据该准则，资产存在减值迹象，企业应当估计其可收回金额。可收回金额应当根据资产的公允价值减去处置费用后的净额与资产预计未来现金流量的现值两者之间较高者确定。资产未来现金流量的现值，应当按照资产在持续使用过程中和最终处置时所产生的预计未来现金流量，选择恰当的折现率对其进行折现后的金额加以确定。预计资产未来现金流量的现值，应当综合考虑资产的预计未来现金流量、使用寿命和折现率等因素。可收回金额的计量结果表明，资产的可收回金额低于其账面价值的，企业应当将资产的账面价值减记至可收回金额，减记金额确认为资产减值损失，计入当期损益，同时计提相应的资产减值准备。

在各国陆续作出净零排放承诺后，一些大型企业纷纷制定减排目标，这意味着企业经营所处的市场、经济或法律环境发生了重大不利变化，企业的各种长期资产，包括固定资产、长期股权投资、无形资产、商誉、油气资产等均可能出现以下减值迹象：①由于客户偏好的变化，资产或现金产出单元的经济表现可能不如预期。②由于供应商转嫁成本或停止生产某些资产的零部件，以及由于极端天气事件的物理影响而使维护成本增加，可能会对资产或现金产出单元的预期经济表现产生负面影响。③市场利率或其他市场回报率上升，这可能会影响计算资产或现金产出单元使用价值的折现率。④当投资者退出高排放行业时，股价可能会受到负面影响，这可能导致被投资企业市值跌至其净资产的账面价值以下。⑤保险费用增加，保险公司将通过提高产品定价以应对环境变化的风险。而企业承诺减少其碳足迹或更普遍地减少其对环境的影响，可能意味着：一是资产报废的证据，例如：放弃与自身脱碳战略不相容的资产。二是资产使用或预期使用的程度或方式在本期或之后不久发生重大变化，将对企业产生不利影响。三是企业被要求抵销其二氧化碳排放或企业为减少能源和/或水资源消耗而进行的投资可能对资产或现金产出单元的运营成本产生负面影响。

（4）预计负债

《企业会计准则第 13 号——或有事项》规定，与或有事项相关的义务同时满足下列条件的，应当确认为预计负债：①该义务是企业承担的现时义务。②履行该义务很可能导致经济利益流出企业。③该义务的金额能够可靠计量。预计负债应当按照履行相关现时义务所需支出的最佳估计数进行初始计量。企业在确定最佳估计数时，应当综合考虑与或有事项有关的风险、不确定性和货币时间价值等因素。货币时间价值影响重大的，应当通过对相关未来现金流出进行折现后确定最佳估计数。同时，该准则还要求，企业应当在资产负债表日对预计负债的账面价值进行复核。有确凿证据表明该账面价值不能真实反映当前最佳估计数的，应当按照当前最佳估计数对该账面价值进行调整。

当企业采取行动以应对气候变化的影响时，这些行动很可能会导致新负债的确认，或者在不符合确认标准的情况下需要披露新的或有负债，典型的预计负债项目如弃置费用负债。由于煤炭或石油和天然气工厂等资产被认为具有无限的使用寿命，以前尚未对其弃置成本确认准备，在气候变化风险以及与此相关的法规出现后，需要重新考虑这一做法，并确认新的弃置准备或披露新的或有负债。荷兰皇家壳牌公司在 2020 年度财务报告中披露，“2020 年，集团考虑了宏观经济基本面的变化，以及对制造业务条线的改组计划。同时，集团重新考虑了继续不确认制造设施的弃置和修复准备是否仍然合适。得出的结论是，制造设施具有不确定的使用寿命的假设不再合适，并且对是否需要确认弃置和修复准备还是披露或有负债进行了复核。2020 年，已为某些寿命较短的制造设施确认了准备”。另外，与气候变化相关的新立法也可能意味着现有法律诉讼很可能（而不再是“可能”）导致现金流出，因此需要确认预计负债，而不是披露或有负债。

对于企业作出的气候相关承诺，如果形成了推定义务，且符合负债的确认标准，则需要确认预计负债。

（5）预期信用损失

《企业会计准则第22号——金融工具确认与计量》规定，企业应当采用预期信用损失（ECL），对以摊余成本计量的金融资产和分类为以公允价值计量且其变动计入其他综合收益的金融资产，以及租赁应收款、合同资产、以公允价值计量且其变动计入当期损益的金融负债以外的贷款承诺和财务担保合同等进行减值会计处理并确认损失准备。预期信用损失，是指以发生违约的风险为权重的金融工具信用损失的加权平均值。

气候变化会给银行等金融机构带来信用风险。一方面，政策驱动低碳经济的转型发展以及技术进步使清洁能源的使用成本逐渐降低，将会限制未来对于化石能源的使用，导致高碳能源行业营收能力下降、碳排放成本增加。另一方面，气候相关风险可能间接或直接导致抵押品资产贬值。因此，气候变化风险会推高银行等金融机构信贷资产的违约概率和违约损失率，金融机构在计量预期信用损失（包括敞口划分、阶段划分、模型搭建、前瞻性调整、管理层叠加）时，需要考虑信贷组合中的气候变化风险。

2022年5月，原中国银保监会发布《商业银行预期信用损失法实施管理办法》，要求商业银行在阶段划分时，评估与信用主体及其信用风险敞口相关可获得的信息。其中，对信用主体还款能力产生潜在影响的宏观经济、行业发展、技术革新、气候变化、自然灾害、社会经济金融政策、政府支持或救助措施等相关信息应明确考虑在信用风险敞口的阶段划分标准中。该办法同时要求商业银行应加强宏观经济预测分析，充分评估前瞻性信息对预期信用损失的影响。商业银行应至少每半年对前瞻性信息进行一次更新，遇国内外重大事件（包括但不限于政治、经济、金融、卫生、环境、气候、自然灾害等事件）发生或相关政策重大调整时应及时更新相关前瞻性信息。

目前，已有多家国外银行在预期信用损失模型中考虑气候风险，并取得显著成果。例如：荷兰合作银行考虑到气候相关法规变得更加严格，以及宏观气候变化风险加大，为应对未来的前瞻性气候及环境风险，荷兰合作银行确认了1400万欧元的预期信用损失。国民西敏寺银行由于气候相关政策变化以及技术上的宏观经济假设，2023年ECL上调600万英镑。

（6）金融工具的分类和计量

《企业会计准则第22号——金融工具确认和计量》规定，企业应当根据其管理金融资产的业务模式和金融资产的合同现金流量特征，将金融资产划分为以下三类：①以摊余成本计量的金融资产。②以公允价值计量且其变动计入其他综合收益的金融资产。③以公允价值计量且其变动计入当期损益的金融资产。企业管理金融资产的业务模式，是指企业如何管理其金融资产以产生现金流量。业务模式决定企业所管理金融资产现金流量的来源是收取合同现金流量、出售金融资产还是两者兼有。气候相关事项可能在许多方面影响金融工具的会计核算。例如：贷款合同可能包括将合同现金流与企业实现气候相关目标联系起来的条款。这些目标可能会影响到贷款的分类和计量方式（即贷款人在评估金融资产的合同条款是否会导致现金流只支付基于未偿还本金的本金和利息时，需要考虑这些条款）。对于借款人来说，这些目标可能会影响是否存在需要从主合同中分离出来的嵌入衍生品。与气候有关的问题也可能影响贷款方的信贷损失敞口。例如：野火、洪水或政策和监管变化，可能会对借款人履行其对贷款人的债务义务产生负面影响。

（7）公允价值

对于以公允价值计量的资产、负债和权益，企业继续按照《企业会计准则第 39 号——公允价值计量》进行计量。气候相关风险和机遇可能影响资产、负债和权益的公允价值计量。例如：市场参与者对气候相关立法的看法可能会影响资产、负债和权益的公允价值。特别是，第三层次公允价值计量使用了对其计量具有重要意义的不可观察的输入值。《企业会计准则第 39 号——公允价值计量》要求不可观察输入值应当反映市场参与者对相关资产或负债定价时所使用的假设，可能包括气候相关风险的假设。

（8）碳排放权

财政部于 2019 年发布了《碳排放权交易有关会计处理暂行规定》，用于规范碳排放权交易相关的会计处理。

根据暂行规定，重点排放企业通过购入方式取得碳排放配额的，应当在购买日将取得的碳排放配额确认为碳排放权资产，并按照成本进行计量。重点排放企业通过政府免费分配等方式无偿取得碳排放配额的，不作账务处理。

重点排放企业使用购入的碳排放配额履约（履行减排义务）的，按照所使用配额的账面余额确认营业外支出，并减少碳排放权资产。重点排放企业使用无偿取得的碳排放配额履约的，不作账务处理。

重点排放企业出售碳排放配额，应当根据配额取得来源的不同，分别以下情况进行会计处理：①重点排放企业出售购入的碳排放配额的，按照出售日实际收到或应收的价款（扣除交易手续费等相关税费）与出售配额的账面余额，确认营业外收入或营业外支出。②重点排放企业出售无偿取得的碳排放配额的，按照出售日实际收到或应收的价款（扣除交易手续费等相关税费），确认营业外收入或营业外支出。

（9）保险合同

《企业会计准则第 25 号——保险合同》规范了保险合同的确认和计量。根据该准则，企业应当在合同组初始确认时按照履约现金流量与合同服务边际之和对保险合同负债进行初始计量。合同服务边际，是指企业因在未来提供保险合同服务而将于未来确认的未赚利润。履约现金流量包括与履行保险合同直接相关的未来现金流量的估计、货币时间价值及金融风险调整以及非金融风险调整。气候变化可能对保险合同的现金流预测、风险调整和折现率产生重大影响。例如：极端天气事件的频率和严重性增加，可能导致保险公司的赔付金额增加，从而影响保险合同的定价和准备金计提。保险公司需要在计量保险合同负债时，考虑气候相关风险对未来赔付的影响，并相应调整风险调整和折现率。

（10）所得税

《企业会计准则第 18 号——所得税》规定了所得税的会计处理，包括当前所得税和递延所得税的确认和计量。气候相关政策和法规（如碳税、环保税）可能直接影响企业的所得税费用和递延所得税。企业需考虑这些政策对当前所得税和递延所得税的影响，并相应调整财务报表中的税务项目。此外，气候变化带来的经营环境变化可能影响企业未来的盈利能力，进而影响递延所得税资产和递延所得税负债的计量。企业在编制财务报表时，需要充分披露与气候相关的税务风险和不确定性。

5.4.2　财务报表列示和披露

2024 年 4 月 9 日，国际会计准则理事会（IASB）正式发布《国际财务报告准则第 18 号——财务报表列示和披露》（以下简称“IFRS 18”），该准则对财务报表的列示和披露进行了重大改进，并替代了《国际会计准则第 1 号——财务报表列报》（以下简称“IAS 1”）。对于财务报表列示和披露，我国现行有效的会计准则为 2014 年修订的《企业会计准则第 30 号——财务报表列报》。根据《企业会计准则第 30 号——财务报表列报》，结合 IFRS 18 对财务报表列示和披露作出的重大改进，企业对于气候相关风险和机遇在财务报表中的列示和披露，需要考虑以下方面：

（1）财务报表分类列报与披露

根据 IFRS 18，企业应识别单独交易或事项产生的资产、负债、权益、收益、费用和现金流量，根据其特征（包括性质、职能、计量基础等）将其分解和汇总为项目，以便在财务报表中列示行项目，并在附注中披露具有至少一个类似特征的项目。同时，企业应该根据不同特征分解项目，以便在主要财务报表中提供有用的结构化概要，在附注中提供重要信息。对于资产、负债、权益、收益、费用和现金流量中的项目，如果各类项目的特征越是相似，汇总列示就越能发挥主要财务报表和附注的作用。如果各类项目的特征越不相同，分解列示就越能发挥主要财务报表和附注的作用。

基于以上要求，企业需要考虑是否将受到气候相关风险和机遇重大影响的项目在财务报表中列示为行项目，例如，高排放固定资产和低排放固定资产，绿色资产与棕色资产，新能源销售收入与传统能源销售收入等。

（2）财务报表编制基础

根据《企业会计准则第 30 号——财务报表列报》，企业应当以持续经营为基础，根据实际发生的交易和事项，按照《企业会计准则——基本准则》和其他各项会计准则的规定进行确认和计量，在此基础上编制财务报表。在编制财务报表的过程中，企业管理层应当利用所有可获得信息来评价企业自报告期末起至少 12 个月的持续经营能力。评价时需要考虑宏观政策风险、市场经营风险、企业目前或长期的盈利能力、偿债能力、财务弹性以及企业管理层改变经营政策的意向等因素。

气候相关风险可能会导致企业出现持续经营能力问题。2019 年 1 月，美国加州最大电气能源公司太平洋煤气电力公司（PG&E）因加州山火面临巨额赔偿而申请破产。PG&E 一直强调，气候变化才是罪魁祸首，虽然自身应当为意外事故所导致的山火承担责任，但不应当是全部责任，因为气候变化因素加重了火灾的破坏性。尽管许多情况下，气候变化风险不会在短期内对持续经营造成重大不确定性影响，但该风险是评估企业持续经营能力时不可忽略的重要因素。如果分析结果表明对持续经营能力产生重大怀疑的，企业应当在附注中披露导致对持续经营能力产生重大怀疑的因素以及企业拟采取的改善措施。

例如：汇丰集团在其 2023 年度财务报表附注中披露，董事会已综合考量了当前与未来状况的相关信息，以确保其持续运营。在此过程中，汇丰集团特别关注了气候变化等风险。这些考量涉及上述风险对汇丰集团盈利能力、资本状况及流动性的潜在影响。

（3）重要会计政策和会计估计

根据《企业会计准则第 30 号——财务报表列报》，企业应当披露采用的重要会计政策和会计估计，并结合企业的具体实际披露其重要会计政策的确定依据和财务报表项目的计量基础，及其会计估计所采用的关键假设和不确定因素。气候相关风险和机遇对财务报表的当期影响，无论是存货跌价准备，还是资产折旧与摊销、资产减值、预计负债、预期信用损失、公允价值、保险合同、所得税等，均需要运用会计估计，因此，企业需要披露所采用的关键假设和不确定性因素。

例如：汇丰集团在其 2023 年度财务报表附注中披露，尽管气候变化影响具有不确定性，但截至 2023 年 12 月 31 日，管理层认为在中短期内，物理风险、转型风险及其他气候相关风险不会对汇丰集团的关键判断和估计产生重大影响，特别是，管理层在计算使用价值时，已将气候相关风险对相关判断和估计的已知和可观察到的潜在影响纳入考量。

（4）重要财务报表项目的说明

根据《企业会计准则第30号——财务报表列报》，企业应当按照资产负债表、利润表、现金流量表、所有者权益变动表及其项目列示的顺序，对报表重要项目的说明采用文字和数字描述相结合的方式在财务报表附注中进行披露。气候相关风险和机遇对财务报表的当期影响，无论是存货跌价准备，还是资产折旧与摊销、资产减值、预计负债、预期信用损失、公允价值、保险合同、所得税等，只要符合重要性标准，均需要在财务报表附注中提供重要信息，包括金额以及计量相关影响所运用的关键假设和重要输入值。

例如：巴斯夫公司于2023年度财务报表附注中披露，2023年1月1日，巴斯夫公司的商誉价值是84.90亿欧元。截至2023年12月31日，商誉价值减少到74.99亿欧元。汽车行业的深刻变革对巴斯夫公司的排放催化剂业务产生了显著影响。随着环保标准的提高，短期内催化剂的需求将保持稳定。然而，从中长期来看，随着汽车行业从内燃机向电动汽车的转型，催化剂的需求可能会逐步下降。这一转型对巴斯夫公司的排放催化剂业务构成长期挑战，已在商誉减值测试中反映为负长期增长率，但尚未导致减值。巴斯夫公司在执行商誉减值测试时，聚焦于能产生现金流的业务单元，这些单元通常对应特定的业务部门或更细致的划分。一旦发现减值迹象，巴斯夫公司会首先冲销现有商誉的金额，如有必要，再将剩余减值分配给相关现金流单元，将减值损失归类于其他营业费用。在确定资产组的可收回金额时，巴斯夫公司采用使用价值法，基于管理层批准的计划和未来五年的现金流量预测，同时融入公司的长期战略及市场动态。对于五年后的终端价值，巴斯夫公司采用永续年金模型进行估算，以全面评估资产的长期价值。巴斯夫公司的减值测试过程不仅考虑了宏观经济和行业特定的市场假设，如天然气、原材料价格、汇率及市场增长，还结合了战略业务单元的战略规划，特别是数字化和可持续性趋势。此外，巴斯夫公司还关注了地缘政治冲突对天然气和原材料价格的影响，尽管预计这些价格波动将加剧，但预测未来三年内均价将保持稳定。在制定未来商业规划时，巴斯夫公司综合考量了包括高通胀水平在内的宏观经济因素，以确保公司能够有效应对不断变化的市场环境。通过细致的商誉分配和年度减值测试，巴斯夫公司确保了财务报告的准确性和透明度。

此外，为反映气候相关风险和机遇对当期财务报表的影响，企业还需要在财务报表附注中披露：①易受气候相关物理风险影响的资产或者业务活动的金额和百分比。②易受气候相关转型风险影响的资产或者业务活动的金额和百分比。③与气候相关机遇有关的资产或者业务活动的金额和百分比。④针对气候相关风险和机遇发生的费用、研究开发支出、资本支出、融资或者投资金额。

（5）资产负债表日后事项

《企业会计准则第29号——资产负债表日后事项》规定，企业应当在附注中披露每项重要的资产负债表日后非调整事项的性质、内容及其对财务状况和经营成果的影响。与气候相关的资产负债表日后非调整事项可能包括：①资产负债表日后发生与气候相关的重大诉讼、仲裁、承诺。②资产负债表日后能源价格、碳价格、碳关税政策等发生重大变化。③资产负债表日后因台风、高温、洪水等急性物理风险导致资产发生重大损失。④资产负债表日后进行的重要气候投融资等。若企业于资产负债表日至财务报告批准报出日之间发生以上重大事项，则需要按以上规定，披露这些事项的性质、内容及其对财务状况和经营成果的影响。

（6）或有事项

《企业会计准则第 13 号——或有事项》规定，企业需要在财务报表附注中披露或有负债的种类及形成原因，经济利益流出的不确定性以及或有负债预计产生的财务影响。气候相关事项可能导致企业在资产负债表日存在未决诉讼和未决索赔，若存在重大的与气候相关的未决诉讼和未决索赔，则需要按上述要求进行披露。

（7）风险管理

《企业会计准则第 37 号——金融工具列报》规定，企业应当披露与各类金融工具风险相关的定性和定量信息，以便财务报表使用者评估报告期末金融工具产生的风险的性质和程度，更好地评价企业所面临的风险敞口，相关风险包括信用风险、流动性风险、市场风险等。《企业会计准则第 25 号——保险合同》要求企业披露与保险合同产生的保险风险和金融风险等相关的定性和定量信息。气候相关风险会对信用风险、流动性风险、市场风险产生影响，也会对保险风险产生影响，因此企业在披露金融风险和保险风险时，需要披露气候相关风险的影响。

例如，汇丰集团在其 2023 年度财务报表中披露，截至 2023 年 12 月 31 日，六大行业批发贷款的总风险敞口达到 1120 亿美元。汇丰集团通过转型参与问卷与批发贷款客户建立联系，收集信息以评估其业务模式与净零目标的契合度及面临的物理与转型风险，进而基于问卷反馈为这些客户构建气候风险评分体系。汇丰集团信贷政策明确规定，客户经理在处理新资金申请及年度信贷审查时，需将气候风险因素纳入信贷评估流程。若气候因素预计将在未来 12 个月内对信贷风险产生显著影响，且该影响在初始信贷评级中未得到体现，则必须调整信贷风险评级。

5.4.3 可持续发展报告中的披露

无论是沪、深、北三大交易所发布的《上市公司自律监管指引——可持续发展报告（试行）》，还是财政部等九部委发布的《企业可持续披露准则——基本准则（试行）》，均要求企业编制和披露可持续发展报告。可持续发展报告应当采用清晰的结构和语言，与财务报表同时对外披露。

在按照会计准则确认、计量和披露气候相关风险和机遇当期财务影响的同时，企业需要于单独披露的可持续发展报告中披露气候相关风险和机遇的当期财务影响。披露时，必须确保可持续发展报告中的相关信息与财务报表信息之间的关联一致。可持续发展报告中有关气候相关风险和机遇当期财务影响的数值，应该取自财务报表及其附注中相关项目数值，或者取自财务报表及其附注中相关项目数值的一部分或者合计数。可持续发展报告中计量气候相关风险和机遇当期财务影响所运用的模型、假设和输入值应当遵循企业会计准则的要求，与财务报表及其附注中的披露保持一致。若存在不一致的，应当披露重大差异的信息并说明理由。以货币计量的信息应当使用与其相关财务报表相一致的币种。企业应当通过索引或文字解释反映可持续相关信息之间的关联。

5.5　预期财务影响的确认、计量和披露

除披露当期财务影响外，企业需要于单独披露的可持续发展报告中披露气候相关风险和机遇的预期财务影响，包括：（1）识别出的可能对下一年度报告期间相关财务报表的资产和负债账面余额产生重大影响的气候相关风险和机遇。（2）基于管理气候相关风险和机遇的战略、制订的投资和处置计划，以及实施战略所计划的资金来源，说明短期、中期和长期财务状况、经营成果和现金流量的预期变化。

5.5.1　对未来资产折旧和摊销的影响

气候变化、为解决气候变化而颁布的法规、日益增长的社会压力以及企业制定的减排目标，可能导致资产折旧和摊销年限的缩短以及资产残值的降低，进而对企业未来期间的资产折旧和摊销带来影响。企业应当于可持续发展报告中披露气候相关风险对未来短期、中期、长期资产折旧和摊销带来的具体影响。

例如：安赛乐米塔尔（AM）在2021年对使用寿命进行年度复核时，减少了其在欧盟和加拿大生产扁平碳钢产品业务活动中的不动产、厂房和设备的剩余使用寿命估计。公司预计在2024年12月31日、2025年12月31日、2026年12月31日、2027年12月31日和2028年12月31日结束的年份中，折旧费用将分别增加1.68亿美元、1.42亿美元、1.24亿美元、0.28亿美元和0.26亿美元。

5.5.2　对未来资产减值的预期影响

在气候变暖加剧，各国纷纷作出净零排放承诺下，企业经营所处的市场、经济或

法律环境将发生重大不利变化，企业的各种长期资产，包括固定资产、长期股权投资、无形资产、商誉、油气资产等在未来期间均可能减值，企业应当于可持续发展报告中披露气候相关风险对未来短期、中期、长期资产减值带来的具体影响。在预计预期影响时，企业需要对未来短期、中期、长期碳价、石油价格、天然气价格、电价等进行预测，并据此对未来现金流量进行预计。

例如：挪威国家石油公司（Equinor）披露：根据公司商品价格假设，预计未来几年价格将保持在每吨80欧元左右（以2023年实际价格计），预计2040年价格将上升到每吨约130欧元（2022年预测为每吨109欧元），随后到2050年将增加到每吨约150欧元（2022年预测为每吨135欧元，以2023年实际价格计）。

再如，壳牌（Shell PLC）披露，对于化工和炼油利润预测，尚未确定可靠的气候情景，因此通过提供对利润变化的敏感性来进行敏感性测试。根据使用价值进行减值测试的化学品利润率平均为252美元/吨（20年平均值）。在整个现金流预测期间，长期化学品利润率每吨-30美元或每吨+30美元的变化将导致化学品和产品分别发生高达20亿美元的减值或不发生减值回转。按照使用价值进行减值测试的炼油利润率平均为7.6美元/桶（20年平均值）。在整个现金流预测期内，每桶炼油利润率下降1美元，将导致10亿—20亿美元的减值。

5.5.3 对未来预期信用损失的影响

气候变化风险会推高银行等金融机构信贷资产的未来违约概率和违约损失率，对未来的逾期信用损失带来重大影响，商业银行应当于可持续发展报告中披露气候相关风险对未来短期、中期、长期信贷资产预期信用损失带来的具体影响。

例如：汇丰集团于2023年度报告中定量披露了气候风险在不同情景下对各行业贷款的预期信用损失影响，展示了不同批发贷款组合部门在2023年的违约风险敞口（EAD）以及预期信贷损失于2035年的增长情况。其中，金属和采矿业当前承诺情景下ECL倍数小于1.1倍，净零排放目标承诺下ECL倍数大于3倍。汽车行业当前承诺情景下ECL倍数小于1.25倍，净零排放目标承诺下ECL倍数小于1.75倍。

5.5.4 未来的资本配置

为应对气候相关风险和机遇，企业制订了相应的战略和转型计划，而实现转型计划需要有相应的资源配置，需要有相应的资本支出计划、研发投入计划和收购剥离计划。企业应当于可持续发展报告中披露这些资源配置计划对其未来短期、中期、长期带来的具体财务影响。

例如：某公司更新资本配置方式应对气候风险和机遇，在资本分配上紧跟低碳转型战略，计划逐步提升低碳零碳投资比例，预计2026年达到30%，2030年达到70%，2040年超85%。2023—2026年，公司将投入138亿元于零碳低碳项目，同时，逐步减少油气活动支出，淘汰高碳投资，并根据减排目标评估项目。融资方面，将创新发行可持续发展挂钩债券，利率与能源转型目标相绑定，助力低碳转型战略。

5.5.5 未来的财务规划

气候变化已成为财务规划中不可忽视的重要因素，气候相关风险和机遇通过多种方式影响公司的财务决策和绩效，企业应当于可持续发展报告中披露应对气候变化对未来财务规划的影响。

例如：拜耳（Bayer）在其2023年度可持续发展报告中披露，拜耳在其未来三年财务规划中已考虑了直接成本和间接成本的影响，尤其是监管风险导致的能源成本预测变化。欧盟气候立法和欧盟排放交易计划（ETS）可能导致碳价格上涨，间接影响拜耳的能源供应链和能源生产设施，预计在2021—2024年将产生6000万—8000万欧元的总成本。此外，拜耳通过成立合资企业，投资约7000万欧元以减少农业环境影响，并在年度战略会议中考虑包括由气候变化相关机遇推动的项目，规划未来两年的资本支出组合发展。

5.5.6 气候相关风险的预期财务影响

气候相关风险对未来短期、中期和长期的预期财务影响包含对未来资产折旧和摊销的影响，对未来资产减值和预期信用损失的影响，对未来资本配置和财务规划的影响，但并非全部。分析各种气候相关风险，包括物理风险和转型风险对未来短期、中期和长期的预期财务影响，特别是对财务业绩的影响，需要基于情景分析，通过构建量化模型来实现。由于每家企业面临的气候相关风险不同，开展情景分析所设置的气候情景存在差异，测算气候相关风险预期财务影响所运用的量化模型也必然有所不同。

例如：苹果公司（APPLE）于2023年CDP问卷回复中披露了开发和/或扩大低排放商品和服务带来的预期财务影响，其具体披露如下：

（1）2020年，公司宣布到2030年在整个业务、制造业供应链和产品生命周期中实现碳中和的目标。公司的全球企业运营已经实现碳中和的，公司的新承诺意味着到2030年，所有销售的苹果设备都将对气候产生净零影响。每一款苹果产品都代表着一个减少碳足迹的机会——即使是很小的改变也能产生显著的效果。公司的碳足迹有助于公司发现降低产品设计碳强度的机会。公司优先考虑占碳排放量很大一部分的材料和组件。这意味着，公司对每种产品的选择都可以扩大或减少公司的整体足迹。这些优先事项为公司的设计工作提供了信息，以提高材料效率，增加回收和可再生材料的使用。

（2）该气候相关风险对苹果未来中期的影响可能性为中低水平，影响的金额为15.225亿美元。为了计算财务影响数字，公司使用了国际货币基金组织2030年预测的碳价格（75美元/MT－CO2e）乘以公司2022财年的总净排放量（2030万吨CO2e）。这一潜在影响数字是公司CDP回应中保守的假设估计，假设苹果整个供应链的碳价格相等（适用于所有范围1、范围2和某些范围3排放），所有国家都会受到碳价格的影响。此外，这里假设苹果公司不会改变其当前的商业模式、供应链、生产或销售。

再如，某公司使用IPCC第六次评估报告中的1.5℃情景作为参考情景，详细说明了如果未采取任何行动，公司在2030年、2039年和2050年这三个时间框架内的利润可能会受到的预期财务影响范围（积极与被动路径），其中，r为“主动”情景，p为“反应”情景，如表5－8所示。

表5－8　　某公司转型风险的预期财务影响

	关键假设	对年内利润潜在影响（亿欧元）			
		敏感性	2030年	2039年	2050年
碳税及自愿除碳成本	到2030年，范围1和范围2排放量为绝对零，范围3排放税不包括间接消费者使用排放量；到2050年，将排放量从2021年基准减少90%；到2050年碳价格将达到250美元/吨，在积极的情景下，在最初几年更积极地上涨；到2050年，碳清除价格将达到88美元/吨，清除100% 2039年及以后的排放量，2039年及以后的排放量100%暴露于清除成本和碳税	p	－54	－104	－18
		r	－35	－95	－18
土地使用管制对粮食作物产量的影响	到2050年，在主动情景中，土地使用监管将使价格上涨，棕榈上涨28%，商品和食品配料上涨33%。到2050年，在反应情景中，土地使用监管将使价格上涨，棕榈上涨10%，商品和食品配料上涨11%	p	－8	－21	－51
		r	－3	－7	－17
能源价格上涨对供应商和制造业的影响	在向1.5℃世界过渡期间，能源价格可能发生的变化具有高度不确定性。分析假设，到2050年平均电价美洲上涨16%，欧洲上涨18%，亚洲/AMET/RU下降1%，到2050年，全球平均天然气价格将上涨141%	p	－6	－15	－34
		r	－6	－15	－34

如前所述，量化气候相关风险预期财务影响的气候风险价值（Climate - Value at Risk）模型在近几年来逐步得以应用，可以用于估计在特定投资期限内，公司、投资组合或金融市场因气候变化造成的损失金额。

例如：安盛集团依据五个 NGFS 情景，对其所有投资组合（企业债券和上市股票）应用“聚合气候 VaR”指标，计算气候风险价值，如表5-9所示。

表5-9 安盛集团披露的气候风险价值

		AXA Group			AXA S. A.		
		FY 2020	FY 2021	FY 2022	FY 2020	FY 2021	FY 2022
升温潜能值（℃）-主权债务		2.3	2.0	2.0	2.1	1.9	1.8
覆盖率百分比		100%	100%	99%	100%	100%	100%
隐含温度上升（℃）-公司债券和股票		N/A	2.6	2.5	N/A	2.2	2.2
覆盖率百分比		N/A	65%	62%	N/A	66%	81%
综合气候风险（CVaR）	1.5 ℃有序转型	-11.2	-10.5	-10.1	-8.0	-8.8	-9.1
	3NDC	-7.2	-7.0	-6.9	-9.1	-5.9	-5.1
物理风险	1.5 ℃有序转型	-3.1	-3.0	-3.0	-4.1	-2.7	-2.2
	2 ℃有序转型	-4.1	-4.0	-4.0	-5.7	-3.5	-3.0
	2 ℃无序转型	-4.3	-4.3	-4.2	-6.0	-3.7	-3.2
	3NDC	-6.0	-5.9	-5.9	-8.6	-5.2	-4.4
政策风险	1.5 ℃有序转型	-9.3	-8.7	-8.2	-4.5	-7.4	-7.6
	1.5 ℃无序转型	-12.8	-12.0	-11.6	-6.6	-10.0	-10.9
	2 ℃有序转型	-2.2	-2.1	-1.9	-1.0	-1.5	-1.5
	2 ℃无序转型	-6.6	-6.0	-5.7	-3.0	-5.2	-4.9
	3NDC	-1.4	-1.3	-1.2	-0.6	-0.9	-0.8
技术机遇	1.5 ℃有序转型	1.3	1.2	1.1	0.6	1.3	0.7
	1.5 ℃无序转型	2.3	2.1	2.0	1.1	2.5	1.4
	2 ℃有序转型	0.4	0.4	0.3	0.2	0.4	0.2
	2 ℃无序转型	0.7	0.6	0.6	0.3	0.7	0.4
	3NDC	0.3	0.2	0.2	0.1	0.3	0.1

5.5.7 气候相关机遇的预期财务影响

同气候相关风险一样，气候相关机遇对未来短期、中期和长期的预期财务影响并不限于对未来资本配置和财务规划的影响，企业应当于可持续发展报告中披露各种气候相关机遇对未来短期、中期和长期财务业绩的预期影响。

例如：法国电力集团（EDF）在 CDP 问卷中量化了投资可再生能源生产的预期财务影响，具体情况如下：

（1）EDF 集团 2022 年全球可再生电力产量为 60.2TWh，可再生热能产量为 8.8TWh，通过水力发电、风力涡轮机（陆上和海上）、光伏太阳能和其他可再生能源，例如：生物质能、废热回收、地热能和潮汐能。2022 年，集团的净可再生能源装机容量为 36 吉瓦，其中水电装机容量为 22.6 吉瓦，风电装机容量为 9.6 吉瓦，太阳能装机容量为 3.6 吉瓦，风能和太阳能净装机容量增长了 9.5%。

（2）集团计划在 2015—2030 年将其净可再生能源装机容量增加一倍以上，达到 50GWe，到 2030 年将其增加到 60GWe，这包括增加 1.5—2GW 的净水电装机容量。与此同时，通过 2017 年启动的太阳能计划，法国电力集团的目标是在 2020—2035 年实现 30% 的新增装机容量，成为法国光伏太阳能的领导者。法国电网运营商（RTE）为法国太阳能项目的发展设定了中间轨迹，相当于从 2022 年的 16GW 增加到 2035 年的 68GW 左右，即 4GWe/年。

（3）该气候相关机遇对公司未来短期的影响可能性为中高水平，影响的金额为 7.55 亿欧元。法国电力集团运用模型为：额外收益 =（EDF Renewables EBITDA × EDF 集团可再生能源产能增长）－EDF Renewables EBITDA。其中，EDF Renewables EBITDA 为 9.09 亿欧元，增长 11.5%（有机增长 5.8%）。EDF Renewables 的 EBITDA 增长主要得益于可再生能源产量增长 21%。公司估计，到 2030 年，这一机遇可能会导致 EDF 集团的 EBITDA 增加 7.55 亿欧元。

第 6 章
英国石油披露案例分析

6.1 公司背景

英国石油公司（BP，以下简称“英国石油”）[①] 是全球能源行业的巨头，起源于1908 年的英波斯石油公司，1954 年更名为英国石油。作为全球最大的石油和天然气公司之一，英国石油涵盖了能源产业链的各个环节，从勘探、生产到炼油、分销和营销。近年来，英国石油也积极进军可再生能源和低碳技术领域，包括风能、太阳能、生物燃料和氢能，致力于在 2050 年前实现净零碳排放。英国石油的股票在伦敦证券交易所和纽约证券交易所上市，是富时 100 指数成份股，反映了其在全球能源市场的重要地位，其最新的 MSCI ESG 评级为 A。

英国石油在 2023 年的营业收入达到了 2101.3 亿美元，显示了其在全球能源市场的强大竞争力和稳健的财务表现，其主要财务指标如表 6-1 所示。

表 6-1　英国石油 2023 年主要财务指标

主要财务指标	数值
营业收入	2101.3 亿美元
税前利润	273.48 亿美元
每股盈余	87.78 美分
每股股利	27.76 美分
EBIDTA	437.1 亿美元

① 本案例根据英国石油 2023 年年报、可持续发展报告以及 CDP 问卷进行分析，相关链接如下：https：//www.bp.com/en/global/corporate/news-and-insights/reports-and-publications.html；https：//www.bp.com/en/global/corporate/sustainability/data-and-how-we-report/cdp.html。

6.2 当期财务影响

6.2.1 油气资产减值

截至2023年12月31日，集团43亿美元的勘探和评估（E&A）总资产（2022年42亿美元）的某些可收回性可能受到气候变化和全球能源转型风险因素的影响。这是由于能源转型导致未来石油和天然气价格预测下降，英国石油打算减少其碳氢化合物产量（到2030年相对于2019年减少约25%），更多的E&A项目可能无法进行。确定是否以及何时应核销、减值或保留在资产负债表上作为E&A资产，仍然是复杂的，并且需要进行重要性判断。

由于气候变化和能源转型导致的供需变化，英国石油在不动产、厂房及设备（PP&E）中的炼油资产的账面价值可能不再可收回。英国石油在本年度确定了其位于德国Gelsenkirchen的炼油厂的减值指标，因此进行了减值测试，以评估炼油厂账面价值的可恢复性。英国石油已就Gelsenkirchen炼油厂记录了13亿美元的减值损失，主要是由于经济假设的变化所致。

英国石油更广泛的战略包括潜在地处置某些排放强度更高的上游石油资产和其他资产。因此，对于某些资产和投资，在确定可收回金额时，必须判断是否应将估计的来自第三方的处置收益作为一项关键投入。英国石油在2023年记录了1亿美元的税前减值损失，但在2022年记录了29亿美元的此类费用。英国石油根据交易是否可能继续进行以及可接受的处置对价，来决定是否需要计提减值。

由于低碳能源贴现率（可再生能源资产贴现率）的提高以及项目开发成本的增加，集团在低碳能源资产方面的投资的账面价值可能不再可收回，这受到了高通胀和行业内活动水平的影响（由于能源转型）。这些因素对低碳能源项目的价值产生了不利影响，影响了投资决策。因此，为评估集团低碳能源资产的可恢复性，集团进行了减值测试（包括对土地和海床租赁的公允价值、资本和运营成本假设以及预测收益率和电价假设的判断），由此导致权益核算实体确认的减值为13亿美元。

6.2.2 商誉减值

截至2023年12月31日的商誉余额为125亿美元，其中70亿美元与上游油气资产有关。商誉的账面价值可能不再可收回，因此可能需要计提减值。对于石油生产和运营（OP&O）分部，商誉被分配到分部整体层面，对于天然气和低碳能源

（G&LCE）分部，商誉被分配给分部内的碳氢化合物业务现金产出单元。受气候变化影响的商誉减值测试中最重要的假设与未来石油和天然气价格有关。鉴于商誉减值测试中的净空间对于 OP&O 分部之商誉测试而言十分充足，但对 G&LCE 分部之商誉测试而言较为有限，管理层没有发现其他假设可能由于能源转型和其他气候变化因素而导致商誉的重大错报。与商誉敏感性相关的披露包含在财务报表附注中。公共关系和客户服务（C&P）部门的商誉余额为 54 亿美元，其中最重要的部分是与润滑油业务相关的 27 亿美元。尽管预计全球市场向电动汽车的转型可能会减少对润滑油的需求，但由于最近的减值测试存在较大净空间，管理层评估商誉的可收回金额低于其账面价值的可能性很小。

6.2.3　退役准备金

截至 2023 年 12 月 31 日，英国石油的财务报表中记录了 124 亿美元的退役准备金（2022 年为 123 亿美元）。能源转型可能会使石油和天然气行业资产的退役提前，从而增加退役准备金的现值。然而，英国石油预计其现有的大部分上游石油和天然气财产将在未来二十年内开始退役。对于炼油厂，由于相关义务的结算日期不确定，通常不确认退役准备金。

6.2.4　墨西哥湾石油泄漏事件相关应付款项

与墨西哥湾石油泄漏事件相关的应付款项包括了 2016 年与美国和五个墨西哥湾沿岸州达成的和解协议和结算协议中的应付款项，包括自然资源损害、州级索赔和《清洁水法》的罚款。截至 2023 年 12 月 31 日，这些协议中的应付款项现值分别是 37.82 亿美元（9 年支付期）、20.98 亿美元（10 年支付期）和 28.12 亿美元（9 年支付期）。

在集团现金流量表中，与墨西哥湾石油泄漏事件相关的净现金流出为 12.8 亿美元（2022 年 13.7 亿美元，2021 年 14.84 亿美元），包括了这些协议中的支付款项。关于这些协议的详细信息，可以参见英国石油的年度报告及其 20 – F 表格的法律诉讼部分。

6.2.5　或有负债和法律诉讼

英国石油与其他石油和天然气公司一起被多个政府和私人团体在美国各州以及联邦法院提起诉讼，总数超过 20 多起。这些诉讼通常根据各种法律理论提出索赔，试图让被告公司对据称由气候变化引起和与气候变化有关的影响负责。许多法律理论的基础都是关于欺骗性传播和向公众提供虚假信息的指控。诉讼寻求的补救措施包括支付金钱和其他形式的公平救济。如果这类诉讼胜诉，在各种案件中寻求补救的费用可能会很高。在过去的几年里，被告将每一项诉讼移交给联邦法院，原告对此提出异议，最终导致几个巡回上诉法院作出多项裁决，驳回了被告将案件移交给联邦法院的企图。2023年，美国最高法院拒绝审查巡回上诉法院的各项判决。因此，这些案件将在各州法院进行审理。由于管辖权的挑战，这些诉讼都还处于相对早期的阶段。虽然不可能预测这些法律诉讼的结果，但英国石油认为其实施了有效的辩护，并打算积极为这些诉讼辩护。

6.2.6 在净零转型中的投资

英国石油在保持石油与天然气核心业务稳健发展的同时，正积极提升在非传统能源领域的投资占比。包括生物能源、电动汽车充电站、可再生能源与电力，以及氢能等多元化业务，展现出公司对能源转型的坚定承诺。尤为值得一提的是，2023 年英国石油成功完成了对美国旅行中心的收购，这一战略举措不仅让英国石油在美国市场拥有了覆盖广泛高速公路网络的近 300 个站点，还为其在生物燃料、电动汽车充电站及氢能等新兴领域的快速布局与拓展奠定了坚实的市场基础。此举不仅推动了英国石油便利业务的多元化发展，更标志着公司在能源转型之路上迈出了重要一步，向着成为综合能源服务提供商的目标稳步前进。

随着全球对低碳和零碳经济的追求日益增强，英国石油在石油和天然气领域的传统投资逐渐缩减，而将更多资源转向清洁能源和低碳技术的研发与应用。如表 6－2 所示，2019 年至 2023 年，英国石油在转型领域的投资显著增长，从初期的 6 亿美元增长至 38 亿美元，占总资本支出的比例也从 3% 大幅跃升至 23% 。尽管投资的具体数额和比例受到市场波动和资本投资时机的影响，但英国石油始终秉持着灵活应对、精准决策的原则，确保在出现明确商业机会时能够及时投入。特别是在 2021—2023 年，英国石油不仅通过大型交易加速转型步伐，还通过有机投资的稳健增长，进一步巩固了其在清洁能源领域的领先地位。这一系列举措清晰地表明了英国石油致力于向更加可持续、多元化的能源业务转型的决心与实力。

表 6－2　　英国石油的转型投资计划情况

年份	转型投资（ $ Bn）	占年度总资本支出比例（%）
2019	0. 6	3
2020	1. 0	—
2021	2. 4	—
2022	4. 9	30
2023	3. 8	23

6.2.7　关键审计事项

2023年度，审计师在独立审计报告中详细披露了三项与气候变化相关的关键审计事项。

首先，审计师审查了石油和天然气价格假设在资产减值测试中的应用。气候变化及能源转型可能会影响全球对石油和天然气的需求，进而影响这些资源的价格预测。审计师特别评估了英国石油管理层在进行资产减值测试时所使用的油气价格假设，确保这些假设充分考虑了气候变化及其带来的长期影响，例如，未来的碳排放成本。

其次，提前弃置成本是审计师关注的另一个关键事项。由于全球气候政策的推进，英国石油可能面临某些资产的提前弃置风险，尤其是石油和天然气相关的资产。这意味着公司可能需要在未来投入更多资金来履行其弃置义务，特别是那些已经出售的资产也可能因为气候变化的原因重新成为公司的负担。审计师特别审查了与弃置义务相关的估算，确保其准确反映了气候变化带来的额外压力。

最后，审计师评估了英国石油的探勘与评估资产的可回收性。英国石油计划在2030年之前减少其碳氢化合物的产量，这一目标可能导致某些探勘项目被取消，从而影响其相关资产的可回收性。审计师审查了这些探勘与评估资产，评估管理层是否合理判断哪些资产可以继续保留在资产负债表上，以及是否需要根据气候变化带来的风险进行减值处理。

6.3　预期财务影响

6.3.1　碳成本与内部碳价

英国石油继续在某些情况下应用碳价格，预计到2030年将升至每吨二氧化碳100美元，到2050年将升至每吨二氧化碳250美元（以2021年的实际美元计算）。以2022年的实际美元计算，相当于到2030年每吨二氧化碳108美元，到2050年每吨二氧化碳270美元。

6.3.2　投资及资本支出

英国石油拥有弹性的财务框架，与公司的战略相结合，创造了一个引人注目的投资者主张，提供承诺的分配、盈利增长和可持续价值。该框架包括连贯的资本配置方法、弹性的资产负债表、有纪律的投资配置方法，以及坚持不懈地专注于执行英国石油的商业计划。

英国石油的资本配置方法促进一系列明确的优先事项，将为公司的弹性股息提供资金作为第一要务。保持强大的投资级信用评级，对公司的转型增长引擎进行有纪律的投资，以股票回购的形式返还剩余现金流。

在资本分配方面，重点投向转型增长引擎与石油天然气两大领域，各增 80 亿美元。预计至 2030 年，含无机物在内的资本投资总额为 140 亿—180 亿美元，其中，转型增长引擎的投资占比将攀升至约 50%。

公司的股东分配政策反映了现金使用的优先次序。同时，也考虑了各种因素，包括环境的变化、业务的基本表现、集团财务框架的前景，以及其他可能随季度而变化的市场因素。

截至 2023 年 12 月 31 日，净债务为 209 亿美元，预计将随着经营现金流的增长而减少。截至 2023 年 12 月 31 日，公司设定了从 2020 年下半年到 2025 年撤资 250 亿美元的目标，目前已有约 185 亿美元的商定或完成交易支持这一目标。

公司预计营运现金流将覆盖资本支出和股息。2023 年的资本支出为 163 亿美元，其中包括 13 亿美元的自然增长所需资本支出。英国石油预计到 2024 年和 2025 年，每年资本支出约为 160 亿美元。到 2030 年，预计每年的资本支出为 140 亿—180 亿美元。

在回报率方面，2023 年平均资本回报率为 18.1%，平均每桶 83 美元。公司设定了到 2025 年实现平均资本回报率超过 18% 的目标。基于 2021 年每桶 70 美元的实际价格和 BP 的规划假设，公司将继续执行其战略以实现这一目标。

6.3.3 对财务规划和业绩的影响

在获得资本方面，公司预计能源转型短期内不会影响其资本获取，特别是银行和债务投资者对碳氢化合物项目的资金支持，计划将 2023 年盈余现金流的 40% 用于减债和加强资产负债表，以保持“A”级投资级信用评级。

6.3.4 气候情景分析

英国石油使用了世界可持续发展理事会（WBCSD）气候情景目录 1.0 版本包含的所有情景，其气候情景分析涵盖了与远低于 2 ℃和 1.5 ℃升温目标一致的情景以及既定政策情景（BAU），旨在评估这些情景对公司战略韧性的影响。分析结果表明，尽管存在不确定性，英国石油的战略能够适应包括 1.5 ℃升温情景在内的各种转型风险情景，而物理风险分析则显示，除非发生大规模的石油和天然气生产中断，否则，气候诱发的恶劣天气事件不太可能在 2030 年之前对英国石油的战略韧性构成重大威胁。

其情景分析具体情况如表 6－3 所示。

表 6－3　　　英国石油 2030 年 WBCSD 情景变量参数选取

业务领域			WBCSD 变量	既定政策情景		低于 2 ℃		1.5 ℃	
				最小值	最大值	最小值	最大值	最小值	最大值
韧性石油天然气	石油和天然气生产		油价（2021 美元/桶）	62.12	82.00	47.70	76.88	31.80	68.87
			天然气价格（2021 美元/mmBtu）	3.73	5.42	2.91	5.61	1.90	5.88
	精炼	精炼——精炼油需求	原油的初级能源需求（相对于 2020 年的百分比）	－0.1	15.2	－3.1	11.6	－16.8	－1.0
		生物喷气需求	航空液体生物燃料的最终需求（EJ/年）	0.21	1.03	0.21	1.64	0.44	1.73
	沼气		道路运输中沼气的需求（EJ/年）	0.00	0.18	0.01	0.25	0.00	0.19
便利与交通	电动汽车充电		道路运输中电力的最终能源需求（EJ/年）	2.53	6.49	3.40	8.37	4.09	9.18
	航空燃料销售		航空燃料消耗（EJ/年）	14.95	20.06	14.73	18.84	9.37	14.66
	传统燃料零售 传统的企业间交易与供应链管理 传统道路润滑剂		道路运输中液体石油的最终能源需求（EJ/年）	72.17	93.57	65.20	93.87	48.57	78.92
低碳能源	可再生能源		可再生能源容量新增（相对于 2020 年 GW）	3055	6181	3131	7671	5438	9797
	氢气生产		氢气消耗（EJ/年）	0.20	4.32	0.20	5.28	0.48	10.75

6.3.5　气候相关机遇的预期财务影响

表 6－4、表 6－5、表 6－6 是对英国石油气候相关机遇预期财务影响的分析。

表 6－4　　　气候相关机遇 1 给英国石油带来的预期财务影响情况

分析因素	机遇 1（氢能、可再生能源与电力）
机会出现在价值链的哪个环节	下游
机会类型	产品和服务
主要与气候相关的机会	低排放产品和服务的开发和/或扩张
主要预期财务影响	因产品和服务需求增加而带来的收入增长
时间范围	中期

续表

分析因素	机遇 1（氢能、可再生能源与电力）
可能性	很有可能
影响程度	中—高
潜在的财务影响数字	20 亿—30 亿美元
财务影响数字说明	2020 年 8 月，公司提出了新的财务框架；2023 年 2 月，公司提供了战略的最新进展情况，包括 2022 年财务框架的交付情况。到 2030 年，公司的目标是通过氢能和可再生能源及电力实现 20 亿—30 亿美元的息税折旧摊销前利润（EBITDA）。这就是此处提供的预期财务影响范围的基础。
实现机会的成本	300 亿美元
公司具体描述	能源系统的持续电气化使可再生能源的重要性与日俱增[①]。到 2050 年，在“加速”和“净零”模式中，用于生产低碳氢的一次能源比例将增至 13%~21%。公司有机会在未来十年扩大公司的低碳能源业务。
实现机会的战略和成本计算说明	在氢能领域，公司的目标仍然是成为全球领导者。公司的目标是利用英国石油现有的炼油需求和不断增长。公司预计在 2023—2030 年，氢能和可再生能源及电力的累计资本支出将达到约 300 亿美元。

表 6-5　　英国石油气候相关机遇 2 带来的预期财务影响情况

分析因素	机遇 2（便利性和电动汽车充电）
机会出现在价值链的哪个环节	下游
机会类型	产品和服务
主要与气候相关的机会	低排放产品和服务的开发和/或扩张
主要预期财务影响	因产品和服务需求增加而带来的收入增长
时间范围	中期
可能性	很有可能
影响程度	中—高
潜在的财务影响数字	40 亿美元
财务影响数字说明	2020 年 8 月，公司提出了新的财务框架；公司 2030 年的目标是此处提供的预期财务影响范围的基础。
实现机会的成本	150 亿美元

① 能源系统的去碳化，尤其是在“加速”和“净零”阶段，得益于低碳氢在难以电气化或电气化成本高昂的难消减工艺中的日益广泛使用。

续表

分析因素	机遇 2（便利性和电动汽车充电）
公司具体描述	便利性和电动汽车充电①：公司正在发展电动汽车充电网络，并将在便利性方面的能力和影响力与电动汽车充电结合起来，使公司能够逐步提供以客户为中心的低碳交通解决方案。
实现机会的战略和成本计算说明	公司正在发展电动汽车充电网络，目标是到 2030 年安装超过 100000 个充电点，并将润滑油业务扩展到电动汽车领域。公司还利用数字平台，更加以客户为中心，整合公司的电动汽车充电解决方案。公司预计在 2023 年至 2030 年，将向便利设施和电动汽车充电累计投资约 150 亿美元的资本支出。

表 6－6　　英国石油气候相关机遇 3 带来的预期财务影响情况

分析因素	机遇 3（生物能源）
机会出现在价值链的哪个环节	下游
机会类型	产品和服务
主要与气候相关的机会	低排放产品和服务的开发扩张
主要预期财务影响	通过进入新兴市场增加收入
时间范围	中期
可能性	很有可能
影响程度	中
潜在的财务影响数字	40 亿美元
财务影响数字说明	2020 年 8 月，公司提出了新的财务框架；公司的目标是在 2030 年从生物能源中获得超过 40 亿美元的息税折旧摊销前利润（EBITDA）——通过综合利用符合适用可持续性标准的原料生产生物燃料，以及沼气和其他贸易机会来实现这一目标。
实现机会的成本	150 亿美元

① BP《2023 年能源展望》显示，到 2050 年，所有运输方式都将越来越多地转向替代性低碳能源。这种转变主要体现在公路运输的电气化以及航空和航海的生物燃料和氢燃料。在公路运输方面，电动（包括插电式混合动力）汽车和轻型卡车的数量从 2021 年的约 2000 万辆增加到 2035 年的 5.5 亿—7 亿辆（占净零排放车辆的 30%～35%），到 2050 年增加到约 20 亿辆（约 80%）。到 21 世纪 30 年代中期，在“加速”和“净零 ”模式下，电动乘用车占新车销量的绝大部分，这主要得益于对汽车尾气排放更严格的监管、电动汽车成本和选择竞争力的提高，以及消费者对电动汽车日益增长的偏好和接受度。

虽然新动力汽车和轻型卡车的电气化速度较慢，但到 2035 年，此类汽车的数量仍将达到约 5 亿辆，到 2050 年将达到 14 亿辆，其中，电动乘用车在 2035 年将占新车销量的 40% 左右，在 2050 年将占 70%。此外，中型和重型卡车和公共汽车也将不再依赖柴油，全球柴油卡车的比例将从 2021 年的 90% 左右下降到 2035 年净零排放和加速排放的70%～75%，到 2050 年下降到 5%～20%。主要转向电气化，但以氢为燃料的卡车也发挥着越来越大的作用，特别是在重型、长途使用情况下。

续表

分析因素	机遇 3（生物能源）
公司具体描述	生物能源[①]：在所有情景中，生物甲烷都有显著增长，从 2019 年的不到 0.2EJ 到 2050 年的 6－7EJ（“加速”和“净零”），以及 4.3EJ（“新动力”）。 公司看到了利用公司的资产组合和客户群来扩大生物能源业务的明确机会，包括生物燃料（包括可持续航空燃料）和沼气。
实现机会的战略和成本计算说明	公司实现机遇的战略包括生物燃料和沼气。公司拥有成熟的全球沼气和生物燃料业务。 计划到 2030 年将沼气供应量增加约六倍，达到每天约 7 万桶油当量。在生物燃料方面，目标是到 2030 年将生物燃料产量大幅提高到每天约 10 万桶，重点是可持续航空燃料（SAF），目标是成为该领域的领导者。 预计在 2023 年至 2030 年，生物能源的累计资本支出将达到约 150 亿美元。

6.3.6 气候物理风险的预期财务影响

表 6－7、表 6－8、表 6－9 是英国石油对气候相关风险预期财务影响的分析。

表 6－7　英国石油气候相关风险 1 带来的预期财务影响

分析因素	风险 1（温室气体排放）
风险驱动因素发生在价值链的哪个环节	直接业务
风险类型和主要气候相关风险驱动因素	现行法规、碳定价机制
主要预期财务影响	增加的直接费用
时间范围	中期
可能性	可能
影响程度	中
潜在的财务影响数字	1 亿—10 亿美元

① BP《2023 年能源展望》指出，到 2050 年，现代生物能源——现代固体生物质（如木质颗粒）、生物燃料和生物甲烷——的使用将大幅增加，有助于使难以消减的部门和过程实现脱碳，并取代传统生物质——如废旧木材和农业残留物——用于烹饪和取暖。到 2050 年，生物燃料的产量在“加速”和“净零”模式下将增加两倍，达到约 10 EJ，其中大部分燃料用于航空领域。到 2050 年，生物衍生的可持续航空燃料（生物喷气燃料）占加速航空燃料总需求的 30%，占净零航空燃料总需求的 45%，其中 50%～60% 的生物喷气燃料增长来自美国和欧洲，这得益于不断增加的激励措施和强制规定。

续表

分析因素	风险1（温室气体排放）
财务影响数字说明	潜在的财务影响是根据英国石油在欧洲各地的炼油厂2021—2030年的累计EUA（证书）成本估算得出的。
应对风险的成本	5万美元
公司具体描述	公司支持广泛使用碳定价，将其作为帮助世界实现巴黎气候目标的重要工具，但这可能会给温室气体排放受制于此类计划的企业带来实质性风险。
应对描述和成本计算解释	公司的“目标1”是到2050年或更早实现整个运营过程中的绝对净零排放。 英国石油通过贸易和航运部的低碳贸易团队，管理其开展的任何工程或运营减排活动的剩余减排义务（风险）。

表6-8　英国石油气候相关风险2带来的预期财务影响情况

分析因素	风险2（交通的去碳化、电动汽车的便利性和移动性）
风险驱动因素发生在价值链的哪个环节	直接业务
风险类型和主要气候相关风险驱动因素	市场、改变客户行为
主要预期财务影响	产品和服务需求减少导致收入下降
时间范围	中期
可能性	可能
影响程度	中—低
潜在的财务影响数字	1亿—10亿美元
财务影响数字说明	潜在的财务影响难以量化，因为对零售点的影响不可能平均分布，而需求的降低可能会推动网络合理化，从而减轻一些潜在损失。
应对风险的成本	—
公司具体描述	公司支持交通的去碳化，包括通过电气化的方式，并参与其带来的商机。然而，在法规和价格的双重驱动下，电动汽车在中长期内的增长①，可能会导致柴油和汽油的需求量下降②。
应对描述和成本计算解释	应对这一风险的潜在成本难以量化，因为对零售站点的影响不太可能均匀分布，需求降低可能会推动网络的调整，从而可能减轻部分潜在损失。

① 例如，BP的技术展望估计，到2024年，中型电动汽车和汽油车的价格将几乎持平。

② 例如，BP《2023年能源展望》估计，根据加速和净零方案，到2035年，电动（包括插电式混合动力）汽车将占轿车和轻型卡车的30%~35%，到2050年将占80%左右，而2020年这一比例还不到1%。这有可能影响零售点的盈利能力，并造成燃料价值链的收入损失。

表 6-9　　英国石油气候相关风险 3 带来的预期财务影响情况

分析因素	风险 3［物理风险（如极端天气或其频率或其严重程度的变化）］
风险驱动因素发生在价值链的哪个环节	直接业务
风险类型和主要气候相关风险驱动因素	海浪
主要预期财务影响	资产价值或资产使用寿命减少，导致现有资产注销、资产减值或提前报废
时间范围	长期
可能性	可能性很小
影响程度	高
潜在的财务影响数字	否，公司没有这个数字
预期财务影响数字——最低（货币）	—
预期财务影响数字——最大值（货币）	—
财务影响数字说明	由于气候变化对未来波浪高度影响的不确定性，很难量化气候变化对这一风险的预期财务影响数字。
应对风险的成本	50 万美元
公司具体描述	极端天气或其频率或严重程度的变化可能会导致碳氢化合物或其他危险材料失去控制。这些因素可能会影响资产在其生命周期内的未来风险状况，也可能影响生产或成本。
应对描述和成本计算解释	在北海和墨西哥湾这些更容易受到恶劣天气条件影响的地区，公司的近海设施通过收集测量数据来监测气象和海洋条件。公司会对这些数据进行整理，并定期与设施的设计基准进行比较。

6.4 案例总结与启示

6.4.1　物理风险的财务影响

2023 年，英国石油基于联合国政府间气候变化专门委员会（IPCC）最新的评估报告（AR6）和共享社会经济路径（SSP）场景，展开了详细的气候情景分析，旨在评估公司在气候变化方面的固有风险暴露及其对运营和供应链的潜在影响。英国石油特别关注油气行业中的物理风险，模拟了不同气候情景下的极端天气事件。英国石油表示，将继续定期更新其气候相关风险评估和管理策略，特别是针对物理风险，确保基础设施能够应对不断变化的气候条件。公司承诺每隔数年对气候变化对其运营和资产的影响进行重新评估，并制定应对策略。

英国石油高度重视气候变化带来的极端天气事件和慢性物理风险，并采取了多项应对措施来减轻其财务影响。为应对极端天气，英国石油预计每年将增加资本支出，用于加固关键设施，升级防洪和防风措施，并加强关键基础设施的电力供应。

对于慢性物理风险，英国石油主要采取了节水、节能和多元化供应链策略。公司投入大量资金研发和部署节能设备，减少化石燃料依赖，降低能源消耗。同时，通过实施更高效的水资源管理措施，英国石油减少了高温和干旱地区对水资源的依赖。

通过持续的气候相关风险管理和多元化的适应策略，英国石油正在逐步减少气候变化对其业务带来的负面影响，同时利用这些投资来提高其运营效率和财务稳定性。

6.4.2　转型风险的财务影响

英国石油基于气候相关财务信息披露工作组（TCFD）建议，评估了法律、技术、市场及声誉等转型风险，以确保公司在低碳转型中的财务韧性和竞争力。在法律风险方面，英国石油预计未来将面临更加严格的碳排放限制和合规要求。这可能会增加公司的合规成本。为应对这些挑战，英国石油正在积极调整其业务模式，投资于低碳技术和可再生能源项目，努力减少碳足迹。

在技术风险方面，英国石油认识到能源转型带来的技术变革可能导致现有的石油和天然气开采技术逐步落后，正在加大对清洁能源技术的投资，并在研发和部署方面采取前瞻性措施，以确保在低碳经济中继续保持领先地位。

在市场和声誉风险方面，公司通过提高透明度和披露气候相关风险信息，积极应对声誉风险。

6.4.3　气候相关风险对资产减值损失计提的影响

英国石油面临的气候相关风险也对其资产减值损失计提产生了显著影响，主要体现在以下几个方面：

首先，随着全球向低碳经济转型，石化行业逐渐面临可再生能源需求的快速增长，这导致英国石油的部分传统油气资产无法适应这一趋势，可能因此出现价值减损。

其次，市场对油气资产的长期价格预测发生变化，尤其是未来国际油价的波动和碳定价机制的影响，这直接导致资产减值损失的增加。

最后，气候变化带来的极端天气事件，如飓风、洪水等，自然灾害对油气基础设施的影响可能会造成资产损坏或运营中断，增加维修和恢复成本，削弱资产的盈利能力。这些因素可能促使公司在未来计提更多的资产减值损失，从而影响其财务报表和长期资产战略。

6.4.4 启示

英国石油的气候相关风险财务影响分析为油气行业提供了重要的启示。

首先，增强气候信息披露的主动性和全面性是油气行业需要重视的关键点。油气企业应在财务报告及非财务报告中全面披露气候相关风险、机遇和应对措施，应当开展全面的气候相关风险评估，涵盖物理风险和转型风险等方面。

其次，极端天气事件对基础设施的破坏性影响，促使英国石油加大在设施加固和防灾方面的投资。这表明油气企业需要对其基础设施进行脆弱性评估，并采取加强措施，尤其是在洪水、飓风等气候灾害频发的地区。

再次，气候变化可能导致资产的使用寿命缩短或折旧加速，因此油气企业应重新评估其资产价值和折旧计划，及时调整财务报表，确保财务健康。

最后，英国石油通过发展可再生能源和多元化供应链的策略，表明油气行业同样需要考虑从传统的化石燃料向低碳能源转型，应积极探索新能源技术和多绿色领域发展，加大在可再生能源和生物燃料等领域的投资。采取这些应对措施，不仅有助于公司降低风险、提高运营效率，还有助于提升企业的市场竞争力与声誉。

第7章

挪威国家石油披露案例分析

7.1 公司背景

挪威国家石油公司（Equinor，以下简称“挪威石油”）[①] 成立于1972年，是一家总部位于挪威斯塔万格的国际能源公司，主要负责开发和管理挪威大陆架的石油和天然气资源，是全球最大的海上石油运营企业之一。挪威石油的主要项目涵盖石油和天然气、可再生能源及低碳解决方案，致力于支持《巴黎协定》并承诺到2050年实现净零排放。该公司于奥斯陆证券交易所（OSE）和纽约证券交易所（NYSE）上市，股票代码为EQNR，其MSCI ESG最新评级为AAA。

挪威石油在2023年的营业收入达到了1071.74亿美元，显示了其在全球能源市场的强大竞争力和稳健的财务表现，其主要财务指标如表7－1所示。

表7－1　　挪威石油2023年主要财务指标

财务指标	数值
集团营业收入	1071.74 亿美元
总运营费用	714.04 亿美元
税后净收益	119.04 亿美元
每股摊薄收益	3.93 美元

① 本案例根据挪威国家石油公司2023年年报、可持续发展报告以及CDP问卷进行分析，相关链接如下：https：//cdn. equinor. com/files/h61q9gi9/global/a2c8355cfbd95a967441e33e0f77a1ce950e188f. pdf？2023－annual－report－equinor. pdf；https：//sustainability. equinor. com/？ga＝2. 206232917. 775963423. 1635940588－1672504761. 1635940588；https：//cdn. equinor. com/files/h61q9gi9/global/cb9305ef8f4fc03ffe7a5d04dc94ab2d523ba3ad. pdf？2023－cdp－climate－response－equinor. pdf。

7.2 当期财务影响

7.2.1 资产减值

在进行减值评估时，挪威石油通常采用可收回金额的估计使用价值作为评估依据。使用价值通过现金流量贴现模型确定，该模型根据资产或现金产生单元（CGU）的特定风险进行调整，并使用基于税后加权平均资本成本（WACC）的实际税后贴现率进行折现。这种方法确保了减值测试中的贴现率与相关资产的风险特征相匹配，确保财务估值的准确性。根据税后加权平均资本成本得出实际税后贴现率为5.0%。

挪威石油强调气候相关风险的增加可能导致用于减值测试的贴现率提高进而导致减值确认的可能。假设大宗商品价格预测在资产生命周期内下降30%，可能导致税前约100亿美元的资产减值损失。

7.2.2 可再生能源资产减值

挪威石油的美国可再生能源项目在2023年确认了3亿美元的减值，原因是通货膨胀和供应链的限制导致纽约州公共服务委员会（PSC）驳回了包括挪威石油合资企业在内的几家陆上风电场开发商提出的提价申请。其他不同地区减值的原因主要与预期储量减少以及资产重新分类有关，具体减值项目如表7-2所示。

表7-2　挪威石油主要资产减值项目　　单位：亿美元

地区以及项目	减值后的账面价值	减值损失
挪威勘探与生产	8.87	5.88
美国墨西哥湾陆上勘探与生产	11.65	2.9
欧洲和亚洲地区勘探与生产	0	3.1
营销、中游和加工	9.49	3.43
美国陆上可再生能源	1.34	3.0

7.2.3 碳排放权及其配额的确认与计量

挪威石油参与欧盟排放交易体系（EU ETS），通过购买欧盟排放交易计划配额（配额或碳信用额度）用于其石油和天然气生产及加工的相关排放。目前，根据欧盟排放交易计划条例获得一定份额的免费配额，但免费配额将于 2035 年逐步取消。其购买二氧化碳以及其他温室气体排放活动相关配额的支出总额分别为 4.86 亿美元（2023 年）、5.10 亿美元（2022 年）和 4.28 亿美元（2021 年）。

7.2.4　资产退役义务

由于挪威石油的目标是在 2050 年前成为一家净零排放的公司，尽管目前没有任何资产需要提前终止，但是挪威石油生产石油和天然气资产的业务情况发生重大变化，可能会影响预计停产的时间。

停产时间提前将增加负债的账面价值。如果比目前计划的时间提前五年进行退役和拆除，则税前负债将增加约 12 亿美元（2022 年约为 10 亿美元）。预计最重要的现金流出时间为 2043 年（见表 7－3）。截至 2023 年 12 月 31 日，预计资产退役义务（ARO）增加了 6.26 亿美元，达到 123.60 亿美元。

表 7－3　　挪威石油预计资产退役义务情况　　单位：亿美元

预计现金流出时间	资产退役	其他负债	总计
2024—2028 年	15.12	25.80	40.92
2029—2033 年	9.97	3.42	13.39
2034—2038 年	26.05	1.34	27.39
2039—2043 年	46.10	(0.42)	45.68
2043 年之后	26.36	5.72	32.08
截至 2023 年 12 月 31 日总计	123.60	35.86	159.46

7.2.5　符合欧盟分类法的收入与支出

挪威石油披露了符合欧盟分类法的收入与支出，如表 7－4、表 7－5、表 7－6 所示。

表 7－4　　挪威石油与组织气候转型相一致的支出/收入情况

项目名称	描述
财务指标	资本支出
报告此类财务指标的依据	与可持续金融分类法保持一致
信息的分类	可再生能源和低碳的总资本支出。资本支出，定义为“PP&E，无形资产和权益投资的增加”

续表

项目名称	描述
报告目标	减缓气候变化
报告年度选定财务指标金额	12.3 亿美元
报告年度内选定财务指标的百分比份额	14%
计划在 2025 年选定财务指标的百分比份额	30%
计划在 2030 年选定财务指标的百分比份额	50%
识别支出/收入的方法说明	资本支出总额是指经过调整的资本支出，以排除与租赁相关的使用权资产的增加并包括挪威石油在权益投资中按比例分摊的资本支出，这些资本支出不包括在权益投资的增加中。总资本支出的计算不包括与租赁相关的使用权资产的增加，因为管理层认为这更好地反映了集团在业务上的投资，以推动增长。

表 7-5　　挪威石油风力发电情况

项目名称	描述
财务指标	营业额丨资本支出
该活动在报告年度内与分类相一致的营业额	3.84 亿美元
分类相关的营业额占报告年度总营业额的百分比	0
这一活动产生的与分类相一致的营业额占报告年度总营业额的百分比，对减缓气候变化作出了重大贡献	0
报告年度该活动的分类一致的资本支出	0.92 亿美元
该活动的分类资本支出占报告年度总资本支出的百分比	1%
该活动的分类一致的资本支出在报告年度的总资本支出中所占百分比，对减缓气候变化作出了重大贡献	1%
该活动的分类一致的资本支出在报告年度的总资本支出中占比，为气候变化适应作出了重大贡献	0
实质性贡献类型	实际减缓的活动
详细的技术筛选标准分析	一项经济活动对减缓气候变化作出重大贡献的条件是，该活动通过避免或减少温室气体排放或增加温室气体清除量，将大气中的温室气体浓度稳定在符合《巴黎协定》长期温度目标的水平上，从而防止对气候系统造成危险的人为干扰。

表7-6 挪威石油利用太阳能光伏发电技术情况

项目名称	描述
财务指标	营业额丨资本支出
该活动在报告年度内与分类相一致的营业额	0.25亿美元
分类相关的营业额占报告年度总营业额的百分比	0
这一活动产生的与分类相一致的营业额占报告年度总营业额的百分比，对减缓气候变化作出了重大贡献	0
报告年度该活动的分类一致的资本支出（在C0.4中选择的单位货币）	0.66亿美元
该活动的分类资本支出占报告年度总资本支出的百分比	1%
该活动的分类一致的资本支出在报告年度的总资本支出中所占百分比，对减缓气候变化作出了重大贡献	1%
该活动的分类一致的资本支出在报告年度的总资本支出中占比，为气候变化适应作出了重大贡献	0
实质性贡献类型	实际减缓的活动
详细的技术筛选标准分析	一项经济活动对减缓气候变化作出重大贡献的条件是，该活动通过避免或减少温室气体排放或增加温室气体清除量，将大气中的温室气体浓度稳定在符合《巴黎协定》长期温度目标的水平上，从而防止对气候系统造成危险的人为干扰。

7.2.6 绿色投融资

（1）碳捕集与封存

挪威石油的目标是形成可再生和低碳解决方案，在提供可靠能源的同时，逐步降低排放，创造长期价值。目前，挪威石油正在采取一系列有利于气候变化减缓的措施，如将碳捕集与封存（CCS）工业化，参与挪威的北极光项目，提供二氧化碳运输和储存解决方案（与壳牌和道达尔能源公司合作）等。挪威石油还在其他具备低碳解决方案必要框架条件的地区开展新的CCS项目，比如收购Bayou Bend公司25%的股份。这次收购使挪威石油拥有位于德克萨斯州东南部的墨西哥湾沿岸美国最大的碳捕集与封存项目。此项目的收购投资和出资在2023年达到1.79亿美元（2022年为3600万美元）。

（2）可再生能源投资

2023 年，挪威石油大幅提升了可再生能源组合的发电量以及加设可再生能源组合管道。然而，由于通货膨胀和供应链限制，挪威石油在可再生能源分部对美国东北海岸陆上风电项目进行了减值确认。挪威石油的可再生能源投资在附注 5 中列为可再生能源分部的不动产、厂房和设备，无形资产以及权益法投资的增加额，具体数额如表 7 – 7 所示。

表 7 – 7　挪威石油可再生能源投资情况　单位：亿美元

项目	2023 年	2022 年
海上可再生能源	8.80	1.46
陆上可再生能源	11.27	1.52
不动产、厂房和设备，无形资产以及权益法投资（可再生能源部分）的新增加总额	20.07	2．98
低碳解决方案	1.79	0.56
不动产、厂房和设备，无形资产以及权益法投资（可再生能源以及低碳解决方案部分）的新增加总额	21.86	3.34

2023 年，挪威石油在电气化方面的投资约为 2 亿美元（2022 年约为 2.5 亿美元）。挪威石油的减排项目主要包括挪威主要油田和工厂陆上资产的全部和部分电气化，包括 Troll、Oseberg、Sleipner、Njord 和 Hammerfest 液化天然气工厂，目前这些工厂主要使用岸电。2023 年的减排里程碑包括启动向 Gullfaks A 油田提供无碳电力的 Hywind Tampen 陆上风电项目，以及利用岸电实现 Gina Krog 油田的电气化。

（3）研发投资

挪威石油参与了多个研发项目，旨在优化石油和天然气活动、减少排放以及开发可再生能源和低碳解决方案的新商机。挪威石油 2023 年的总研发经费为 3.11 亿美元。

7.2.7　审计报告中的披露

挪威石油 2023 年度财务报表的审计机构为安永会计师事务所。该会计师事务所于审计报告中披露了气候转型对财务报表的影响、生产工厂和油气资产（包括开发中资产）的减值估计以及资产退役义务（ARO）的估计三项与气候变化有关的关键审计事项，具体如表 7 – 8、表 7 – 9、表 7 – 10 所示。

表7－8　　挪威石油气候转型对财务报表的影响情况

关键审计事项的确定依据	审计回应
与气候变化相关的举措和能源转型与公司估算未来现金流时的一些经济假设有关。通过估计现金流中的碳成本，气候因素直接纳入减值评估，并间接纳入气候变化的预期影响（以预计的商品价格形式表现）。商品价格假设基于管理层的最佳估计，这与国际能源署（IEA）世界能源展望的已宣布承诺情景或2050年净零排放情景中所述的实现《巴黎协定》目标所需的价格设定不同。 能源转型的影响以及监管机构、市场和战略考虑的潜在限制也可能对公司资产和项目的预计生产情况和经济寿命产生影响。如果公司未来的石油和天然气资产业务因政府限制气候变化的举措而发生重大变化，则可能会影响资产终止的时间和资产退役义务。 审核管理层对气候变化和能源转型对财务报表影响的估计是一项复杂且涉及高度判断的工作，其估计中使用的重大假设是商品价格和碳成本。鉴于气候变化和能源转型对财务报表影响的重要性以及管理层使用的估计和假设的复杂性和不确定性，审计团队认为该事项是关键审计事项。	公司评估气候变化和能源转型对财务报表影响的流程包括测试管理层对于重大解释商品价格和碳成本的审核控制。在气候变化和可持续发展专家的参与下，审计团队评估了管理层对气候变化和能源转型对财务报表影响的评估。具体的审计程序包括以下内容： ①评估了管理层将气候相关问题纳入未来决策的方法，将商品价格与外部基准进行对比； ②评估了管理层确定未来碳成本的方法，并将其与相关司法管辖区的现行立法以及司法管辖区就提高碳成本所作出的承诺进行了比较； ③评估了管理层对未来商品价格和碳成本假设的敏感性分析，其中考虑了2050年净零排放情景和按照倡议的情景等来源； ④由于政府限制气候变化的潜在举措，评估了管理层对比目前计划提前5年资产退役义务影响的敏感性分析； ⑤评估了管理层对限制气候变化举措后果的披露，包括公司气候变化战略对合并财务报表的影响以及能源转型对估计不确定性的影响。

表7－9　　挪威石油生产工厂和油气资产的可收回金额情况

关键审计事项的确定依据	审计回应
确定资产的可收回金额涉及对未来现金流量的估计，这取决于管理层对资产使用寿命的最佳估计。截至2023年12月31日，公司已在不动产、厂房及设备中确认生产工厂以及石油和天然气资产（包括开发中资产）分别为395.85亿美元和139.80亿美元的减值。资产的运营绩效和外部因素对预计的未来现金流量有重大影响，因此对资产的减值金额也有重大影响。审计管理层对生产工厂和油气资产可回收金额的估计是一项复杂且涉及高度判断的工作。预测未来现金流量时使用的重要假设包括未来商品价格货币汇率、预期储量、资本支出和折现率。 管理层的这些重大假设具有前瞻性，可能受到未来经济和市场条件的影响，包括与气候变化和能源转型相关的事项。有关详细信息，请参阅与气候变化和能源转型对财务报表的影响相关的关键审计	审计团队评估了公司估算生产工厂以及石油和天然气资产（包括开发中资产）可回收性过程的控制措施，并测试了这些控制措施的有效性。这些措施包括测试管理层对减值和减值评估的假设和输入的审查控制措施。对重大假设及输入执行的审计程序包括但不限于对计算可回收金额所用方法及模型的评估。审计团队还根据相关司法管辖区（尤其是挪威）的当地立法评估了相关税收影响，并通过独立重新计算使用价值来测试模型的准确性。此外，审计团队将预计资本支出与经批准的运营商预算或管理层预测进行了比较。对于先前已减值的资产，将实际结果与历史减值分析中使用的预测进行了比较。在储量专家的参与下，将预期储量与内部生产预测和预期储量的外部评估进行了比较，并将历史产量与管理层先前的生产预测进行了比较。 为了测试价格假设，审计团队评估了管理层确定未来商品价格的方法，将这些假设与外部基准进行了比较，并采取

续表

关键审计事项的确定依据	审计回应
事项。此外，在估计减值金额时税收处理具有挑战性，因为公司面临着不同地域、复杂的税收结构。 鉴于资产负债表的重要性以及管理层在现金流量模型中使用的估计和假设的复杂性和不确定性，审计团队认为确定生产工厂以及石油和天然气资产（包括开发中资产）的可收回金额是一项关键审计事项。	了其他程序。聘请了估值专家，通过评估公司用于计算汇率的方法和关键假设，并将这些汇率与外部信息进行比较，协助评估公司对货币汇率和折现率的评估是否合理。此外，审计团队还评估了管理层将气候相关事项纳入未来商品价格和碳成本假设确定的方法。

表 7－10　　挪威石油资产退役义务的估值情况

关键审计事项的确定依据	审计回应
对资产退役的估计是基于历史知识以及对未来监管和技术发展的预期的了解，因此估算和调整不可避免地存在风险。截至 2023 年 12 月 31 日，公司已确认 123.60 亿美元的退役和拆除活动拨备，归类为拨备及其他负债。退役和拆除活动的估计需要根据当前法规和技术的变化进行修订，同时考虑相关风险和不确定性。估计中使用的重要假设是折现率和预期未来成本，其中包括基本假设规范和费率以及退役所需的时间。这些重大假设具有前瞻性，可能受到未来经济和市场条件的影响，包括与气候变化和能源转型相关的事项。 鉴于资产负债表的重要性以及估计中使用的假设的复杂性和不确定性，审计团队认为资产废除义务的估计是一项关键审计事项。	审计团队了解、评估了设计并测试了公司流程控制的运行有效性，以计算根据当地条件和要求确定的未来废除和拆除费用的估计现值。这包括测试管理层对上述假设的审查和控制。为了测试管理层对废除和拆除活动准备金的估计，审计团队的审计程序包括通过将不动产、厂房和设备的重大增加与管理层对期间确认的新 ARO（资产弃置）义务的评估进行比较来评估准备金的完整性。为了评估预期未来成本，审计团队采取了多项措施，其中包括将钻井平台、海上作业和重型起重船的日费率与外部市场数据或现有合同进行比较。 对于废除所需时间，审计团队将假设与历史数据进行了比较，并将折现率与外部市场数据进行了比较。在估值专家的支持下，评估了管理层用于估算 ARO 的方法和模型，并对重大假设进行了敏感性分析。此外，还重新计算了模型中的公式，评估了管理层将气候相关事项纳入其确定资产终止时间和资产废除义务的方法。

7.3　预期财务影响

7.3.1　碳成本与内部碳价

对于投资组合和决策分析，挪威石油的基本假设包括所有资产和项目的碳成本。挪威石油默认的最低价格是每吨 68 美元，到 2030 年将增加到每吨 108 美元，此后保持不变；在碳成本较高的国家，使用国别成本预期。这种碳成本包括在投资决策中，并且在测试盈利能力稳健性时是盈亏平衡点计算的一部分。2022 年，挪威石油运营资产的实际二氧化碳成本为 10.19 亿美元。

7.3.2　投资与资本支出

资本支出以及减排目标。挪威石油预计在未来几年内，其总资本支出中分配给石油和天然气的份额将不断减少，产量也可能随时间推移而下降。要实现挪威石油在范围 1 和范围 2 排放方面净减排 50% 的目标，需要在全公司范围内协调努力，执行减排项目并使之成熟，提高能源效率，开发新技术，并加强投资组合的弹性。挪威石油的目标是到 2030 年将净碳强度降低 20%，到 2035 年降低 40%，包括范围 3 的排放。结合增加的可再生能源和脱碳能源、扩大碳捕集与封存（CCS）等低碳解决方案以及优化石油和天然气组合，挪威石油对实现其中期目标充满信心。因此，挪威石油对 2050 年成为净零排放公司充满信心，目前还没有识别出需要减值或提前退役的额外资产。

未来投资以及低碳转型的信心。通过勘探和提高采收率，预计在 2035 年之前都能保持强劲的油气运营现金流。挪威石油的目标是在当前的投资组合中保持资本支出的巨大灵活性，从 2025 年起，已批准项目的资本支出将占每年有机资本支出的 50% 以下。预计这将使挪威石油能够优化和重新确定非批准项目的优先次序，以确保通过周期持续产生高价值。挪威石油将持续评估其投资组合当前和未来面临的风险，并采取预防措施来管理自然气候相关风险。挪威石油的目标是到 2050 年成为一家净零碳排放的公司，而低碳解决方案（如碳捕集与封存）的规模扩大以及石油和天然气组合的优化，都为挪威石油实现其中期目标提供了信心。因此，2050 年前成为净零碳公司的雄心壮志目前尚未导致其他资产的减值或提前终止。

7.3.3　对财务规划和业绩的影响

挪威石油明确制定了通过能源转型和资本配置实现其战略目标的投资计划。该公司计划逐步增加对可再生能源和低碳解决方案的投资，以应对全球能源需求的变化，并在低油价环境下保持稳健的现金流。挪威石油预计 2023 年的有机资本支出将达到 100 亿—110 亿美元，2024—2026 年将逐年增加，年均资本支出约为 130 亿美元。这一支出计划涵盖了其常规业务及能源转型相关的投资。

中长期资本支出目标是提升可再生能源和低碳解决方案的资本配置，在应对气候变化的同时保持盈利能力。到 2030 年，挪威石油将加速向可再生能源和低碳解决方案的资本配置转变。2022 年，该领域的投资占公司年度总资本支出的 14%，而到 2025 年这一比例将增长至 30% 以上，2030 年将进一步上升至 50% 以上。

收购 East Point Energy（一家电池存储开发商）和 BeGreen（一家丹麦太阳能开发商）表明，挪威石油正在利用并购来推进其低碳战略。收购 Triton Power（一家化学原料开发商），包括装机容量为 1.2 吉瓦的 Saltend 发电站，是挪威石油能源安全和脱碳战略的另一个杠杆。挪威石油及其合作伙伴正在准备从2027年开始使用高达30%的氢气天然气发电厂，并最终将氢气的使用增加到100%。

7.3.4 气候相关机遇带来的预期财务影响

挪威石油对气候相关机遇预期财务影响的分析主要涉及扩大低排放产品和服务生产、碳捕集与封存，详细分析如表7－11和表7－12所示。

表7－11　　挪威石油气候相关机遇1带来的预期财务影响情况

项目名称	描述
机会类型	产品和服务
机会驱动因素在价值链当中的位置	直接生产
主要与气候相关的机会	发展或扩大低排放的产品和服务
主要预期财务影响	生产能力提高带来的收入增加
公司具体描述	在能源转型和可再生能源电力需求不断增长的推动下，挪威石油继续建立其可再生能源业务。专注于海上风电，同时也探索陆上可再生能源和综合电力市场解决方案的机会。
时间范围	长期
发生可能性	很有可能发生
影响程度	高
预期财务影响数字	55亿—155亿美元
财务影响数据解释	外部银行报告估计，挪威石油目前可再生能源业务的企业价值为55亿—155亿美元。 ①诺恩证券（2023年，55亿美元） ②瑞士信贷（2021年，110亿美元） ③伯恩斯坦银行（2021年，148亿美元） ④美国银行（2023年，155亿美元）
实际机会成本	14亿美元
实现机会的策略和成本计算的解释	挪威石油正在发展一项盈利的可再生能源业务，希望通过区域协同效应、项目融资、战略性规模收缩以及收购或合并等方式来增加回报。通过早期进入风险和潜在回报都较高的不成熟市场，挪威石油可以建立领导地位。挪威石油一直在陆上可再生能源市场寻找商机。 ①凭借强劲的资产负债表、灵活的融资能力以及早期低成本进入市场的记录，挪威石油已经证明了从资产中实现价值的能力。继续通过交易和项目融资提高基础收益，严防超标、超购现象； ②挪威石油将利用海上执行能力和在浮式海上风电领域的领先地位，在4—5个地区建立集群，在这些地区，挪威石油将在最好的市场中尽早和大规模地进入并降低风险； ③挪威石油在陆上可再生能源领域具有选择性和价值驱动性。

表7-12 挪威石油气候相关机遇2带来的预期财务影响情况

项目名称	描述
机会类型	产品和服务
机会驱动因素在价值链当中的位置	直接生产
主要与气候相关的机会	发展或扩大低排放的产品和服务
主要预期财务影响	生产能力提高带来的收入增加
公司具体描述	挪威石油正致力于为碳捕集与封存（CCS）建立欧洲价值链。通过CCS活动，挪威石油正在为未来的商业机会建立能力和竞争地位，同时也对挪威石油作为商业伙伴的吸引力产生积极影响。这将意味着与处理来自客户的二氧化碳（例如，来自垃圾焚烧、水泥生产）相关的新收入来源，也将成为脱碳氢作为能源载体的解决方案的基础，这将是欧洲支持间歇性可再生能源的灵活解决方案。 自1996年以来，挪威石油在Sleipner油田安全地储存了近2000万吨二氧化碳。挪威石油正在采取重大步骤实现CCS的工业化，并于2021年6月宣布了CCS的目标，即到2030年每年储存500万吨二氧化碳，到2035年每年储存1500万—3000万吨二氧化碳（挪威石油股权）。
时间范围	中期
发生可能性	很有可能发生
影响程度	中高
预期财务影响数字	0.45亿—27亿美元
财务影响数据解释	潜在的最小影响数字相当于北极光项目从客户那里获得的二氧化碳储存所实现的潜在年度总收入： ①每年储存量达150万吨； ②持股比例33.3%； ③假定接收的用于储存的天然气的实现价格（总收入）与欧盟排放交易体系（EU ETS）的90欧元/吨（2022年欧盟排放交易体系的平均价格）相同； ④欧元兑美元汇率为1； ⑤潜在的最小影响：1500000×0.333×90=4500（万美元）。 潜在的最大影响数字相当于从客户那里获得的二氧化碳储存所实现的潜在年总收入，其容量相当于挪威石油的目标，即到2035年储存3000万吨/年（最大情况下，股本）： ①储存能力为每年3000万吨（挪威石油的份额）； ②假定接收的用于储存的天然气的实现价格（总收入）与欧盟排放交易体系（EU ETS）的90欧元/吨（2022年欧盟排放交易体系的平均价格）相同； ③欧元兑美元汇率为1； ④潜在最大影响：30000000×90=27（亿美元）。
实际机会成本	0.65亿美元

续表

项目名称	描述
实现机会的策略和成本计算的解释	实现最小机会的成本相当于挪威石油在北极光项目预计资本支出和头 10 年运营支出中的份额。这些估计是根据对二氧化碳运输和储存的 FEED 研究得出的，根据挪威公共支持投资项目的强制性质量保证计划，质量可以得到保证。 Longship 和 Northern Lights 被认为是大规模实施 CCS 的开始，挪威石油拥有广泛的研发项目组合，目标是降低未来 CCS 项目的成本和风险。实现最大机会的成本将大大增加，但在可接受的商业条款内尚未确定。

7.3.5 气候相关风险带来的预期财务影响

表 7－13 和表 7－14 是挪威石油气候相关物理风险和转型风险带来的财务影响的分析。

表 7－13　　挪威石油气候相关转型风险带来的预期财务影响情况

项目名称	描述
识别类型	风险 1
风险驱动因素在价值链当中的位置	在石油和天然气生产过程中的下游阶段
风险类型和主要气候相关风险因素	不确定的消费者需求
主要可能带来的财务影响	由于对产品和服务的减少带来的收入的减少
时间范围	长期
发生可能性	有可能发生
影响程度	高
预期财务影响数字	220 亿美元
财务影响数字说明	挪威石油分析了其项目组合（生产资产和开发项目的股权生产，不包括勘探）在改变油气价格和保持其他参数不变的情况下，对 IEA《2022 年世界经济展望》中关于能源情景中大宗商品和碳价格的假设的敏感性。分析表明，当用国际能源署（IEA）既定政策情景（STEPS）中的价格假设取代挪威石油的价格假设时，挪威石油的净现值（NPV）的正面影响约为 41%，与宣布承诺情景（APS）相关的正面影响约为 17%，与 2050 年净零排放情景（NZE）相关的负面影响约为 22%。敏感性分析证实，石油和天然气价格的变化是挪威石油面临的主要风险。
应对风险成本	14 亿美元
应对描述和成本计算解释	应对此风险的管理办法： ①将气候因素纳入挪威石油的战略、绩效管理和决策； ②采用盈亏平衡门槛率，确保项目在低油气价格下的稳健性； ③保持严格的成本纪律和资本支出灵活性； ④将投资组合多元化，向可再生能源和低碳解决方案（LCS）投资，目标是到 2025 年在这些领域投资 30% 的资本支出，到 2030 年投资 50%； ⑤年度情景分析和压力测试； ⑥研发力度，目标是到 2025 年将 40% 的研发支出用于能效和低碳项目。

表7－14 挪威石油气候相关转型风险带来的预期财务影响情况

项目名称	描述
识别类型	风险2
风险驱动因素在价值链当中的位置	直接运营
风险类型和主要气候相关风险因素	碳定价机制
主要可能带来的财务影响	提高直接成本
时间范围	长期
发生可能性	有可能发生
影响程度	中等
预期财务影响数字	13亿美元
财务影响数字说明	挪威石油在挪威、英国、德国、加拿大和尼日利亚支付了二氧化碳排放费。并在计算财务影响时有如下假设：在现有碳定价法规的国家，碳定价变化对净现值（NPV）的潜在影响被忽略。 挪威石油将从2023年开始为“承诺净零排放的发达经济体”和“承诺净零排放的新兴市场和发展中经济体”类别的资产支付二氧化碳费（运营成本），从2030年开始为“其他新兴市场和发展中经济体”类别的资产支付运营成本。二氧化碳费基于IEA NZE情景中各地区的价格点，并在价格点之间线性插值。应用这一假设，挪威石油投资组合的净现值将减少13亿美元（资产经济寿命结束前税后未来现金流的净现值）。
应对风险成本	56250美元/年
应对描述和成本计算解释	在挪威石油投资和撤资决策中引入了内部碳价格，并在项目和投资组合层面对碳强度进行了评估。 此外，挪威石油利用能源情景为相关国家的气候政策和监管前景的战略和规划、压力测试和监测提供信息：在不存在此类成本的国家，挪威石油使用通用成本，在2022年大幅增加，达到每吨68美元的默认最低水平（实际2022年），到2030年增加到每吨108美元，此后保持不变。 在碳成本较高的国家，挪威石油使用国家特定成本预期。在测试盈利能力稳健性时，碳成本也是盈亏平衡计算的一部分。如果采用内部碳价格的评估表明该项目没有足够的价值创造，该项目将不会被批准。 挪威石油长期以来一直致力于减少上游二氧化碳排放（例如，主要使用陆上水力发电的海上平台电气化），并且上游二氧化碳强度不到同行的一半。为了进一步降低碳定价的风险，挪威石油制定了一系列目标，以降低与运营生产相关的碳强度和绝对碳排放量。其中包括，到2030年，范围1和范围2的排放量相对于2015年净减少50%，并不断加强上游二氧化碳强度目标，从2025年的8千克/桶油当量到2030年的6千克/桶油当量。

7.4 案例总结与启示

7.4.1 物理风险财务影响评估

挪威石油的物理风险主要集中在其海上石油和天然气业务上，特别是气候变化导致的极端天气事件，如飓风和海平面上升可能对其海上钻井平台及相关基础设施产生重大影响。根据挪威石油的气候情景分析（参照 IPCC 的报告），随着海平面上升和极端风暴频率的增加，公司的海上作业可能会中断，进而影响其石油和天然气的生产和销售。

7.4.2 转型风险财务影响评估

作为全球最大的石油和天然气生产商之一，挪威石油面临着来自法律、市场、技术和声誉方面的转型风险。例如，随着全球各国政府加强气候变化法规的制定以及碳定价机制的实施，挪威石油的运营成本将增加。与此同时，随着全球向低碳经济转型，市场对化石燃料的需求可能减少，进而影响挪威石油的收入和资产估值。挪威石油正在逐步加大对可再生能源和低碳解决方案的投资，致力于降低碳排放，但这也要求其资本支出结构发生重大变化。

7.4.3 气候相关风险相关的应对措施

在专家顾问协助下，挪威石油将继续使用合理的气候情景评估其资产对与气候相关的自然环境潜在变化的影响。具体而言，挪威石油会在设计、运营和维护过程中，通过技术和工程功能将自然气候相关风险考虑在内，并考虑外部自然环境可能发生的变化。挪威石油的目标是到 2030 年将净碳强度降低 20%，到 2035 年降低 40%，包括范围 3 的排放。结合增加的可再生能源和脱碳能源、扩大碳捕集与封存（CCS）等低碳解决方案以及优化石油和天然气组合，挪威石油对实现其中期目标充满信心。

挪威石油密切关注政策和法规的趋势，通过资本投资过程及业务线的企业风险管理来应对监管和政策风险。公司已制定了战略和能源转型计划（ETP），以展示其在低碳业务转型中的承诺，并平衡投资者与社会的期望。公司在投资决策中纳入了实际或默认的最低碳定价标准，采用稳健的商品价格标准，并对投资组合进行定期压力测试，以预测未来不同价格情景，实现净零目标。决策过程中还包括阈值率和其他财务敏感性测试。

挪威石油提出了雄心勃勃的减排计划，旨在降低活动的绝对排放量和排放强度。公司评估了与外部技术发展趋势相关的气候相关风险，并投资于研究、创新和技术企业，以为投资组合创造积极价值。挪威石油投资组合中的相关技术包括碳捕集与封存（CCS）、蓝色/绿色氢气、电池技术、太阳能和风能可再生能源、低二氧化碳浓度解决方案、甲烷排放改进以及可再生能源在石油和天然气生产中的应用。

7.4.4　气候相关风险对资产减值的影响

挪威石油的石油和天然气资产可能面临减值风险，特别是随着碳定价的增加和化石燃料市场需求的下降，资产的预期现金流可能减少，导致资产减值。例如，挪威石油在其 2023 年的财务报告中披露了对于美国可再生能源项目的减值确认，以及由于碳排放政策的变化而对部分油气资产进行的减值测试。

7.4.5　启示

挪威石油的气候相关风险财务影响分析为油气行业提供了重要的启示。

首先，油气企业需要全面评估气候相关风险，特别是物理风险和转型风险。物理风险包括极端天气事件对海上和陆上基础设施的影响，而转型风险则涉及全球向低碳经济转型带来的政策、法规、市场需求等变化的冲击。挪威石油通过详细分析气候变化对其资产的脆弱性，尤其是在极端天气下的运营挑战，为油气行业提供了如何加强基础设施的加固和风险防范的指导。

其次，挪威石油通过不同的气候情景评估了政策和技术变革对公司盈利能力的影响，这提示油气行业需要紧密跟踪各国的气候政策和市场动态，及时调整业务战略和资本支出规划。特别是对碳定价、碳税以及商品价格波动的敏感性分析，可以帮助油气企业更好地管理财务风险，并确保其项目投资的稳健性和长期收益。

再次，挪威石油的披露也强调了透明度的重要性，通过定期更新和披露气候相关风险的财务影响，油气公司可以提高市场的信任度并增强投资者信心。公司还应使用国际公认的框架，如气候相关财务信息披露工作组（TCFD）建议的框架，来评估和报告气候相关风险。这种透明的风险管理和披露机制不仅是企业社会责任的体现，也是提高公司长期可持续发展的关键。

最后，挪威石油在低碳能源转型中的探索，例如，可再生能源项目和碳捕集与封存（CCS）技术，也表明油气企业在能源转型过程中应寻求多元化的能源解决方案。这些创新不仅有助于应对气候变化的挑战，也为未来的商业机会创造了新的增长点。油气行业通过学习和借鉴挪威石油的经验，能够更好地平衡短期财务压力和长期气候相关风险，确保企业在全球能源转型中的稳健发展。

第 8 章
壳牌披露案例分析

8.1 公司背景

壳牌（Shell PLC）① 成立于 1907 年，是一家英国跨国石油和天然气公司，由荷兰皇家石油公司和英国“壳牌”运输和贸易公司合并而成。壳牌是油气巨头，拥有约 103000 名员工，业务遍及 70 多个国家，在 1988 年至 2015 年是全球第九大温室气体排放企业。该公司在伦敦、阿姆斯特丹和纽约证券交易所上市，股票代码是 SHEL，最新的 MSCI ESG 评级为 A。壳牌 2023 年主要财务指标如表 8－1 所示。

表 8－1　　壳牌 2023 年主要财务指标

主要财务指标	数值
总收入	3116.20 亿美元
税前利润	326.27 亿美元
每股基本收益	2.88 美元
每股摊薄收益	2.85 美元
投资和资本支出	272.07 亿美元

① 本案例根据壳牌（Shell PLC）2023 年年报、可持续发展报告以及 CDP 问卷进行分析，相关链接如下：https://reports.shell.com/annual－report/2023/_ assets/downloads/shell－annual－report－2023.pdf；https://reports.shell.com/sustainability－report/2023/_ assets/downloads/shell－sustainability－report－2023.pdf；2023 年 CDP 问卷：https://www.shell.com/sustainability/transparency－and－sustainability－reporting/performance－data/greenhouse－gas－emissions/_jcr_ content/root/main/section_ 1654294871/simple_ copy/text.multi.stream/1690290549709/b9538ef191288186ffa45797947d884c383da00b/2023－cdp－climate－change－shell－plc.pdf。

8.2 当期财务影响

8.2.1 资产减值

资产减值评估基于管理层对未来现金流的估计，考虑了商品价格、市场供需以及温室气体（尤其是二氧化碳）的排放成本。现金流预测基于管理层最新的运营计划，该计划代表最佳估计，并适当计入风险因素。折现率采用名义税后加权平均资本成本（WACC）。

壳牌有两个项目存在减值回转的较大可能性。油利润减值测试基于使用价值进行（平均利润为7.6美元/桶），炼油利润每桶上下浮动1美元，将对未来现金流产生影响。长期炼油利润率下降可能导致化学品和产品分别出现10亿—20亿美元的减值，或带来高达10亿美元的减值回转；化学品利润率减值测试参照使用价值（平均利润为252美元/吨）。化学品利润每吨上下浮动30美元，将在现金流预测期内产生影响。如果长期化学品利润率下降，可能导致化学品和产品出现高达20亿美元的减值，且无减值回转。

8.2.2 符合欧盟分类法的收入与支出

欧盟分类法的报告范围涵盖壳牌的全球业务。壳牌的合格活动包括化学品、发电和储存、氢气、沼气和生物燃料、电动汽车充电、碳捕集与封存（CCS）以及基于自然的解决方案（NBS）业务。壳牌其余的业务不符合条件。

2023年，壳牌的合格营业额为84.45亿美元，占比2.7%（2022年为119.86亿美元，占比3.1%），资本支出为60.32亿美元，占比19.2%（2022年为67.44亿美元，占比20.9%），运营支出为13.82亿美元，占比25.9%（2022年为7.96亿美元，占比16.1%）。

2023年，壳牌与欧盟分类法相一致的经济活动营业额为5.42亿美元，占比0.2%，资本支出为41.73亿美元，占比13.3%，运营支出为3000万美元，占比0.6%，而2022年报告的这一金额为零。增量归因于壳牌不断发展的市场实践以及对沼气业务收购。目前壳牌符合欧盟分类法的活动包括氢能、风能、太阳能、电池存储、沼气和生物燃料以及电动汽车充电业务等要素。

8.2.3 法律诉讼

在美国，壳牌和其他能源行业协会机构在多起案件中被指控对气候变化的产生负有责任。截至 2023 年 12 月 31 日，有 24 起将壳牌列为被告的诉讼正在审理中，三起索赔已提交但尚未送达，还有一项保全证词的请求正在审理中。此外，壳牌同时还披露了其他类型的法律诉讼，包括因为地震引起的索赔（格罗宁根天然气田案）、开采运营许可证纠纷（尼日利亚和哈萨克斯坦地区）、贪污贿赂纠纷（OPL245，荷兰）。这些案件的处理结果对壳牌的收益、现金流和财务状况或许产生重大不利影响。

8.2.4 审计报告中的披露

壳牌 2023 年度财务报表的审计机构为德勤会计师事务所。该会计师事务所在 2023 年审计报告中披露了四个关键审计事项：气候变化和能源转型对合并财务报表的影响，石油和天然气储量估算，不动产、厂房和设备（PP&E）以及合资企业和联营企业（JVA）的减值评估、复杂交易的核算以及金融衍生品的估值。

（1）气候变化和能源转型对合并财务报表的影响

壳牌的石油价格假设与国际能源署（IEA）已公布承诺情景（APS）基本保持一致。壳牌的亨利港天然气价格假设高于 APS 情景，但亨利港天然气价格对 2030 年和 2050 年后生产的资产可回收金额的影响并不显著。同时，国际能源署的净零排放情景（NZE）价格假设低于壳牌的布伦特原油和亨利港天然气价格假设。NZE 代表一个理想目标，但由于国际财务报告准则（IFRS）要求基于当前对未来石油和天然气价格的最佳估计编制财务报表，德勤认为壳牌的价格假设在合理的估计范围内。

德勤聘请了气候变化专家协助评估壳牌的碳定价方法，重点关注其在不同司法管辖区确定碳价和免费配额假设。德勤在国家层面将壳牌的碳价预测与国际能源署 NZE 情景下的碳价进行了比较，评估主要集中在范围 1 和范围 2 排放较高且位于高碳价司法管辖区的资产。此外，德勤独立核算了壳牌运营计划中的预测碳成本的假设。经过敏感性分析，德勤将壳牌的碳价和免费配额假设与独立前景进行了对比。结果表明，存在的偏差不会对壳牌的运营计划和资产产生重大影响。

德勤考虑了壳牌资产所售产品的范围 1 和范围 2 以及生命周期排放（净碳强度），以确定潜在的减值触发因素。对于壳牌的高碳密集型资产，德勤分析了其运营计划中包含的减排计划，包括计划中的战略以及与碳捕集与封存、能源效率和可再生能源增长相关的项目相关成本。德勤对运营计划中包含的相关运营支出和资本支出提出了疑问。德勤还通过删除高碳密集型资产的所有计划内减排项目进行了敏感性分析，以确定排放所需的增量碳成本是否会引发减值。

德勤对管理层运营计划中包含的范围 1 和范围 2 排放假设进行了质询，特别是其是否能够实现 2030 年绝对排放目标。德勤确认壳牌的运营计划包括实现范围 1 和范围 2 减排目标及其净碳强度（NCI）目标所需的相关成本。

同时，德勤分析了减排项目的依赖程度，以确定这些项目在实现减排目标中的作用。德勤还评估了运营计划之外的其他减排措施（壳牌可能选择执行这些措施以实现其气候目标），并核实碳排放额度和相关成本是否已包含在运营计划中，以确保壳牌的 2030 年目标能够实现。

德勤评估了预计在 2030 年和 2050 年之后投产的上游及综合天然气资产。德勤验证了附注中关于石油、天然气和碳价格的敏感性披露是否涵盖了油田寿命假设。德勤的报告指出，当前确认的探明储量中，预计到 2023 年年底将有 54% 的储量在 2030 年之前被开采，而只有约 3% 的储量会在 2050 年之后开采。壳牌的综合天然气和上游资产以及加拿大矿山主要基于探明储量进行折旧，这意味着到 2050 年，这些资产的当前账面价值将大幅计提折旧，剩余约 7 亿美元。

德勤评估了管理层在年度报告中"我们的净零排放之旅"部分中关于物理风险的披露情况，以确保符合气候相关财务信息披露工作组的要求。德勤利用数据分析并结合气候变化专家的意见，进行了物理风险评估，考虑了壳牌针对面临最高物理风险（如对风、洪水、气温升高、干旱和疏浚）的资产采取的缓解和适应措施。对于被评估为高风险的资产，德勤评估了缓解和适应措施，并确保在相关情况下，成本已适当反映在计划中。

（2）石油和天然气储量估算

德勤于 2024 年 1 月向审计与风险委员会报告了壳牌遵循的严格的石油和天然气储量确认流程。德勤的评估认为，2030 年及 2050 年之后的储量确认不会引发减值触发，相关资产的账面价值也没有被高估。德勤进行的敏感性分析表明，用于估算已探明储量和资源的假设是适当的。对于预计在 2050 年后开采的储量和资源，德勤认为这些估算与壳牌的净零排放目标（NZE）并不矛盾。

（3）不动产、厂房及设备（PP&E）以及合资企业和联营企业（JVA）的减值评估

德勤的审计工作将重点放在及时、全面地识别减值费用或减值回转的迹象上。根据合并财务报表附注，壳牌在 2023 年确认了 82 亿美元的减值损失和 6 亿美元的减值转回。

（4）复杂交易的核算以及金融衍生品的估值

2024 年 1 月，德勤向审计与风险委员会报告称，壳牌的关键会计判断以及会计政策的应用（包括对非标准合同条款的会计处理）是适当的。壳牌不对其液化天然气合约作为衍生品进行核算，因此不以公允价值反映这些合约的做法是合理的。这种做法

基于壳牌的净结算历史（壳牌的液化天然气投资组合中没有大规模的净结算实践）和市场流动性（2023 年指标未显示流动性有任何增加，中长期合约仍然主导市场）。截至资产负债表日，德勤未发现任何未经授权的交易。

8.3 预期财务影响

8.3.1 碳成本与内部碳价

壳牌推断未来几十年碳排放成本将如何发展存在很大的不确定性。在短期和近期（直至 2030 年左右）碳排放估算成本主要受政策驱动，通过碳排交易计划或政府征税（目前各国之间差异很大）。2030 年以后，政策预测更加具有挑战性，因为碳排放成本是根据 2050 年所需的减排技术的预期成本估算的。据此，2050 年的估计碳成本趋向于每吨 125 美元或 170 美元。运营计划使用的碳价展望处于 100—200 美元的减排成本范围的中间，该价格代表了管理层的最佳估计。

对于重点地区和国家，壳牌运营计划中假设了每吨碳价，具体如表 8 – 2 所示。

表 8 – 2　壳牌估计的未来碳价情况　　单位：美元/吨

地区	运营计划期间	后期
欧盟①	87—132	134—170
挪威	97—226	226—226
英国	94—145	146—170
加拿大	59—113	113—125
美国	0—42	47—125
澳大利亚	29—61	65—125
其他国家	0—55	25—125

8.3.2 未来资产折旧与减值

对于化学品和产品业务中的炼油厂资产折旧采用直线法，在资产使用寿命内计算（从资产可供使用之日起计算，期限为 20 年）。在能源转型过程中，假设没有进一步投资，所有炼油厂将在 4—11 年内完全折旧。炼油厂的当前账面价值约 60 亿美元。

① 荷兰除外，其价格约为每吨 87—159 美元（2024—2033 年）和每吨 163—220 美元（2034—2050 年）。

化学产品不以燃烧的方式生产，因此不会产生温室气体的排放。根据 IEA NZE 2050 情景，预计到 2050 年，化学品产量不会与当前的水平相比下降。因此，预计化学资产将在能源转型中具有弹性。壳牌拥有 250 亿美元的化学品相关资产。与贸易和供应中的储罐、船舶、码头和仓库有关的资产（约 80 亿美元）预计在能源转型中也将具有弹性。

对于化工和炼油利润预测，尚未确定可靠的气候情景，因此通过提供对利润变化的敏感性来进行敏感性测试。根据使用价值进行减值测试的化学品利润率平均为 252 美元/吨（20 年平均值）。在整个现金流预测期间，长期化学品利润率每吨 -30 美元或每吨 +30 美元的变化将导致化学品和产品分别发生高达 20 亿美元的减值或不发生减值回转。按照使用价值进行减值测试的炼油利润率平均为 7.6 美元/桶（20 年平均值）。在整个现金流预测期内，每桶炼油利润率下降 1 美元，将导致 10 亿—20 亿美元的减值。

8.3.3　商品价格情景

壳牌基于使用价值对商品价格变化的敏感度参考三个外部气候变化情景的平均价格，具体如表 8 -3 所示。

表 8 -3　　壳牌商品价格情景情况

1HS Markit/ACCS2023	Woodmac WM AET -1.5	EA NZE50
在此情景下，石油价格［2023 年实际价格（RT23）］在 2037 年逐渐下降至每桶 25 美元，在 2045 年逐渐回升至 63 美元/桶，随后在 2050 年之前保持在 62 美元/桶至 69 美元/桶。亨利港的天然气价格（RT23）在 2050 年之前约为每百万英热单位（/MMBtu）3 美元。对于欧洲，价格从 2024 年的 17 美元/MMBtu 下降到 2030 年的 3 美元/MMBtu 左右，并保持在该水平直到 2050 年。对于亚洲，价格从 2024 年的 18 美元/MMBtu 下降到 2031 年的 3 美元/MMBtu 左右，并保持在 3 美元/MMBtu 至 4 美元/MMBtu 之间的水平直到 2050 年。	在此情景下，石油价格（RT23）将在 2050 年逐渐下降至 28 美元/桶。亨利港的天然气价格（RT23）将在 2033 年之前保持在 3 美元/百万英热单位左右，随后将在 2046 年之前保持在 4 美元/百万英热单位左右，之后将在 2050 年之前保持在 3 美元/百万英热单位左右。对于欧洲，天然气价格（RT23）将从 2024 年的 15 美元/百万英热单位左右逐渐下降至 2050 年的 5 美元/百万英热单位左右。对于亚洲，天然气价格将从 2024 年的 15 美元/百万英热单位下降至 2031 年的 7 美元/百万英热单位，随后将在 6 美元/百万英热单位和 10 美元/百万英热单位之间徘徊，直到 2050 年。	在此情景下，石油价格（RT23）逐渐下降，到 2050 年将降至约 26 美元/桶。天然气价格（RT23）从 2024 年的约 5 美元/百万英热单位下降到 2030 的约 2 美元/百万英热单位，并在 2050 年之前一直保持在该水平以下。对于欧洲和亚洲，天然气价格（RT23）分别从 2024 年的约 26 美元/百万英热单位和 14 美元/百万英热单位下降到 2030 年左右的约 4 美元/百万英热单位和 6 美元/百万英热单位，并在 2050 年之前一直保持在该水平。

壳牌取三个外部价格前景的平均值（这些外部情景并不代表管理层对中间价格的合理最佳估计）。将此价格线应用于截至 2023 年 12 月 31 日的 720 亿美元（2022 年为 750 亿美元）的综合天然气资产和 840 亿美元（2022 年为 880 亿美元）的上游资产，可回收金额分别比截至 2023 年 12 月 31 日的账面价值低 120 亿—160 亿美元（2022 年为 40 亿—60 亿美元）和 30 亿—50 亿美元（2022 年为 10 亿—20 亿美元）。对于综合天然气，与 2022 年相比的敏感度变化反映出价格线中应用的欧洲和亚洲近期天然气价格较低，以及 2023 年 12 月 31 日账面价值与可回收价值之间某些资产的净空间较低。对于上游，与 2022 年相比的敏感度变化反映出价格线中应用的油价较低，以及 2023 年 12 月 31 日账面价值与可回收价值之间某些资产的净空间较低。

8.3.4 气候相关机遇的预期财务影响

壳牌分析了消费者偏好的转变给公司带来的预期财务影响，具体如表 8－4 所示。

表 8－4　　壳牌气候相关机遇 1 带来的预期财务影响情况

项目名称	描述
识别类型	机遇 1
机会类型	产品和服务
机会驱动因素在价值链当中的位置	直接运营
主要与气候相关的机会	消费者偏好的转变
主要预期财务影响	对产品和服务的需求增加导致收入增加
公司具体描述	将能源系统转变为净零排放将需要在三个领域同时采取行动——前所未有地提高能源利用效率，大幅降低能源结构的碳强度，以及利用技术和自然会减少残余排放。虽然很难预测实现净零目标的确切行动组合，但情景可以帮助壳牌考虑变量以及所需过渡的潜在方向和速度。壳牌场景的设计是为了在考虑可能发生的事件时拓展管理层的思维。在壳牌努力应对棘手的能源和环境问题时，情景可以帮助管理层在不确定和转型时期作出选择。它们与不同的能源转型路径相一致，并通过指导识别风险和机会来帮助决策。 不同的社会经济和技术参数用于构建这些情景： ①部门和区域能源需求； ②石油消费和天然气需求的未来轨迹； ③可再生电力需求和全球能源系统电气化的速度； ④提供太阳能和风能； ⑤电动汽车的普及速度； ⑥对生物燃料的需求； ⑦氢经济的增长； ⑧碳捕集与封存（CCS）水平； ⑨部署低碳能源技术； ⑩全球石油和天然气贸易。

续表

项目名称	描述
时间范围	短期
发生可能性	可能发生
影响程度	中高
预期财务影响数字	10 亿—20 亿美元
财务影响数据解释	到 2030 年，EBITDA 将达到 10 亿—20 亿美元
实际机会成本	10 亿美元
实现机会的策略和成本计算的解释	①实现机会的策略： 2023 年 1 月 31 日，壳牌宣布将整合天然气和上游业务，组建一个新的天然气和上游业务管理局。下游业务将与可再生能源和能源解决方案合并，组成新的下游和可再生能源理事会。这些变化预计将于 2023 年 7 月 1 日生效，不会影响壳牌 2023 年的财务报告部门。 对于市场营销、可再生能源和能源解决方案、综合天然气、化学品和产品以及上游业务，壳牌的目标回报考虑了与投资相关的风险和不确定性，以及开发机会所需的支出规模。例如，在壳牌的上游业务中，它们反映了勘探、可行性研究和建设的成本，以及与商品价格相关的风险。 ②成本计算的解释： 2024—2025 年每年现金资本支出约 10 亿美元。

8.3.5　气候转型风险的预期财务影响

壳牌分析了新兴监管风险对公司带来的财务影响，具体如表 8－5 所示。

表 8－5　　壳牌气候相关风险 1 带来的预期财务影响情况

项目名称	描述
识别类型	风险 1
风险驱动因素在价值链当中的位置	直接运营
风险类型和主要气候相关风险因素	新兴监管风险
主要可能带来的财务影响	提高直接成本
时间范围	短期
发生可能性	可能发生
影响程度	高
预期财务影响数字	40.05 亿美元
财务影响数字说明	①2022 年，壳牌在合并损益表中确认的排放计划和相关环境计划的成本为 4.05 亿美元； ②在总额中：29.18 亿美元是除自混合活动产生的生物燃料证书外，为遵守规定所需的生物燃料证书的费用。这包括自 2021 年 1 月 1 日起实施的《德国燃料排放交易法》（BEHG）规定的成本； ③与排放交易计划相关的总额为 4.93 亿美元，可再生能源的总额为 5.94 亿美元。

续表

项目名称	描述
应对风险成本	70.59 亿美元
应对描述和成本计算解释	（1）应对描述： 2023 年 1 月 31 日，壳牌宣布将整合天然气和上游业务，组建一个新的天然气和上游业务管理局。下游业务将与可再生能源和能源解决方案合并，组成新的下游和可再生能源理事会。这些变化预计将于 2023 年 7 月 1 日生效，不会影响壳牌 2023 年的财务报告部门。 对于市场营销、可再生能源和能源解决方案、综合天然气、化学品和产品以及上游业务，壳牌的目标回报考虑了与投资相关的风险和不确定性，以及开发机会所需的支出规模。例如，在壳牌的上游业务中，它们反映了勘探、可行性研究和建设的成本，以及与商品价格相关的风险。2022 年，壳牌的现金资本支出约为 250 亿美元，运营支出约为 390 亿美元。 （2）成本计算解释： 运营费用［B］：35.9 亿美元； 现金资本支出［B］：34.69 亿美元； 35.9 + 34.69 = 70.59（亿美元）。

8.4 案例总结与启示

8.4.1 详细的风险和机遇评估

壳牌通过全面的气候相关风险评估，识别并应对包括新兴监管风险、物理气候相关风险及转型过程中产生的市场和政策变化等挑战。壳牌特别关注新兴碳定价机制和社会对低碳能源需求的转变对其业务的潜在影响。2022 年，壳牌因合规要求承担了约 4.05 亿美元的排放相关成本，并预计未来碳定价机制将继续影响其盈利能力。此外，壳牌的石油和天然气相关资产也面临市场需求下降带来的财务压力，影响范围广泛。

8.4.2 明确的气候转型计划

壳牌设定了到 2050 年成为净零排放能源公司的长期目标，并计划通过逐步增加对低碳能源和可再生能源项目的投资来实现这一目标。2023 年，壳牌的能源转型相关支出将占总资本支出的显著比例，涵盖可再生能源发电、低碳燃料和电动交通领域的投资。通过不断优化其投资组合，并整合新能源解决方案，壳牌力求在未来的低碳市场中保持竞争力。

8.4.3 多层面的应对策略

壳牌正在加速推动技术升级与创新，特别是在碳捕集与封存（CCS）和可再生能源方面的部署。壳牌的战略包括通过收购以及合资来扩展在全球风能、氢能等新兴能源领域的影响力。壳牌计划在 2030 年前每年投入大量资金用于新能源项目，并减少现有上游业务中的碳排放。同时，通过应用情景分析和压力测试，壳牌确保其投资决策在不同气候情境和市场条件下具备弹性，进一步支持其可持续发展的长远目标。

8.4.4 启示

壳牌案例为油气行业气候财务影响信息披露提供了重要启示。该公司在气候财务影响信息披露方面采取了较为全面和透明的做法，不仅有助于提升公司的透明度和信誉，也为投资者和利益相关者提供了重要的决策信息。

首先，油气企业需要对气候风险的财务影响进行详细披露。如壳牌在其年报、可持续发展报告和 CDP 问卷中披露了气候变化对财务的潜在影响，包括物理风险、监管风险、市场风险等。这些风险的详细披露有助于投资者和利益相关者更好地理解气候变化对公司的财务影响，以及公司为应对这些风险所采取的措施。例如，壳牌在年报中披露了气候变化和能源转型对合并财务报表的影响，以及在 CDP 问卷中对新兴监管风险的财务影响进行了具体数字的预测和说明。

其次，气候财务影响的披露需结合战略规划。壳牌在其财务报告中不仅披露了气候风险，还结合了公司的战略规划，如 Powering Progress 战略，以及为实现净零排放目标所做的投资和计划。这表明公司正在将气候财务影响的披露与长期战略规划相结合，以展示其对气候变化的应对和适应能力。例如，壳牌在年报中披露了其在低碳能源和可再生能源解决方案上的投资情况，以及这些投资如何与公司的净零排放目标相一致。

最后，气候财务影响的披露应包含应对策略和财务指标。壳牌在其报告中提供了关于气候变化风险的应对策略，包括技术升级、投资决策的弹性测试以及对新兴市场的投资等。同时，壳牌也披露了与气候相关的财务指标，如减排成本、低碳能源投资的财务影响等。这些信息有助于利益相关者评估公司应对气候变化的财务准备和能力。例如，壳牌在 CDP 问卷中披露了因合规要求承担的排放相关成本，以及预计未来碳定价机制对其盈利能力的影响。

第 9 章
巴斯夫披露案例分析

9.1 公司背景

巴斯夫（BASF）[①] 是一家化工企业，公司总部核心业务涉及化学品、石油和天然气，其事业部有化学品、材料、工业解决方案、表面处理技术、营养与护理、农业解决方案。巴斯夫在欧洲、亚洲、南北美洲的 41 个国家拥有超过 160 家全资子公司或者合资公司。公司股票在法兰克福、伦敦、纽约和苏黎世证券交易所上市，其最新的 MSCI ESG 评级为 A。

巴斯夫 2023 年度营业收入 689 亿欧元，2023 年主要财务指标如表 9－1 所示。

表 9－1　巴斯夫 2023 年主要财务指标　单元：亿欧元

财务指标	数值
营业收入	689
主营业务成本	522
营业利润	44.07
净利润	2.25
EBITDA	71.80
EBIT	22.40
自由现金流	27.15
投资活动产生的现金流	－49.91

① 本案例根据巴斯夫 2023 年年报、CDP 问卷进行分析，相关链接如下：https：//www.basf.com/global/documents/en/investor－relations/calendar－and－publications/reports/2024/BASF_ Report_ 2023.pdf.assetdownload.pdf；https：//www.basf.com/dam/jcr：7a142698－38dd－3eac－970b－3a1116d0f629/basf/www/global/documents/en/investor－relations/sustainable－investments/sustainability－ratings－and－rankings/BASF－SE_ CDP_ Climate_ Change_ Questionnaire_ 2023.pdf。

续表

财务指标	数值
融资活动产生的现金流	-29.05
经营活动产生的现金流	81.11

9.2 当期财务影响

9.2.1 非流动资产减值

尽管当前全球政治环境充满挑战，巴斯夫仍坚定推进气候战略，认为相关发展与措施不会对大部分非流动资产的使用年限或可回收性造成根本性影响，也无需大幅调整环境恢复义务准备金。然而，在特定情况下，出于环保考量，巴斯夫可能会关闭部分工厂。

9.2.2 商誉减值

2023 年 1 月 1 日，巴斯夫的商誉价值是 84.90 亿欧元。截至 2023 年 12 月 31 日，商誉价值减少到 74.99 亿欧元。汽车行业的深刻变革对巴斯夫的排放催化剂业务产生了显著影响。随着环保标准的提高，短期内催化剂的需求将保持稳定。然而，从中长期来看，随着汽车行业从内燃机向电动汽车的转型，催化剂的需求可能会逐步下降。这一转型对巴斯夫的排放催化剂业务构成长期挑战，已在商誉减值测试中反映为负长期增长率，但尚未导致减值。

巴斯夫的减值测试过程不仅考虑了宏观经济和行业特定的市场假设，如天然气、原材料价格、汇率及市场增长，还结合了战略业务单元的战略规划，特别是数字化和可持续性趋势。此外，巴斯夫还关注了地缘政治冲突对天然气和原材料价格的影响，尽管预计这些价格波动将加剧，但预测未来三年内均价将保持稳定。通过细致的商誉分配和年度减值测试，巴斯夫确保了财务报告的准确性和透明度。

9.2.3 碳排放权

巴斯夫的财务报表中未披露碳排放权定量金额，仅在附注中提及碳排放额度的确认方式。在企业的资产负债表中，由德国排放交易管理局等类似机构无偿发放的排放证书，因未涉及实际购买成本，故被确认为零价值。相反，从市场购买的排放权则以成本为基础进行资本化处理，并在2022年被归类为无形资产。自2023年起，这些购买的排放权在财务报表中的分类变更为其他应收款项及杂项资产。企业需根据排放义务交出相应数量的排放证书。

对于通过购买获得的无形资产，企业采用摊销成本的方式计量，并在每个会计期末进行减值测试。若测试结果显示公允价值低于账面价值，则需对排放权进行减值处理。

9.2.4 环境相关收入与成本/支出

2023年，巴斯夫由于停止了在北美地区的环保措施相关的资金预留，因此在调整经营开支时确认了收入的增加。此外，巴斯夫的对冲交易和高管长期激励项目（LTI）的收入主要来源于北美地区的虚拟和实物购电协议估值。然而，由于天然气价格的下跌，天然气采购对冲交易的收入有所减少。2023年，巴斯夫的对冲交易开支为0.83亿欧元，相比2022年的0.61亿欧元有所增加，这一增长主要是由于两个年度中用于对冲天然气采购的期权溢价开支。同时，巴斯夫在其他收入中还包括了2023年出售碳排放权证书的收入，总额为1.85亿欧元。这些措施和变化共同影响了巴斯夫在2023年的财务表现。

2023年，巴斯夫确认了高达9.48亿欧元的环境保护和补救费用，这表明了公司在环境保护方面的投入和承诺。这些费用主要用于覆盖清理污染场地、恢复土壤、清除生产或储存场地的污染、采取相关措施以及交出排放证书等预期费用。此外，巴斯夫持续投资以减轻其业务活动对环境的负面影响，并制定了全面的环保政策，以确保环境保护措施得到有效执行，并妥善处理当前和过去的活动场地可能产生的环境问题。其中，运营成本包括完全用于维护生产设备的成本，以及用于环境保护的生产设备的成本；投资包括管道末端措施和综合环境保护措施，详情如表9－2所示。

表9－2　巴斯夫环境保护成本和准备金情况　单位：亿欧元

项目	2023年	2022年
环境保护的运营成本	11.62	13.05
投资环保工厂和设施	3.21	2.70
环境保护和补救费用	9.48	9.46

2023年，环境保护、安全举措、拆除及搬迁费用，以及非强制资本化的项目成本为5.3亿欧元。若环境保护、安全举措、拆除及搬迁费用，以及非强制资本化的项目成本不符合国际财务报告准则的资本化要求，则这些费用将被记为支出。2023年和

2022 年，与德国路德维希港场地及中国新 Verbund 场地开发相关的拆卸、搬迁及项目规划支出分别为 4. 07 亿欧元和 3. 52 亿欧元。另外，由于北美洲部分已停止运营的场地增加了环境准备金，2023 年和 2022 年分别产生了 1. 23 亿欧元和 0. 59 亿欧元的相关支出。

9. 2. 5　金融工具

巴斯夫针对原材料价格的不稳定性，实施了多元化的风险管理策略。对于核心原材料，包括石脑油、苯和天然气等，巴斯夫不仅运用衍生品（例如，期权）进行风险对冲，还与供应商签订了长短期采购合约，并在现货市场中积极寻求多元化的采购渠道，同时利用远期合约等手段来管理价格波动风险。在农业解决方案业务板块，巴斯夫则通过交易农产品相关的衍生品来应对价格波动。

在天然气采购方面，采用现金流量套期会计方法。公司利用基于商品价格的期权和掉期作为对冲手段。截至 2023 年年底，相关期权的平均执行价格分别为每兆瓦时 72. 00 美元或每百万英热单位 4. 02 美元，而掉期的平均对冲执行价格则为每兆瓦时 48. 31 欧元。这些尚未实现的套期保值和对应交易产生的现金流预计将在 2024 年和 2025 年期间反映在公司的损益表中。

9. 2. 6　可再生能源协议/证书

巴斯夫签订了多项为期 25 年的实物购电协议以及为期 15 年的虚拟电力购买协议，这些协议不仅保障了电力的供应，还额外提供了绿色电力证书（即原产地保证 GoOs）。若巴斯夫能完全使用这些电力，则无需在资产负债表上将其视为衍生品。然而，对于未能完全消耗的电力部分，相关的电力远期协议则不符合自用豁免标准，因此这部分以固定价格购买的电力将按公允价值通过损益表确认为衍生品，这可能导致能源市场价格波动对巴斯夫的收益产生不利影响。

2023 年 12 月 31 日，巴斯夫持有的电力远期协议的公允价值为正，其价值为 1. 98 亿欧元。这些协议的公允价值是通过考虑未来现金流的现值、电价预测、预期电量、预计启动日期、收益率曲线和信用违约保险费等因素来确定的。在扣除了 1. 45 亿欧元的差额后，这些电力远期协议在资产负债表中的账面价值为 0. 53 亿欧元，列在其他应收款和杂项资产项下。另外，公允价值为负的电力远期协议在 2023 年 12 月 31 日的公允价值为 -0. 48 亿欧元。这些协议在资产负债表中的账面价值为 0. 1 亿欧元，列在其他负债项下，已经扣除了 0. 58 亿欧元的差额。

与购电协议不同的是，绿色电力证书允许未来存储和使用，因此即使以固定价格购买，也依然享受自用豁免。

9.2.7 碳捕集与封存技术

巴斯夫还在碳捕集与封存（CCS）领域进行技术探索与发展。例如，公司参与了位于比利时安特卫普基地的工业 CCS 项目，该项目每年可避免向大气中排放高达 100 万公吨的二氧化碳。此外，巴斯夫还在评估在美国开发和建设一个使用 CCS 技术生产低排放蓝氨的世界级工厂，该生产过程中产生的约 95% 的 CO_2将被捕获并永久储存在地下。

9.2.8 符合欧盟分类法的收入与支出

巴斯夫依据其集团合并财务报表中的定义和报告，对销售收入进行了分类评估。2023 年，巴斯夫有 12.2% 的总销售额来自符合全部六项环境目标的销售收入，其中“初级塑料制造”和“有机基本化学品制造”这两项活动对实现缓解气候变化的环境目标贡献最为显著。

在经营支出方面，巴斯夫考虑了与研发、保养维修以及短期租赁相关的未资本化费用。这些经营支出的定义遵循了欧盟分类法，但并未在合并财务报表中以此形式单独报告。对于生产设施而言，只要其活动符合分类标准，那么所有的资本支出和运营支出都被视为符合该标准。在税务标准下，有 12.4% 的经营支出符合分类要求，其中“初级塑料制造”和“有机基本化学品制造”活动在减缓气候变化目标方面的贡献最为突出，巴斯夫与欧盟分类标准一致的环境可持续活动收入与支出具体数据如表 9 – 3 所示。

表 9 – 3　　巴斯夫与欧盟分类标准一致的环境可持续活动情况

项目	总额（亿欧元）	与欧盟分类一致销售额（亿欧元）	占比
销售收入	689.02	84.21	12.2%
资本支出	60.06	13.85	23.1%
经营支出	46.45	5.77	12.4%

巴斯夫在评估减缓气候变化环境目标下的活动时，设定了一套标准：这些活动需对减缓气候变化有显著贡献，同时不得对其他环境目标造成重大负面影响，并确保达到基本的社会保障要求，方能被认定为符合分类标准的活动。

2023 年，巴斯夫合并财务报表中，符合欧盟分类标准的销售收入占总销售收入的 1.6%，其中“电池制造”业务贡献最大，占比达到 1.2%。在资本开支方面，与分类法一致的投资（包括收购，但不包括按欧盟会计准则计算的商誉）占总投资的 5.2%，特别是“电池制造”领域的不动产、厂房及设备，占比高达 4.1%。此外，巴斯夫还投资了一座即将在未来几年内投产的无二氧化碳氢气生产工厂，该投资已符合 2023 年的分类标准。关于经营支出，按分类法计算的部分占总营业支出的 1.8%，其中“有机基础化学品制造”的经济活动贡献最为突出，占比 0.9%。

9.2.9　关键审计事项

在审阅审计报告全文及关键审计事项的过程中，我们发现“商誉的可收回金额”这一关键审计事项中，考虑到了与气候相关的风险与机遇。

（1）事项描述

巴斯夫在其合并财务报表中列出的无形资产包含了 74.99 亿欧元的商誉，这部分商誉占据了总资产的 9.7%，因此对母公司的净资产有着显著的影响。

对于商誉，无论是否存在减值迹象，巴斯夫每年都会进行减值测试。如果在某个财政年度内发现了任何可能导致减值的迹象，那么在该年度内还会进行额外的事件驱动的商誉减值测试。例如，在 2023 年 12 月 31 日，由于资产减值的原因，巴斯夫对电池材料现金产生单元进行了额外的事件驱动测试。

商誉减值测试的过程涉及将商誉的账面金额与每个现金产生单元的可收回金额进行比较。如果账面金额超过了可收回金额，那么就需要确认减值损失。这里的可收回金额是指公允价值减去出售成本后的金额，或者是使用现金产生单元的价值（两者中较高的那个）。

进行商誉减值测试时，需要考虑一些复杂的假设，这些假设需要主观判断。这些假设包括对未来现金流入的预测、未来各期的假定增长率和资本成本等。这些假设对商誉的可收回性有着实质性的影响。巴斯夫的执行董事会在制定增长预测时会考虑风险，并可能会根据原材料价格波动和宏观经济环境的不稳定性对预测进行修订。

尽管进行了减值测试，但巴斯夫并没有发现需要确认减值损失的情况。然而，该集团的敏感性分析显示，如果资本成本发生变化，那么电池材料和催化剂（不包括电池材料）现金产生单元的价值可能会降低到可收回金额以下，具体影响取决于上一个详细规划年度的 EBITDA 利润率。

（2）审计应对

审计师与估值专家共同评估了主要假设的合理性，以及集团在执行事件驱动和年度商誉减值测试时所采用计算方法的准确性。

针对从风险角度挑选出的现金产生单元，审计师审核了详细规划期内业务和盈利发展的预测，以及相应的现金流量情况，尤其是销售市场预期发展的考量是否充分，是否与管理层核定的现行预算保持一致。审计师对比了内部增长预测与行业预期及主要竞争对手的预期，评估了规划中利润率未来发展和投资金额假设的合理性。同时，审计师还审查了管理层核准预算的恰当性，包括将过去业务年度的规划与实际成果进行对比，并分析选定现金产生单元过去未达到预算目标的原因，以及这些原因在当前规划中是否得到了充分考虑。

基于具体行业和宏观经济研究，审计师评估了详细规划期后假设增长率的合理性，以及计算方法和加权平均资本成本的适当性；复核了加权资本成本利率的假设和数据的预期值，并与实际使用的假设和数据进行了对比分析。

针对电池材料和催化剂（电池材料除外）现金产生单元，审计师利用自己的计算结果，就估价方法在方法运用和数字计算方面是否正确实施进行了评估，并对偏差进行了分析。为考虑预测的不确定性，审计师审查了公司进行的备选情景分析（即敏感性分析），以评估资本成本潜在变化以及上一个详细规划年度 EBITDA 利润率对可收回金额的影响。此外，审计师还审核了注释中对关键假设的披露是否恰当，并依据国际会计准则，评估了在主要假设发生合理可能变化时的敏感性披露是否充分。

审计师得出审计结论：年度商誉减值测试的计算方法恰当，符合适用的会计政策；董事会所采用的假设和数据在总体上是合理的；说明中对关键假设的披露也是恰当的。

9.3 预期财务影响

9.3.1 可再生能源投资

2023 年，巴斯夫成功推进了其可再生能源供电计划，特别是与 Vattenfall 和 Allianz 合作的 Hollandse Kust Zuid 海上风电场项目。这个项目在 2023 年秋季正式落成，并预计将在 2024 年全面投入运营。Hollandse Kust Zuid 风电场拥有 139 台涡轮机，总装机容量达到 1.5 吉瓦（GW），这使其成为世界上最大的海上风电场之一。该风电场的建成不仅体现了巴斯夫在环境保护方面的努力，也展示了公司在推动可再生能源使用方面的承诺。同时，巴斯夫与 Vattenfall 达成协议，将获得 Nordlicht 1 号和 2 号风力发电场 49% 的股份。这标志着双方在可再生能源领域的进一步合作。预计这些股份的转让将在 2025 年作出最终投资决定之前完成，而风力发电场的建设则计划在 2026 年开始，目标是在 2028 年全面投入运营。

2023 年，可再生能源电力已占巴斯夫总用电量的 20%，而公司的长远目标是到 2030 年从可再生能源中获取超过 60% 的电力需求。为实现这一宏伟目标，巴斯夫正积极投资可再生能源资产，并通过与电厂运营商签订长期供应协议、电力购买协议或购买可再生能源证书等方式，在市场上大力采购绿色电力。巴斯夫还与国家电力投资集团公司（SPIC）延长了长期供应合同，确保从 2025 年起每年供应 1000 吉瓦时的绿色电力。

在蒸汽发电领域，巴斯夫也在探索新技术以降低 CO_2 排放。例如，与西门子能源公司合作在德国路德维希港建设的水电设施预计将于 2025 年投入运营，该设施将生产多达 8000 公吨的无排放氢气，并每年减少高达 7.2 万吨的温室气体排放。巴斯夫计划将生产的氢气主要用作生产低碳产品的原材料。此外，随着未来氢气应用领域的拓展，如能源使用等，对氢气的需求将呈现增长趋势。因此，以具有竞争力的价格获得大量低排放或无排放的氢气对巴斯夫来说至关重要。

在中国，巴斯夫也展现了其对可再生能源的承诺。巴斯夫与明阳新能源投资控股集团有限公司成立了一家合资企业，专注于中国南方的海上风力发电场的开发、建设和运营。广东省湛江风电场是该合资企业计划中的项目之一，该风电场预计将拥有 500 兆瓦的容量，并计划在 2025 年投入运营，目前正在等待批准。

9.3.2　气候相关风险带来的财务影响

（1）新兴监管碳定价机制对财务带来的影响

巴斯夫面临欧盟排放交易系统（ETS）成本压力增大和碳边界调整机制带来的竞争劣势挑战，同时还需应对电力部门转嫁的排放配额成本增加导致的购电价格上涨问题。关于气候相关风险 1——新兴监管碳定价机制带来的具体财务影响分析如表 9 - 4 所示。

表 9 - 4　巴斯夫气候相关风险 1 带来的预期财务影响情况

项目名称	描述
时间范围	中期
可能性	可能
影响程度	高
潜在的财务影响数字范围	预期财务影响值——最小值（货币）：0.65 亿欧元 预期财务影响数字——最高（货币）：3.13 亿欧元
财务影响数据解释	欧盟 ETS 表明，ETS 体系和非碳排放交易体系部门之间的负担不成比例。在中期时间范围内，巴斯夫的免费配额可能会减少 100 万—250 万。同时，ETS 证书的价格在第四个交易期内可能大幅上涨，估计价格范围为每证书 65—125 欧元。 具体计算如下： 估计最低情况：碳价为 65 欧元，减少 100 万免费配额，计算结果为 65 欧元 × 1000000 = 6500 万欧元。 估计最高情况：碳价为 125 欧元，减少 250 万免费配额，计算结果为 125 欧元 × 2500000 = 3.125 亿欧元。 这些变化可能会对相关企业的运营成本和策略产生显著影响。

续表

项目名称	描述
风险响应成本	10 亿欧元
响应描述和成本计算解释	巴斯夫采取了多项措施来减轻成本影响并降低碳排放，具体包括： 首先，巴斯夫致力于开发和部署新的无二氧化碳生产化学品的工艺，特别是利用可再生能源电力替代化石燃料的技术。例如，在安特卫普，巴斯夫参与了北海的大型碳捕集与封存项目。其次，巴斯夫在生产工厂中实施了流程改进。截至 2022 年年底，欧洲已有 33 个巴斯夫工厂通过了能源管理体系认证，覆盖了巴斯夫在欧洲约 90% 的一次能源需求。此外，巴斯夫每年还会评估和实施多个节能项目，2022 年在欧盟实施的措施就超过了 200 项。再次，巴斯夫提高了可再生能源在电力供应中的份额。巴斯夫与多家供应商签署了长期购买可再生能源的协议，到 2022 年，巴斯夫在欧洲的 39 个基地已全部或部分采用无排放电力供电。最后，巴斯夫还计算了所有项目的 CO_2 减排成本，并计划从 2018 年到 2030 年遵循线性 CO_2 减排路径。巴斯夫的投资决策基于盈利标准，确保节省的成本能够证明初始投资的合理性，并且已经考虑了碳价格的影响。 在资本支出方面，巴斯夫预计 2021—2025 年对新技术的投资不会超过 10 亿欧元。同时，巴斯夫还计划投入约 750 万欧元用于与利益相关方的沟通和接触，这包括全职员工的薪酬和相关运营成本。然而，在扩大可再生能源供应方面，巴斯夫也面临着额外的成本。据估计，2021—2025 年的总成本将达到约 10 亿欧元。但巴斯夫表示，其在能效项目上的投资将遵循盈利标准，不会产生额外的净成本。

（2）急性物理风险、干旱对财务带来的影响

巴斯夫位于德国路德维希港的最大工厂依赖莱茵河进行制冷和运输，面临极端天气和水位波动的挑战。为应对风险，巴斯夫已实施低水位泵系统和适应性管理计划，并可能调整全球生产布局。2018 年干旱导致产能下降和 2.5 亿欧元损失，而气候预测显示未来风险正在上升。2022 年，巴斯夫在欧盟分类法框架内再次对风险评估进行了审查和确认，关于风险 2——急性物理风险、干旱具体财务影响分析如表 9－5 所示。

表 9－5　巴斯夫气候相关风险 2 带来的预期财务影响情况

项目名称	描述
时间范围	短期
可能性	非常不可能
影响程度	高
潜在的财务影响数字	预期财务影响数字：2.5 亿欧元
财务影响数据解释	该数字展示了 2018 年路德维希港工厂因极端天气条件导致的产能受限（即计划产量与实际产量之间的差距）对收益的负面影响。这些极端天气条件包括高水温限制了工厂的冷却能力，以及低水位影响了驳船运输。该数字还提供了一个对未来类似事件可能影响的预估（假设没有采取进一步的适应措施）。 请注意，计算中使用的具体数字细节将保密。

续表

项目名称	描述
风险响应成本	0.23 亿欧元
响应描述和成本计算解释	2019 年，巴斯夫针对其路德维希港工厂实施了一系列旨在增强气候适应力和应对极端气候事件的战略性措施。这些措施特别针对可能更加频繁和持久的极高水温和极低水位情况，旨在提升路德维希港基地的抵御能力。此外，巴斯夫还积极参与了联邦交通部于 2019 年发起的“低水位莱茵河”行动计划，并作为共同签署方承诺在未来几年内采取多项措施，以改善莱茵河的通航能力。 2019—2022 年，用于提升工厂弹性的直接措施产生了约 0.23 亿欧元的总成本，其中大约 50% 的成本用于物流和冷却能力的扩展措施。

9.3.3 气候相关机遇带来的财务影响

（1）机遇 1——低排放产品和服务

作为全球汽车行业化学品供应的佼佼者，巴斯夫正积极适应全球能源效率提升、清洁能源普及及电动汽车兴起的趋势。2023 年，全球轻型汽车产量的增长将带动化学品在汽车制造中的使用比例上升，特别是在欧洲，严格的 CO_2 减排目标将加速这一趋势。通过提供创新和可持续的解决方案，巴斯夫不仅巩固了其在汽车化学品市场的领先地位，也为全球汽车行业的绿色转型作出了重要贡献，具体财务影响分析如表 9－6 所示。

表 9－6　　巴斯夫气候相关机遇 1 带来的财务影响情况

项目名称	描述
机会类型	开发和/或扩大低排放产品和服务
主要与气候相关的机会	由于产品和服务需求增加导致收入增加
时间范围	中期
可能性	很有可能
影响程度	高
潜在的财务影响数字	70 亿欧元
财务影响数据解释	阴极活性材料（CAM）市场预计将以年均约 25% 的增速持续增长，直至 2030 年。这一增长预期涵盖了电动汽车、储能系统、消费电子以及所有使用阴极化学品的领域，预计总市场规模将达到约 7700kt，价值高达 1500 亿欧元。其中，电动汽车是推动这一增长的主要因素。 巴斯夫预测到 2030 年电动汽车年销量将激增至 4800 万辆，推动相关细分市场货币总量达到约 700 亿欧元。巴斯夫目标是到 2030 年在电池材料业务领域市场份额超过 10%，销售额超过 70 亿欧元。

续表

项目名称	描述
应对机会的成本	40 亿欧元
实现机会的策略和成本计算的解释	巴斯夫正在扩大其电池材料领域的生产能力，并计划推出新产品。在德国施瓦茨海德，巴斯夫建立了新阴极活性材料工厂，并计划在 2023 年启动原型回收厂，采用回收率高且二氧化碳足迹低的湿法冶金回收技术。此外，巴斯夫计划在 2024 年建立商业规模的电池回收工厂，专注于生产黑色电池。巴斯夫还计划在 2022 年至 2030 年投资 35 亿—45 亿欧元，以加强其在全球电池材料生产和回收领域的能力。平均而言，40 亿欧元的投资额代表了实现这一战略目标的预估成本。

（2）机遇 2——低排放产品和服务

随着产品能效法规和标准的不断收紧以及能源价格的攀升，专为建筑物隔热设计的节能产品的全球市场预计将呈现增长态势。以欧盟为例，欧盟委员会经常强调建筑能耗占欧盟总能耗的 40%，且与能源相关的温室气体排放占比高达 36%。因此，建筑的脱碳对于实现 2030 年和 2050 年的气候目标至关重要。

在修订后的欧洲建筑能源性能指令（EPBD）的推动下，成员国被要求加强创新战略。这将进一步推动建筑和建筑行业对巴斯夫创新绝缘产品的需求增长。此外，巴斯夫正持续致力于提升其产品的能源效率和性能。例如，在北美地区，巴斯夫根据气候控制法规，帮助客户从氢氟碳化合物（HFC）系统转向更为气候友好的氢氟烯烃（HFO）聚氨酯（PU）系统，具体财务影响分析如表 9－7 所示。

表 9－7　　巴斯夫气候相关机遇 2 带来的财务影响情况

项目名称	描述
机会类型	开发和/或扩大低排放产品和服务
主要与气候相关的机会	由于产品和服务需求增加导致收入增加
时间范围	中期
可能性	很有可能
影响程度	高
潜在的财务影响数字	1.5 亿欧元
财务影响数据解释	目前，欧洲每年约有 1% 的建筑进行翻新，而通过实施提升建筑能源效率的政策，全球建筑翻新率有望提升至每年 1%～2%。全球建筑与建设联盟（GlobalABC）、国际能源署（IEA）以及联合国环境规划署（UNEP）等机构提出了 2030 年前实现全球每年 3% 建筑翻新率的目标，以助力《巴黎协定》中的建筑脱碳。随着翻新率的提升，保温材料市场预计将迎来增长，增长率将与整体市场约 2% 的年增长率保持同步，为巴斯夫带来每年超过 1.5 亿欧元的额外年净销售额。

续表

项目名称	描述
应对机会的成本	1亿欧元
实现机会的策略和成本计算的解释	巴斯夫在2022年采取了多项措施以推进其可持续发展战略，具体举措包括： ①扩大生产规模，并推出新的可持续产品系列，例如，生物质平衡（BMB）版的Styropor®、Neopor®和Styrodur®，以及回收再利用产品如Neopor®循环，以强化其环保产品线； ②巴斯夫积极参与多个与节能建筑和建筑标准相关的组织，如CEFIC、plasticseeurope和PU Europe，认识到这些机构在设定行业标准与推动最佳实践方面的重要作用； ③在推广保温材料优势方面，巴斯夫于2020年成为瑞士杜本多夫Empa和Eawag研究机构所运行的NEST模块化创新建筑项目的主要行业合作伙伴，通过实际行动彰显保温材料的价值； ④巴斯夫投资于研发新的低碳绝缘解决方案，目标是推出可回收的产品版本，这一过程中，核心可持续性工具如生态效率分析提供了关键支持。 在研发投入方面，巴斯夫于2022年在“化学品”领域的研究投资总额达到约1亿欧元，其中涵盖了苯乙烯泡沫的研究。尽管每个全职等效（FTE）的研发成本约为15万欧元，但巴斯夫认为这些投资对于其整体运营成本而言是合理的，且对于推动公司的长期可持续发展战略具有不可估量的价值。

（3）机遇3——低排放产品和服务

巴斯夫在可堆肥与土壤生物降解塑料领域处于市场领先地位，其产品ecovio®因环保特性广泛应用于农业、消费品及包装行业。欧盟新的有机废物分类政策为巴斯夫带来了市场机遇，其ecovio®袋作为可堆肥产品，有助于简化有机废物收集并实现生物降解，减少微塑料污染。预计巴斯夫将在未来几年内实现3亿欧元的市场增长，具体财务影响分析如表9－8所示。

表9－8　巴斯夫气候相关机遇3带来的财务影响情况

项目名称	描述
机会类型	开发和/或扩大低排放产品和服务
主要与气候相关的机会	由于产品和服务需求增加导致收入增加
时间范围	短期
可能性	很有可能
影响程度	中高
潜在的财务影响数字	0.3亿欧元

续表

项目名称	描述
财务影响数据解释	市场研究揭示，巴斯夫目前在农业、消费以及包装领域的市场份额约为10%。这一份额的估算基于以下计算方法和数据： 巴斯夫假设，如果随着上述立法驱动因素（包括欧盟有机废物分类的强制规定、欧盟多国对一次性塑料袋的禁令、中国对外卖用品的限制以及扩展生产者责任政策的实施）的推动，相关产品市场得以增长，而巴斯夫能够保持其10%的市场份额，那么它将获得额外的3000万欧元收入。这一数字是基于对未来几年这些生物可降解塑料市场的总潜力将达到3亿欧元的较低估计得出的，巴斯夫所占份额即为该总潜力的10%。 这些市场潜力的预测来源于多个国家和跨国协会的数据，包括法国塑料包装协会、意大利生物降解塑料协会、中国标准化办公室可降解塑料委员会以及欧洲农业塑料环境组织等。尽管中国的新法规为巴斯夫等市场参与者带来了市场规模和变化的额外潜力，但这些发展的具体影响仍需在未来几年中进一步观察和准确评估。
应对机会的成本	12万欧元
实现机会的策略和成本计算的解释	巴斯夫凭借其在全球生物降解性研究领域的实验室能力、聚合物复合技术的专业知识，以及专用的复合生产线，具备了把握上述市场机遇的坚实基础。与商业伙伴、协会及利益相关者的紧密合作，将进一步巩固巴斯夫的市场地位，并推动其产品及相关成果的推广与发展。 为了构建一个可堆肥设计平台，巴斯夫预估的总成本为12万欧元，具体分配如下：会员费用（两年期）为2.5万欧元，ecovio产品的现场测试所需材料成本为1.5万欧元，生产针对特定应用及分销环节的产品成本为2万欧元，潜在的研发人员成本为6万欧元。值得注意的是，这些成本预计不会给巴斯夫带来重大的额外财务负担，因为它们将主要通过公司的标准预算（例如，企业传播中的人员开支和常规营销预算）来覆盖。

（4）机遇4——利用更高效的生产和分配流程

2022年，巴斯夫的一次能源使用量高达约5290万兆瓦时。《巴黎协定》推动了能效激励政策，2019年，巴斯夫通过投资能效项目获得了国家资金扶持，其新装置提高了能源效率并减少了二氧化碳排放。新装置的蒸汽生产效率从70%提升至76%，每年节约6000吨二氧化碳排放量，有效替代了天然气使用。具体财务影响分析如表9－9所示。

表9－9　巴斯夫气候相关机遇4带来的财务影响情况

项目名称	描述
机会类型	使用更有效的生产和分配流程
主要与气候相关的机会	降低间接（经营）成本
时间范围	短期

续表

项目名称	描述
可能性	几乎可以肯定
影响程度	中
潜在的财务影响数字	0.23 亿欧元
财务影响数据解释	巴斯夫在2022年实施了312项能效提升措施，这些措施不仅减少了能源消耗，还带来了显著的财务节省效益。每项措施所报告的年度节省量以“节省的兆瓦时”为单位进行衡量，并通过与当地每兆瓦时的成本相乘，进一步转化为具体的财务节省金额。在仅考虑已实施项目的基础上，所有年度节省的总和累计达到了2300万欧元这一可观的财务影响数字。鉴于措施数量庞大，进行更为详尽的分析似乎并不切实际。
应对机会的成本	0.2 亿欧元
实现机会的策略和成本计算的解释	巴斯夫致力于提升能源效率，为此，在所有相关场所推行了能源管理系统。截至2022年年底，已有76个生产基地采纳了符合DIN EN ISO 50001标准的认证能源管理系统，这些基地的一次能源需求占比高达87.7%。此外，巴斯夫还实施了持续卓越运营（opex）计划，该计划每年都会推出能效提升措施，作为利用opex杠杆实现气候保护目标的重要手段。 在报告年度内，巴斯夫为卓越运营计划中提出并批准的能效措施投入了2000万欧元。需要注意的是，这一成本仅涵盖了已进入实施阶段的项目，而尚未开始实施的项目并未计入其中。鉴于涉及的能效措施数量庞大，进行更细致的分类并不现实。

9.4 案例总结与启示

9.4.1 气候相关风险和机遇的当期财务影响

在资产减值测试中，巴斯夫特别关注了气候变化带来的资产价值变动，包括碳排放权的潜在价值变动以及商誉的评估。由于汽车行业正在经历从内燃机向电动汽车的转型，巴斯夫的排放催化剂业务需求面临下降的挑战。这一市场变化已在商誉减值测试中有所体现，尽管目前尚未导致实际的减值损失，但已显示出负长期增长率的趋势，反映了气候政策和市场变化对公司资产的潜在影响。

一方面，巴斯夫在环境保护和补救方面的投入显著增加，2023年确认了高达9.48亿欧元的相关费用，这彰显了公司在积极应对气候变化和环境保护方面的责任感和承诺。另一方面，巴斯夫因停止北美地区与环保措施相关的资金预留，从而确认了收入的增加。同时，公司通过出售碳排放权证书获得了1.85亿欧元的收入，这进一步体现了公司在气候变化背景下的财务策略和灵活性。

在绿色电力采购方面，巴斯夫通过签订长期供应协议和购买可再生能源证书等方式，积极采购绿色电力。同时还参与了工业 CCS 项目，并计划在美国建设低排放蓝氨工厂，这些举措预计将大幅减少 CO_2 排放，进一步彰显了巴斯夫在气候变革中的坚定决心。

9.4.2 气候相关风险和机遇的预期财务影响

气候变化对巴斯夫财务状况产生的当期影响已初步显现，而预期影响则更为深远且复杂。从新兴监管碳定价机制的角度来看，巴斯夫正面临着来自欧盟排放交易系统（ETS）等政策的额外成本负担，这对公司的成本竞争力构成了挑战。同时，新兴监管碳定价机制还可能导致电力部门转嫁的排放配额成本增加，这可能会进一步推高巴斯夫的购电价格，增加其运营成本。除了新兴监管碳定价机制的影响外，巴斯夫已深刻意识到气候变化对公司运营的潜在物理风险，特别是其在路德维希港的大型工厂，该工厂运营高度依赖莱茵河水资源，因此易受干旱和低水位等极端天气事件的影响。为应对这些挑战，巴斯夫已采取多项措施增强运营的稳健性，并持续关注及适应气候变化的新趋势。

同时，巴斯夫不仅将气候变化视为风险，更视为机遇。公司积极投身于低排放产品和服务的开发与推广，涵盖创新锂离子电池的生产与回收、电动汽车的转型、有机废物处理以及建筑物的脱碳等领域，这些努力将共同推动巴斯夫向低碳经济转型。

9.4.3 启示

巴斯夫作为一家全球领先的化工公司，其运营和供应链受到气候变化的影响尤为显著。尽管巴斯夫在应对气候变化方面已经下定决心并采取了一系列实际行动，如增强运营的稳健性以抵御极端天气事件的影响、积极探索和开发低排放产品和服务、提高气候相关财务信息的透明度以及积极采购绿色电力等，但在其年报中未明确披露气候相关情景分析，成为其在气候信息披露方面的一个不足。巴斯夫应在年报或其他公开报告中详细披露情景分析的结果，包括在不同情景下的潜在风险、机遇以及应对策略的有效性。这将有助于投资者、消费者和公众更好地了解公司在应对气候变化方面的努力和成果。同时，鉴于气候变化是一个持续演变的过程，巴斯夫应定期更新其气候相关情景分析，以反映最新的气候变化趋势和预测。这将有助于公司保持对气候变化的敏锐洞察，并及时调整其应对策略。

巴斯夫关于气候相关的风险和机遇的财务规划，多数仅局限于定性描述，难以明确公司具体投入金额或投入比例。巴斯夫可以设定具体的气候相关财务目标，如每年在气候保护方面的研发投入比例、节能减排项目的投资金额等。这些目标应与公司的整体战略和气候保护目标相一致，并具有一定的可操作性和可衡量性。

气候变化带来的新兴监管碳定价机制对公司的财务状况带来深远影响。巴斯夫应进一步强化对新兴碳定价机制的财务影响评估，包括对碳税、碳排放交易体系（ETS）等政策的潜在影响进行定量分析。这将有助于公司更好地规划未来的资本支出和运营策略。同时，参考行业内其他企业的做法，巴斯夫可以实施内部碳定价机制，为碳排放设定内部成本，从而激励减排措施的实施，并为未来的外部碳成本做好准备。

在物理风险和转型风险双重刺激下继续将气候因素融入风险管理全过程。巴斯夫预测，极端气候风险加剧冲击财务状况。如今，这类风险发生的可能性与频率显著上升，甚至出现时间也显著提前，无疑给未来增添了极大的不确定性。这意味着企业应在风险偏好陈述书中设置气候相关风险指标，提供充分信息以支持各个层级（投资和贷款）作出有效决策。

第 10 章
拜耳披露案例分析

10.1 公司背景

拜耳（Bayer）[①] 是一家生命科学企业，公司核心业务是疾病预防、缓解和治疗，同时致力于供应可靠的高品质食物、饲料和植物原料，其事业部有处方药、健康消费品和作物科学。截至2022 年12 月31 日，拜耳在83 个国家拥有354 家子公司。公司股票在纽约证券交易所上市，其最新的 MSCI ESG 评级为 A。

拜耳 2023 年度营业收入 476.37 亿欧元，2023 年主要财务指标如表 10－1 所示。

表 10－1　　拜耳 2023 年主要财务指标　　单位：亿欧元

财务指标	数值
营业收入	476.37
EBITDA	106.32
息税前利润	6.12
净利润	－29.41
自由现金流	13.11
扣除特殊项目前 EBITDA	117.06

① 本案例根据拜耳 2023 年年报、可持续发展报告及 CDP 问卷进行分析，相关链接如下：https：//www.bayer.com/sites/default/files/2024－03/bayer－annual－report－2023.pdf；https：//www.bayer.com/sites/default/files/2024－03/bayer－sustainability－report－2023.pdf；https：//www.bayer.com/sites/default/files/bayer－ag－cdp－climate－2023.pdf。

10.2 当期财务影响

10.2.1 碳排放权/证书

拜耳为了实现自身运营碳中和，投资了巴西、印度尼西亚、柬埔寨、哥伦比亚和乌拉圭等国家的重新造林和森林保护项目。这些项目有助于土壤中封存更多的二氧化碳，并且这些封存是经过认证的，由此取得的碳抵销证书可以在市场上出售。2023 年通过这种方式，拜耳抵销了相当于 60 万吨二氧化碳当量的温室气体排放。

拜耳未在财务报表中披露碳排放权定量金额，仅在附注中提及碳排放额度的确认方式。碳排放额度符合无形资产的标准，由于其使用寿命不确定，不需要摊销。如果排放配额是由法定机构根据监管要求（如欧盟排放交易体系）免费授予公司的，则排放配额不予确认。如果排放量超过分配的排放配额许可，则购买额外的排放配额，并按成本确认为无形资产，相应的配额成本在排放期间确认，通常反映取得排放证书的成本。如果某一特定期间的排放量超过相应的排放配额，则这部分成本按配额的当期市场价值计量。当配额使用完毕时，无形资产终止确认。

为实现与温室气体减排计划相关的自愿气候目标而获得或生产的二氧化碳证书，包括可再生能源证书，按成本确认为无形资产，并在使用完毕时根据相关功能成本终止确认。如果它们在生产过程中使用或打算在正常经营过程中出售，则在存货中确认。证书在取得后被抵销而立即报废的，直接在功能成本中确认。

10.2.2 环境保护准备金

拜耳 2023 年环境保护准备金增加 1 亿欧元，截至 2023 年 12 月 31 日账面余额为 6.54 亿欧元。环境保护准备金主要是为确保遵守环境法规、污染土地修复工作、垃圾填埋场复垦、再开发和水保护措施的预期成本而计提的。对环境保护和类似措施的预计成本的估计，尤其涉及有关适用法律法规和当地实际情况的不确定性。估算成本的重要因素包括以往在类似案例中的经验、专家意见、当前成本和影响成本的新情况、管理层对当前环境法规的解释、可能有义务根据共同责任分担任何补救费用的第三方的财务状况，以及可能采用的补救方法。这些假设的变化可能会影响本集团未来报告的业绩。考虑到迄今所获得的经验以及截至交易截至日期的知识和情况，拜耳认为准备金已足够。但是，重大的额外费用可能会超出应计金额，从而导致后续期间的额外费用。拜耳环境保护准备金变动情况如表 10－2 所示。

表 10 – 2　　拜耳环境保护准备金变动情况　　单位：亿欧元

2023 年 1 月 1 日	6.17
增额	1.00
使用额	(0.41)
抵销额	(0.26)
利息成本	0.25
汇兑差额	(0.21)
2023 年 12 月 31 日	6.54

10.2.3　气候变化带来的财务影响

气候变化可能引起会计估计的不确定性和风险，并可能对拜耳的财务状况和经营结果产生影响。由于气候相关风险对财务状况和经营业绩有潜在影响，因此气候相关风险被纳入拜耳企业风险管理系统。由于气候相关的自然事件对其场地造成的潜在财务后果，利用保险进行对冲。例如，2021 年的飓风艾达，该飓风导致拜耳在美国索达斯普林斯和鹿陵的工厂当年的生产中断。因此，根据财产和业务中断保险范围，拜耳在 2023 年获得了 1.95 亿欧元保险赔偿。

此外，2023 年，与气候相关的事项不会影响集团资产的预期使用寿命。与物理或转型相关的气候相关风险也没有导致任何重大折旧、摊销或减值。根据目前可获得的信息，没有迹象表明，在已经确认的减值损失之外，还需要额外的减值损失。

10.2.4　可再生能源购买协议

随着液化天然气采购发展、能源效率措施的提升、德国储气设施的增加以及天然气市场形势的缓和，2023 年能源采购成本同比增长约 8.7%（7400 万欧元），可再生能源目前占集团总采购电量的 35.4%（2022 年为 32.6%）。2023 年 5 月，拜耳与 Cat Creek Energy（CCE）签订了一项长期可再生能源购买协议，该协议将使拜耳每年从 CCE 在美国爱达荷州建设的可再生能源和储能设施中获得高达 1.4 太瓦时（TWh）的清洁电力。这将确保拜耳美国工厂所需电力的 60% 来自可再生能源，相当于拜耳全球电力需求的 40%。

该协议还将使拜耳每年获得高达 140 万个再生能源证书（REC）。可再生能源证书是一种可交易的证书，它代表了 1 兆瓦时（MWh）的可再生能源电力的产生。通过购买这些 REC，拜耳能够证明其使用了相应数量的可再生能源电力，有助于减少公司在能源采购中的碳足迹，降低公司对环境的影响。这一举措是拜耳实现其可持续发展目标的一部分，即到2030年在全球范围内实现自身运营的碳中和，并购买100%的可再生能源电力。

根据IFRS 9. 2. 4，该购买协议属于自身使用豁免，但也包含一份差价合约，该合约符合通过损益以公允价值计量的嵌入衍生金融工具的定义。在初始阶段，嵌入衍生金融工具的公允价值等于零。合同期限内公允价值的变动主要受未来能源价格的影响，在利润表中予以确认。截至2023年12月31日，公允价值为1. 31亿美元。如果截至2023年12月31日，预期能源价格上涨（或下跌）10%，在其他条件相同的情况下，嵌入衍生金融工具的公允价值将上涨5400万欧元（或下跌6800万欧元）。

10. 2. 5　法律诉讼

拜耳面临着许多法律风险，特别是在产品责任、竞争和反垄断法、反腐败、专利纠纷、税务评估和环境问题方面。任何当前或未来诉讼的结果通常无法预测。因此，法律或监管判决或未来的和解可能会产生保险公司未承保或未完全承保的费用。2023年拜耳重大诉讼的开支为8. 89亿欧元（2022年为7. 91亿欧元），主要涉及多氯联苯及草甘膦。杂项经营费用包括总额为7300万欧元的非拨备相关法律费用，以及与出售环境科学专业业务和Nebido TM的产品权利有关的5400万欧元费用。

拜耳公司的子公司孟山都在美国多个政府机构提起的诉讼中成为被告，认为公司作为制造商应对环境中多氯联苯造成的各种损害负责。2020年，拜耳达成了一项价值约6. 5亿美元的集体和解协议。2022年，法院最终批准了集体和解协议。集体和解协议中约有84家选择退出，其中62家目前已提起诉讼。华盛顿特区、华盛顿、新墨西哥州、俄亥俄州、宾夕法尼亚州、新罕布什尔州和弗吉尼亚州先前提起或威胁提起的诉讼，合计和解金额约为4. 56亿美元。该公司还以6. 98亿美元的价格与俄勒冈州了结了一项未决案件。2023年6月，佛蒙特州司法部长向州法院提起诉讼，要求赔偿与多氯联苯污染该州环境和学校建筑有关的损害。

10. 2. 6　与欧盟分类法一致的营业收入与资本支出

2023年符合欧盟分类标准的销售额为182. 99亿欧元（2022年为0），不符合分类标准的销售额为293. 38亿欧元（2022年为507. 39亿欧元）。因此，符合欧盟分类法的销售额占比为38. 4%（2022年为0）。

2023年，拜耳符合分类标准的资本支出为5. 43亿欧元（2022年为3. 9亿欧元），不符合分类标准的资本支出达27. 98亿欧元（2022年为32. 5亿欧元），因此符合分类标准的资本支出达到16. 3%（2022年为10. 7%）。表10－3列示的是公司与欧盟分类法相一致的与减缓气候变化有关的资本支出。

表 10－3　拜耳与欧盟分类标准一致的环境可持续活动资本支出情况　单位：亿欧元

	资本支出	减缓气候变化	适应气候变化
A. 1 符合分类标准的环境可持续活动的资本支出	0	0	0
A. 2 符合分类标准但环境上不可持续的活动（不符合分类标准的活动）的资本支出	5. 43	0. 163	0. 022
符合分类标准的活动的资本支出（A. 1＋A. 2）	5. 43	0. 163	0. 022
不符合分类标准的活动	27. 98	0. 837	—
总额	33. 41	1	—

10. 2. 7　关键审计事项

研读拜耳 2023 年审计报告后，我们注意到该集团审计机构德勤会计师事务所于审计报告列示的关键审计事项之一——“与产品相关的法律纠纷所产生的风险”涉及环境保护事项。

（1）关键审计事项描述

拜耳与公共机构、竞争对手和其他各方进行法庭和庭外诉讼。这些诉讼会产生法律风险，特别是在产品责任、竞争和反垄断法、专利法、税法和环境保护等领域。在美国，有人对拜耳在美国圣路易斯的子公司孟山都公司及其他子公司提起诉讼，要求赔偿和惩罚性赔偿。在其中一起诉讼中，原告声称他们接触了孟山都公司生产的草甘膦产品，接触这些产品导致了人身伤害。此外，孟山都还被美国多个政府实体提起诉讼，声称孟山都及其前身公司作为多氯联苯制造商，应对环境中包括水体中的多氯联苯造成的各种损害负责。在上述诉讼综合体中，拜耳自 2020 年起已陆续与部分原告或原告律师达成不同范围的和解协议，以解决部分相关诉讼。孟山都还面临着几起诉讼，指控使用和接触多氯联苯产品造成人身伤害和财产损失。是否以及在何种程度上有必要确认计提目前一项或多项法律纠纷所造成的风险的相关准备金，在很大程度上取决于执行董事的估计和酌情假设。在此背景下，考虑到索赔金额，审计师认为拜耳上述产品相关纠纷对审计具有特别重要的意义。

（2）审计应对

作为审计流程的一部分，审计师对拜耳所采取的步骤进行了评估，包括识别法庭诉讼和非诉讼法律争议、估算这些争议的可能结果，以及确保这些争议在公司的财务报告中得到恰当的披露。审计师定期与公司内部法律部门进行讨论，公司已解释导致对诉讼结果预期作出相应调整的最新发展情况及原因。审计师审慎研究和评估了有关的解释以及收到的资料和证据，也通过与相关和解协议进行基于样本的比较，检查已部分达成的和解协议的准备金确认及计量。重大法律诉讼的演变，包括可能结果的估计，已由拜耳公司以书面形式向审计师提供。于报告日期，审计师进一步取得并审慎评估外部律师确认书。考虑到公司的估计，审计师也审慎评估了预期辩护费用准备金的相关假设，并根据过往类似诉讼的经验及其他证据评估了准备金金额的可接受性。

10.3 预期财务影响

10.3.1 碳排放权

拜耳计划到 2030 年实现所有工厂（范围 1 和范围 2）的碳中和。到 2029 年年底，其目标是与 2019 年的基线相比，将自身运营中的温室气体排放量（以绝对值计算）减少 42%。拜耳将通过购买认证的碳抵销证书（主要是林业和农业），抵销自身运营过程中剩余的所有温室气体排放。此外，积极参与自愿碳市场，既从经过验证的碳抵销证书中购买碳补偿，也提供自身的碳补偿。除自愿碳市场外，拜耳还参与强制性排放交易。此外，拜耳为实现到 2050 年实现温室气体净零排放的目标，建立内部碳价格，每公吨二氧化碳为 100 欧元。

10.3.2 可再生能源投资

为了实现剩余排放量的绝对减少，拜耳计划到 2030 年投资 5 亿欧元用于可再生能源以及提高设施和建筑的能源效率。拜耳在中国北京的基地已经建成且并网了 1 兆瓦光伏发电系统，并计划在 2024 年再建一个 9000 平方米的光伏发电系统。这些投资和措施体现了拜耳在可持续发展和减少温室气体排放方面的承诺和努力。此外，到 2029 年，拜耳确保其所有工厂使用的电力 100% 来自可再生能源。因此，拜耳将签订可再生能源电力的直接供应协议或购买相应的可再生能源信用额度。

此外，拜耳在其可持续发展战略中对资本支出项目进行自愿生态评估，特别是那些超过 1000 万欧元的项目。这些评估包括减排和效率措施，以确保公司的投资不仅对财务有益，也对环境负责。

10.3.3 气候相关风险带来的财务影响

（1）碳定价机制对财务带来的影响

欧盟排放交易体系（ETS）是对欧洲工业构成风险的主要监管框架，通过减少市场上的碳配额（EUA）数量，预计碳价格将进一步上涨。在欧洲排放交易的第四个交易期（2021—2030 年），该行业的工厂运营商继续受益于免费排放证书的分配。然而，随着碳泄漏清单的调整，拜耳的 EUA 免费分配大幅减少，意味着拜耳在采购 EUA 的过程中面临着更大的市场风险。为了防止“碳泄漏”，即生产转移到排放规则不太严格的国家，欧盟正在讨论碳边界调整机制。这一新机制将为从欧盟以外进口的某些商品设定碳价格，以降低碳泄漏的风险，并推动欧盟伙伴提高其气候目标。

拜耳可能直接和间接受到欧盟排放交易体系的影响：直接来自拥有较少免费分配 EUA 的热电联产工厂，预计每年的财务影响为 2800 万欧元，具体取决于 EUA 的市场价格。作为一家全球运营公司，碳边界调整机制将影响拜耳的自身运营和采购，从欧盟以外进口某些商品的额外碳价格可能会提高采购产品的价格。总体而言，拜耳受到的影响程度相当轻微。作为一家生命科学公司，拜耳在欧盟没有任何能源密集型生产。拜耳碳定价机制对财务带来的具体影响分析如表 10 - 4 所示。

表 10 - 4　　气候相关风险 1 给拜耳带来的预期财务影响情况

项目名称	描述
时间范围	中期
可能性	非常可能
影响程度	低
潜在的财务影响数字范围	预期财务影响值——最小值（货币）：0.6 亿欧元 预期财务影响数字——最高（货币）：0.8 亿欧元
财务影响数据解释	由于欧盟排放交易体系的持续收紧，该风险的潜在影响导致公司购买的能源价格上涨。2021 年至 2024 年，由于欧盟排放交易体系可能持续收紧，拜耳预计总成本为 6000 万—8000 万欧元。这一计算是基于各地点的内部排放法规，并假设在此期间排放配额的价格最初将上涨至每吨 100 欧元。拜耳假设政治决策者的目标是每吨 130 欧元的证书价格，用于基于需求的能源生产管理。 总体而言，欧盟排放交易体系的间接影响相对较低，因为拜耳过去在能源效率措施方面投入了大量资金。
风险响应成本	1.81 亿欧元
响应描述和成本计算解释	拜耳公司 2022 年实施的能效和减排计划的总投资成本为 1160 万欧元。2022 年，在欧洲的联络处在人力资源、材料和项目方面产生的成本总计约为 100 万美元。在德国柏林成本约 400 万欧元，在比利时布鲁塞尔约 250 万欧元。拜耳在欧盟的游说工作还包括与气候相关的讨论。

（2）雨、冰雹、雪/冰对财务带来的影响

气候变化对拜耳作物科学部门构成挑战，尤其是水循环变化对农业的影响。预计全球气温上升将显著影响作物生长条件，包括降水模式、土壤湿度等。拜耳与跨职能团队合作，进行长期产量影响研究，评估气候变化对农业活动的潜在影响。根据外部专家的判断，气候变化的速度和强度可能会在未来几年内加快。拜耳认识到，长期气候模式的变化将对公司的运营产生影响，因此正在采取措施以适应这些变化。雨、冰雹、雪/冰对拜耳财务带来的具体影响分析如表10－5所示。

表10－5　　气候相关风险2给拜耳带来的预期财务影响情况

项目名称	描述
时间范围	短期
可能性	大约有可能
影响程度	中等偏上
潜在的财务影响数字范围	预期财务影响值——最小值（货币）：7.5亿欧元 预期财务影响数字——最高（货币）：15亿欧元
财务影响数据解释	气候变化对拜耳作物科学业务构成重大威胁，可能导致产品和服务需求下降，影响全球销售额，预计年增长率可能为负，持续数年。拜耳评估气候风险，归类为可能产生重大影响，预计影响金额为7.5亿—15亿欧元。气候相关风险的具体潜在影响尚未从全球影响中分离评估，但拜耳计划制订更详细的量化措施，作为实施TCFD建议的一部分。
风险响应成本	28.76亿欧元
响应描述和成本计算解释	拜耳的作物科学部门正通过创新、技术和适应策略来应对气候变化带来的风险。公司在全球范围内实现业务多元化，建立强大的供应链，将气候评估纳入全球销售和运营规划流程，并密切关注市场趋势。在评估业务风险、调整业务策略和集中研发工作时，都会考虑天气和气候因素。 拜耳2022年对作物科学部门的研发投资为28.76亿欧元，在业内独占鳌头，形成了涵盖种子和性状技术、作物保护和数字解决方案的强大创新路径。由于竞争原因，具体的研究与开发费用分配无法披露，但气候变化显然是公司业务战略和研发工作的重要因素。

（3）热浪风险对财务带来的影响

极端天气对作物科学部门的销售产生了显著影响。例如，2019年上半年，美国极端天气导致大豆种子和性状以及除草剂的销售下降。同年，澳大利亚和中国的干旱天气也严重影响了拜耳的除草剂业务。2022年，意大利部分地区的短期农业干旱严重影响了几乎所有作物的收成，对流动性、合同和商品价格等方面产生间接影响。

这些案例表明，气候变化对农业生产和拜耳有着深远的影响。随着极端天气事件的频率和强度预计将继续增加，这些影响可能会变得更加严重。因此，对于农业和相关企业来说，适应和缓解气候变化的影响变得至关重要。热浪风险对拜耳财务带来的具体影响分析如表10－6所示。

表 10 -6　　气候相关风险 3 给拜耳带来的预期财务影响情况

项目名称	描述
时间范围	短期
可能性	大约有可能
影响程度	中等偏上
潜在的财务影响数字范围	预期财务影响值——最小值（货币）：7.5 亿欧元 预期财务影响数字——最高（货币）：15 亿欧元
财务影响数据解释	季节性和经济波动对拜耳作物科学业务构成风险，可能导致需求减少和销售额负增长。拜耳评估气候相关风险，将其归类为具有重大影响的风险，预计影响金额为 7.5 亿—15 亿欧元。目前，气候相关风险的具体潜在影响难以单独评估，但拜耳计划制订更详细的量化措施，以响应投资者要求并实施 TCFD 建议。
风险响应成本	28.76 亿欧元
响应描述和成本计算解释	作物科学部门通过全球业务多元化、强大的供应链管理、全球销售和运营规划流程以及密切监测市场趋势来降低季节性和经济波动的风险。在运营层面上，拜耳正在建立再生农业，这种农业对急性事件的抵抗力更强。 拜耳 2022 年在作物科学部门的研发投资为 28.76 亿欧元，这将创新种子和性状技术、作物保护和数字解决方案。由于竞争原因，具体的研究与开发费用分配无法披露，但气候变化显然是公司业务战略和研发工作的重要因素。

10.3.4 气候相关机遇带来的财务影响

（1）机遇 1——产品和服务

随着气候变化，极端天气事件发生频率增加，可能会推动市场上对能够适应这些极端条件的农业产品需求增加。拜耳正在积极投资研究，以开发能够减轻极端天气条件对农作物生长影响的农艺解决方案，详情如表 10 -7 所示。

表 10 -7　　气候相关机遇 1 给拜耳带来的预期财务影响情况

项目名称	描述
机会类型	通过研发和创新开发新产品或服务
主要与气候相关的机会	产品和服务需求增加
时间范围	长期
可能性	基本确定
影响程度	低
潜在的财务影响数字	0.93 亿欧元

续表

项目名称	描述
财务影响数据解释	2022年，作物科学领域的销售额达到了252亿欧元，其中种子和性状产品占据了93亿欧元的重要份额。全球种子和作物保护市场在2022年实现了显著增长，调整汇率后增长率达到了12%，相较于2021年的7%有所上升，这一增长在很大程度上受到了气候变化的影响。 随着极端天气事件频率和强度的增加，市场对于能够适应极端条件的作物保护产品的需求也在增长。作物保护需求的持续增长，即使是1%的增长，也可能为作物科学领域带来额外的0.93亿欧元收入。对于2023年，拜耳对种子和作物保护市场的增长预测约为3%，1%的增长为保守估计。
应对机会的成本	0.701亿欧元
实现机会的策略和成本计算的解释	为了抓住气候变化带来的机遇，拜耳正在积极投资于作物育种、性状改良和生物解决方案的研究与开发。2022年，拜耳在作物科学领域的研发投资达到了28.76亿欧元，占集团总研发支出的44%，相当于作物科学销售额的10%，表明了拜耳对于农业科技创新的重视。 此外，自2015年以来，公司已在DripByDrip试验上投入了10万欧元，该项目旨在通过智能灌溉方法提高作物保护产品的使用效率。同时，拜耳生命科学中心计划在未来4—5年内向银杏合资企业投资约7000万欧元，以推动相关领域的研究与发展。

（2）机遇2——产品和服务

面对全球气候不确定性增加对粮食安全的挑战，拜耳推出了智能玉米系统（SCS），包括新的矮杆玉米品种，这些品种对气候威胁有更好的抵抗力。该系统还结合了数字化农艺技术，可提高农业活动的精度和效率，详情如表10－8所示。矮杆玉米杂交种田间试验显示，它不仅对恶劣气候条件有更强的耐受性，还具有更高的产量潜力。

表10－8　　气候相关机遇2给拜耳带来的预期财务影响情况

项目名称	描述
机会类型	通过研发和创新开发新产品或服务
主要与气候相关的机会	产品和服务需求增加
时间范围	中期
可能性	很可能
影响程度	高
潜在的财务影响数字	10亿欧元
财务影响数据解释	拜耳公司预计，随着智能玉米系统需求的增长，其未来财务状况将受到积极影响。这一系统的推出旨在帮助农民减少因恶劣天气导致的产量损失、提高作物管理的精准度，并通过数字化农艺技术来提升产量。据预测，在美国，智能玉米系统的引入将在销售高峰期间为公司带来额外的10亿美元净销售额。该系统2023年在美国首次亮相，随后在下一个十年的中期推广至南美、欧洲、非洲和亚洲市场。
应对机会的成本	28.76亿欧元

续表

项目名称	描述
实现机会的策略和成本计算的解释	拜耳公司正在积极拓展其在气候解决方案领域的研发，以满足农民对于提高作物产量和可持续性的需求。公司提供了包括种子、性状和数字解决方案在内的一系列创新产品，以帮助农民更好地应对气候变化带来的挑战。拜耳在全球范围内建立了先进的研究设施和测试网络，并利用数据科学平台来支持其研发工作。 2022 年，拜耳在作物科学领域的研发投资高达 28.76 亿欧元，这一投入水平在同行业中处于领先地位，预计将带来强大的创新产品线，涵盖种子、作物保护和数字农业解决方案等多个领域。虽然具体的投资分配细节因竞争原因未能公开，但拜耳的这一战略举措无疑将增强其在全球农业科技领域的竞争力。

因此，预计对能够抵御这些气候威胁的产品的需求将会增加，特别是在受极端天气影响的地区。拜耳通过其创新的农业解决方案，正在努力提高作物的气候适应性，以确保全球粮食供应的稳定性和可持续性。

10.3.5 气候情景分析

（1）转型风险

拜耳公司在其情景分析中考虑了两种主要气候变化情景：一种是乐观的气候变化情景“绿色道路”SSP1 - 1.9，预计到 2041—2060 年，全球平均气温将比工业化前升高 1.6 ℃，在 2081—2100 年可能上升 1.4 ℃，这符合《巴黎协定》的气候目标(2100 年较工业化前升温 1.4 ℃)；另一种是反映当前全球行为的“岩石之路”SSP3 -7.0，预计到 2041—2060 年，全球平均气温与工业化前时代相比将上升 2.1 ℃，在 2081—2100 年可能上升 3.6 ℃。

“绿色道路”情景假设迅速实施全球协调的气候相关法律和规则，包括短期内对公司的转型要求和新法规，导致温室气体排放量迅速减少，从而使得与气候有关的严重影响减少，而“岩石之路”情景则没有这样的假设。“岩石之路”情景假定下，预计各国出台的法律和规定将不那么一致，因地区而异。这将导致减少排放的速度放慢，从而使世界各地与气候相关变化更加剧烈。不同程度的规则也导致了额外的贸易壁垒，这些壁垒可以在碳边界调整机制（CBAM）等措施中得到体现。根据《巴黎协定》，拜耳公司运营的最重要的国家和地区已承诺减少温室气体排放，以减缓全球变暖。

2023 年，拜耳将“绿色道路”情景从 SSP1 - 2.6 改为 SSP1 - 1.9，以符合 TCFD 的要求。这并没有导致公司的风险和机会有任何相关的变化。拜耳认为，这两种情景对于评估公司的气候相关风险都很重要，即使当前的全球发展和危机使得“绿色道路”情景看起来不太现实。

欧盟的《绿色协议》旨在推动经济和社会向零排放过渡，目标是到2050年实现气候中和。为实现这一目标，欧盟预计将提高温室气体排放成本，通过二氧化碳法规（如欧盟排放交易体系EU ETS或碳税）来实施。同时，欧盟将调整融资激励措施（例如，通过EU分类法），并推动技术变革，包括推广可再生能源和氢技术。中国也已承诺到2060年实现净零排放，预计会出台更多相关法规以支持这一目标。这些措施都是为了应对气候变化，推动全球向更可持续的未来迈进。

拜耳公司的脱碳战略专注于减少温室气体排放，并与实现1.5 ℃的气候情景目标保持一致。公司不断监测监管环境的变化，以评估这些变化对业务的潜在影响，并尽量减少由于预期的法规变更而可能带来的额外成本风险。例如，国家和国际层面制定的二氧化碳减排目标可能会促使社会放弃使用化石燃料，进而影响对生物质燃料（如生物燃料）的需求。监管机构的决策可能会增加或减少对生物燃料的需求。由于拜耳的一些客户种植玉米以生产生物燃料，这些决策可能会对拜耳的销售市场产生影响。

作为全球农业领域中最大的二氧化碳排放源之一，农业有机会在气候保护方面发挥重要作用，从而帮助减少气候相关风险。这可以通过在农田中捕获二氧化碳来实现。拜耳公司通过这些努力，致力于在其运营和供应链中实现碳中和，并减少其产品对环境的影响。

（2）物理风险

急性物理影响。气候变化导致极端天气事件的频率和强度增加，如干旱、暴雨和风暴。这不仅增加了作物损失的风险，也对整个农业价值链构成了威胁。政府间气候变化专门委员会（IPCC）预测显示，这些极端事件的强度在不同地区会有所不同，如中北美地区预计极端降水将增加，南美季风地区预计季风季节延迟和干旱加剧。

慢性物理影响。气候长期物理影响会导致水循环变化，比如气候变得更潮湿或更干燥，或者季风季节的延迟。病虫害的传播和温度变化的耦合效应增加了作物损失的风险，从而给整个农业价值链带来风险。拜耳通过继续开发创新和可持续相关的方法来最大限度地降低风险，因此目前没有对集团财务状况或运营结果的预期有任何根本性的改变。

从长远来看，这些风险可能会增加。一些生产设施位于可能受自然灾害影响的地区，如粮食灾害或地震。这些风险的出现都可能导致生产中断或停产、人身伤害和/或声誉受损、销售和/或利润下降，并有必要重建受损的基础设施。如果公司无法满足产品需求，销售额可能会出现结构性下降，因为患者可能在此期间接受替代治疗，可能不会换回公司的产品。但是，由于夏季更热或更频繁的热浪，心血管疾病等健康风险也可能加剧，这可能会增加对心血管疾病产品或营养补充剂的需求。

目前，拜耳已在其全公司企业风险管理流程中识别并评估了若干气候相关风险，并定期审查所有风险，制定缓解措施。在某些情况下气候变化明显是地方性的，但仍需长期观察，它们对拜耳的确切影响目前只能粗略估计，具体分析如表 10 – 9 所示。

表 10 – 9　　　　拜耳气候情景分析情况

情景	主要考虑的变量/假设	影响因素	时间范围
过渡气候情景：1.5 ℃	——2040 年平均气温上升：1.5 ℃；2060 年：1.7 ℃；2100 年：1.8 ℃（最佳估计）； ——到 2050 年实现完全脱碳（与 2019 年相比减少 90% 的 CO_2），在 2040 年以具有竞争力的成本和规模实现高持久性的碳捕集； ——世界各地的高转型影响导致更大的压力，创新业务，实现净零社会； ——较低的物理影响； ——快速的技术进步包括：氢和电气化，能源需求增加了 4 倍；替代燃料的快速增长； ——到 2050 年，人口增长将达到 85 亿； ——粮食系统加速向低温室气体排放发展，包括改变动物饲料，减少食物浪费，改变饮食和食品创新； ——全循环经济，资源消耗少	①法律、法规、政策； ②碳税/定价，碳边界调整和抵销； ③商品价格； ④终端客户、消费者和市场； ⑤粮食安全——急性物理； ⑥极端天气事件——慢性物理； ⑦永久性水循环； ⑧疾病； ⑨温度	短期（2021—2025 年） 中期（2026—2035 年） 长期（2036—2050 年）
物理气候情景：3.1—4 ℃	——2040 年平均气温上升：1.5 ℃；2060 年：2.1 ℃；2100 年：3.6 ℃（最佳估计）； ——大量温室气体仍排放到大气中； ——没有额外的气候政策情景；较低和区域不同的过渡影响（政府部分未能引入严格的政策）； ——高物理影响（增加急性和慢性物理变化，并产生连锁效应）； ——创新一直持续到今天。缺乏推动力和额外投资，无法快速适应绿色创新技术； ——人口高增长（到 2050 年达到 100 亿），不平等现象持续存在或随着时间的推移而恶化； ——目前饮食水平的粮食安全不平等，低温室气体排放粮食系统仅部分实施。循环性改善有限，资源密集型消耗在很大程度上仍在继续		

10.4　案例总结与启示

10.4.1　气候相关风险和机遇的当期财务影响

拜耳通过资助国际重新造林和森林保护项目，抵销了相当于 60 万吨二氧化碳当量的温室气体排放。尽管公司没有明确披露碳排放权的定量金额，但通过这种方式，拜耳实现了工厂的气候中和，这对财务有积极影响。在 2023 年增加环境保护准备金 1 亿欧元，达到 6.54 亿欧元。这反映了公司对未来环境法规遵守、污染土地修复、垃圾填埋场复垦等方面的预期成本的增加。但同时，拜耳面临与产品责任、环境问题相关的法律风险，2023 年重大诉讼的开支为 8.89 亿欧元。这些费用对公司的当期财务状况产生了显著影响。此外，拜耳的部分核心业务首次获得分类资格，符合分类标准的销售额为 182.99 亿欧元，这可能对公司的财务状况和市场定位产生积极影响。拜耳还与 Cat Creek Energy 签订了长期可再生能源购买协议，预计这将使公司每年获得高达 1.4 太瓦时的清洁电力，有助于减少能源采购中的碳足迹。

这些分析表明，气候相关风险和机遇对拜耳的当期财务状况有着复杂的影响。公司在应对这些挑战时采取了一系列措施，包括增加环境保护准备金、参与法律诉讼、投资可再生能源和提高能源效率。同时，拜耳也看到了气候变化带来的机遇，并通过研发和创新来抓住这些机遇。这些做法不仅有助于公司实现可持续发展目标，也对公司的长期财务健康和市场竞争力产生了积极影响。

总体而言，拜耳的案例显示，企业需要在财务规划和决策中充分考虑气候相关风险和机遇，以确保长期的财务稳定和增长。通过透明的信息披露和积极的管理措施，公司能够更好地应对气候变化带来的挑战，并利用这些变化带来的机遇。

10.4.2　气候相关风险和机遇的预期财务影响

气候相关风险和机遇对拜耳未来财务表现的影响是多方面的，涉及政策、物理环境变化以及市场需求的转变。气候变化带来的政策和法规风险可能导致公司面临更高的运营成本和合规压力。随着全球各国政府和国际组织加强对气候变化的应对，尤其是在碳排放、资源消耗和废物管理等方面的监管趋严，拜耳可能面临越来越严格的环境法规，尤其是在其化学和农业业务中，这些行业对环境影响较大，可能会需要更多的资源来适应这些新规。虽然拜耳在环境管理上已采取一定的措施，但这些政策变化依然可能会影响其财务表现，尤其是在对环境法规敏感的化学和农业产品部门。

气候变化带来的物理风险，如极端天气事件可能会直接或间接影响拜耳的生产设施、供应链和分销网络。拜耳的生产基地可能位于气候敏感区域，极端天气事件可能导致工厂停产、原材料供应中断或运输延迟，从而影响生产效率和交货时间。此外，气候变化可能引发农业生产的不确定性，农业原材料的供应可能受到气候变化的显著影响，这直接增加了运营风险。极端天气条件下的作物失收、原材料短缺等，都可能导致生产成本增加，进而对拜耳的整体财务状况产生负面影响。特别是在全球气候变化日益加剧的背景下，这类物理风险的发生频率和强度有可能进一步加大。

然而，气候变化也为拜耳带来了巨大的机遇。随着全球对可持续发展的关注增加，拜耳有机会通过提供绿色、环保的产品和解决方案来满足市场需求，推动业务增长。拜耳能够借此推出更加环保的农药、低碳排放的化学品，以及生物基或循环利用材料等，这些创新产品不仅符合环保政策要求，也能迎合消费者对可持续产品的需求，从而扩大市场份额，提升品牌价值。随着气候变化带来的压力加大，投资者对环保和可持续发展要求日益严格，拜耳如果能够在这些领域取得突破，不仅能够提升财务表现，还能增强其市场竞争力。

总的来说，气候相关风险和机遇对拜耳的财务影响是复杂且双向的。公司面临着政策、物理风险带来的挑战，同时也拥有通过创新、可持续产品和绿色投资等途径把握气候相关机遇的机会。未来，拜耳需要积极应对气候变化带来的各类风险，通过加强气候相关风险管理和推动业务绿色转型，不仅能够确保合规，还能在不断变化的市场中占得先机，从而实现长期的财务可持续性增长。

10.4.3 启示

尽管拜耳在其可持续发展报告中提到了对可再生能源和提高能源效率的投资，但没有详细披露预算分配金额以及周期支出计划，仅提供一个总量金额。这包括用于减少排放或提高气候韧性的投资计划，如转向可再生能源的措施。例如，拜耳计划到2030年投资5亿欧元用于可再生能源以及提高设施和建筑的能源效率；拜耳宣布了到2030年实现自身业务运营碳中和的目标，并计划通过实施能效措施、使用100%的可再生电力等手段来实现这一目标。这需要大量的资本支出，但具体的投资数额和计划的详细情况可能需要进一步披露以提升透明度。这些投资计划的具体细节和进展报告对于评估公司的气候相关资本支出至关重要。

拜耳在农业领域的研发投入确实为公司带来了机遇，尤其是在气候变化的大背景下。公司在创新和技术改进方面的大量投资，不仅推动了农业的可持续发展，也为应对气候挑战提供了新的解决方案。然而，由于商业敏感性的原因，拜耳在气候相关资本支出的具体数额和对气候韧性的具体贡献方面的披露可能不够详尽。这可能包括对减少温室气体排放技术的投资、提高农业系统对极端天气事件的抵御能力的研发费用，以及为适应和缓解气候变化影响而采取的各种措施的财务细节。

气候变化带来的极端天气事件，如热浪、洪水等，对农业的影响是深远和复杂的。这些事件可能导致资产损坏、运营中断，导致农业资产的减值或折旧加速，增加维修和恢复成本，削弱资产的盈利能力。根据外部专家的判断，未来几年内气候模式改变的速度和强度可能会加快，这会直接影响资产的可使用性和未来的收益能力，拜耳应当及时调整财务报表，确保财务健康。同时，拜耳需要构建具有气候韧性的农业基础设施，如节水灌溉系统和防洪措施，以减少极端天气事件对农业生产的影响，尽可能定量评估预计发生的投资金额，增强披露的透明度。

拜耳通过发展可再生能源、提高能源效率、购买绿色能源的策略，展现了化工行业在新能源技术领域的积极探索和实践。这些措施不仅有助于降低公司运营风险，提升生产效率，还对环境的可持续发展产生积极影响。化工企业还需要关注政策变化，如碳税、碳交易等，以及市场需求的变化，如消费者对环保产品的需求增加。企业应灵活调整策略，以适应这些变化。能源价格波动和供应不确定性可能对化工企业的生产成本和供应链管理带来挑战。

第 11 章 联合利华披露案例分析

11.1 公司背景

联合利华（Unilever）① 是一家快消费品公司，公司核心业务是生产和销售肥皂、食品以及其他家庭消费品。其事业部有美容与健康、个人护理、家庭护理、营养和冰淇淋。它的产品包括多个知名品牌，如多芬（Dove）、力士（Lux）、清扬（Head&Shoulders）、家乐（Knorr）、立顿（Lipton）以及和路雪（Wall's）等。公司股票在伦敦证券交易所上市，其最新的 MSCI ESG 评级为 AAA。

联合利华 2023 年度营业收入 596 亿欧元，2023 年主要财务指标如表 11 -1 所示。

表 11 -1　　联合利华 2023 年主要财务指标　　单位：亿欧元

财务指标	数值
营业收入	596
营业利润	98
税前利润	93
净利润	71
自由现金流	71
经营活动产生的现金流	116
用于投资活动的净现金流	23
用于融资活动的净现金流	72

① 本案例根据联合利华 2023 年年报、CDP 问卷及 2024 年气候转型报告进行分析，相关链接如下：https：//www. unilever. com/files/66bc4aea -608f -46ee -8da3cde0ec8ebe90/unilever - annual - report - and - accounts -2023. pdf；https：//www. unilever. com/files/adc7a79b -30a3 -4d33 -925b -86c055c2596a/cdp - climate - change - questionnaire -2023. pdf；Unilever Climate Transition Action Plan updated 2024。

11.2 当期财务影响

11.2.1 资产减值

本公司的不动产、厂房及设备，包括自有资产及租赁资产，其剩余价值及可使用年限的检查已考虑气候变化的影响及为减轻及适应该等气候相关风险而采取的行动，对本年度的利润表并无重大影响。不动产、厂房及设备按成本减折旧及累计减值计量。如果触发事件或情况表明有必要，则需要对不动产、厂房和设备进行减值测试。若出现减值迹象，则会估计资产或现金产生单元的可收回金额，而任何减值于产生时在利润表中扣除。自有资产按历史成本进行初始计量。折旧按资产预期平均可使用寿命以直线法计提。剩余价值及可使用年限至少每年检查一次。

11.2.2 可持续投融资

气候转型行动计划（CTAP）概述了公司正在采取的行动，以减少业务和整个价值链的温室气体排放，实现 2039 年净零排放。2020 年公司设定目标，即在棕榈油、纸张与纸板、茶叶、大豆和可可中实现无森林砍伐的供应链。截至 2023 年年底，公司已建立基础设施、监控及验证系统，以管理无砍伐森林的供应链。为实现这一目标在供应链中启动了一项大规模转型计划，包括对联合利华油脂化学品设施战略投资 1.31 亿欧元，以在未来几年直接采购无森林砍伐的棕榈油和棕榈仁油。同时联合利华还与供应商合作，在巴西投资一家“绿色炼油厂”，支持大豆供应链的转型，这将为公司业务和其他行业增加无毁林大豆的供应。

联合利华已承诺在 2020 年至 2030 年通过气候与自然基金投资 10 亿欧元，并希望通过 2022 年与 AXA 和 Tikehau Capital 共同创建的私募股权影响基金等工具，与合作伙伴联合融资，以支持其气候与自然基金。截至 2023 年年底，气候与自然基金已支出并承诺投入 3 亿欧元，自 2021 年以来帮助保护和再生了 30 万公顷土地，自 2022 年以来增加了 10 万公顷。

11.2.3 可再生能源投资

2023 年，公司额外投入 4200 万欧元对工厂进行可持续发展投资，包括能源效率及可再生能源项目。通过转向可再生电力和可再生热能，并专注于提高能源效率，公司已将范围1和范围2的排放量与2015年基准相比减少了74%。自2015年以来，公司生产基地的能源效率提高了15%。

联合利华在2023年的电力使用中，有92%来自可再生能源，相比2022年的93%略有下降。尽管如此，公司依然致力于提高能源属性证书（EAC）的采购质量，并继续遵循RE 100标准。RE 100是一个全球性的倡议，鼓励并支持企业承诺使用100%可再生能源电力。联合利华的这一承诺意味着公司将只在证书来源与能源使用地相同市场的条件下，将其电力消费报告为“可再生”。在缺乏EAC的市场，联合利华会从邻近市场购买相同数量的EAC，以确保其能源使用的可持续性。

11.2.4 关键审计事项

研读联合利华2023年审计报告后，我们未注意到该集团审计机构毕马威会计师事务所于审计报告中列示与气候相关风险和机遇相关的关键审计事项，但在审计报告中的“审计概述——气候变化对审计的影响”部分，阐述了在审计时考虑了气候变化带来的风险对公司业务及其财务报表的潜在影响。

（1）事项描述

联合利华已根据其气候转型行动计划（CTAP）制定了到2030年将运营排放量减少100%的目标；中期目标是到2025年在2015年的基础上减少70%，到2030年以每位消费者使用为基础将其产品的全价值链排放量在2010年的基础上减半，到2039年实现覆盖范围1、范围2和范围3的净零排放。虽然公司在合并财务报表中设定了这些目标，但联合利华公司董事表示，他们已考虑气候变化风险的影响，并确定了商誉和使用寿命不确定的无形资产、固定资产、厂房与设备及设定受益计划资产为可能受到重大影响的资产负债表项目。公司对这些项目进行了详细审查，并得出结论认为，由于针对这些风险采取了缓解行动，气候相关风险的影响是微不足道的。因此，公司不认为对财务报告的判断和估计有重大影响，因此，截至2023年12月31日，公司资产和负债的估值未受到这些风险的重大影响。

（2）审计应对

作为审计工作的一部分，审计师进行了风险评估，以确定气候变化的潜在影响是否可能对财务报表和审计产生重大影响。审计师通过询问管理层和检查内外部报告来独立评估与气候相关的风险及其潜在影响，并与气候变化专业人员进行了讨论，以检验审计师的风险评估程序。

气候相关风险和计划对这些财务报表最有可能产生的潜在影响将是对长期资产的

前瞻性评估。审计师考虑了商誉和使用寿命不确定的无形资产减值测试中使用的假设的敏感性。减值测试的结果为不敏感。因此，加上其他长期资产可能受气候变化风险影响的相对规模，审计师确定气候相关风险对审计并无重大影响，且该等风险对关键审计事项并无重大影响。审计师还阅读了公司在战略报告中披露的气候相关信息，并考虑了与财务报表的一致性。

11.3　预期财务影响

11.3.1　碳定价

联合利华在其内部实施了碳定价机制，目前设定的碳价为每吨 70 欧元，并且会每年进行审查。这一做法是基于 2017 年碳定价高级别委员会报告的建议，该报告预计到 2020 年碳价应在每吨 40—80 美元，而到 2030 年，碳价应上升至每吨 50—100 美元。联合利华在进行中长期（2030—2050 年）的 1.5 ℃情景分析时，采用了 90—250 美元/吨的碳价范围，这与国际能源署（IEA）的全球能源与气候（GEC）2023 模型“2050 年净零排放情景”相一致。该模型预测，所有发达经济体以及承诺净零排放的新兴经济体的碳价格将快速上涨。因此，联合利华的碳定价策略反映了其对碳价格长期上涨趋势的预期，并已将减轻及适应风险和把握机遇的行动纳入公司的可持续发展目标和气候转型行动计划（CTAP）的进度更新中。

11.3.2　绿色投资

在未来三年，联合利华计划投资 1.5 亿欧元，用于推动公司制造业的脱碳进程。这一投资将集中于三个关键领域：优化热能和电能的使用以实现脱碳，增加可再生能源在能源结构中的比例，以及减少制冷过程中的排放。这些措施旨在通过提高能源效率和采用清洁能源，减少公司的碳足迹。

联合利华致力于扩大可再生农业的规模，计划到 2030 年，其可再生农业项目累计成本将达到 1.4 亿欧元。这一战略不仅旨在降低温室气体排放，还将增强公司供应链的弹性，减少市场波动带来的风险，并确保原材料的稳定供应。通过这种方式，联合利华不仅促进了环境的可持续性，也保障了业务的长期稳定。

联合利华预计到 2026 年将扩大电动和替代燃料汽车的使用，以减少碳排放。在接下来的三年中，公司计划从电动汽车试点项目中吸取经验，在美国、欧洲、中国和巴西等主要市场推广清洁技术的应用。这一措施将有助于减少公司车队的碳排放，同时推动公司向低碳运输转型。

对于那些无法通过能效提升或热能改造减少的能源使用，联合利华将支持向可再生能源的过渡。公司希望通过购电协议或绿色电价来促进当地可再生能源市场的发展，并探索在零售层面安装太阳能电池板等直接解决方案。在这些方案不可行的情况下，公司将考虑购买能源属性证书（EACs）等选项，以匹配公司的能源使用情况。联合利华还将继续通过参与 RE100 等倡议，支持国家电网向可再生能源的转型。

11.3.3 气候情景分析

联合利华对气候变化的潜在影响进行情景分析，以调整战略和财务规划。过去报告了如果到2100年全球平均气温比工业化前水平上升2 ℃和4 ℃，气候变化对公司业务的预期财务影响。通过这一分析可知，将升温限制在2 ℃将使公司主要面临经济和监管转型风险，而4 ℃的升温水平将使公司面临前所未有的物理风险。2021年，随着联合国政府间气候变化专门委员会（IPCC）发布新的科学证据，以及全球对各国政府承诺实现1.5 ℃世界的共识得到加强，公司扩展了情景分析，以评估到2100年气温比工业化前水平上升1.5 ℃对公司2030年、2039年和2050年业务的影响。

在评估联合利华专注于实现1.5 ℃将面临的重大风险和机遇时，详细审查了“主动”和“反应”两种情景，主要区别在于这些风险和机遇可能产生影响的程度和时间不同，并使用TCFD风险框架考虑了五大类型的风险和机遇：监管风险，市场风险，物理风险，创新产品和服务机会，资源效率，韧性和市场机会。在“主动”情景中，由于所有经济参与者的快速反应，排放量会提前稳定减少，这意味着在本世纪后半叶会减少对技术进步的依赖。相反，在“反应”情景中，公司的重大行动被推迟到2030年，之后所有公司都需要非常迅速地过渡，同时大规模部署低碳能源以及碳清除活动和技术。

在创建1.5 ℃情景分析时，公司确定了大约40个可能在2030年、2039年和2050年影响公司特定风险和机遇领域，对每个领域进行了定性评估，并在可能的情况下通过高水平的定量评估提供支持。该等评估乃根据财务假设而作出，并不代表财务预测。它们排除了为减轻或适应这些风险而可能采取的任何行动。定量评估旨在了解财务影响的高度重要性和数量级，而非对市场和产品的长期未来进行详细模拟或预测。所使用的数据来自内部运营和财务数据、外部科学数据，以及利用来自IPCC或IEA等权威机构的数据和假设。为了全面监控这些风险和机遇，联合利华根据其影响的时间跨度，将它们分为短期（3年内）、中期（3—10年）和长期（10年以上）三个层次，与公司的战略规划周期相匹配。2021年，公司完成了1.5 ℃情景分析。在1.5 ℃情景下，2030年的金融影响更为显著。然而，该情景避免了2050年及以后与更高温度上升情景相关的物理风险带来的更大负面影响。

联合利华于2017年首次对2 ℃和4 ℃情景进行了情景分析，该分析涵盖了联合利华的整个价值链：原材料、制造、物流和销售，并涵盖了2030年、2039年和2050年的时间范围，这与当前的一些温室气体排放目标相关并保持一致。联合利华具体气候情景分析如表11－2所示。

表11－2　　联合利华气候情景分析情况

场景	描述	模型	主要考虑的变量/假设
物理气候情景：1.5 ℃	评估到2100年气温比工业化前水平上升1.5 ℃对公司在2030年、2039年和2050年业务的影响	物理情景：IPCC RCP1.9；第三方情景以及TCFD指南	联合利华的基本销售增长领先于其市场，基本销售增长（USG）在3%~5%；碳价格预测；粮食作物土地减少；电价预测。
物理气候情景RCP 8.5	此前，对到2100年因气候变化而导致气温升高2 ℃和4 ℃的影响进行了高水平评估。评估于2017年进行，重点关注2030年对公司业务的重大影响	物理情景：IPCC RCP8.5	在4 ℃情景中，假设排放量仍然很高，因此到2030年气候变化的物理表现越来越明显。有鉴于此，公司没有考虑监管限制的影响，而是侧重于物理风险造成的影响。
过渡情景IEA 450		过渡情景：绿色和平能源革命，IEA WEO 450ppm情景，IEA 2DS；第三方情景以及TCFD指南	在2 ℃情景中，假设在2030年之前，社会迅速采取行动限制温室气体排放，并采取措施限制森林砍伐和阻止排放（例如，根据国际能源署的450情景，实施每吨75—100美元的碳定价）。假设到2030年，气候变化的物理后果不会对公司业务产生重大影响，即水资源更加稀缺或恶劣天气事件的影响增加。该方案评估监管变动对业务的影响。

在可以量化潜在影响的情况下，联合利华评估了不同情景下可能的结果范围，详情如表11－3所示。公司已经将减少风险和抓住机遇的措施融入其可持续发展目标和气候转型行动计划（CTAP）中，并在进度更新中反映了这些措施的实施情况。这表明联合利华在策略规划中考虑了气候变化的长期性和复杂性，并通过具体的行动计划来应对这些挑战。

表11－3　　联合利华多情景建模情况

情景	严重性	与主要风险的联系
公司品牌因受管制的成分而受到污染，最大的三家工厂暂时关闭	部分业务集团的销售额大幅减少，对其他品牌造成负面影响，以及关闭三间最大的工厂为期六个月	安全优质的产品；品牌偏好；供应链

续表

情景	严重性	与主要风险的联系
与气候变化相关的洪水导致一个关键采购单位关闭；关键市场严重缺水	一个采购单位关闭了六个月，严重缺水导致水资源紧张地区的供应链中断，消费者对节水产品的偏好发生变化	气候变化；供应链；品牌偏好
地缘政治紧张局势导致重大全球事件，影响某个地点关键材料的可用性，以及导致声誉损失的问题日益两极分化	关闭一个关键的地理市场，影响原材料的供应，并因问题两极分化而导致声誉损失，从而影响营业额	经济和政治不稳定；供应链
网络攻击导致制造系统持续关闭，如果管理层未能交付重大转型项目，利润将受到影响	营业额损失，加上利润率下降，声誉持续受损，客户和消费者信心丧失	系统和信息；业务转型

11.3.4 物理风险的预期财务影响

气候变化正在以各种方式影响公司业务。水资源短缺等物理环境风险可能会影响公司的运营或减少消费者使用过程中对公司产品的需求。高温、飓风或洪水等极端天气事件的频率增加，可能会导致供应链、制造和分销网络中断的可能性增加。如果不采取行动，气候变化可能会导致成本增加、利润减少和增长放缓。在评估气候变化对企业财务状况的影响时，关键假设有助于预测和量化气候相关风险对企业年内溢利的潜在影响。表 11－4 反映了不同关键假设下评估的物理风险在“主动”（r）和“反应”（p）情景下的不同结果。

表 11－4　　联合利华对评估的物理风险财务量化情况　　单位：亿欧元

项目	关键假设	对年内溢利的预期财务影响			
		策略	2030 年	2039 年	2050 年
缺水对作物产量的影响	到 2050 年，水资源短缺将使价格上涨：棕榈上涨 14%，商品和食品配料上涨 16%	p	－2	－5	－12
	到 2050 年，水资源短缺将使价格上涨：棕榈上涨 10%，商品和食品配料上涨 11%	r	－3	－7	－17
极端天气（温度）对作物产量的影响	到 2050 年，极端天气将使价格上涨：棕榈上涨 18%，商品和食品原料上涨 21%	p	－3	－8	－19
	到 2050 年，极端天气将使价格上涨：棕榈上涨 12%，商品和食品原料上涨 14%	r	－4	－11	－28

11.3.5　转型风险的预期财务影响

政府为了应对气候变化，可能会实施一系列措施，比如征收碳排放税、制定土地使用政策或对某些高排放产品设定限制。这些措施可能会增加企业的成本或限制其运营的灵活性。表 11 –5 反映了评估的转型风险在“主动”（r）和“反应”（p）情景下的不同结果。

表 11 –5　　联合利华对评估的转型风险财务量化情况　　单位：亿欧元

项目	关键假设	对年内溢利的预期财务影响			
		策略	2030 年	2039 年	2050 年
土地使用管制对粮食作物产量的影响	到 2050 年，土地使用监管政策将使价格上涨：棕榈上涨 10%，商品和食品配料上涨 11%	p	–8	–21	–51
	到 2050 年，土地使用监管政策将使价格上涨：棕榈上涨 28%，商品和食品配料上涨 33%	r	–3	–7	–17
碳税及自愿除碳成本	——到 2030 年范围 1 和范围 2 实现净零排放； ——范围 3 排放税不包括间接消费者使用排放量； ——2050 年排放量在 2021 年基准减少 90%； ——到 2050 年碳价格将达到 250 美元/吨； ——到 2050 年碳清除价格将达到 88 美元/吨； ——2039 年或之后 100% 消除排放； ——2039 年或之后 100% 的排放都面临着清除成本和碳税	p	–54	–104	–18
		r	–35	–93	–18
能源价格上涨对供应商和制造业的影响	在向 1.5 ℃过渡期间，能源价格可能发生的变化具有高度不确定性；到 2050 年平均电价：美洲上涨 16%，欧洲上涨 18%，亚洲/AMET/RU 下降 1%；到 2050 年，全球平均天然气价格将上涨 141%	p	–6	–15	–34
		r	–6	–15	–34

（1）风险 1——土地使用管制政策

气候变化对联合利华的业务构成了显著的风险，尤其是在包装、消费品和食品饮料领域，这些业务在很大程度上依赖于原材料的采购。公司在 2022 年进行了 1.5 ℃情景分析，评估了气候变化在 2030 年、2039 年和 2050 年对业务的预期财务影响，详情如表 11 –6 所示。分析中考虑了土地使用监管改革的推动作用，这可能会改变全球土地使用模式。这种改革可能会导致用于粮食作物、牧场和木材的土地减少，进而影响到联合利华获取初级商品的能力，可能导致作物产量下降和原材料成本上升。

表 11 -6　　气候相关风险 1 对联合利华的预期财务影响情况

项目名称	描述
时间范围	长期
可能性	很有可能
影响程度	中等偏上
潜在的财务影响数字范围	预期财务影响值——最小值（货币）：3 亿欧元 预期财务影响数字——最高（货币）：17 亿欧元
财务影响数据解释	公司评估了土地使用政策变化以促进从种植粮食作物到森林的转变对作物产量的影响，这种转变可能会导致原材料成本上升，进而影响采购成本。这些评估结果取决于公司的排放水平、运营稳定性和增长，以及碳价格和当前支出。由于涉及商业机密，公司不会公开具体的计算细节。 模型假设在该时间范围内没有采取缓解行动，到 2050 年，土地使用政策将使棕榈油价格在“主动”情景中增加约 28%，在“反应”情景中增加约 10%，同时，所有其他商品和食品配料的价格上涨约 33%（主动）或约 11%（反应）。较低的估计数字是到 2030 年的预期财务影响，较高的估计数字是 2050 年。
风险响应成本	35 万欧元
响应描述和成本计算解释	公司已经制定了应急预案，以确保在极端天气等紧急情况下，能够迅速获得关键材料的替代供应，灵活调整生产场地，或在产品配方中使用替代材料。为了管理商品价格波动的风险，公司采取了远期购买商品和其他对冲策略，并积极监控市场趋势。公司还定期分析天气模式，并将这些数据用于预测价格。为了降低这些风险，公司每年投入约 35 万欧元用于风险管理，这包括两个主要部分： ①风险分析成本：25 万欧元。这涉及高级管理人员、供应链和采购团队（他们提供关于采购量和商品定价的输入）、科学与环境保证中心（SEAC）、全球金融可持续性部门以及外部顾问的参与。 ②风险管理和应对成本：10 万欧元。供应链和部门管理层负责制定能够抵御已识别重大风险的战略，并采取必要的缓解措施。 需要注意的是，这个成本估计不包括用于缓解或替代成分的成本。公司的可持续发展和气候相关风险缓解措施是全面整合到整个业务中的，因此目前无法单独计算减轻气候相关风险的全部费用。

（2）风险 2——碳定价机制

气候变化是联合利华面临的一个主要风险因素，公司在其业务所在的 190 多个国家的市场进行风险评估时，会考虑包括碳定价在内的新法律法规。这些法规可能会影响原材料成本和工厂运营成本，进而影响公司的利润率和盈利能力。碳定价通常包括碳税和自愿清除或抵销成本，而区域或国家的法规收紧以及企业的气候承诺可能会推动这些税收或市场计划的广泛实施。这些变化可能会导致与碳排放相关的直接和间接成本上升，尤其是与原材料、生产和分销排放相关的销售成本。如果对家庭排放征收碳税或将相关成本转嫁给消费者，可能会影响消费者的可支配收入，最终影响他们的购买力。关于碳定价机制对联合利华财务带来的具体影响分析如表 11 -7 所示。

表 11 - 7　　气候相关风险 2 对联合利华的预期财务影响情况

项目名称	描述
时间范围	长期
可能性	几乎确定
影响程度	高
潜在的财务影响数字范围	预期财务影响值——最小值（货币）：48 亿欧元 预期财务影响数字——最高（货币）：52 亿欧元
财务影响数据解释	财务影响的计算集中在 2039 年，考虑了碳法规和自愿抵销市场的高价格对原材料和包装材料成本、分销成本以及 2039 年之后剩余排放的碳中和成本的影响。 在 1.5 ℃的气候情景下，预计主要财务影响来自主要国家实施的碳定价政策。这将导致制造成本和原材料成本上升，尤其是原材料和包装材料的成本。如果不采取任何措施，到 2030 年，这种成本上升可能会使公司的利润减少 48 亿—52 亿欧元。 为了计算这一成本，公司使用了内部和外部数据，量化了碳法规和高价格对原材料和包装材料成本的潜在影响。这些计算是基于公司当前的业务活动水平进行的。然而，具体的计算细节没有公开，因为这些信息属于公司的商业机密。
风险响应成本	1070 万欧元
响应描述和成本计算解释	联合利华正在采取积极措施以加速其脱碳进程，并倡导实行统一的碳定价机制。为了降低气候变化带来的风险，公司每年估计需要投入 40 万欧元的管理成本。这个成本的计算基于两个主要部分： ①风险分析成本：估计为 25 万欧元。这涉及高级管理人员、供应链和采购团队（他们提供关于采购量和商品定价的输入）、科学与环境保证中心（SEAC）、全球金融可持续性部门以及外部顾问的参与。 ②风险管理和应对成本：15 万欧元。法律、税务、供应链和财务团队参与监管法规、评估对公司业务的影响并实施缓解措施。 这些管理成本计入 2022 年的资本支出中，总计达到 1070 万欧元。需要注意的是，这个数字不包括未来可能产生的碳税或监管成本，例如，更换旧工厂、设备和机械或重新配置以减少排放。

11.3.6　气候相关机遇的预期财务影响

联合利华对机遇进行了定量评估，结果如表 11 - 8 所示。该评估显示了联合利华可能采取任何应对措施之前的总体影响。这些结果反映了评估的反应（r）和主动（p）情景的不同结果。2023 年，联合利华更新了碳税和自愿碳去除成本的财务影响评估，基于：①2021 年基线排放量；②假设到 2050 年实现 90% 的减排；③仅使用碳去除来实现净零目标（无抵销），量化了全球植物性食品市场预期增长的潜在收入机会以及 2025 年可能的市场份额。

表 11－8　　气候相关机遇给联合利华带来的预期财务影响情况　　单位：亿欧元

项目	关键假设	对年内溢利的预期财务影响			
		策略	2030 年	2039 年	2050 年
植物性食品类别的增长	到 2050 年，植物性产品的全球市场总额将上升至约 1.6 万亿美元；保持稳定的市场份额；产品结构和产品利润率将保持不变	p	5	17	64
		r	5	17	64

（1）机遇 1——产品和服务

消费者对气候变化的关注度日益增加，这促使他们更倾向于选择可持续性的品牌。市场上，植物性食品的需求正在增长，消费者越来越多地采用植物性饮食，这种饮食的温室气体足迹低于肉类饮食。全球植物性肉类市场正以显著的速度增长，预计到 2027 年市场规模将达到 354 亿美元。联合利华已经宣布了其植物性产品的销售目标，最初是到 2020 年 11 月的 10 亿欧元，后来调整为到 2025 年达到 15 亿欧元，以反映公司对植物性策略和可持续发展议程的承诺，其对财务的具体影响分析如表 11－9 所示。

表 11－9　　气候相关机遇 1 对联合利华的预期财务影响情况

项目名称	描述
机会类型	通过研发和创新开发新产品或服务
主要与气候相关的机会	产品和服务需求增加
时间范围	中期
可能性	几乎确定
影响程度	高
潜在的财务影响数字	15 亿欧元
财务影响数据解释	公司计划在 2025—2027 年通过销售植物肉和乳制品替代品实现全球销售额 15 亿欧元的目标。为达成这一目标，公司预计需要实现五倍的增长。这意味着，从现在到 2025 年，公司需要显著扩大其植物基产品的市场份额，以实现这一宏伟的销售目标。
应对机会的成本	—
实现机会的策略和成本计算的解释	公司正在抓住机会开发新产品，并通过吸引具有环保意识的消费者来扩大消费群。Foods&Refreshment 品牌提供一系列素食和素食变体，并继续积极推广素食和素食食谱，进军植物性和纯素类别的举措得到了消费者和行业的认可。在荷兰的 Hive Foods 创新中心大力投资开发新的植物性蛋白质来源和食品。公司没有披露实现工厂目标所需的投资，因为这些信息具有商业敏感性。

（2）机遇 2——使用低排放能源

联合利华认识到能源在其全球 290 多家工厂运营中的重要性，能源成本占据了公司总运营支出的 5%～10%。例如，联合利华每年在印度的电费支出约为 2500 万欧元。公司正在寻求通过现场安装可再生能源设施或利用购电协议（PPA）等市场工具来减少碳排放并降低成本的机遇。联合利华的目标是到2030年通过使用可再生电力和提高能源效率来消除其运营中的直接温室气体排放。这将有助于公司降低间接成本，提高能源供应的弹性，并吸引更多关注碳风险的投资者。此外，公司也在探索未来利用第三方进行现场储能的机会，这将进一步优化其能源使用和成本效益。使用低排放能源的具体财务影响分析如表11-10所示。

表11-10　　气候相关机遇2对联合利华的预期财务影响情况

项目名称	描述
机会类型	能源来源
主要与气候相关的机会	使用低排放能源
时间范围	长期
可能性	很有可能
影响程度	低
潜在的财务影响数字	490万欧元
财务影响数据解释	联合利华已经与印度六个地区的第三方可再生能源开发商签订了合同，以安装太阳能发电厂。这些合同是基于长期合作的，通常在印度的合作期限约为15年。在合同期内，联合利华会根据太阳能发电厂的容量和实际利用率与能源开发商协商确定可再生能源的电价。这种安排的好处在于，所有的投资都由第三方能源开发商承担，联合利华不需要支付任何资本支出成本。公司只需根据实际使用的电量（千瓦时）向能源开发商支付相应的电价。 根据过去几年的趋势，假设电网电价将波动，太阳能电价在第一年是固定的，并将根据协议每年增加。假设在该期间内并无重大变动（例如，生产量并无变动影响电力消耗），太阳能发电厂的效率将逐年下降，从而减少发电量。为了确定联合利华在印度六个可再生能源站点投资的财务影响，公司进行了以下计算： ①节省计算：对于每个站点，计算支付给电力公司的电网电价（A）和支付给第三方能源开发商的太阳能电价（B）。节省是通过电网电价和太阳能电价之间的差额来计算的，即（A-B）。 ②总节省：将每个站点的年度节省（A-B）乘以15年（PPA合同的典型时长，即到2036年）。六个站点的总节省范围在54万欧元到126万欧元之间，到2036年的累计节省为490万欧元。 ③假设：假设在这段时间内，站点的生产量没有显著变化，从而电力消耗保持稳定。尽管电网电价可能会波动，但太阳能电价在第一年是固定的，并根据协议每年增加。同时假设太阳能发电厂的效率将逐年略有下降，这将导致发电量减少。
应对机会的成本	0
实现机会的策略和成本计算的解释	联合利华致力于到2030年实现其运营中的温室气体零排放，并且计划在同一时间框架内实现100%的可再生能源使用。为了实现这些目标，公司正在从多个领域采取行动，将能源使用转向完全可再生能源，包括从能源组合去煤炭化，过渡到100%可再生电网电力（公司在2020年实现了这一目标），并在工厂安装现场可再生能源。公司当务之急是减少非捆绑的可再生能源采购，并在能源立法允许和市场条件允许的情况下增加直接可再生能源电力采购。2020年公司93%的电力来自可再生能源，比前一年增加了近7%。目前，联合

续表

项目名称	描述
实现机会的策略和成本计算的解释	利华在超过24个国家的设施都有现场太阳能装置。联合利华不仅关注直接行动，还致力于推动政策和监管改革，以支持更广泛的低排放能源采用，并通过扩大可再生能源的可用性来降低其成本。 联合利华的现场可再生能源项目不需要公司承担任何资本支出，因为这些项目由第三方开发商资助。开发商安装可再生能源系统，并以固定的价格向联合利华出售产生的电力。公司唯一的成本是支付这些电力的运营支出。

11.4 案例总结与启示

11.4.1 气候相关风险和机遇的当期财务影响

联合利华在其当期财务影响中将气候变化的影响融入公司整体策略。在进行不动产、厂房及设备的减值测试时，公司已考虑了气候变化的影响及为减轻和适应这些气候相关风险而采取的行动，但这些因素并未对2023年的利润表产生重大影响。同时，联合利华定量披露了在气候转型行动计划（CTAP）框架下绿色投资的具体支出金额，如对油脂化学品设施的投资，以及对工厂进行的可持续发展投资，这些投资旨在减少温室气体排放并推动公司的可持续发展。此外，在能源管理方面，联合利华积极推动可再生能源的使用，并在2023年实现了92%的电力使用来自可再生能源。

审计报告中虽然未将气候相关风险和机遇列为关键审计事项，但审计过程中确实考虑了气候变化对公司业务及其财务报表的潜在影响。审计师对商誉和使用寿命不确定的无形资产进行了减值测试，并确认气候相关风险对财务报告的审计及关键审计事项无重大影响，验证了公司高级管理层认为气候变化对财务报表的估计及假设的影响微不足道的结论。审计师对气候相关财务信息的审计，以及公司在财务报告中的披露，提高了联合利华信息披露的可信度，有助于减少信息不对称，使投资者和其他利益相关者能够更好地理解公司的气候应对策略和财务规划。

通过这些措施，联合利华展示了其在气候相关风险管理和机遇把握方面的行业领导地位，并努力实现环境可持续性目标。

11.4.2 气候相关风险和机遇的预期财务影响

联合利华将气候相关风险和机遇的评估结果融入公司的整体财务规划中。通过情景分析，评估了不同气候变化情景（如 1.5 ℃、2 ℃和 4 ℃）对公司短期、中期和长期业务的预期财务影响。这些分析考虑了物理风险（如极端天气事件和水资源短缺）和转型风险（如监管变化、市场风险和资源效率），并识别了大约 40 个可能影响公司的风险和机遇领域。

联合利华对气候相关风险和机遇进行了定量评估，披露了在 2030 年、2039 年和 2050 年的不同策略下的预期财务影响的具体金额。例如，公司评估了水资源短缺、极端天气对作物产量的影响、碳税及自愿除碳成本、土地使用管制对粮食作物产量的影响、能源价格上涨对供应商和制造业的气候相关物理风险和转型风险的影响。联合利华也识别了气候变化带来的机遇，如植物性食品类别的增长和使用低排放能源的潜力。公司对这些机遇进行了定量评估，预计到 2025 年植物性产品的年销售额达到 15 亿欧元，并预计通过使用可再生能源和提高能源效率来降低运营成本。

尽管年报中的气候信息披露多为定性披露，关于气候应对措施多数以举例方式进行阐述，但一些重大的气候相关风险的应对措施已有明确财务规划，采用定量披露的方式，如联合利华已承诺在 2020 年至 2030 年通过气候与自然基金投资 10 亿欧元，并希望通过合作伙伴筹集同等金额的联合融资。这一做法为信息使用者提供了有用的数据，可以帮助他们更好地理解公司的气候应对策略和财务规划。

通过这些分析和评估，联合利华展示了其在策略规划中考虑气候变化的长期性和复杂性，并通过具体的行动计划来应对这些挑战。这些措施有助于公司抓住机遇并最大限度地减少潜在的负面影响，同时也为投资者和其他利益相关者提供了关于公司长期价值和增长潜力的重要信息。

11.4.3　启示

企业在进行气候相关风险财务影响评估时，应该深入分析气候变化对资产寿命、减值、存货等方面的具体影响。例如，净零排放承诺可能导致企业提前更换环保设备，这将直接影响资产的折旧和摊销费用。此外，企业还应评估污染性资产的减值风险，以及碳排放监管政策可能带来的负债和或有负债的变化。这些影响可能导致财务报表中相应项目的变化，如净资产的变动、未来成本的调整等。因此，企业需要基于合理的假设和最佳估计来进行评估，并确保这些假设和估计在财务报表中有所体现。

尽管气候相关风险和机遇的财务影响可能难以完全量化，但企业应努力提高其可量化性，应考虑使用行业特定的指标和关键绩效指标来量化气候相关风险和机遇的影响，并在财务报告中提供这些信息。这不仅有助于投资者和其他利益相关者更好地理解企业的气候相关风险和机遇，也有助于企业自身更准确地评估和规划其财务战略。

第 12 章

安赛乐米塔尔披露案例分析

12.1 公司背景

安赛乐米塔尔集团（ArcelorMittal，以下简称“安赛乐米塔尔”）[①] 是世界领先的钢铁和矿业公司，总部位于卢森堡，由其前身公司米塔尔钢铁公司（Mittal Steel Company N. V.）和阿塞洛（Arcelor）在 2007 年合并而成，公司业务遍布 60 个国家和地区，在 15 个国家和地区均设有主要钢铁生产设施。该公司股票在纽约证券交易所上市，其最新的 MSCI ESG 评级为 BB。2023 年，安赛乐米塔尔主要财务指标如表 12－1 所示。

表 12－1　安赛乐米塔尔的主要财务指标　单位：亿美元

财务指标	数值
销售额	682.75
销售成本	635.38
营业利润	23.4
扣非净利润	10.2

12.2 当期财务影响

安赛乐米塔尔根据《巴黎协定》制定了两个目标，分别是到 2050 年实现碳中和以及到 2030 年将其二氧化碳排放量减少 25%，上述两个目标都包括范围 1 和范围 2。

① 本案例根据安赛乐米塔尔 2023 年年报、可持续发展报告及 CDP 问卷分析，相关链接如下：https://corporate.arcelormittal.com/media/qwghoup1/annual－report－2023_combined.pdf；https://luxembourg.arcelormittal.com/IMG/pdf/rapports_annuels_2023_en_def.pdf；https://www.cdp.net/zh/responses?queries%5Bname%5D=ArcelorMittal。

考虑到与气候变化相关的风险以及公司根据《巴黎协定》作出的承诺，安赛乐米塔尔在相关报告中披露了气候当期财务影响。

12.2.1　碳排放权的确认与计量

安赛乐米塔尔位于比利时、法国、德国、卢森堡、波兰和西班牙的工厂受 2003 年 10 月 13 日颁布的关于二氧化碳排放权的欧洲指令 2003/87/EC 的监管，该指令自 2005 年 1 月 1 日起生效。此外，在加拿大安大略省，安赛乐米塔尔的业务自 2019 年 1 月 1 日起受到基于产出的定价系统法规的约束，自 2022 年 1 月 1 日起，受到安大略省排放绩效系统（OEPS）下的碳定价监管。在南非，2019 年引入了碳税。免费分配给公司的排放权以零入账，购买的排放权以成本入账。截至 2023 年 12 月 31 日，安赛乐米塔尔排放权的账面价值为 6.42 亿美元，与 2022 年相比减少了 1.06 亿美元。

12.2.2　不动产、厂房和设备的折旧

在每个报告日，安赛乐米塔尔均会对不动产、厂房和设备的残值、折旧方法和使用寿命进行复核，在资产的未来经济利益消耗的预期模式发生显著变化时进行变更。在 2021 年对使用寿命进行年度复核的背景下，考虑到公司实施脱碳战略后特定资产的预期退役日期可能会发生变化，特别是 BF（高炉）和 BOF（碱性氧气转炉）、烧结厂和焦化厂等资产。公司缩短了其在欧盟和加拿大生产扁平碳钢业务中不动产、厂房和设备剩余使用寿命，导致 2023 年折旧费用增加了 1.68 亿美元。

12.2.3　矿产储量的估计

矿产储量是对公司经济、合法地开采矿产品数量的估计。为了估计矿产储量，需要对一系列地质、技术和经济因素进行估计，包括数量、品位、生产技术、回收率、生产成本、运输成本、商品需求、商品价格和汇率。

其中，估算矿产储量的数量和/或等级时需要确定矿体的规模形状和深度，这需要通过分析钻孔样本等地质数据来确定。在运营过程中可能会产生额外的地质数据，且地质数据可能会受到气候变化的影响，因此矿产储量和矿产资源的估算可能会随时间而变化，进而以多种方式影响公司的财务业绩和财务状况。矿产的账面价值按照成本减去累计折旧和减值入账，截至 2023 年 12 月 31 日，矿产的账面价值为 12.08 亿美元，与 2022 年相比减少了 0.29 亿美元。

12.2.4　商誉、无形资产和有形资产的减值

公司每年均会对商誉进行减值测试，商誉的可收回金额主要根据其使用价值确

定，而使用价值则通过估算未来现金流量确定。同样，在每个报告日，公司也会审核无形资产和有形资产的账面价值，以判断是否有任何迹象表明这些资产的账面价值可能无法通过继续使用来收回。如果存在任何此类迹象，则审核资产（或现金产生单元）的可收回金额，以确定减值金额。

公司在对未来现金流进行预测时会考虑其面临的某些气候相关风险，由于未来现金流的预测用于确定其全球现金产生单元（以下简称“GCGUs”）和现金产生单元（以下简称“CGUs”）的可回收金额，因而气候相关风险会影响商誉、无形资产和有形资产的减值金额的确定。比如：公司致力于实现《巴黎协定》的目标，并宣布了到2030年在欧洲减少35%的碳排放量，在整个集团范围内减少25%的碳排放量，到2050年在集团范围内实现碳中和的雄心壮志。这些目标将需要大量的长期投资，这需要全球公平的竞争环境、获得丰富且负担得起的清洁能源、促进必要的能源基础设施、获得低排放炼钢的可持续融资以及加速向循环经济过渡。此外，公司还考虑了欧盟和加拿大分别通过《气候法》和《净零排放责任法案》后需要遵守的到2050年实现碳中和的法律义务。因此，安赛乐米塔尔认为，未来的脱碳资本支出对于维持资产当前状况的预期经济利益水平是必要的，因此应将其纳入公司对未来现金流的假设中，即相应的GCGUs和CGUs的可收回金额。与此同时，公司正在开发一系列用于向脱碳钢铁过渡的中短期创新低排放技术，包括“智能碳”路线和“氢能直接还原铁”路线，公司的未来现金流预测中也考虑了所需的投资。安赛乐米塔尔承认，在欧盟和加拿大以外的其他司法管辖区的CGUs和GCGUs将以不同的速度应用脱碳，它们也可能尚未承担碳中和的法律义务，因此，此类运营的未来估计脱碳成本将通过贴现率中嵌入的额外风险溢价反映出来，直到它们能够加快脱碳战略以实现2050年碳中和目标，并且在相关司法管辖区产生法律义务。

截至2023年12月31日，安赛乐米塔尔共计确认了10.38亿美元资产减值，与2022年相比减少了0.12亿美元，具体明细如表12－2所示。

表12－2　安赛乐米塔尔资产减值余额明细情况　单位：亿美元

项目	2023年	2022年
商誉减值	1.94	—
无形资产减值	—	0.06
有形资产减值	8.44	10.2
资产减值余额	10.38	10.26

12.2.5　准备金

2023年，安赛乐米塔尔在相关报告中公开其受气候变化影响的准备金有两项，分别是排放义务准备金和环境责任准备金。

排放义务准备金是根据报告日二氧化碳配额的市场价值或购买的二氧化碳排放权的购买价格确定的，旨在弥补公司二氧化碳排放量与授予的配额之间的短缺。2023年，安赛乐米塔尔的排放义务准备金有所减少，这一减少有两方面原因：一方面，公司向环境当局提交了相应的二氧化碳排放权，解决了2022年的短缺问题；另一方面，公司减少了在欧洲的生产活动，导致当年的二氧化碳排放量减少。截至2023年12月31日，公司确认了2900万美元的排放义务准备金，以弥补其不足，与2022年相比，减少了4.93亿美元。

基于安赛乐米塔尔的运营受到多部法律和法规的广泛约束，且这些法律和法规要求其保护人类健康和环境，公司设立了环境责任准备金。截至2023年12月31日，不包括资产退役义务，公司设立了6.20亿美元环境责任准备金，按地理区域划分，分别是欧洲的4.27亿美元、南非的0.98亿美元以及加拿大的0.91亿美元，与2022年相比，整体增加了0.54亿美元。

12.2.6　绿色投资

（1）可再生能源投资

① 2023年1月26日，安赛乐米塔尔向波士顿金属公司投资3600万美元，该公司正在开发一种用于脱碳初级炼钢的熔融氧化物电解（MOE）专利平台，并计划于2026年商业化这项技术。

② 安赛乐米塔尔计划向公司位于希洪的工厂投资10亿欧元，并建造一座年产230万吨的氢能直接还原铁（DRI）工厂。2023年2月，安赛乐米塔尔获得了欧盟委员会对氢能直接还原铁（DRI）工厂的4.5亿欧元国家援助批准。2023年11月，安赛乐米塔尔与工业工程公司Sarralle签署了一份合同，将在希洪建造一座新的电弧炉（EAF）。在希洪新建的DRI和EAF设施将使公司西班牙业务的碳排放量减少约50%。

③ 2023年4月18日，安赛乐米塔尔宣布，巴西子公司将与巴西最大的可再生能源项目开发商和生产商之一Casa dos Ventos成立合资企业Ventos de Santo Antonio Comercializadora de Energia S. A.（以下简称“VdSA”），以开发一个554兆瓦的风力发电项目，巴西子公司持有合资企业55%的股份，Casa dos Ventos持有剩余45%的股份。该交易于4月13日获得巴西反垄断机构CADE的批准，并于2023年5月5日完成。该项目耗资8亿美元，位于巴西东北部巴伊亚州中部地区，旨在满足安赛乐米塔尔巴西

子公司相当大一部分未来的电力需求，并对其进行脱碳处理。巴西子公司对 VdSA 的投资为 1.5 亿美元，采用权益法核算。建筑工程已于 2023 年开始，预计 2025 年投入运营。此外，巴西子公司将与 VdSA 签订为期 20 年的电力购买协议，以供应电力。

④ 2023 年 6 月 16 日，安赛乐米塔尔确认了在贝尔瓦尔（Belval）工厂投资 6700 万欧元建设一个新的电弧炉（EAF）的计划。这项投资是 2022 年 9 月安赛乐米塔尔卢森堡公司与经济部签署的谅解备忘录（MoU）中涉及的一系列项目的一部分。该谅解备忘录确认了卢森堡政府愿意通过各种适用的援助机制，财政支持这类战略性投资。

⑤ 2023 年 7 月 4 日，安赛乐米塔尔向 CHAR Technologies（以下简称“CHAR”）提供了 500 万美元的投资，总部位于加拿大安大略省的 CHAR 正在开发一种高温热解（HTP）技术，该技术可以将有机废物转化为两种有价值的能源输出：一种是高热值和富含氢的合成气体，这种合成气体可以作为天然气的替代品或用于制造绿色氢气；另一种是生物炭，由 HTP 过程后剩余的固体制成，可以用作生物炭肥料以改善土壤健康，作为污染物过滤器，或作为生物炭替代工业过程中的化石煤。

⑥ 2023 年 7 月 20 日，欧洲委员会批准了 8.5 亿欧元的国家援助，用于安赛乐米塔尔在敦刻尔克（Dunkirk）建设 250 万吨氢能直接还原铁（DRI）设施和两个新的电弧炉（EAF）。

⑦ 作为 7500 万美元 B 轮融资的一部分，安赛乐米塔尔向颠覆性的制氢技术公司（H2Pro）投资了 500 万美元。H2Pro 正在开发一种从水中生产氢气的颠覆性方法，与电解类似，其技术使用电力将水分解成氢气和氧气。然而，与传统电解不同的是，氢气和氧气是通过不同的步骤分别产生的——电化学步骤和热活化化学步骤。预计它将证明比传统电解更具成本效益，预计资本支出成本将大致减半，同时降低运营成本。

⑧ 安赛乐米塔尔向核能创新公司 Terra Power 投资了 5000 万美元，这是该公司 8.3 亿美元股权融资的一部分，也是先进核能公司中最大的私人融资。它的领先技术 Natrium™能够将具有成本竞争力的钠快速反应堆与熔盐储能系统相结合从而提供清洁的能源，并且可以无缝集成到可再生能源渗透率高的电网中。Terra Power 目前正在建造其首个 Natrium™反应堆，作为美国能源部高级反应堆示范计划（ARDP）的一部分。

⑨ 安赛乐米塔尔的某些业务位于严寒地区（如加拿大）或易受干旱影响的地区（如南非、墨西哥和巴西），因此，一旦出现恶劣天气，公司的运营就会被影响。例如，2022 年 9 月在加拿大蒙特赖特（Mont - Wright）的工厂 AMMC 发生了一段时间的强降雨，不仅物流工作受到了极大的挑战，而且对生产设施也造成了不可逆的损害，因此，做好水处理工作是十分必要的。2023 年，AMMC 投资 5200 万美元建造了一座水处理厂，以防止重金属从挖掘的废石堆中溶解出来，进入邻近的地表水。南非纽卡斯尔工厂投资 800 万美元用于水处理项目，建造了一座 460000 立方米的雨水径流大

坝，降低了工厂的整体用水需求。

⑩ 安赛乐米塔尔通过对脱气系统的创新以及连铸的现代化来提高冶金能力，通过对电弧炉的创新提高生产能力。首先，新的电弧炉将更快、更现代、更紧凑，采用机器人化以提高安全性，单篮子将减少能量损失，并通过更短的循环时间提高产量，这在安赛乐米塔尔欧洲公司尚属首次。其次，无二氧化碳的脱气装置将消除钢轨用钢中的氮气和氢气，从而防止钢的任何多孔性。最后，连铸的现代化将使大型半成品（D4）的产能翻倍。该项目于2023年4月获批，预算为6800万欧元，其中1500万欧元由卢森堡国家资助。该装置计划于2024年年底完成安装。

⑪ 安赛乐米塔尔向可再生能源技术公司Heliogen投资了2000万美元。Heliogen通过使用一片镜子充当数英亩的放大镜来集中和捕获阳光，进而转化为热量（HelioHeat™）、电能（HelioPower™）或清洁燃料（HelioFuel™）。Heliogen转化的这三种产品都有可能适用于炼钢工艺，并且能够推动钢铁行业向净零排放过渡。

（2）碳捕集与利用投资

2023年6月14日，安赛乐米塔尔和兰萨科技全球公司（LanzaTech Global Inc，以下简称“兰萨科技”）宣布，安赛乐米塔尔位于比利时根特的商业旗舰碳捕集和利用（CCU）项目“Steelanol”正式启动，是欧洲钢铁行业的首例，采用了由领先的碳利用公司兰萨科技开发的技术，是向商业规模设施全面运营迈出的第一步，该项目将从炼钢过程中捕获富含碳的废气，并通过兰萨科技的生物基工艺将它们生物转化为高级乙醇。公司预计，根特工厂每年度的碳排放量将减少125000吨，这将有助于推动欧盟实现其2030年气候目标，即在未来十年内将温室气体排放量降低55%。

（3）资本支出

2018年9月21日，安赛乐米塔尔巴西公司、地方政府和巴西环境当局之间已签署了环境承诺协议（以下简称“ECA”）。安赛乐米塔尔巴西公司承诺在未来5年内开展一系列环境运营和资本投资，以减少公司图巴朗（Tubarão）工厂的大气排放，为了遵守ECA的要求，安赛乐米塔尔巴西公司需要购买新设备并改变其当前的一些操作方法和流程。截至2023年12月31日和2022年12月31日，安赛乐米塔尔巴西公司估计实施这些投资的成本分别为0.78亿美元和1.15亿美元，不遵守ECA导致的最高罚款分别为0.21亿美元和0.19亿美元。

2021年11月19日，在米纳斯吉拉斯州政府、安赛乐米塔尔巴西公司和BMB Belgo Mineira Bekaert Artefatos De Arame Ltd之间达成的意向协议中，安赛乐米塔尔巴西公司承诺在蒙莱瓦德（Monlevade）工厂进行资本支出，旨在2026年下半年之前完成扩建项目。截至2023年12月31日和2022年12月31日，与该项目相关的支出分别为3.48亿美元和4.20亿美元。

12.2.7 关键审计事项

安赛乐米塔尔的审计机构安永在审计报告中列示了一项与气候相关风险和机遇相关的关键审计事项，是“商誉，无形资产和不动产、厂房和设备减值”，具体内容如下：

（1）事项描述

截至2023年12月31日，集团的商誉，不动产、厂房和设备（以下简称“PP&E”）和无形资产余额分别为39.08亿美元、336.56亿美元和11.94亿美元。如财务报表附注所述，集团记录了1.94亿美元的商誉减值和8.44亿美元的PP&E减值。可收回金额的估计考虑了集团面临的某些气候相关风险，这些风险会影响对未来现金流的估计。在存在碳中和法律义务的情况下，对未来现金流的估计包括预计必要的脱碳资本支出，以维持当前条件下相应资产预期产生的经济效益水平。对于没有碳中和法律义务的司法管辖区，脱碳相关的不确定性反映在用于确定估计未来现金流现值的贴现率中的风险溢价中。审计相关GCGUs和CGUs的可收回金额非常复杂，需要审计师的高度判断和更大的努力，包括估值专家的参与，因为估计中使用的假设具有很大的不确定性和主观性。

（2）审计应对

审计师了解并测试了对管理层估值方法和用于估计未来现金流的假设的控制的运作有效性。例如，评估了对用于预测估计未来现金流的控制措施，以及对估计未来现金流中包含的管理层数据的控制。审计师通过将实际结果与管理层的历史预测进行比较，评估了管理层合理估计未来现金流的能力；通过确定合理的估计区间范围与管理层的估计进行比较，评估了管理层关于战争结束时间和战后恢复期长度的假设的合理性；在估值专家的协助下，评估了气候相关事项的影响；在估值专家的协助下，评估了贴现现金流方法。此外，审计师还评估了财务报表附注中披露的充分性。

12.3 预期财务影响

12.3.1 投资计划

突破能源（Breakthrough Energy）由比尔·盖茨（BillGates）创立，致力于拓展世界到2050年实现净零排放所需的技术。安赛乐米塔尔是突破能源催化剂计划（Breakthrough Energy's Catalyst program）的主要合作伙伴，承诺在未来五年内进行1亿美元的股权投资。

12.3.2　未来资本支出

为了实现 2030 年全球碳排放强度降低 25% 的目标，安赛乐米塔尔估计所需的总资本支出约为 100 亿美元，预计这些资本支出的 35% 将部署到 2025 年，其余部分将在 2025—2030 年部署。

12.3.3　不动产、厂房和设备的折旧

在 2021 年对使用寿命进行年度复核时，安赛乐米塔尔减少了其在欧盟和加拿大生产扁平碳钢产品的业务活动中的不动产、厂房和设备的剩余使用寿命估计。因此，公司预计在 2024 年、2025 年、2026 年、2027 年和 2028 年，折旧费用将分别增加 1.68 亿美元、1.42 亿美元、1.24 亿美元、0.28 亿美元和 0.26 亿美元。

12.3.4　气候情景分析

2023 年，安赛乐米塔尔在气候情景分析中探讨了五种不同情景，旨在洞悉气候变化的潜在影响。

公司进一步与气候相关财务信息披露工作组（TCFD）对齐，并扩展情景分析，以研究钢铁行业的不同脱碳路径，如表 12－3 所示。公司在对能源和技术路线以及政策条件的情景分析基础上，开发了一个更加全面的情景框架，重点关注安赛乐米塔尔的运营区域，并考虑了与脱碳目标、钢铁供需、能源可用性/成本、技术开发、政策与消费者反应以及转型速度相关的参数，定义了三种不同的过渡气候情景，分别是情景一、情景二和情景五。此外，公司还结合政府间气候变化专门委员会（IPCC）的 SSP5－8.5、SPP1－2.6 情景数据，定义了物理气候情景，即情景三和情景四。

表 12－3　安赛乐米塔尔气候情景分析情况

	情景				
	情景一	情景二	情景三	情景四	情景五
至 2100 年的温度上升	1.6—2 ℃	1.5 ℃	5 ℃	2 ℃及以下	2.1—3 ℃
范围	全公司	全公司	全公司	全公司	全公司

（1）转型风险

情景一：核心情景是控制 2100 年全球变暖在 2 ℃以下，与国际能源署（IEA）的可持续发展情景（SDS）有相似之处。

情景二：公司更有信心达到的低碳情景是控制 2100 年全球变暖 1.5 ℃，与国际能

源署的净零排放（IEA NZE）情景相一致。

情景五：基于国际能源署（IEA）的 STEPS 情景而定义的一个控制 2100 年全球变暖在 2.1—3 ℃的情景。

（2）物理风险

在物理气候方面，公司使用了两种情景来评估业务的物理风险。第一种是“一切照旧”情景，与政府间气候变化专门委员会的共享社会经济路径（以下简称“SSP”）5—8.5 保持一致，在这种情景下，排放量逐年增加，直到本世纪末，比工业化前水平高出近 5 ℃，这用于测试公司在“压力暴露”结果下的业务。第二种是“2 ℃及以下”情景，与 SSP1 - 2.6 保持一致，在这种情景下，排放量将在相对较近的未来达到峰值，然后逐年减少。

12.3.5 气候相关风险带来的财务影响

安赛乐米塔尔在气候相关风险评估中考虑了现行法规风险、新兴法规风险、科技风险、法律风险、市场风险、声誉风险、急性物理风险以及慢性物理风险。现行法规中，欧盟排放交易体系（EU ETS）和碳边境调整机制（CBAM）可能会对安赛乐米塔尔欧洲的工厂产生重大财务影响，它们占公司总产能的 50% 以上。这种影响在欧盟排放交易体系（EU ETS）的第四阶段尤为明显，因为 2026 年至 2034 年间碳价格上升但配额减少，且碳边界调整机制（CBAM）可能无法提供所需的公平竞争环境。尽管安赛乐米塔尔宣布欧洲业务到 2035 年将二氧化碳排放强度降低 35%（与 2018 年相比），但依旧可能发生前面所述的情形，具体取决于碳价格的演变、CBAM 的效率以及是否获得足够的公众支持。安赛乐米塔尔对现行法规风险进行了定量的预期财务影响披露，具体信息如表 12 - 4 所示。

表 12 - 4　　气候相关风险给安赛乐米塔尔带来的预期财务影响情况

项目名称	描述
风险	现行法规
时间范围	中期
气候相关风险驱动因素	碳定价机制
主要预期财务影响	间接（运营）成本增加
可能影响程度	高
预期财务影响数字	预期财务影响数字——最低（美元）：2.3 亿美元 预期财务影响数字——最高（美元）：7.55 亿美元

续表

项目名称	描述
财务影响数字说明	安赛乐米塔尔成功实施集团的脱碳战略，可能会显著降低安赛乐米塔尔对欧洲碳价格变化的敏感度。然而，在现阶段预测相关变量（例如，生产水平的变化，或公众对脱碳投资和“低碳钢溢价”的支持）是极其困难的。因此，公司假设每年对碳价格上涨 20 欧元以预测预期财务影响。上述预期财务影响数字的上下限代表了两种情况，一种是免费配额保持当前水平，另一种是免费配额在 2034 年降至零。 第一种情况是假设在欧盟排放交易体系下，0.33 亿吨粗钢产量的平均排放量为每吨钢排放 1.6 吨二氧化碳，而免费配额大约覆盖了欧洲运营排放量的 80%。那么，按照目前的自由分配和生产水平，假设其他因素保持不变，欧洲碳价格上涨 20 欧元时，每年的直接运营成本将增加约 2.1 亿欧元（$0.33 \times 1.6 \times 20\% \times 20 \approx 2.1$ 亿欧元 = 2.3 亿美元）。 在第二种情况下，假设通过脱碳项目将二氧化碳排放量减少 35%，那么每年的直接运营成本增加约 6.85 亿欧元（$0.33 \times 1.6 \times 65\% \times 20 \approx 6.85$ 亿欧元 = 7.55 亿美元）。以上计算中包含的排放范围涵盖安赛乐米塔尔欧洲范围内所有受欧盟排放交易体系约束的工厂，不包括安赛乐米塔尔意大利公司，以及 2019 年出售的工厂。
应对风险的成本	100 亿美元
响应成本和成本计算说明	安赛乐米塔尔估计，到 2030 年，实现二氧化碳排放强度减少 25% 的目标（欧洲为 35%）将花费的总资本成本为 100 亿美元，公司计划到 2025 年花费其中的 35%，即 35 亿美元。这 100 亿美元由全球减少 3800 万吨二氧化碳（2018 年为 15200 万吨，二氧化碳排放强度与 2018 年相比减少 25%，即 15200 万吨 × 25% = 3800 万吨）所需的资本成本组成。

12.3.6　气候相关机遇带来的财务影响

2022 年，安赛乐米塔尔炼钢厂的平均净用水量约为 3.7 立方米/吨钢材。水对炼钢过程尤其重要，如果因为天气原因出现长期干旱的情况，当局可能会限制取水许可证的发放，进而增加公司的运营成本且降低生产能力。因此，提升水资源的利用效率至关重要，可以通过再循环、减少蒸发、防止泄漏、回收等措施来提高效率。根据世界资源研究所（WRI）的 Aqueduct 水资源风险地图工具，发现埃特萨巴里（Etxebarri）站点位于中高度缺水的盆地中。因此，安赛乐米塔尔在西班牙的 Etxebarri 综合锡板和无锡钢厂，引入了先进的现场水资源管理计划，旨在避免环境污染，将淡水使用量降至零，并限制工厂的河水摄入量。水资源管理计划从 2022 年开始实施。安赛乐米塔尔对资源效率所带来的机遇进行了定量的预期财务影响披露，具体信息如表 12－5 所示。

表 12－5　　气候相关机遇给安赛乐米塔尔带来的预期财务影响情况

项目名称	描述
机会类型	资源效率
主要与气候相关的机会	减少用水量和消耗量
主要预期财务影响	降低间接（运营）成本
时间范围	短期
可能性	可能
影响程度	低
预期财务影响数字	735.8568 万美元
财务影响数据解释	安赛乐米塔尔引入了先进的现场水资源管理计划后，每月平均可节省 87602 美元（或每年 1051224 美元）的成本。那么从 2023 年到 2030 年（中期），将节省 7358568 美元。
实现机会的成本	37.6 万美元
实现机会的策略和成本计算的解释	实现机会的策略：安赛乐米塔尔在 Etxebarri 引入了现场水资源管理计划，从 2022 年开始实施。该计划通过现场资源自动化管理优化了整个水循环，并且设计了最先进的解决方案，如全自动回收工厂等，降低了排放费用，消除了购买饮用水的需求，实现了运营成本的节约。 成本计算：实现该机会的成本与安赛乐米塔尔承担的用于安装和改进过滤工艺的资本支出有关。

12.3.7　风险和机遇如何影响财务规划

气候相关风险和机遇影响的财务要素包括收入、直接成本、间接成本、资本支出以及资本配置，影响财务规划的方式如下：

首先，已识别的现行法规风险已考虑在公司的运营成本规划中，因为它的影响与欧盟排放交易体系（EU ETS）第四阶段下温室气体排放价格的上涨有关，这可能会转化为实际影响。公司对其在欧洲的业务这一风险敞口进行了评估，预计每年的影响在 2.3 亿—7.55 亿美元。限制全球温室气体排放的法律法规可能迫使安赛乐米塔尔承担更高的资本成本和运营成本，并可能对安赛乐米塔尔的经营业绩和财务状况产生重大不利影响。

其次，无论是国家或国际的交易排放许可制度、碳税或以市场价格收购排放权、排放控制、报告要求还是其他监管举措，都可能对安赛乐米塔尔的生产水平、收入和现金流产生负面影响。例如：二氧化碳排放调节已经导致欧洲的成本增加。此类法规还可能对公司的供应商和客户产生负面影响，从而导致成本增加和销售额下降；来自其他材料和低碳产品的竞争也可能降低市场价格和对钢铁产品的需求，从而降低安赛乐米塔尔的现金流和盈利能力。

最后，碳法规带来的风险和客户对低碳产品需求的增加也会影响其在资本支出方面的财务规划。已识别的风险和机遇被纳入资本支出财务规划，反映在与环境项目相关的总计 4.88 亿美元的持续资本支出中，并且作为脱碳计划的一部分，到 2030 年每年投资约 100 亿美元。

12.4 案例总结与启示

12.4.1 气候相关风险和机遇的当期财务影响

安赛乐米塔尔位于不同地区的工厂在进行碳排放权的确认和计量时均受到相应的法规监管，2023 年碳排放权的价格减少了 1.06 亿美元，这对公司的当期财务具有积极影响。公司的排放义务准备金与 2022 年相比减少了 4.93 亿美元，降至 0.29 亿美元，排放义务准备金的减少会对当期财务状况产生积极影响，同时也减少了未来的潜在负债。然而，公司仍需持续监控碳排放政策和市场的变化，以确保其能够有效管理与碳排放相关的成本和风险。此外，2023 年，公司进行了许多与可持续发展相关的投资及资本支出，表明其正在采取一种更全面的方法来考虑其业务活动的影响，并寻求在财务表现和社会责任之间找到平衡。同行业公司在进行投资及资本支出时，也应当考虑气候相关风险和机遇，积极寻找有助于减少碳足迹的项目进行投资。

但是，安赛乐米塔尔也面临一定的风险。首先，公司实施脱碳战略后特定资产的预期退役日期会发生变化，导致公司缩短了其在欧盟和加拿大某些业务中不动产、厂房和设备的剩余使用寿命，使 2023 年的折旧费用增加了 1.68 亿美元。其次，2023 年，公司的环境责任准备金增加了 0.54 亿美元，意味着公司需要支付更多的费用来应对环境责任相关的索赔或罚款。但整体来看，两项金额均比较小，对当期财务造成的负面影响较小。

总体来看，安赛乐米塔尔披露的信息显示，气候相关风险和机遇对公司的当期财务状况存在一定的影响，同时，当期财务影响又能够为公司管理层提供数据支持，帮助他们作出更明智的战略决策，例如，投资绿色技术、优化能源使用和提高资源效率等。

12.4.2 气候相关风险和机遇的预期财务影响

安赛乐米塔尔在其年报中指出公司计划向位于希洪的工厂投资 10 亿欧元，包括建设一座 230 万吨氢能直接还原铁工厂，以及将在未来五年内对突破能源催化剂计划（Breakthrough Energy's Catalyst program）进行 1 亿美元的股权投资以拓展到 2050 年实现净零排放所需的技术，这对公司具有一定的积极影响，因为可持续投资有助于公司在长期内创造价值，有助于解决长期的社会和环境挑战。

安赛乐米塔尔在其CDP问卷中明确表示公司结合气候相关财务信息披露工作组（TCFD）、联合国政府间气候变化专门委员会（IPCC）及国际能源署（IEA）等机构发布的情景进行了气候相关的情景分析，用于分析气候相关风险对投资组合的具体影响。公司在进行气候相关风险和机遇评估时，给出了相关风险和机遇预期财务影响的范围，在进行财务重要性判断以及财务规划时，也考虑了气候相关风险和机遇。

总体来看，通过定量披露预期财务影响，安赛乐米塔尔向投资者和其他利益相关者提供了关于其长期可持续性的清晰信息，能够清楚地反映公司应对气候相关风险的成效，同时有助于公司管理层识别和评估与气候相关的财务风险和机遇。这提示同行业公司也应当积极考虑技术创新在应对气候相关风险时发挥的重要作用，从而提前做好准备。

12.4.3 启示

安赛乐米塔尔的气候相关风险和机遇财务影响分析为同行业公司提供了重要启示。

第一，同行业公司需要开展全面的气候相关风险识别与评估，包括物理风险和转型风险等具体内容，以了解气候变化对公司财务状况的潜在影响。

第二，同行业公司需要制定与气候变化相关的长期财务规划，有助于企业在财务规划中考虑长期环境变化，作出更符合可持续发展的决策。

第三，同行业公司在进行投资及资本支出时需要考虑气候变化的因素，可以投资节能技术和设备，优化生产流程，提高能源使用效率，减少能源消耗，从而减少碳排放量，进而还能降低对碳排放权的需求。

此外，通过安赛乐米塔尔的评估分析可知，气候变化可能影响厂房和设备等资产的剩余使用寿命和折旧金额，这提示同行业公司需要考虑气候变化对资产价值的影响，并相应调整其折旧金额。

第 13 章
苏格兰和南方能源披露案例分析

13.1 公司背景

苏格兰和南方能源公司（Scottish and Southern Energy plc，SSE）[1] 是英国的一家能源公司，总部位于苏格兰珀斯。SSE 不仅可以为客户提供多样化的能源产品和服务，也是英国最大的电网公司之一。公司专注于开发、建设、运营和投资低碳电力基础设施，以支持向净零排放的转型，包括陆上和海上风电、水力发电、灵活的火力发电以及输电和配电网络。SSE 于伦敦证券交易所上市，其 MSCI ESG 最新评级为 AAA 级，2023 年主要财务指标如表 13－1 所示。

表 13－1　　　SSE2023 年主要财务指标　　　单位：英镑

主要财务指标	数值
营业收入	25.29 亿
税前利润	21.83 亿
每股盈余	1.66
每股股利	0.967
调整后的投资和资本支出	2.8 亿

① 本案例根据 SSE2023 年年报、可持续发展报告及 CDP 问卷进行分析，相关链接如下：https：//www.sse.com/annualreport2023/。

13.2 当期财务影响

13.2.1 资产减值

SSE 在英国和爱尔兰风电场的资产估值主要依据贴现率、发电量和电价。尽管现金流预测中存在不确定性，但即便在电价下降 10% 和发电量减少的情境下，资产账面价值仍有显著上升空间。此外，基于集团对气候相关风险的评估，其对 8% 的交易量敏感性进行了建模，税前贴现率分别上调 0.5% 和 8.74%，表明资产价值的上升空间较大。

随着英国和爱尔兰可再生能源发电能力的增加，未来可能出现供应过剩，从而压低风力发电资产的电价。基于 TCFD 的敏感性分析显示，即使新建项目导致电价下行，账面价值依然稳固。即便模拟的场景中电价下调 15%，风力发电资产仍具上升潜力。

天气模式的变化，特别是全球变暖引发的平静天气模式，可能减少风电发电量。尽管模型预测量减少了 8%，但资产账面价值仍有上升空间。此外，TCFD 相关的风险模拟了长期平均风速下降 4%～8% 的情境，与减值敏感性分析保持一致。

13.2.2 商誉减值

根据国际会计准则第 36 号的要求，SSE 每年对其风力发电组合的商誉余额进行减值测试。该评估模型还考虑了电价对市场中新建项目带来的潜在敏感性。这一情况表明，尽管电价降低了 10%，但集团风力发电资产的账面价值仍有很大的上升空间。

13.2.3 可再生能源资产减值

SSE 在英国和爱尔兰的可再生能源发电能力大幅增加，未来可能出现可再生电力供应过剩，从而导致风力发电资产的可实现电价下降。然而，截至 2023 年 3 月 31 日，SSE 尚未确认这是否构成减值指标，因为其基线投资模型假设，在现有资产的使用寿命内，这些市场中新建项目的数量符合集中批准的预测。

13.2.4 资产折旧或摊销

截至 2023 年 3 月 31 日，集团英国联合循环燃气轮机（GB CCGT）资产无历史性减值可转回。SSE 对资产的公允估值表明账面价值有很大的净空间，因此未确认减值。

敏感性分析毛利率下降 20% 将继续为每项资产带来巨大的净空。SSE 未对非合同产能机制价格进行敏感性分析，因为接受减值测试的资产已合同化至未来时期。

随着英国向净零经济转型，限制 2030 年后天然气发电站发电的立法已被确定为集团可能面临的潜在风险。然而，截至 2023 年 3 月 31 日，这并没有被视为减值指标，因为截至资产负债表日尚未出台或颁布法规。

SSE 大多数英国联合循环燃气轮机（GB CCGT）发电厂的经济寿命已接近尾声，预计将在 2030 年前停止运营。然而，Keadby 2 和 Marchwood 预计在此日期后仍将继续运营。由于未显示减值迹象，这两个发电厂未纳入减值审查。若立法要求在 2030 年前关闭 Keadby 2 和 Marchwood，截至 2023 年 3 月 31 日，预计不会产生损失。在 TCFD 加速天然气关闭风险情景下，若两座电厂提前关闭，未来经济效益的潜在损失现值在 3 亿—4 亿英镑。

13. 2. 5　资产退役义务

SSE 持有可再生能源和火力发电资产的退役准备金，并保留了其已处置天然气生产业务退役的 60% 份额。如上所述，SSE 在 2023 年 3 月 31 日的观点是，气候变化监管不会提前其联合循环燃气轮机（CCGT）的关闭日期，其中许多 CCGT 预计将在 2030 年之前关闭。同样，预计天气模式的根本变化或新的风力发电能力的影响不会提前集团风电场投资组合的退役。

天然气生产的贴现准备金为 2. 014 亿英镑（2022 年为 2. 494 亿英镑），截至 2023 年 3 月 31 日，该准备金的贴现影响为 6450 万英镑（2022 年为 3380 万英镑），预计将在截至 2037 年 3 月 30 日之前的期间逐步产生。如果退役活动因立法变化而加速，解除准备金贴现的成本将提前确认。

13. 2. 6　收入确认

能源供应收入是基于对截至年末的期间内，对上次电表读数后向客户供应的电力或天然气的价值进行估算。这些收入包括了已经开具的账单和尚未开具账单的部分。收入的计算依据客户适用的收费水平和合同费率，并结合对客户消费量的估算。在收入估算过程中，还需考虑诸多因素，如使用模式、收费水平变化、不同类型客户的变动比例、电表未读比例、气候趋势以及国家结算机构发布的外部通知等。

在 2023 年，SSE 实施了政府支持的客户援助计划，为客户提供基于估计用量的折扣，并根据实际用量从政府处回收款项。这增加了集团对未开票收入估算的复杂性和不确定性。在本年度内，SSE 管理的一个主要的支持计划是英国商业能源业务的能源账单减免计划（EBRS）。

所有未开票收入估算都必须通过内部确认程序，估算的未开票用量将与“理论用量”进行比对。该程序基于“完美计费”标准，将未开票用量与经历史天气调整的消费模式和行业对账中使用的汇总计量数据比较。在资产负债表日与财务报告日之间，公司将继续对实际仪表读数和账单进行核对。

在SSE的未开票收入中，政府应收款的估算综合了客户消费明细的已缴和待缴款项、收费水平、计量及其他相关因素。苏格兰和南方能源公司接受了英国政府委托的欧洲复兴开发银行（EBRD）审计，审计指出存在用量估计风险，此风险源于在14个月的电力行业对账期间，估计的消费数据可能被实际计量数据所取代。截至2023年3月31日，EBRD确认的未结EBRS金额为3.266亿英镑，其中包括与集团向客户提供折扣但已评估无法在待结缴费窗口期内从政府收回的风险准备金，金额为1.51亿英镑。

13.2.7 关键审计事项

SSE审计报告旨在为SSE的股东和其他利益相关者提供关于公司财务状况和运营表现的独立意见。报告中的关键审计事项包括部分发电站和储气资产的减值和减值转回、确认的估计收入的会计处理。

（1）部分发电站和储气资产的减值和减值转回

关键审计事项描述：2023年，SSE对某些电站和天然气储存资产进行了减值转回，金额为6350万英镑，而2022年的减值转回为4.289亿英镑。减值或减值转回的风险主要受到全球和国内因素影响，这些因素可能会减少或增加资产的使用价值或公允价值减去处置成本，从而触发减值评估。关键假设包括未来电价、价格波动、平均转回率、预测电力需求、碳价格、负荷系数、贴现率、有效经济寿命和运营支出。

审计团队对管理层评估资产减值的过程进行了深入了解，包括减值转回的识别和现金流预测模型的关键输入假设。他们验证了这些假设的一致性，并与历史数据对比，特别关注需求、负荷因子和价格因素。审计中还聘请了内部建模专家，以确保模型参数和使用的准确性。通过敏感性分析，审计团队评估了减值转回的合理性，特别是考虑到气候变化的影响。最终，审计确认了管理层报告的减值转回金额，认为这些转回主要是由市场条件改善，如需求增加和价格上涨所驱动，并且相关的定价假设是合理和适当的。

（2）确认的估计收入的会计处理

关键审计事项描述：SSE特别关注了公司未开票收入的确认及其他业务收入的核算，尤其是与英国政府支持的能源账单减免计划（EBRS）相关的收入。2023年未开票能源收入达到6.661亿英镑，较2022年的4.927亿英镑有所增加；而2023年英国业务能源部门（GB EBRS）的待支付金额为 3.267 亿英镑，2022 年则为零。随着消费模式的变化、收费水平的频繁调整以及与 EBRS 计划的相互影响，本年度收入估算的复杂性进一步增加。关键的估算和假设包括：①客户在最后一次抄表至年末之间消耗的电力和天然气量；②这些消耗量在不同电价范围内的价值；③未开票收入的潜在减值风险。由于估算过程中存在的不确定性，这一事项被认定为重大风险。

审计应对：理解收入估计流程，审计团队深入了解了公司估计未开票收入的流程，测试了相关的信息技术（IT）一般控制和应用控制，执行了实质性审计程序和收入数据分析；细节测试，团队核对了期初未开票应计收入与 2022 年 3 月 31 日的资产负债表余额，核对了年度客户能源使用量数据与外部结算系统的数据，并与公司内部计费系统的数据进行了核对，以评估一致性并了解剩余的估计风险；测试单位定价，通过核对历史定价样本账单，对定价进行敏感性分析，测试计费日期样本，以及核对年末后计费价格来测试未开票单位定价；评估管理层假设，通过比较管理层对未开票收入的预测与最终计费和结算金额的历史准确性，考虑了宏观经济条件对需求和消费波动的影响，并与行业外部出版物中的假设进行了基准对比；验证了待缴费的合格标准，测试了客户收费水平的样本，核实了待缴费电表符合的标准；检验了部分客户的费率的同时获取了支持文件，对支持证据进行了抽样调查，将代缴金额与提交的数量以及后续结算的现金收据进行了核对。通过使用定制的分析工具，团队重新计算了每个电表按照方案规则适用的待缴折扣，并将其应用到迄今为止提交的数据和待缴款项中。团队确认了未计入收入的预期水平，并将其与实际未计入收入进行对比，并就显著差异进行解释。团队对未计入收入的估计值与基准预期进行了比较。基准预期是利用外部结算数据结合“电表点管理编号”（MPAN）级别的计算频率、使用状况和价格变动情况综合得到的。

关键发现：审计团队独立计算了应计收入的估计范围为 1.3 亿—1.44 亿英镑，公司的估计位于其可接受范围的上限。团队独立评估了 EBRS 应计收入的合理范围为 1.23 亿—1.5 亿英镑，公司的估计位于其可接受范围的上限。总体而言，审计团队认为管理层确认的未开票收入和应计政府补助 EBRS 收入是适当的。

13.3 预期财务影响

13.3.1 碳成本与内部碳价

作为发电商，苏格兰和南方能源公司受到影响碳价格政策的约束。在报告中，苏格兰和南方能源公司使用的碳价格为：英国 78 英镑/吨二氧化碳，欧盟 86 欧元/吨二氧化碳。

13.3.2 投资及资本支出

2023 年 5 月，苏格兰和南方能源公司的净零加速计划（NZAP）进行了修订，并修订了 SSE 可再生能源、SSEN 输电和 SSEN 配电的 2027 年增长目标。新的“NZAP Plus”包括从现在到 2027 年的 180 亿英镑投资，而在截至 2025/2026 年的五年内，最初的 NZAP 投资为 125 亿英镑。

在全面资助的计划中，资本投资达到 180 亿英镑。其中约 90% 的资本投资将用于可再生能源和电力网络，重点支持公司到 2030 年的碳中和目标。计划中的投资方向符合 1.5 ℃气候路径，并与欧盟分类法的技术筛选标准一致。投资细分如下：可再生能源占 40%，输电占 30%，热能及其他占 10%，分布式能源占 20%。其中约 40% 的资金将投资于能源网络，以支持可再生能源的发展并增强输配电能力。

13.3.3 对财务规划和业绩的影响

苏格兰和南方能源公司通过其净零加速计划（NZAP）及其加强版（NZAP Plus）显著调整了资本分配，将重点放在网络（50%），可再生能源（40%）和其他灵活发电、分布式能源和客户业务（10%）上，预计到 2027 年的五年间，90% 的资本支出将与 1.5 ℃的气候目标相一致。公司的投资计划绝大多数集中在气候解决方案上，以实现 2030 年中期目标，这与联合国可持续发展目标（SDG）相一致，并符合欧盟分类的技术筛选标准。苏格兰和南方能源公司计划在 2025 年和 2030 年分别调整 90% 的选定财务指标，以与组织的气候转型保持一致。

13.3.4 气候相关机遇的潜在财务风险

在确定了五个相关的重大气候相关机遇的情况下，对每一个机遇的定义及其预期财务影响如表 13－2、表 13－3、表 13－4、表 13－5、表 13－6 所示。

表 13－2　　气候相关机遇 1 对 SSE 的预期财务影响情况

项目名称	描述
机会类型	产品和服务
主要与气候相关的机会	发展和/或扩大低排放商品和服务
主要预期财务影响	调整后的营业利润增加
公司具体描述	加快风电投资，拥有英国和爱尔兰最大的可再生能源容量
时间范围	中期
可能性	几乎确定

续表

项目名称	描述
影响程度	中
预期财务影响数字	10.9 亿—15 亿英镑
财务影响数据解释	SSE 在 2050 年 1.5 ℃气候目标下，通过一系列假设，预计其风电业务的息税前利润（EBIT）将受到 10.09 亿—15 亿英镑的预期财务影响。这些假设包括国际能源署（IEA）的 2050 年风电装机容量年复合增长率（CAGR）和 SSE 内部的风力发电价格因素。SSE 计划到 2030 年每年至少产生 50TWh 的电力，并已发布加速资本投资计划，目标是到 2026 年将可再生能源装机容量增加一倍以上，达到 9GW 以上，到 2027 年至少达到 13GW。 SSE 的增长机会包括已同意的开发项目和管道项目，特别是在海上风电领域。截至 2023 年 3 月 31 日，SSE 在英国和爱尔兰的可再生能源管道包括 28 万千瓦正在建设，29 万千瓦已同意，95 万千瓦待同意，未来前景达到 13GW。 此外，SSE 也在国际市场上扩展其业务，包括在日本的太平洋能源公司、波兰的亚洲能源公司合资企业、收购西门子公司可再生能源公司（SGRE）的南欧平台，以及在西班牙、法国、意大利和希腊的陆上风能和太阳能开发项目。
实现机会的成本	70 亿英镑
实现机会的策略和成本计算的解释	SSE 拥有超过 15GW 的安全管道。SSE 将合作开发这些项目，并将回收一些资金，以支持进一步的发展。 除了在西格伦、道格尔银行和维京公司的直接机会外，SSE 在苏格兰的伯威克银行和马尔银行、英格兰的大加巴德延伸公司和爱尔兰的阿克洛银行风电公园还有进一步的海上风电项目权益。 SSE 与英国、苏格兰和爱尔兰政府、欧盟委员会、欧洲议会成员及其他相关方就低碳政策进行交流和合作。 2023 年 5 月，SSE 更新了现有的净零加速度计划，创建了净零加速计划 Plus。NZAP Plus 是一项针对 2031 年的全面资本投资计划，截至 2027 年价值 180 亿英镑，旨在加速清洁增长，符合净零和 1.5 ℃。

表 13－3　气候相关机遇 2 对 SSE 的预期财务影响情况

项目名称	描述
机会类型	产品和服务
主要与气候相关的机会	发展和/或扩大低排放商品和服务
主要潜在的财务影响	调整后的营业利润增加
公司具体描述	水力发电在 SSE 的组合中是独特的（占其组合容量的 17%）。对于 SSE 现有的水力发电组合，持续的投资与维护、升级和增容将优化低碳灵活性的提供。 SSE 在苏格兰的 Coire Glas 还有一个重要的大规模、长期抽水蓄能开发选项，已获得 1.5 吉瓦容量项目和约 30 吉瓦时的储能容量潜力的规划许可。这将使英国现有的抽水蓄能容量增加一倍以上。鉴于它们在确保英国低碳能源供应中的关键作用，SSE 正在与政府和监管机构合作，建立一个市场机制，以解锁对 Coire Glas 等长期储能项目的投资。

续表

项目名称	描述
时间范围	中期
可能性	几乎确定
影响程度	中等
预期财务影响数字	1.5 亿—2 亿英镑
财务影响数据解释	在2050 年1.5 ℃的情景下，通过将以下假设组合应用于SSE 截至3 月31 日财政年度从水电产出的现有息税前利润（EBIT）中，量化了1.5 亿—2 亿英镑的预期财务影响数字： ● SSE 关于优化现有水电资产的预期增长的内部假设； ● SSE 在 Coire Glas 抽水蓄能电站的投资预测； ● 国际能源署 NZE 2050 水电发电量复合年均增长率（CAGR）至 2050 年； ● SSE 关于电力价格因素的内部假设，以考虑市场波动。 这一预期财务影响数字的基础是以 2050 年一年的年化 EBIT 进行量化的。
实现机会的成本	100 万英镑
实现机会的策略和成本计算的解释	为了实现这一机会，SSE 正在继续投资于多样化的发电组合，包括可再生和灵活的发电资产（包括水力发电资产）。 实现这一机会的相关成本包括 SSE 资产翻新的成本（这涉及因设备老化而进行的升级和更换，以及为了提供更多灵活性以响应这一机会），以及 Coire Glas 的资本开发支出。 SSE 一直在投资其水电站群，使其更加高效，并提供灵活和可再生的能源，以确保它们能够利用去碳化的能源系统。SSE 有一个持续的维护、翻新和建设计划，以确保这些资产在低碳转型期间继续发挥作用。在 2023 年，SSE 在现有水电资产的维护和增容上投资了约 5000 万英镑。 Coire Glas 的早期开发支出已经开始产生，预计开发总资本成本将超过 10 亿英镑。这项投资的时机和产生的回报将取决于适合刺激长期储能投资的市场机制的出现。因此，实现这一机会的成本已估计约为 10 亿英镑。

表 13－4　　气候相关机遇 3 对 SSE 的预期财务影响情况

项目名称	描述
机会类型	产品和服务
与气候相关的主要机会	开发和/或扩大低排放的产品或服务
主要预期财务影响	调整后营业利润增加
公司具体描述	苏格兰北部可再生风能的显著增长依赖于苏格兰北部电力传输网络的显著扩展，以便将可再生电力从发电量输送到需求来源。SSEN 在苏格兰北部运营着这个传输网络。SSEN 的传输网络允许在苏格兰北部产生的可再生能源在南部传输到需求较高的地区。这使得它成为促进向低碳电力系统转型的基础。SSEN 传输公司目前到 2026 年的 RIIO－T 2 商业计划设想扩大和加强现有的网络，以提供主要的新发电源。虽然 SSEN 传输已经完成了其五年 RIIO－T 2 投资计划的第一年，在 Ofgem 不确定机制下的关键战略投资方面取得了进展，但到 2030 年的增长规模已经变得清晰。Ofgem 的“2030 年之路”确定了苏格兰北部需要 70 亿英镑的进一步投资。

续表

项目名称	描述
时间范围	中期
可能性	基本确定
影响程度	中等
预期财务影响数字	11亿—15亿英镑
财务影响数据解释	在2050年1.5℃的情景下，通过将国家电网未来能源引领之路情景应用于苏格兰预期的可再生能源容量，基于2050年一年的年化EBIT量化了SSE传输业务单元截至3月31日财政年度的现有息税前利润（EBIT）的预期财务影响数字在11亿—15亿英镑。 2023年5月，SSE更新了其现有的零排放加速计划，创建了零排放加速计划Plus。NZAP Plus是一个完全资助的资本投资计划，截至2027年价值180亿英镑，旨在加速清洁增长，同时符合2031年的目标，与零排放和1.5℃的目标一致。SSEN传输（约30%）将构成电网预期投资的大部分，因为RIIO－T2基线投资计划已经通过不确定性机制项目（如斯凯岛和奥克尼群岛的海底连接）增加了。虽然Ofgem的加速战略传输投资（ASTI）框架的大部分将在十年末交付，但这个五年计划还包括随着这些项目的推进而产生的早期建设成本。因此，预计SSEN传输的投资将从上一个计划的超过30亿英镑增加到超过50亿英镑，扣除25%的少数股东权益后，到2027年年底，总监管资产价值（RAV）将达到80亿—90亿英镑，并在五年计划期间平均每年实现至少4亿英镑的调整后营业收入。SSEN分销从其RAV中获得回报，因此RAV的增长应该带来未来收益增长。
实现机会的成本	50亿英镑
实现机会的策略和成本计算的解释	SSEN负责运营苏格兰北部的输电网。2023年标志着SSEN传输业务根据其新的五年RIIO－T2价格控制期的业务计划进入第二年的交付，该控制期从2021年开始至2026年结束。 在苏格兰北部建设关键网络基础设施方面取得了显著进展，包括设得兰HVDC输电链路，预计该链路将在2024年首次将岛屿与英国电网连接。预计RIIO－T2期间将大幅增加连接到SSEN传输网络的可再生能源容量。在RIIO－T2价格控制期之后，为了支持可再生能源预测的增长，还需要对陆上和海上输电基础设施进行进一步的网络升级。 实现这一机会的相关成本基于与输电网投资相关的资本投资行动，这些成本估计到2027年约为50亿英镑。

表13－5　　气候相关机遇4对SSE的预期财务影响情况

项目名称	描述
机会类型	产品和服务
与气候相关的主要机会	低排放商品和服务的开发和/或扩展
主要预期财务影响	调整后的营业利润增加

续表

项目名称	描述
公司具体描述	推动配电转型 2022 年 12 月，Ofgem 发布了对 RIIO - ED2 价格控制的最终决定，概述了其对 SSEN 的业务计划“为社区提供动力，实现净零”的响应。SSEN 分销在 2023 年 3 月接受了 Ofgem 的最终决定，并将继续与监管机构密切合作，确保价格控制具有跟上净零要求所需的敏捷性和灵活性。价格控制从 2023 年 4 月开始，将持续到 2028 年 3 月。 SSEN 分销的 2023—2028 年 RIIO - ED2 业务计划草案确立了一个投资和创新计划，将使客户能够将其电动汽车和电力供暖连接到本地电网。 电动汽车和电力供暖的增加采用为 SSEN 作为网络运营商提供了机会。同时，还有机会投资和发展电气化所需的网络基础设施，包括智能能源系统、需求侧响应和分布式灵活及可再生能源。
时间范围	中期
可能性	几乎确定
影响程度	中等
预期财务影响数字	3.1 亿—4.2 亿英镑
财务影响数据解释	在 2050 年的情景中，SSE 根据国家电网未来能源消费者转型情景预测的电力消费需求，来分析其 2023 年 3 月 31 日前的税前利润（EBIT），以及现有配电业务单位所分发的电力。潜在的财务影响数额的基础是根据 2050 年的年化 EBIT 来计算的。 在智能电网系统的电网架构中，推广电动汽车（EV）与电加热技术的普及，预计将孕育出巨大的投资机遇，以助力低碳交通的转型进程。苏格兰电力网络公司致力于发展和改进电网系统，以确保电网能够支持和适应未来英国境内电动汽车数量达到 1000 万辆时的电力需求。这涉及电网的升级和扩展，以保证有足够的电力供应和电网的稳定性，满足大量电动汽车充电的需求。 苏格兰电力网络公司（SSEN Distribution）计划在 RIIO - ED2[①] 期间（即到 2028 年）投资约 35 亿英镑用于配电网络的韧性和加固。这表明公司正在积极投资于基础设施，以提高其配电网络。预计到 2026/2027 年，SSEN Distribution 的资产价值（RAV）将增长至 60 亿—70 亿英镑。这显示了公司对未来资产价值增长的预期，反映了公司对投资回报的信心。在五年计划中，SSEN Distribution 平均每年的调整后运营利润至少为 4.5 亿英镑。由于 SSEN Distribution 能够从其 RAV 中获得回报，因此 RAV 的增长预计将在未来期间带来收益增长。这表明公司认为资产价值的增长将直接转化为收益的增长。 上述收益增长的实现，还取决于未来监管收益协议的支持。这意味着公司的收益增长不仅依赖于内部投资和运营表现，还受到外部监管环境的影响。
实现机会的成本	35 亿英镑

① RIIO - ED2 是英国监管机构 Ofgem（Office of Gas and Electricity Markets）制定的监管框架，全称为 Revenue = Incentives + Innovation + Outputs - Expenditure 2，该政策旨在通过设定收入上限来激励电力分销网络运营商提高效率和投资于基础设施，同时确保它们获得合理的回报。

续表

项目名称	描述
实现机会的策略及成本计算解释	SSEN 设定了到 2030 年在 SSEN 的分销网络中容纳 200 万辆电动汽车的目标。到 2028 年，SSEN 分销预计将在配电网络的弹性和加强上投资约 35 亿英镑。 预计到 2027 年，这将使 RAV 增加到 60 亿—70 亿英镑，并在五年计划中平均每年实现至少 4.5 亿英镑的调整后营业利润。SSEN 分销从其 RAV 中获得回报，因此 RAV 的增长应该会在未来期间带来收益增长。 在 2023 年，SSEN 分销继续履行其战略合作伙伴关系和倡议，探索支持低碳技术的智能电网解决方案，包括：创新能源试验项目 LEO、世界最大商业电动汽车试验 Optimise Prime、与汽车和充电点行业建立数据共享项目——天际线、由配电网络运营商（DNO）领导的大规模供暖试验项目 Re－Heat。SSE 还是气候组织全球 EV100 倡议的成员，并承诺到 2030 年将其 2684 辆汽车转换为电动汽车，并在其场所安装充电点。 预计到 2027 年，这一机会将导致 SSE 在其网络区域的资本投资高达 35 亿英镑。

表 13－6　　气候相关机遇 5 对 SSE 的预期财务影响情况

项目名称	描述
机会类型	产品和服务
与气候相关的主要机会	低排放产品和服务的开发和/或扩张
主要预期财务影响	调整后的营业利润增加
公司具体描述	有价值的灵活热能： 随着电力系统脱碳，越来越多的间歇性风能需要灵活的发电机的支持，这些发电机提供系统服务，如短期储备、频率、供应安全和价格稳定。SSE 有机会重新利用现有的天然气发电机，并投资于新的低碳热能发电资产。 SSE 正在积极开发其车队脱碳的选项，最引人注目的是在碳捕集和封存以及氢技术方面。项目包括作为英国集群排序计划一部分的 Keadby 和苏格兰北部 Peterhead 的碳捕集和封存项目，以及 Keadby 和 Saltend 的氢项目，以及改造 SSE 的 Aldbrough 天然气储存场，用于安全储存氢气。
时间范围	中期
可能性	几乎确定
影响程度	中等
预期财务影响数字	6.6 亿—9.9 亿英镑
财务影响数据解释	在 2050 年 1.5 ℃的情景下，通过将以下假设组合应用于 SSE 的 CCS 发电预期息税前利润（EBIT），量化得到预期财务影响在 6.6 亿—9.9 亿英镑： • SSE 在 Peterhead CSS 和 Keadby CSS 的投资预测； • 国际能源署 NZE2050 天然气伴 CCS 的复合年均增长率（CAGR）至 2050 年。 SSE 的零排放加速计划旨在 2022—2027 年投资 25 亿英镑于低碳灵活热能发电，主要是用于碳捕集技术，但也有一些氢项目的开发投资，这些项目有望在 2025—2030 年间晚些时候作出投资决策。CCS 和氢的回报将取决于政府支持机制的水平和性质，以及工厂可用性、未来消费者需求、系统内的发电供应组合和能源商品价格波动。

续表

项目名称	描述
实现机会的成本	25 亿英镑
实现机会的战略和成本计算的解释	SSE 的零排放加速计划 Plus 旨在 2022—2027 年间投资 25 亿英镑于低碳灵活热能发电，主要是用于碳捕集技术，但也有一些氢项目的开发投资，这些项目有望在 2025—2030 年间晚些时候作出投资决策。

13.3.5 气候物理风险的预期财务影响

（1）可变性可再生能源发电

在 2021/2022 年上半年，苏格兰和南方能源公司经历了有记录以来最干旱的夏季（4 月至 9 月），导致该季度的调整后营业利润减少，并影响了全年的财务规划。展望未来，随着到 2031 年可再生能源产能增长五倍，这一天气风险将继续对公司的财务产生影响。

在 4 ℃情景下，预计 2050 年该风险范围在 1.3 亿—1.7 亿英镑，而在 2080 年风险增至 2 亿—2.7 亿英镑。相比之下，1.5 ℃情景显示未来该风险相对较小，但仍会带来显著的财务影响。

（2）风暴、风和高温对网络资产的破坏

在 2021/2022 年上半年冬季，苏格兰和南方能源公司遭遇了五场被英国气象局命名的风暴，这些风暴被列为红色警报事件，影响了超过 10 万名客户。长期来看，在 4 ℃情景下，预计类似极端天气事件的风险增至 1.5 亿—2 亿英镑，而在 1.5 ℃情景下，风险水平较低但依然显著，反映了气候变化对公司未来运营的预期财务影响。

13.3.6 气候转型风险的预期财务影响

（1）加速气体封闭

苏格兰和南方能源公司现有的 5.3GW 燃气和燃油发电机组将在 2020 年代末接近其预期寿命。然而，到 2030 年，2.3GW 的联合循环燃气轮机（CCGT）容量仍将运行。气候情景分析评估了如果没有低碳减排技术，发电能力在 2030 年后将无法维持的影响。

在 1.5 ℃的情景假设下，所有剩余的燃气发电量将在 2030 年前关闭，2.5 ℃的假设是，一些燃气发电站仍能在 2030 年后运行，但预计任何剩余的发电站将在 2035 年前关闭。1.5 ℃的情景表明，2030 年的风险更大，与同一时间段内较暖的 2.5 ℃情景相比，风险在 3.4 亿—5.1 亿英镑。

（2）风力捕获市场

苏格兰和南方能源公司根据国际能源署对 1.5 ℃和 2.5 ℃情景的未来预测，评估了其当前和未来的可再生能源能力。在1.5 ℃情景下，2030年风力捕获市场的风险预计在1.1亿—1.5亿英镑，到2050年风险增至3.8亿—5.2亿英镑，显示出气候变化对可再生能源市场的潜在影响将在未来数十年加剧。

13.4　案例总结与启示

13.4.1　物理风险的财务影响评估

SSE采用了与巴黎2050年1.5 ℃净零路径一致的相关假设，并同时考虑了国家电网未来能源情景CAGR和IPCC RCP 2.6预测的冬季平均风速时间的减少，在该种情景下，针对其物理风险重点关注风暴、洪水和热浪等极端天气事件随时间的变化情况，并对其可能会带来的长期极端温度、风或降雨所造成的财务影响进行了详细分析。发现这些极端气候事件可能导致供电网络损坏、能源供应中断，进而导致SSE网络维修和维护的额外成本以及分销运营商的激励收入损失。此外，海平面上升和其他气候变化影响也很可能导致SSE沿海设施的物理损害，进而造成其资产损失。

针对这些物理风险，SSE提出要加强基础设施建设以提高电网和其他关键能源基础设施的抗灾能力，抵御极端天气事件的影响。此外，还将建立和完善气候灾害预警系统，以便在极端天气事件发生前采取预防措施，同时也要保证对网络资产进行持续的维修和维护，以减少极端天气事件可能造成的损害。持续进行气候适应性评估，以识别和量化物理风险对资产和运营的潜在影响，并据此制定相应的应对策略。

SSE还有一个持续投资计划，旨在加强和提高电网的弹性，包括更换和翻新架空线路，制订危机管理和业务连续性计划，以确保在极端气候事件发生时能够维持关键运营。

13.4.2　转型风险及其应对措施影响评估

根据SSE披露内容，SSE转型风险包括政策立法变化、技术迭代风险以及市场需求变化等。具体地，随着应对气候变化的政策和立法不断加强，例如，引入更严格的减排政策、碳排放交易机制、提高碳税等，可能会影响SSE的运营成本和收入。同时，可再生能源技术的发展也可能会降低传统能源的市场竞争力，影响SSE的传统能源资产和业务模式。并且随着低碳技术的普及和政策变化，一些传统能源资产可能会变得不经济或过时，也会导致SSE资产减值。消费者对低碳和可持续能源的需求增加，可能会导致对传统能源产品和服务的需求下降。此外，随着向低碳经济转型，一些传统能源资产可能会提前退役或变得不经济，从而导致资产搁浅。如果市场需要从传统能源转向可再生能源，SSE 的传统能源销售可能会下降，从而影响 SSE 的收入稳定性。

对于转型风险，SSE 认为最具风险的部分是其中期预测的风力捕获所具有的市场风险。随着风力发电的边际成本逐渐增加，风电市场的平均电价也将降低，使得 SSE 在 2050 年 1.5 ℃的情景中量化了 3800 万—52000 万英镑的预期财务影响数据。针对这项风险以及其他转型风险，SSE 提出要增加资本投入，适应新的低碳技术和满足政策要求，投入大量资本支出用于更新基础设施和采用新技术，持续投资可再生能源和低碳热力资源的多样性发电组合。此外，SSE 还考虑将某些开发项目进行拍卖，并与希望购买可再生能源的大客户建立长期的电力联系，从而消除客户风险。

13.4.3 启示

SSE 的气候相关风险财务影响为电力行业提供了重要启示，同行业公司需要对自身的气候相关风险进行全面评估与识别，包括但不限于资产、运营、供应链和市场等方面。SSE 将气候相关风险纳入战略规划，这提示其他公司需要制定与气候变化相关的长期战略，确保业务模式和投资决策与低碳经济转型相适应。

同时，根据 SSE 对可再生能源的投资，同行业公司在进行资本投资时需要考虑环境因素，优先考虑那些有助于减少碳足迹和提高能源效率的项目。SSE 的风险管理措施强调了对气候相关风险的主动管理，这要求其他公司建立健全风险管理体系，包括风险评估、监控、报告和应对措施。

SSE 的披露体现了对监管要求的遵守和对利益相关方透明度的重视，强调了技术创新在应对气候相关风险中的作用，在业务布局和资产配置上考虑多元化，以增强对气候相关风险的抵御能力，提示电力行业也应予以重视。

第 14 章 法国电力披露案例分析

14.1 公司背景

法国电力集团（Electricite De France，EDF）① 是全球范围内最大的供电服务商之一，也是全球低碳发电领导者。该公司作为法国的国有企业，主要负责电力设施的设计、建设和运营。EDF 于巴黎 Euronext Paris 交易所上市。EDF2023 年度主要财务指标如表 14－1 所示。

表 14－1　EDF2023 年度主要财务指标　单位：亿欧元

主要财务指标	数值
营业收入	1397
EBITDA	399
扣非后净利润	185
净投资	191
营业成本	942.06

① 本案例根据 EDF2023 年年报、可持续发展报告及 CDP 问卷进行分析，相关链接如下：https：//www. edf. fr/sites/groupe/files/2024－04/annual－results－2023－facts－and－figures－en－2024－04－23. pdf；https：//www. edf. fr/en/the－edf－group/dedicated－sections/investors/financial－and－extra－financial－performance/esg－performance；https：//www. edf. fr/en/the－edf－group/dedicated－sections/investors/financial－and－extra－financial－performance/operational－performance。

14.2 当期财务影响

14.2.1 资产减值

截至2023年12月31日，EDF共计确认了13011百万欧元的资产减值，相较于2022年12月31日的1762百万欧元大幅增加。2022年12月31日确认的减值余额为1762百万欧元，涉及：EDF Energy的商誉（1176百万欧元）、英国运营和在建的核电站（271百万欧元）、EDF（EDF一家发电和供电的子公司）可再生能源的风电场和主要在美国和墨西哥的各现金产生单元（129百万欧元）、意大利的能源服务资产和商誉（68百万欧元）、其他资产（总减值118百万欧元），具体的减值明细如表14－2所示。

表14－2　EDF资产减值余额明细情况　单位：百万欧元

项目	2023年	2022年
商誉减值余额	(1779)	(1178)
无形资产减值余额	(44)	(65)
有形资产减值余额	(11188)	(519)
资产减值余额合计	(13011)	(1762)

14.2.2 温室气体排放交易

如果排放量超过配额，企业需支付罚款（每吨超出限额的二氧化碳排放罚款100欧元，且不包括在限额内，并有责任在次年按照限额补足这些超出部分的排放量）。为了减少欧洲的总排放量，政府正在逐步降低这一上限。另外，英国也已经设立了自身的排放交易系统（英国ETS）。英国ETS采用招标制度，涵盖了与欧盟ETS相同的行业，并在大体相似的规则下运作，其会计处理方法也类似。具体如表14－3所示。

表14－3　EDF温室气体排放交易会计处理

项目	2023年数据	2022年数据
欧洲排放交易体系（EU ETS）		
排放量	14百万吨	18百万吨
实际温室气体排放金额	5.31亿欧元（计入准备金）	7.99亿欧元（计入准备金）
交付排放量（2021年产生）	1800万吨	1700万吨

续表

项目	2023 年数据	2022 年数据
	英国排放交易计划（UK ETS）	
排放量	4 千吨	10 万吨
实际温室气体排放金额	400 万欧元 （计入准备金）	900 万欧元 （计入准备金）
交付排放量（2022 年产生）	10 万吨	20 万吨

14.2.3 再生能源证明（绿色电力证书）

截至 2023 年 12 月 31 日，根据可再生能源证书政策要求①，EDF Energy（英国子公司）和 Luminus（比利时子公司）将这些购买的证书计入无形资产，计提了 11.76 亿欧元的准备金。这反映了 EDF 在英国和比利时的业务中，可再生能源证书交付义务对财务状况产生的影响。对于生产和销售电力的实体，绿色电力证书的会计处理如表 14－4 所示。

表 14－4　　EDF 绿色电力证书的会计处理

绿色证书的确认与计量	获得的证书	通过能源生产获得的绿色证书不予确认，因为其成本为零
	购买的证书	购买的绿色证书被确认为无形资产，计入“温室气体排放证书——绿色证书”科目
准备金的建立	针对交付证书的义务，企业需要建立准备金	获得的证书（成本为零） 购买的证书（现货市场或远期市场的价格） 尚需购买的证书的市场价格 如有必要，剩余证书的市场价格或罚款价格
准备金的解除	当证书交付给国家时，企业会冲销相应的准备金	
财务影响	资产	购买的绿色证书作为无形资产列示，增加了资产总额
	负债	建立的准备金反映了企业未来交付证书的义务，增加了负债总额
	损益表	在证书交付时，冲销准备金将影响当期损益

通过上述会计处理，企业能够准确反映其在绿色证书方面的资产、负债和未来的现金流出义务。这种处理方式确保了财务报表的透明性和合规性，为投资者和利益相关者提供了清晰的财务状况。

① 在执行欧盟关于促进可再生能源使用的指令 2009/28/EC 时，欧盟的每个成员国都设定了各自使用可再生能源电力的国家目标。英国也建立了相应的等效体系。为了实现这些目标，各国实施了两种系统：一是为可再生能源设定特定的固定电价（法国采用这种方式）；二是规定电力生产商必须提交一定数量的可再生能源证书（如英国、意大利和比利时的做法）。

14.2.4　能源节约证书

如果获得的证书量低于年末累积能源节约义务，将确认准备金。截至 2023 年 12 月 31 日，EDF 为其可再生能源证书预留了 11.76 亿欧元（2022 年为 11.17 亿欧元）准备金，主要涉及 EDF energy（英国）和 Luminus（比利时）于无形资产中的证书的购买。

在法国，能源节约证书用于履行节能义务，免受制裁。EDF 通过支持进行能效改造的消费者（EDF 在 2023 年完成了 234000 个翻新项目）、资助节能项目和购买证书以满足要求。在英国，EDF 能源通过其锂电池 Powershift 平台帮助公司节约能源和降低成本。

14.2.5　环境准备金

截至 2023 年 12 月 31 日，已计提准备金 17.07 亿欧元（2022 年为 19.26 亿欧元）。这项准备金为 EDF 环境计划相关准备金费用，具体包括温室气体排放配额交易、可再生能源证书和相关节能证书的规定。

2002 年，Edison（意大利能源公司）将 Ausimont SpA 工业综合体出售给 Solvay Solexis SpA（苏威苏莱克斯公司）。此后，围绕该交易发生了多起法律诉讼，涉及民事、行政和刑事诉讼①。仲裁庭裁定 Edison 需支付的赔偿金为 9100 万欧元，此外，因环境灾害和污染引发的民事诉讼尚未确定具体损失金额，案件仍在进行中。

14.2.6　可持续融资

自 2013 年起，EDF 已发行了 11 笔绿色债券，总价值达到 113 亿美元。其中 9 笔债券，共计 75 亿美元，截至 2023 年 12 月 31 日尚未偿还。该集团的绿色债券融资框架（绿色债券框架）涵盖了资助新风电和太阳能项目、投资于法国大陆及国际水电资产的翻新和现代化、节能项目以及生物多样性保护项目。

2022 年 11 月 18 日，EDF 和法国农业信贷银行（CIB）签署了一项 10 亿美元的双边绿色贷款。这些资金将全部用于法国发电厂的维护，以继续生产极低碳能源。

---

① 2018 年 2 月 28 日，佩斯卡拉省通知 Solvay Specialty Polymers Italy SpA（前称 Solvay Solexis SpA）和 Edison SpA，启动行政程序以确定谁对 Ausimont SpA 的工业围场外的土地污染负责。佩斯卡拉省还要求 Edison 清除该土地上的废物。Edison 对此决定提出上诉，经过多次法律程序，最终在 2020 年 4 月被意大利最高行政法院驳回。Edison 随后向意大利最高法院和欧洲人权法院（ECHR）提起申请，ECHR 的案件仍在进行中。尽管如此，Edison 已开始与相关公共管理机构协商进行现场安全工作。

EDF 拥有 23 个可再生能源的信贷和两个与可持续发展表现挂钩的银团贷款[①]，以及 21 个基于 ESG 标准的可再生能源贷款。截至 2023 年 12 月 31 日，未提取的 ESG 指数可再生信贷额度（包括银团信贷安排）总额超过 112 亿欧元，占 EDF 未提取信贷额度总额的 71%。

14.2.7　无碳投资

2023 年，EDF 总投资额达 214 亿欧元，涵盖无形资产、固定资产和设备，以及 9 亿欧元的财务投资，约 95% 的投资（191 亿欧元）符合其净零投资路线图，53% 集中在核能部门。截至 2023 年 12 月 31 日，集团 64% 的投资与欧洲当前分类标准（EU Taxtonomy）一致。

EDF 通过投资初创公司和风险投资基金（EDF Pulse Ventures 计划）以及内部创业项目（EDF Pulse Incubator 计划）推动创新，以支持净零目标。EDF 的管理政策包括法国专项资产投资组合（2023 年 12 月 31 日可变现价值为 369 亿欧元）的管理，以及 2020 年实施的负责任投资者章程。

14.2.8　研发费用

为实现 2050 年碳中和目标，2023 年 EDF 的总研发预算为 7.06 亿美元，其中 5.12 亿美元用于集团内部，其余部分来自子公司（主要是 Framatome、EDF Energy 和 Edison）的独立研发。EDF 的 99% 研发预算专注于实现净零目标和能源系统转型，这些预算主要用于以下领域：提升能源效率，用电替代化石燃料，可再生能源及其并网，能源储存和生产，无碳氢及其在脱碳经济中的应用，可持续城市建设，以及研究当地气候变化影响和其他环境问题，如生物多样性、水质和污染缓解。

14.2.9　长期资产估值及影响

在对 EDF 的长期资产进行估值时，对气候问题的考虑体现在减值测试中。涉及的资产主要包括在法国、意大利、巴西、老挝、比利时和英格兰控制和运营的热电（燃气、燃煤、燃油）发电厂。

截至 2023 年 12 月 31 日，这些资产的净账面价值为 52 亿欧元（2022 年 12 月 31 日为 50 亿欧元），其中法国资产 32 亿欧元，意大利资产 14 亿欧元。法国燃煤发电计

---

① 包括融资成本的成本调整机制：拥有 20 多家银行的 40 亿个 5 年期“绿色”银团信用额度，利润率将根据集团三个环境 KPI 表现进行调整；拥有 9 家银行的 15 亿个 5 年期“社会”信贷安排，该利润率将根据集团重点关注 EDF 的公平和包容性转型原则的四个 KPI 表现进行调整。

划最迟于 2026 年停止，Cordemais 发电厂的净账面价值为 1 亿欧元。

碳价格的设定是资产减值测试的关键，2023 年预计 130 欧元/吨，2040 年 165 欧元/吨，2050 年 200 欧元/吨。

EDF 正在对其天然气联合循环燃气轮机进行现代化改造，以减少 CO_2、NOx 和 SO_2 排放。此外，EDF 宣布将在 2033 年前将所有岛屿领地的发电转变为无碳发电，将目前的热电厂改造为可以使用生物液体替代化石燃料。

这些资产估值反映了 EDF 面对气候变化和能源转型的长期规划和运营策略。

14.2.10 商誉与 HPC 项目

EDF Energy 对 Hinkley Point C 项目的未来现金流进行了预测和评估，考虑了项目的建设成本、进度、可能的延误以及由此产生的额外成本。这些因素将对公司的财务状况产生长期影响。为了量化这些长期影响，EDF Energy 采用了贴现未来现金流的方法，考虑了以下因素：①两个核反应堆的建设和运营成本，预计将在未来 60 年内运行；②与英国政府签订的差价合同（CfD）规定的电价。如果市场价格低于 CfD 的执行价格，EDF Energy 将获得额外支付；③预测的未来现金流包括了长期通胀假设；④在CfD 期间后的 25 年，即使没有对英国长期电力市场价格的预测，也作出了一个非常长期的通胀假设，即 2.10%，并假设价格基于 CfD 执行价格，即 92.50 英镑/MWh（以 2012 年的英镑计算）。

14.2.11 关键审计事项

研读法国电力 2023 年审计报告后，我们注意到，其审计机构毕马威会计师事务所关注了气候相关风险，将核能发电相关准备金和专用资产列为关键审计事项并在审计报告中进行了披露。

截至 2023 年 12 月 31 日，法国电力公司（EDF）为其运营的核电站记录的准备金总额为 482.20 亿欧元，其中 270.81 亿欧元用于核循环后端（包括核废料和放射性废物管理），211.39 亿欧元用于核电站的退役及最后核心资产的处理。

审计机构认为核能发电相关准备金和专用资产的计量是一个关键审计事项，原因包括：①准备金计量所依据的假设的敏感性，特别是在退役、废料再处理和废物储存的假设及工业情景等方面，这些参数的变化可能导致准备金的重大调整；②如果准备金增加、专用资产的可变现价值下降或专用资产对准备金的监管覆盖率发生变化，将对公司的财务状况产生负面影响。

在应对上述风险时，审计师分析了与法国核能发电相关的准备金确认措施，评估了确定准备金的方法是否符合适用的会计、法律和监管要求，验证了公司使用的计算模型的完整性，考虑了对退役技术的控制程度与不确定性边际，以及费森海姆核电站反应堆退役准备情况的反馈，以应用于其他核电站。

法律规定，专用资产的可变现价值必须大于与这些资产退役义务的折现成本相对应的准备金价值。专用资产包括：所谓的收益资产，包括基础设施资产、CTE[①] 证券和房地产；所谓的增长资产，包括上市和非上市股权基金；所谓的固定收益资产，包括上市债券或上市债券基金、非上市债务基金、应收款和现金。截至 2023 年 12 月 31 日，其可变现价值为 368.85 亿欧元（净账面价值为 312.47 亿欧元）。

14.3　预期财务影响

14.3.1　气候情景分析

（1）转型风险

EDF 采用绿色金融系统网络（NGFS）开发的场景来评估其在应对气候变化，特别是转型风险（法律、技术、市场及声誉风险）方面的韧性[②]。EDF 根据 TCFD 建议和未来 CSRD（企业可持续发展报告指令）要求，选择了三种代表不同气候转型路径的 NGFS 场景进行分析：①本世纪末温度大幅上升，无法满足巴黎协议目标；②符合巴黎协议的场景：预测到 2100 年全球平均温度控制在 2 ℃以下；③巴黎雄心场景：目标是到 2050 年实现全球碳中和，尽管可能暂时超过目标，但最终实现 2100 年 1.5 ℃的限温目标。

选择这些场景能覆盖未来可能的多种情况。其中，低于 2 ℃的场景作为核心参考，与集团内部能源市场风险评估场景接近。分析重点在于评估 EDF 在转型速度较慢（热带世界）或较快（巴黎雄心）的情境下，与核心场景相比 EBITDA 的差异。

由于欧洲电力短期至中期内仍部分依赖碳基发电，电力价格因此包括高额的碳成本。在此背景下，碳价成为评估各种气候场景下气候目标实现程度的关键指标。NGFS 场景中，碳价在巴黎雄心场景下最高，在热带世界场景下最低。

EDF 对其转型风险的研究具体采用了 NGFS 场景与 MESSAGEix – GLOBIOM 模型，

---

① CTE 是汇添富基金专门为基民打造的一项便捷服务，CTE 主要包括 CTE 信用卡和 CTE 生活特权。通过 CTE 便捷服务可以让用户投资理财，娱乐生活更方便、更快捷。

② 这些场景由代表中央银行和 NGFS 网络监管者的顶尖学术机构制定，不仅公开可获取，且因其高度相关性而广受认可。场景建立在三种模型基础上，涵盖经济、能源和气候维度（综合评估模型，IAMs），采用多模型方法以降低模型风险，并充分考虑低碳经济转型政策的不确定性。与单一电力系统模型相比，NGFS 场景包括的宏观经济反馈使得能在全球框架内有效开展韧性评估。

考虑了G4国家（法国、英国、意大利、比利时）的三种不同情景：快速转型——2050年净零排放、中心——低于2 ℃以及慢转型——当前政策场景。这些情景模拟了不同气候政策和技术创新下的能源需求和电力份额变化，特别是欧洲和EDF运营的大多数国家承诺在2050年和2035年的脱碳进展。具体地，快速转型场景假设采取雄心勃勃的气候政策，实现2050年全球碳中和，2100年平均温度上升+1.4 ℃；中心场景假设气候政策的雄心壮志逐渐增加，导致2100年平均温度上升+1.6 ℃，全球碳中和在2070年之后实现，低于2 ℃是一个有序的转型场景，具有气候政策的区域间均质性；而慢转型场景则只保留当前实施的政策，出现的技术创新很少，导致2100年温度上升+3 ℃，物理风险较高。此外，其主要考虑的变量包括最终能源需求、电力需求份额、由脱碳解决方案产生的能源混合份额（按国家）、CO_2价格以及电力价格，主要考虑的时间范围基于中期（2035年）。

相应地，在巴黎雄心场景（即净零排放）中，电力价格高于核心场景。具体来说，这一分析基于NGFS场景第四阶段的MESSAGEix-GLOBIOM模型，该模型提供了最为一致的能源组合和能源价格预测。2035年的韧性评估是集团中期战略的关键，届时，法国、英国、意大利和比利时等国家将明显感受到各气候场景的区别化影响。

与此一致，NGFS净零排放2050情景表明，在全球范围内实现有序的碳中和策略基于：①加速用途的电气化，这将大幅提高能源效率，结合行为节制，从而减少最终能源需求；②脱碳电力发电。优化实施这一策略需要对二氧化碳排放赋予高价格信号，与其气候的外部性相称。高二氧化碳价格有利于脱碳能源的产生：这就是为什么在Net Zero 2050等更雄心勃勃的气候情景下，EDF的脱碳电力发电活动（核能和可再生能源）的EBITDA较低于2 ℃参考情景更高。

（2）减轻转型风险所采取的战略

自2005年首次发布环境政策以来，EDF就设定了为应对气候变化作出贡献的目标。自《巴黎协定》（2015年）、TCFD建议（2017年）以及集团使命（2020年）采纳以来，这一问题促使EDF作出了以下决策和战略承诺：

①到2050年实现净零排放，涵盖所有温室气体排放范围及其所有活动。

②到2030年逐步淘汰煤基电力发电。

③重大改造（Grand Overhaul），以继续运行现有核电站，核能是法国脱碳电力发电的主要方式。

④启动六台EPR-2（新式EPR反应堆技术）机组的建设项目。

⑤推出Nuward（模块化小型压水堆）项目。

⑥实施太阳能计划、储能计划、电动移动计划和氢能计划。

⑦成立创新与脉动项目部（DIPP）。

⑧创建专门帮助客户实现净零排放的子公司（脱碳策略、氢能、碳捕集等）。

EDF 每年进行一次转型风险和机会的分析，确认其战略与《巴黎协定》设定的政治目标完全一致，同时也验证了 EDF 商业模式在各种设想情景下的韧性。

EDF 目前在情景中使用的碳价格范围为 40—180 欧元/吨二氧化碳，到 2040 年的中位数价格为 150 欧元/吨二氧化碳。通过识别项目风险和机会，并测试其应对气候变化的韧性，这一基于不同碳价格轨迹的情景分析有助于指导集团的投资。对于未受碳价格监管的投资领域，EDF 在选择技术时会考虑碳排放。

（3）物理风险

在进行气候变化相关的物理风险（长期和急性）的定量评估时，EDF 利用耦合模型比较计划（CMIP）的模拟结果，这些模拟结果为政府间气候变化专门委员会（IPCC）的评估报告提供了数据支持。

目前，EDF 的影响研究已逐步采用最新的 CMIP6 模拟。这些场景根据到 2100 年由温室气体排放、气溶胶排放及土地使用变化所引起的辐射强迫值来分类。例如，在温室气体减排最积极的场景（SSP1 - 2.6 和 SSP1 - 1.9）中，预测 21 世纪末全球平均温度较工业化前时代上升的幅度可分别控制在 2 ℃和 1.5 ℃以内。而在排放最高的场景（SSP5 - 8.5）中，预测的全球平均温度增幅将超过 5 ℃。

（4）主要的物理风险和控制措施

EDF 的设施与水、风和太阳能资源密切相关。电力系统的整体可靠性取决于发电设施和网络基础设施对气候变化的适应能力。由于这种气候敏感性，气候变化可能会对集团的业务连续性、运营绩效、资产负债表和财务业绩产生不利影响。

以 Chooz 核电站为例，EDF 的研究表明，在 2036—2065 年的预测期间，几乎每两年就会发生一次连续超过 10 天的热浪。这些数据是 EDF 系统适应性方法的一部分，旨在改善该地区的居住环境。

对于正在建设中的核电站，如 Flamanville 3 和 Hinkley Point C，EDF 已考虑到了气候变化研究的成果，特别是海平面上升和异常大浪的风险。例如，为了应对未来 100 年内预计浪高将增加至 4.6 米的情况，英国萨默塞特的 Hinkley Point C 电站建造了高达 13.5 米的海堤。

在极端事件如暴风雨、旋风、洪水和火灾等方面，EDF 认为最具风险的活动首先是电力分配网络（Enedis），其次是集团在岛屿上的活动（IES 和 PEI），尤其是在最悲观的 SSP5 - 8.5 场景下。核电站已经具备极高的安全标准，每 10 年会针对抵御极端物理事件的能力进行重新评估。此外，这类急性物理风险也对 EDF 核电站的折旧期限等相关事项带来了重大影响。在安全和效率方面的最佳条件下，

EDF 核电站折旧期能够实现持续运营 40 年以上。集团充分考虑到气候变化带来的影响，因此多年来一直在为延长运营期限做准备，并根据董事会于 2015 年 1 月通过的 Grand Carenage 工业翻新计划持续进行必要的投资：2016 年，900MW 系列发电厂的折旧期从 40 年延长至 50 年（费森海姆除外，该发电厂的两座反应堆均于 2020 年上半年永久关闭）；2021 年，1300MW 系列发电厂的折旧期也从 40 年延长到了 50 年。

气候变化对电力需求的影响已在国家层面通过法国电网运营商 RTE 的《2050 年未来能源》研究中进行了模拟。该研究强调了核能与可再生能源的互补性，并指出夏季由于空调使用增加而电力需求上升，冬季由于供暖需求减少而电力需求下降，显示出电力需求在季节上的波动将趋于减少。

对核能和水电设施进行定期审查，包括与气候变化相关的反馈和预测。根据集团的企业社会责任政策要求，主要经营实体定期更新其气候变化适应计划。这些计划在法国和英国的核能实体、水电和岛屿实体得到加强，并在可能的情况下基于 IPCC（政府间气候变化专门委员会）情景，以审查已经采取和将要采取的措施。

EDF 在法国设立了一个名为 ADAPT 的项目，以确保集团核能和热电发电设施在面对气候变化时的长期韧性。该项目考虑了与所有内部和外部利益相关者相关的系统性挑战、风险和影响。

14.3.2 气候相关风险带来的财务影响

（1）热浪风险

欧洲极端热浪和干旱的强度和持续时间增加导致产能下降。截至 2022 年年底，EDF 将在法国和英国运营月 67GWe 的核电站，以及月 12GWe 的联合循环燃气轮机（主要位于意大利、法国和比利时），使用闭环或开环系统进行水冷。

例如，2022 年是法国至少自 1900 年以来第二热的夏天，这个夏天在 3 个时期内持续了 33 天的热浪，因此 EDF 的部分核电站不得不减少运行甚至关闭，以符合核电站许可证中规定的水温限制。具体如表 14－5 所示。

表 14－5　气候相关风险 1 给 EDF 带来的预期财务影响情况

项目名称	描述
时间范围	中期
可能影响程度	高
预期财务影响数字	1.2 亿欧元

续表

项目名称	描述
财务影响数字说明	从生产损失对 EBITDA 的财务影响来看，它们不会产生任何成本增加，但它们确实会造成利润损失，这是根据单位利润率（市场价格减去单位可变成本，11 欧元/兆瓦时）适用于生产损失量：∑hourly_energy_losses *（现货价格 - 单位利润率）。2022 年的热浪导致经济机会损失 390GWh（由于环境原因“损失”或“不可用”的产量），而现货市场的平均价格为 300 欧元/兆瓦时。考虑到核电站的边际单位生产成本为 11 欧元/兆瓦时，给出了以下结果： 机会成本 = ∑hourly_energy_losses *（现货价格 - 单位利润率）= 120M €。
应对风险的成本	9.08 亿欧元
应对描述和成本计算解释	总成本 = 成本（Grands Chauds 计划）+ 成本［外部侵略项目（Grands Chauds）］+ 成本（冷水源）+ 其他成本。 成本（Grands Chauds 计划）= 3494M €。 期间对 Grands Chauds 计划的投资成本［外部侵略项目（Grands Chauds）］= 4293M €。 之前对 900MW 发电厂的投资成本（冷水源）= 125.3M €，其他成本 = 3.8M €。 EDF 现有核电站的总成本 = 349.4 + 429.3 + 125.3 + 3.8 = 907.8M €。 结果：这些修改可以提高核电厂对热浪和干旱的稳定性。截至 2022 年年底，56 台“终极备用”柴油发电机组已全部投入运行。

（2）旋风、飓风、台风对财务带来的影响

极端天气和气候相关事件（如风暴和洪水）的强度和频率增加，导致材料破坏和生产能力下降，EDF 面临风暴和洪水等极端气候事件的影响，包括其电力和热力生产基础设施以及配电基础设施（ENEDIS 是 EDF 内的一家独立公司，负责管理法国分销网络）。

这种风险被认为是 EDF 的主要风险，因为对过去 40 年全球约 40 次大停电的调查发现，极端天气是大停电的最主要原因。

由于气候变化，预计这些极端天气事件的频率和规模将在未来增加。然而，这些预测不如平均温度的演变准确，模拟可能会显示不同的预测。在欧洲、北美、东南亚或海外部门，集团拥有高风险项目，情况尤为明显。具体如表 14 - 6 所示。

表 14 - 6　　气候相关风险 2 给 EDF 带来的预期财务影响情况

项目名称	描述
时间范围	短期
可能性	可能
影响程度	高
预期财务影响数字	6000 万欧元

续表

项目名称	描述
财务影响数字的解释	根据2019年的经验，评估了这一风险对EDF的预期财务影响。EDF的成本估计为6000万欧元，主要是由于配电网络崩溃，需要安装应急电源装置和更换损坏的天线设备。 总成本（2019年气候灾害）=成本（劳动力）+成本（材料）+成本（工程）+成本（第三级和服务） 其中，成本（劳动力）=15M€，包括ENEDIS工人的加班劳动和FIRE（配电网快速干预部队）溢价； 成本（材料）=11M€； 成本（工程）=30M€； 成本（第三级和服务）=4M€，包括长期停电的客户赔偿，因此总成本为15+11+30+4=60M€。 作为参考，法国上一次大风暴（Xynthia，2010年）对EDF的财务影响估计为3700万欧元。
风险响应成本	3亿欧元
响应描述和成本计算解释	为了管理这种风险并应对这一挑战，ENEDIS成立了一个名为FIRE（配电网快速干预部队）的应急组织。FIRE由2500名干预技术人员组成，他们接受过危机情况的培训，可随时部署在法国各地。FIRE管理着分布在全国各地的11个存储平台，能够快速部署2800台发电机以及应急物资包。根据网络类型（高压/低压）及其本地配置，埋设1公里线路的成本估计在60k€—200k€。 总成本=成本（ENEDIS气候计划）+成本（高压架空电力线）+成本（低压架空电力线）。

13.3.3 气候相关机遇带来的财务影响

CDF对气候相关机遇的预期财务影响分析如表14－7、表14－8、表14－9所示。

表14－7　　气候相关机遇1给EDF带来的预期财务影响情况

项目名称	描述
机会类型	能源
主要与气候相关的机会	参与碳市场
主要预期财务影响	降低间接（运营）成本
公司具体描述	EDF的电力生产组合已经在全球范围内实现了90%的脱碳，是世界上脱碳程度最高的电力公司之一。2022年EDF生产的电力和热力的碳强度为50gCO_2/kWh，优于集团在2022年设定的56gCO_2/kWh的目标，2021年欧洲该行业的平均碳强度为275gCO_2/kWh，高出5.5倍。 因此，与其他碳密集度更高的电力公司相比，激励能源结构脱碳的法规（如欧盟排放交易体系）可以被视为EDF的竞争优势和机遇。

续表

项目名称	描述
时间范围	短期
可能性	可能
影响程度	高
预期财务影响数字	41.44 亿欧元
财务影响数据解释	通过碳价上涨对电价的影响来评估碳价上涨对 EDF 收入的影响。EDF 认为，在 2040 年地平线的情景中，价格范围为 38—175 欧元/吨二氧化碳，中位数为 150 欧元/吨二氧化碳。估计 +1 欧元/吨二氧化碳的变化会导致批发电价的变化为 +0.4 欧元/兆瓦时。 计算集团 2022 年在欧洲市场敞口的脱碳产量的低端估计值，方法是添加： ——在法国以市场价格销售的量，其中包括出售给 EDF 最终客户的部分量和在批发电力市场上销售的量：105TWh ——英国的核电生产：43TWh EDF 的额外收入 = 暴露在市场上的生产量 × 由于碳价格上涨导致的电力价格上涨 暴露在市场的生产量 = 暴露在市场的法国产量（105TWh）+ 英国核电生产量（43TWh） 作出简化假设，即无论碳价如何上涨，敏感性都保持不变。 因此，2022 年生产的碳价格增加 +70 欧元/吨二氧化碳将为 EDF 带来每年 41.4 亿欧元的额外收入，估计每年 41.4 亿欧元额外收入：=（105TWh + 43TWh）× 0.4 €/MWh/tCO_2 × 70 €/tCO_2 = 148000000 × 0.4 × 70 = 4144000000（欧元）≈4.14B €（其他条件相同）。
实现机会的成本	154 亿欧元
实现机会的策略和成本计算的解释	任务：EDF 的目标是到 2030 年，集团生产的电力和热能的碳强度达到 35gCO_2/kWh。 回应：为了实现这些目标，EDF 在 2022 年将近 94% 的投资用于无碳生产设施（可再生能源、核能）、改造电网、部署智能电表或开发能源服务。EDF 是迄今为止欧洲能源转型的最大投资者，根据 Watt's Next 的年度欧洲能源公司财务评级，占欧盟电气行业工业投资的 20% 以上。集团已在开发项目，拥有约 60 个电解氢项目，总潜力超过 1GW。 结果：2022 年，EDF 集团总共投资了约 154 亿欧元，以保持其在低碳电力（核电、水力、风力发电、太阳能、低碳电力配电网、能源效率服务、智能电表、氢能等）领域的领先地位。

表 14-8　　气候相关机遇 2 给 EDF 带来的预期财务影响情况

项目名称	描述
机会类型	能源
主要与气候相关的机会	使用支持性政策激励措施
主要潜在的财务影响	低排放技术投资回报

续表

项目名称	描述
公司具体描述	EDF2022 年全球可再生电力产量为 60. 2TWh，可再生热能产量为 8. 8TWh，通过水力发电、风力涡轮机（陆上和海上）、光伏太阳能和其他可再生能源，如生物质能、废热回收、地热能和潮汐能产生。 集团计划在 2015—2030 年将其净可再生能源装机容量增加一倍以上，达到 50GW，到 2030 年将其增加到 60GW，这包括增加 1. 5—2GW 的净水电装机容量。与此同时，通过 2017 年启动的太阳能计划，EDF 的目标是在 2020 年至 2035 年实现 30% 的新增装机容量，成为法国光伏太阳能的领导者。 值得注意的是，在风能和太阳能领域，其 EBITDA 在 2022 年增长了 5. 8%（考虑到可比范围、标准和汇率的有机变化），原因是新的投产导致产量增加。
时间范围	短期
可能性	大半
影响程度	中高
预期财务影响数字	7. 55 亿欧元
财务影响数据解释	EDF 在陆上和海上风电以及太阳能和储能领域的业务主要由其全资子公司 EDF Renewables 进行。 评估 EDF 可再生能源开发的财务影响公式：额外收益 =（EDF Renewables EBITDA × EDF 可再生能源产能增长）- EDF Renewables EBITDA。 EDF Renewables EBITDA 为 9. 09 亿欧元，增长 11. 5%（有机增长 5. 8%）。EDF Renewables 的 EBITDA 增长主要得益于可再生能源产量增长 21%。2021 年，得克萨斯州发生了极端寒流，估计对 EBITDA 的影响为 -9500 万欧元，这在 2022 年没有相应值。与 EDF 其他实体相比，EDF 可再生能源受能源市场价格影响的风险较小。 与此同时，目前的可再生能源装机容量 11. 2GW，到 2030 年增加 9. 3GW。 假设 EBITDA 与集团净装机容量相关，EDF 额外收益 =909M€×（9. 3/11. 2）=755M€。 因此可以估计，若其他条件保持不变，到 2030 年，这一机会可导致 EDF 的 EBITDA 增长 755M€。
实现机会的成本	22 亿欧元
实现机会的策略和成本计算的解释	为了实现可再生能源目标，EDF 正在大规模投资可再生能源。使用以下公式评估与 EDF 开发可再生能源相关的成本： （EDF R 的太阳能和风能）=1. 67B€ 投资（EDF Hydro 法国大陆）=526M€ 2022 年（RES 总计）2. 2B€ 2022 年是 EDF Renewables 在增长加速方面表现强劲的一年，在建项目为 7. 1GW，获得 8GW 的新项目（在招标、拍卖和 OTC 谈判后获得购电协议）和 46GW 在建项目（充分的土地安全并开始技术研究）。与 2021 年年底相比，风能和太阳能项目组合增长了 12%，达到 85GW。

表 14－9 气候相关机遇 3 给 EDF 带来的预期财务影响情况

项目名称	描述
机会类型	产品与服务
与气候相关的主要机会	通过研发和创新开发新产品或服务
主要预期财务影响	对产品和服务的需求增加导致收入增加
公司具体描述	电力正在成为能源效率和欧洲能源结构脱碳的首选载体。因此，在所有情景中 EDF 几乎一致采用轻型电动汽车和电热泵，有助于将电力份额从 22%（2015 年）增加到 2050 年欧盟最终能源消耗的 35%～70% 以上，并最终有助于增加绝对电力需求。根据研究，到 2050 年，欧洲的最终电力需求应增长＋37% 至＋83%（以及＋55% 至＋108%，包括与合成气生产相关的额外电力需求），这得益于轻型车队几乎完全电气化。 欧洲和世界各地电力需求的预期增长对于法国电力公司作为全球最大的电力生产商之一来说是一个巨大的机会，因为从使用化石能源到使用电力为汽车提供燃料的转变将为电力行业带来更多的收入机会。法国电力公司于 2018 年 10 月启动电动汽车计划，目标是到 2023 年在集团四大市场（法国、英国、意大利和比利时）的电动汽车电力供应中占有 30% 的市场份额，部署 40 万个充电点，并运营 2 万个智能充电点。
时间范围	短期
可能性	几乎可以肯定
影响程度	高
预期财务影响数字	2.5 亿欧元
财务影响数据解释	根据欧盟 2020 年发布的“智能和可持续交通战略”，到 2030 年，欧洲道路上至少应有 3000 万辆零直接排放汽车投入使用。考虑到目前欧洲约有 140 万辆电池电动汽车在行驶，这一目标是雄心勃勃的。 在法国层面，根据 RTE 的长期预测，到 2035 年，电动汽车（EV）的发展将导致约 50TWh 的额外电力需求。 在欧洲层面，根据国际能源署全球电动汽车展望，从 2022 年到 2030 年，电动汽车的电力需求应乘以 10 倍以上，相当于根据国际能源署 APS 情景，到 2030 年将增加约 220TWh 的电力需求（包括汽车、公共汽车、卡车和货车）。 作为其电动汽车计划的一部分，法国电力公司为自己设定了 2023 年在集团四个主要市场（G4）：法国、英国、意大利和比利时的电动汽车车主电力供应中占有 30% 市场份额的目标。 可以使用以下公式评估电动汽车开发对 EDF 的财务影响： 额外收入＝电动汽车的额外电力需求×EDF 市场份额目标×商业化利润率 其中，电动汽车的额外电力需求＝220TWh；EDF 市场份额目标＝30%；商业化利润率＝3.8 欧元/兆瓦时。 额外收入＝220000000×0.3×3.8＝250800000（欧元）。 因此，可以估计 2030 年这一机会为 EDF 带来的额外收入约为 2.5 亿欧元。

续表

项目名称	描述
实现机会的成本	4.07 亿欧元
实现机会的策略和成本计算的解释	为了支持电动汽车的发展并抓住相关商机，EDF 于 2018 年 10 月启动了电动汽车计划。该计划的目标是到 2023 年，在集团四大市场（法国、英国、意大利和比利时）的电动汽车电力供应中占有 30% 的市场份额，到 2023 年部署 40 万个充电点和运营 2 万个智能充电点。 为了实现这些目标，EDF 依靠全资子公司 IZIVIA，运营着超过 10000 个公共和私营部门充电点。 2020 年 2 月，EDF 控制了英国最大的电动汽车充电公司之一 Pod Point。截至 2022 年年底，EDF 已部署超过 280000 个充电点，其中英国超过 230000 个，法国近 25000 个，以及 17000 个智能充电点。 2022 年，EDF 的总研发预算为 649M €，其中 EDFS. A. R&D 的研发预算为 473M €，为了评估研发预算中专门用于经济电气化和电动汽车的部分，使用以下公式： 成本 = 企业对下游活动的研发 + 对 IT 的研发 + 子公司的研发 其中，企业对下游活动的研发是在公司层面对电力系统、配电网、氢能和电动汽车进行的研发，存储和可持续城市 2021 年为 221M €，IT 研发是专门用于信息技术的研发，2021 年为 25M €，子公司的研发是 EDF 全球子公司进行的研发，2021 年为 161M €，因此，2021 年的估计成本为 = 221 + 25 + 161 = 407M €。

14.4 案例总结与启示

14.4.1 物理风险的财务影响

2023 年，EDF 基于 IPCC 最新的评估报告（AR6）和共享社会经济路径（SSPX - YZ）场景进行了细致全面的气候情景分析，旨在评估公司在气候变化方面的风险暴露程度，以及气候变化对公司运营和供应链的潜在影响。

针对物理风险，EDF 采用了以下三个气候情景：SSP2 - 4.5，SSP3 - 7.0 和 SSP5 - 8.5（影响最大的场景）。同时，公司目前的影响研究已经采取了最新的 CMIP6 模拟，重点关注极端高温、热浪、暴风雨等灾害随时间的变化情况，并对未来辐射强迫值和热浪发生频率的可能变化进行了详细分析。情景分析结果显示，极端天气事件（如飓风、洪水）的严重程度和频率在中期内很有可能增加，其影响程度取决于受影响的设施和业务中断的持续时间。鉴于欧洲热浪发生频率极高且危害性大，EDF 定性判断整体影响规模为高度影响。

对于极端天气事件，EDF 认为最具风险的活动首先是电力分配网络（Enedis），其次是集团在岛屿上的活动（IES 和 PEI），尤其是在 SSP5 - 8.5 场景下。为应对极端天气事件对 EDF 造成的财务影响，集团预计每年将额外支出约 3000 万欧元，以投入加强基础设施的抗灾能力（加固建筑、提升防洪系统、安装应急发电机等），并购买如洪水保险、业务中断保险等适当的保险产品，以转移部分财务风险。

对于慢性物理风险，EDF 采取多元化的应对措施，实施水资源节约措施，提高水资源利用效率，减少对水资源的依赖。同时投资于节能技术和设备，减少能源消耗，降低对化石燃料的依赖。虽然短期内可能会面临一定的成本增加，但从长远来看，这些措施有助于保护公司的资产、提高业务连续性、降低运营成本，并增强公司的市场竞争力和声誉。

14.4.2　气候相关风险对折旧计算的影响

EDF 面临的气候相关风险，对其核电站折旧计算的各个环节产生了深远影响，包括折旧期限、资产使用寿命、折旧速度，以及资产价值的重新评估。首先，根据法国的多年能源规划，计划在 2035 年前关闭 12 个核反应堆，其中包括两个 900 兆瓦反应堆的提前停用。其次，不同类型的核电站有不同的设计寿命。例如，900 兆瓦和 1300 兆瓦系列的核电站设计寿命为 50 年，而 N4 系列的寿命为 40 年。这些设计寿命的设定对折旧的计算有直接影响。再次，根据法国的能源和气候法规，科德梅燃煤电厂的折旧期限被提前至 2026 年年底。这意味着需要加快折旧速度，从而对 EDF 的财务报表产生直接影响。最后，EDF 已经开始将科德梅电厂的部分煤炭消耗替换为生物质能源，并计划在 2027 年前将其完全转型为生物质能电厂。这种转型可能会改变资产的使用性质和预期寿命，从而需要对相关资产的折旧期限和残值进行重新评估。

14.4.3　气候相关风险对资产减值损失计提的影响

气候相关风险对 EDF 资产减值损失的影响主要体现在以下方面：气候变化政策推动了可再生能源的需求增长，但 EDF 的部分资产可能无法适应这一趋势；市场对核能的评估发生变化，全球气候变暖导致能源需求模式变化，这两者共同作用导致长期电力价格预测下降；气候变化带来的不确定性和风险可能导致更高的折现率；极端天气事件和气候变化可能导致资产损坏或运营中断，增加了 EDF 的运营成本并影响资产价值。为应对气候变化，EDF 大力投资新资产或技术，也可能导致现有资产价值降低。这些因素共同导致了 EDF 在 2023 年确认的资产减值损失大幅增至 130.11 亿欧元，相比 2022 年的 17.62 亿欧元增加幅度显著。减值损失主要集中在英国的 EDF Energy 商誉、运营中和在建的核电站，以及其他与能源相关的无形资产。整体来看，有形资产的减值影响最为严重。

14.4.4 启示

EDF 的气候相关风险财务影响分析为电力行业提供了重要的启示，电力行业需要采取多元且全面的措施来识别、评估、管理和报告气候相关风险，不仅有助于确保公司的财务稳定性和业务连续性，而且是推进可持续发展和低碳转型实现的关键。通过 EDF 应对气候相关风险带来的财务影响的措施，可以帮助电力行业更好地应对气候变化带来的挑战，确保公司业务稳健发展，寻找新的商业机会。

EDF 对极端天气事件的影响进行了详细分析，这表明电力行业需要评估基础设施的脆弱性，并制定相应的加固措施。通过 EDF 的评估分析可知，气候变化可能影响资产的使用寿命和折旧残值与速度，这提示电力行业需要考虑气候变化对资产价值的影响，相应调整会计计算与资产的使用寿命。此外，EDF 的生物质能源转型计划也同样表明，电力公司应建立多元化的供应链，探索低碳和可再生能源解决方案。

第 15 章
谷歌公司披露案例分析

15.1 公司背景

谷歌公司（Google Inc.，以下简称“谷歌”）[①] 是全球领先的科技企业，成立于1998年，总部位于美国加州。2004年在美国纳斯达克证券交易所上市，公司通过提供在线广告服务、云计算解决方案、应用程序、设备以及平台工具产生收入。2015年，谷歌进行重组，Alphabet成为其控股公司。重组后，谷歌公司通过其核心的谷歌业务、其他科技创新项目和投资，继续扩大其在全球科技行业的影响力。谷歌公司在全球多个国家和地区设有数据中心和办公设施，其最新的MSCI ESG评级为BBB，表明公司在环境、社会和治理方面具备较高的表现。

2023年谷歌的营业收入达到3074亿美元，公司在推动绿色能源、减少碳排放和应对气候变化方面投入了大量资源，致力于在2030年实现全业务范围的净零碳排放目标，谷歌2023年主要财务指标如表15－1所示。

表 15－1　谷歌 2023 年主要财务指标　单位：亿美元

主要财务指标	数值
营业收入	3074
营业成本	1333
营业费用	898
营业利润	843
净利润	738

① 本案例根据谷歌2023年年报、可持续发展报告及CDP问卷进行分析，相关链接如下：https://www.sec.gov/Archives/edgar/data/1652044/000165204424000022/goog－20231231.htm；https://sustainability.google/reports。

15.2 当期财务影响

15.2.1 运营风险

企业的信息技术和通信系统中断、发生故障或受到干扰，可能影响其提供产品和服务的能力，进而损害其声誉、财务状况和经营业绩。这些系统的稳定性受到多种风险影响，包括：系统升级、恐怖袭击、国家支持的攻击、自然灾害、流行病、地缘政治冲突、气候变化（如海平面上升、干旱、洪水、热浪、野火及其对空气质量的影响），以及与野火防范相关的停电、电力和公用事业中断、通信故障、网络攻击（如勒索软件、供应链攻击、拒绝服务攻击）等。

谷歌部分数据中心位于地震或自然灾害频发区，面临非法入侵和设施运营问题的风险。此外，地缘政治紧张或冲突可能导致运营中断。企业的灾难恢复计划无法涵盖所有潜在风险，突发事件可能导致长期服务中断。企业产品和服务的高技术复杂性也使其易于出现错误或漏洞，进一步加大服务中断的风险。这些问题可能严重影响企业的声誉、财务和运营。

同时，企业面临与环境、社会和治理（ESG）因素相关的合规和声誉风险。全球范围内，越来越多的法律法规针对 ESG 事务（如可持续发展、气候变化、人力资本和多样性）提出要求，企业必须应对这些法规及其披露要求。尽管企业已采取积极的 ESG 措施，设定目标并投入资源，但目标的实现面临复杂性和不确定性，可能需要大量投入，且依赖外部验证和绩效评估。

如果企业未能实现公开声明的目标，或未能遵守相关法律法规，抑或未能满足利益相关方的预期，可能导致其业务、声誉、财务状况和经营业绩受到不利影响。

15.2.2 投资支出

谷歌公司在其可持续发展报告中，详细披露了与气候变化相关的投资支出和行动计划。尽管这些内容尚未全部量化，但公司明确指出了若干关键项目和投资方向，如表 15－2 所示。

表 15－2　　谷歌与气候相关的投资支出情况

城市交通	谷歌增强并推出了新的可持续发展产品功能，例如，地图中的环保路线，据估计从推出到 2022 年，有助于防止超过 120 万公吨的碳排放，相当于让大约 25 万辆燃油汽车停驶一年。

续表

清洁能源采购	2022 年，谷歌公司签署了约 280 万千瓦清洁能源发电能力的合同，比以往任何一年都要多。这包括在英国和西班牙的两个新项目，代表着谷歌公司在推动可再生能源发展方面的持续承诺。
Nest 恒温器	2011 年至 2022 年，使用 Nest 恒温器的客户累计节省了 1130 亿千瓦时的能源，是葡萄牙年用电量的两倍多，相当于减少了约 3600 万吨二氧化碳当量的排放。

15.3 预期财务影响

15.3.1　净零排放目标

公司在战略规划和管理层讨论中明确提出，气候变化将成为未来几年影响公司业务和财务健康的重要因素。谷歌计划到 2030 年通过多项措施，包括减少碳排放和投资气候适应解决方案来降低相关风险。

谷歌公司在年度报告中详细介绍了其净零排放目标，计划到 2030 年实现运营和供应链的净零碳排放。具体目标包括在 2030 年前将范围 1、范围 2 和范围 3 的绝对碳排放量相比 2019 年减少 50%，并通过碳清除技术中和剩余排放。为实现这些目标，谷歌计划投资于自然和技术解决方案，以加速公司向低碳经济的转型。同时，谷歌承诺参与基于科学的目标倡议，以确保公司绝对减排目标的透明性和科学性。

15.3.2　净零转型的战略行动

（1）无碳能源采购

谷歌通过长期合同直接从清洁能源项目购买电力，持续推动其全球数据中心和办公设施使用无碳能源。从 2010 年到 2022 年，谷歌签署了 80 多项协议，总计约 10GW 的清洁能源发电能力。通过这些协议，公司估计到 2040 年将在全球范围内花费约 100 亿美元购买清洁能源。

（2）碳清除技术发展

谷歌公司积极推动通过改进技术的方式来管理碳排放应对气候变化。2022 年，谷歌为 Frontier 的 9.25 亿美元总承诺捐款 2 亿美元，这是一项先进的市场承诺，通过保证未来的需求来加快碳清除技术的发展。作为 Frontier 的创始成员，谷歌在 2023 年签署第一份承购协议，预计从 2024 年开始交付。Frontier 已经宣布了第一笔交易，与初创公司 Charm Industrial 合作，在 2024—2030 年去除 112000 吨二氧化碳。

2022 年，谷歌启动气候创新项目，拨款 3000 万美元用于支持利用数据和技术加速气候行动的突破性项目。被选定的组织将获得资金来扩大其活动，以及获得谷歌的技术专长和产品，以帮助他们最大限度地发挥其影响。世界资源研究所（WRI）将获得500万美元用于支持其项目，帮助决策者了解在哪里实施凉爽的地面基础设施，以减少极端高温的影响。

15.3.3 气候相关风险带来的财务影响

（1）能源成本增加

谷歌的业务运营依赖于大量电力来支持数据中心、办公场所及其他基础设施。全球范围内，谷歌在约200个城市设有办事处和数据中心，并拥有24个数据中心及30多个谷歌云区域。其数据中心分布在美国、智利、爱尔兰、荷兰、丹麦、芬兰、比利时、中国台湾、日本和新加坡等地。2022年，谷歌的总能耗超过2200万兆瓦时。如果碳定价通过上限与交易制度或其他税收机制实施，谷歌可能面临显著的能源成本上升风险，具体描述如表15－3所示。

表15－3　气候相关风险1给谷歌带来的预期财务影响情况

项目名称	描述
风险类型和主要气候相关风险驱动因素	温室气体排放定价
主要预期财务影响	间接（运营）成本增加
时间范围	短期
可能性	不太可能
影响程度	低
预期财务影响	1.31亿美元
财务影响数字说明	假设美国联邦政府实施51美元/吨的碳定价政策，并且这些成本被转嫁给电力消费者，而公司无法进一步降低其碳排放，那么公司的能源成本将增加约1.31亿美元。此金额的计算方法是将公司2022年范围1和基于市场的范围2的排放量相加，并乘以碳价［（范围1＋基于市场的范围2）×51美元］。由于公司已自愿购买碳信用额度，因此该财务影响可能会有所减少。
应对风险的成本	1400万美元
应对描述和成本计算解释	谷歌通过运营全球最高效的计算基础设施，尽量减少公司在碳排放和能源成本方面的风险。通过创新提高效率，谷歌大幅降低了数据中心的能耗，其能耗远低于行业平均水平。尽管提升数据中心效率需要前期资本投入，但这些项目带来了财务回报。通过提高能源利用效率，进而降低运营成本。谷歌有多项长期和持续的可持续发展计划，其中一些已公开，而另一些仍在内部执行。与应对气候变化相关的成本之一是管理这些计划的技术人员所需的时间，尤其是提升数据中心能源效率的工作。粗略估计，相关管理费用每年约为1400万美元。这一数字是通过假设全职员工的薪酬中位数乘以管理可持续发展计划所需的员工数量得出的。此成本估算可能随时间变化，并不完全反映当前专门用于这些计划的资源投入。

（2）声誉风险

谷歌的业务高度依赖于其品牌影响力，品牌声誉的维护和提升对扩大用户群，吸引广告商、客户、内容提供商和其他合作伙伴至关重要。如果公司未能或被认为未能履行公开承诺，未能遵守环境、社会及治理（ESG）相关法规，或未能满足不断变化的利益相关者期望和标准，可能对公司的业务、声誉、财务状况及经营业绩造成不利影响。根据 Interbrand 发布的《2022 年全球最佳品牌报告》，谷歌被评为全球第四大最具价值品牌，品牌价值约为 2520 亿美元。负面声誉可能导致品牌价值下降并削弱未来的品牌资产，具体分析如表 15－4 所示。

表 15－4　　气候相关风险 2 给谷歌带来的预期财务影响情况

项目名称	描述
风险类型和主要气候相关风险驱动因素	利益相关者的担忧或负面反馈增加
主要预期财务影响	产品和服务需求减少导致收入下降
时间范围	中期
可能性	可能性不大
影响程度	中等
预期财务影响	2.52 亿美元
财务影响数字说明	这一风险驱动因素可能对谷歌品牌产生负面影响。根据 Interbrand 发布的《2022 年全球最佳品牌报告》，谷歌的品牌价值约为 2520 亿美元。假设声誉风险导致品牌价值下降 0.1%，则潜在的品牌资产损失可能达到 2.52 亿美元。然而，由于气候变化与在线消费活动之间的间接关联，因此很难精确预测这一风险的规模或其具体发生的概率。
应对风险的成本	1400 万美元
应对描述和成本计算解释	为了降低因未充分应对气候相关风险和透明度问题而可能带来的声誉风险，谷歌持续致力于提升运营效率并减少环境影响，帮助客户通过使用其产品和服务来降低碳足迹。公司通过《谷歌环境报告》、白皮书及博客文章分享其最佳实践。 谷歌在可持续发展方面实施了多项长期战略，其中一些已公开披露，另一些则保持内部管理。与应对气候变化机遇和挑战相关的成本主要涉及负责管理关键可持续发展项目的全职员工时间。根据估算，这类管理成本每年约为 1400 万美元。该数字基于截至 2022 年 12 月 31 日的员工薪酬中位数和假定的相关人员数量，尽管这一估算可能随时间变化，并不完全反映实际分配的工作资源。

（3）市场风险

2022 年，谷歌的在线广告收入占总收入的近 80%。广告商通过谷歌搜索、YouTube 以及谷歌网络合作伙伴平台支付广告费用。根据 2019 年美国国家经济研究局的研究，气候变化对宏观经济的长期影响可能显著。研究表明，到2100年，全球平均气温的上升可能导致美国人均GDP下降10.5%，欧盟下降4.6%。如果气候变化导致社会经济波动，用户的经济活动减少，广告商可能因此减少在线广告支出，从而对谷歌的收入产生负面影响，具体分析如表15－5所示。

表15－5　　　　气候相关风险3给谷歌带来的预期财务影响情况

项目名称	描述
风险类型和主要气候相关风险驱动因素	市场、改变客户行为
主要预期财务影响	产品和服务需求减少导致收入下降
时间范围	中期
可能性	不太可能
影响程度	中等
预期财务影响	22.4亿美元
财务影响数字说明	波动的社会经济条件可能会对谷歌收入产生不利影响，特别是如果这些变化导致用户减少经济活动，从而促使广告商削减在线广告支出。由于气候变化与在线消费者经济活动之间的间接关联，预测这种风险的严重性存在不确定性。2022年，谷歌的在线广告收入占比超过80%（约2240亿美元）。假设所有在线经济活动减少1%，谷歌的广告收入可能也会相应减少约22.4亿美元。
应对风险的成本	1400万美元
应对描述和成本计算解释	与应对气候变化相关的关键成本之一是用于长期管理可持续发展计划的环境技术人员时间，主要涉及提升数据中心能源效率的工作。粗略估计，每年成本约为1400万美元。此数字基于截至2022年12月31日员工的薪酬中位数乘以负责可持续发展计划的全职员工假设数量得出。该估算可能会随时间波动，并不完全代表当前实际投入的工作资源。

（4）采购成本增加

如果取消允许终端用户购买清洁能源的政策，谷歌将面临更大挑战来实现其无碳能源目标，因为在其运营的地区，可再生能源的供应渠道将减少。企业可能需要寻找成本更高或地理上不便利的替代无碳能源。

谷歌的可再生能源合同提供了长期的电力成本稳定性。自公司十多年前进入可再生能源领域以来，这类能源的价格已经大幅下降。谷歌在2020年设定了到2030年实现全天候使用无碳能源的目标。如果可再生能源的采购机会减少，企业可能面临更高的成本来实现这一目标。具体分析如表15－6所示。

表 15－6 气候相关风险 4 给谷歌带来的预期财务影响情况

项目名称	描述
风险类型和主要气候相关风险驱动因素	企业清洁能源采购政策的回退
主要预期财务影响	间接（运营）成本增加
时间范围	短期
可能性	更有可能
影响程度	中等
预期财务影响	企业没有这个数字
财务影响数字说明	企业无法对这一风险作出精确的估计
应对风险的成本	1400 万美元
应对描述和成本计算解释	谷歌长期以来将参与可持续发展政策视为其核心任务，并在这一领域开展了多项持续性举措。部分项目已经公开宣布，另一些则处于保密阶段。应对气候变化相关的成本之一是管理这些关键可持续发展计划（包括可再生能源项目）的全职员工的工时成本。粗略估算，每年大约需要 1400 万美元。该估算基于截至 2022 年 12 月 31 日的员工薪酬中位数乘以参与管理这些计划的全职员工数量得出。此成本可能会随时间调整，也不完全代表当前资源分配情况。

（5）急性物理风险

2020 年，谷歌对其近期（2030 年）和中期（2050 年）的气候相关风险进行了全面评估。根据 RCP4.5 和 RCP8.5 气候情景分析，结果显示到 2030 年和 2050 年，全球办事处和数据中心可能面临更频繁的极端高温和洪水等气候相关风险，特别是由于海平面上升带来的洪涝风险。此次评估细化了每个地点的具体风险敞口和业务重要性，揭示出部分快速增长的办公地点和数据中心在未来将面临较高的气候相关风险，具体分析如表 15－7 所示。

表 15－7 气候相关风险 5 给谷歌带来的预期财务影响情况

项目名称	描述
风险类型和主要气候相关风险驱动因素	急性物理风险（气旋和洪水等极端天气事件的严重性增加）
主要预期财务影响	其他
时间范围	长期
可能性	可能
影响程度	中等
预期财务影响	企业没有这个数字

续表

项目名称	描述
财务影响数字说明	企业无法对这一风险作出精确的估计
应对风险的成本	0
应对描述和成本计算解释	谷歌正在积极评估不同时间段的气候相关风险，其中洪水和极端高温已被认定为对有形资产产生重大影响的关键风险，并纳入整体发展战略中。为有效识别和管理气候相关风险的优先级，企业评估了多项因素，包括对财务业绩、品牌声誉的潜在影响，以及在实现全天候无碳能源和温室气体减排目标方面的进展情况。为此，谷歌通过一系列生态策略应对这些风险。由于无法精确估算相关风险的财务影响，企业将应对这一风险的成本暂定为0。

（6）慢性物理风险

企业的数据中心依赖于有效的冷却系统，而冷却需求与外部气温直接相关。如果全球气温持续上升，冷却数据中心所需的能源将增加，进而提高运营成本。随着气候变化导致全球平均温度上升，谷歌全球各地的数据中心都将面临这一风险，尤其是位于气候较热地区的数据中心，如新加坡。截至2022年年底，谷歌在北美、南美、欧洲和亚洲共运营了24个数据中心，均面临类似挑战，具体分析如表15－8所示。

表15－8　　气候相关风险6给谷歌带来的预期财务影响情况

项目名称	描述
风险类型和主要气候相关风险驱动因素	慢性物理风险（平均气温上升）
主要预期财务影响	间接（运营）成本增加
时间范围	中期
可能性	很有可能
影响程度	中低
预期财务影响	企业没有这个数字
财务影响数字说明	企业无法对这一风险作出精确的估计
应对风险的成本	0
应对描述和成本计算解释	尽管企业面临的业务风险较低，但通过运行全球最高效的计算基础设施，企业大幅降低了其风险，包括监管风险。通过创新提高效率，企业显著降低了数据中心的能耗，使能耗远低于行业平均水平。虽然提升数据中心（尤其是冷却系统）的效率需要一定的前期资本支出，但这些项目能带来经济回报，提高能源效率、减少碳排放，并降低运营成本。因此，从财务净值角度来看，这些改进的净成本为0，因此应对该风险的成本也为0。

15.3.4　气候相关机遇带来的财务影响

（1）产品服务需求增大

任何针对碳定价或监管碳排放的法规都可能激励客户将其技术基础设施切换到谷歌工作区和谷歌云。谷歌在更清洁的云计算方面进行了大量投资，使其数据中心成为全球效率最高之一，并大规模采购无碳能源。2022年，谷歌推出了 Carbon Sense Suite，帮助云客户精准测量、报告并减少与云相关的碳排放，推动低碳架构决策，提供可持续发展的最佳实践。这些措施可能增加对谷歌产品与服务的需求。以欧洲排放交易体系（EU ETS）为例，该体系监管多个行业的碳排放。谷歌在比利时、丹麦、芬兰、爱尔兰和荷兰设有数据中心。如果欧盟 ETS 导致高碳电力使用者电价上升，转向谷歌云将更具吸引力。具体分析如表15－9所示。

表15－9　　气候相关机遇1给谷歌带来的预期财务影响情况

项目名称	描述
机会类型	产品和服务
主要与气候相关的机会	开发和/或扩大低排放商品和服务
主要预期财务影响	因产品和服务需求增加而带来的收入增长
时间范围	短期
可能性	可能性不大
影响程度	低
预期财务影响数字	2630万美元
财务影响数据解释	如果新的碳排放法规得以实施，谷歌可能会借此推动其产品和服务的增长，因为其数据中心的平均能效比行业标准高出1.5倍。举例说明，如果新的能源效率法规使谷歌云的相对优势得到强化，并带来0.1%的增长，基于2022年谷歌云263亿美元的收入，这一增长将贡献约2630万美元的额外收入。
实现机会的成本	1400万美元
实现机会的策略和成本计算的解释	谷歌致力于降低产品和服务的环境影响，并不断探索新方法来进一步减少碳排放。其数据中心的能效为行业平均水平的1.5倍以上。从2010年到2022年，谷歌签署了80多份清洁能源协议，发电能力达到10GW，推动了无碳云计算的使用，增加了对谷歌产品和服务的需求。谷歌有多项可持续发展计划，部分已公开，部分仍保密。估算每年大约花费1400万美元管理这些计划，主要用于全职员工的薪酬和资源管理。

（2）声誉

积极应对气候变化将提升企业声誉，进而增加产品和服务的需求。谷歌的创新产品已广泛应用，其品牌也跻身全球最知名品牌之列。谷歌在世界各地拥有和租赁办公设施和数据中心，主要在北美、欧洲和亚洲，包括四大洲的24个数据中心。2022年，公司连续第六年将全球100%的用电量与可再生能源的购买量相匹配，这进一步巩固了其在运营区域的良好声誉，具体分析如表15-10所示。

表15-10　　气候相关机遇2给谷歌带来的预期财务影响情况

项目名称	描述
机会类型	产品和服务
主要与气候相关的机会	开发和/或扩大低排放商品和服务
主要预期财务影响	因产品和服务需求增加而带来的收入增长
时间范围	中期
可能性	可能性不大
影响程度	中等
预期财务影响数字	2.828亿美元
财务影响数据解释	这一机遇可能为企业带来收入增长。假设声誉提升带来0.1%的收入增长，基于2022年2828亿美元的收入，这相当于约2.83亿美元。然而，气候变化与在线消费经济活动之间的间接关系使预测这种增长的具体规模或情况具有挑战性。
实现机会的成本	1400万美元
实现机会的策略和成本计算的解释	谷歌通过推动可再生能源的使用、投资清洁能源以及改革电力市场，持续提升其运营效率。这些措施不仅改善了谷歌的声誉，也有望提升其产品和服务的需求。为应对气候变化相关机遇，谷歌每年投入约1400万美元，用于管理关键的可持续发展计划。这一估算基于2022年全职员工的薪酬中位数乘以参与管理这些计划的全职员工数量得出，但该成本可能随时间变化，具体资源分配也可能有所不同。

（3）品牌效益

谷歌正在开发创新产品和工具，帮助数十亿人更好地了解和减少个人的环境影响，推动碳减排并支持气候科学。谷歌地球引擎是一个全球级别的地理空间数据分析平台，整合全球环境和卫星观测数据，提供广泛的在线分析。2022年，谷歌将地球引擎作为企业级服务扩展至谷歌云，供企业和政府使用。学术界、非政府组织和政府间组织利用这一工具开展从栖息地测量到生态系统保护的多样应用，进一步推动全球环境保护。这种社会效益可能增强谷歌的品牌忠诚度，具体分析如表15-11所示。

表15-11　　气候相关机遇3给谷歌带来的预期财务影响情况

项目名称	描述
机会类型	产品和服务
主要与气候相关的机会	通过研发和创新开发新产品或服务
主要预期财务影响	因产品和服务需求增加而带来的收入增长
时间范围	短期
可能性	几乎可以肯定

续表

项目名称	描述
影响程度	中等
预期财务影响数字	2.52亿美元
财务影响数据解释	这一机遇可能对谷歌品牌产生积极影响。根据Interbrand《2022年全球最佳品牌报告》，谷歌品牌价值约为2520亿美元。假设品牌价值增长0.1%，社会效益带来的品牌忠诚度增长将为未来品牌资产增加约2.52亿美元。由于气候变化与在线经济活动的间接联系，难以精确预测这种机会的规模或实际影响。
实现机会的成本	1400万美元
实现机会的策略和成本计算的解释	谷歌地球引擎旨在整合全球卫星图像，为科学家、研究人员和各国提供在线工具。2018年，谷歌推出了“环境洞察探索者”（EIE），这一免费工具利用专有数据和建模功能，帮助城市分析排放源、运行减排策略。EIE覆盖全球40000多个城市和地区，增强了城市规划者评估气候行动进展的能力。 与应对气候变化机遇相关的成本之一是管理关键可持续发展计划的员工时间。粗略估算，每年约需1400万美元。此成本基于2022年全职员工的薪酬中位数乘以参与管理这些计划的全职员工数量得出，可能随时间变化。此外，谷歌在地球引擎和EIE上的部分成本还包括软件开发及数据中心运维所需的人力资源。

（4）分布式能源生产

随着全球能源需求的增长，谷歌预计可再生能源将在未来能源基础设施中扮演关键角色。除了为自身运营采购可再生能源，谷歌还对相关项目进行了战略性投资。从2010年至2022年，谷歌签署了约29亿美元的可再生能源项目投资协议，预计总发电量达到4.2千兆瓦。作为早期投资者，谷歌利用资本支持公用事业规模的项目，加速清洁能源技术的部署，助力更多开发商推动项目建设。全球范围内存在广泛的可再生能源投资机会，涵盖不同区域和技术领域。此外，谷歌还投资了支持家庭安装太阳能光伏板的基金，光伏板成本的下降也使分布式发电更具经济性。具体分析如表15－12所示。

表15－12　气候相关机遇4给谷歌带来的预期财务影响情况

项目名称	描述
机会类型	能源
主要与气候相关的机会	转向分散式能源生产
主要预期财务影响	低排放技术的投资回报
时间范围	短期
可能性	很有可能
影响程度	中等

续表

项目名称	描述
预期财务影响数字	29 亿美元
财务影响数据解释	国际能源机构 2021 年发布的全球能源行业路线图显示，为实现 2050 年净零排放目标，2030 年全球每年需增加清洁能源投资约 4 万亿美元，增幅超过两倍。这为私营部门提供了巨大商机。 谷歌在运营上采购可再生能源的同时，也积极投资该领域。从 2010 年至 2022 年，谷歌签署了近 29 亿美元的可再生能源项目协议，预计总发电量达 4.2 千兆瓦，体现了其对可再生能源的持续承诺。
实现机会的成本	1400 万美元
实现机会的策略和成本计算的解释	2010 年，谷歌开始投资清洁能源，致力于扩大可再生能源解决方案，以满足长期能源需求并绿化全球电网。谷歌目标是到 2030 年，通过主要生产地区投资，实现 5 千兆瓦无碳新能源。2022 年，谷歌签署了约 3.5 亿美元的协议，支持 0.5 千兆瓦可再生能源项目，助力实现 5 千兆瓦目标。从 2010 年到 2022 年，谷歌累计签署近 29 亿美元的可再生能源项目协议，预计总发电量约 4.2 千兆瓦，推动可再生能源大规模部署。 谷歌在可持续发展方面实施多项长期措施，部分已公开，部分仍保密。与气候变化相关的管理成本粗略估算为每年约 1400 万美元，计算依据是截至 2022 年 12 月 31 日的全职员工的薪酬中位数乘以管理可持续发展计划全职员工数量。此假设成本可能随时间变化，且不一定反映当前用于这些措施的实际资源。

（5）低排放能源

未来的碳价格监管体系可能会推动各州采购更多可再生能源，从而为开发和投资可再生能源创造巨大经济机遇。除了自身运营的可再生能源采购外，谷歌还进行了有针对性的投资。从 2010 年到 2022 年，谷歌签署了近 29 亿美元的可再生能源项目协议，预计总发电量约为 4.2 千兆瓦，这些投资将促进可再生能源的规模部署，具体分析如表 15 – 13 所示。

表 15 – 13　　气候相关机遇 5 给谷歌带来的预期财务影响情况

项目名称	描述
机会类型	能源
主要与气候相关的机会	使用低排放能源
主要预期财务影响	低排放技术的投资回报
时间范围	短期
可能性	可能性不大
影响程度	中高
预期财务影响数字	29 亿美元
财务影响数据解释	除了自身运营的可再生能源采购，谷歌还对可再生能源进行了有针对性的投资。从 2010 年到 2022 年，谷歌签署了近 29 亿美元的可再生能源项目协议，预计总发电量约为 4.2 千兆瓦，反映了这一期间的投资总价值。

续表

项目名称	描述
实现机会的成本	1400 万美元
实现机会的策略和成本计算的解释	与应对气候变化机遇相关的成本之一是管理关键可持续发展计划的全职员工时间，粗略估算每年约需 1400 万美元。此计算基于截至 2022 年 12 月 31 日的全职员工的薪酬中位数与管理可持续发展计划的全职员工假设人数相乘得出。这一假设成本可能随时间变化，且可能无法完全代表目前专门用于这些措施的资源。

（6）吸引客户

随着气候变化，能源价格可能上涨，促使更多消费者选择公共交通和其他出行方式而非私家车。这将可能增加谷歌地图交通版的使用，因为该功能提供公共交通、步行和骑自行车路线的导航。谷歌地图公交系统覆盖全球多个城市，提供公共交通的地图和时刻表，平均每天提供超过 20 亿公里的公共交通导航结果，具体分析如表 15 – 14 所示。

表 15 – 14　　　气候相关机遇 6 给谷歌带来的预期财务影响情况

项目名称	描述
机会类型	产品和服务
主要与气候相关的机会	发展和/或扩大低排放产品和服务
主要预期财务影响	因产品和服务需求增加而带来的收入增长
时间范围	短期
可能性	很有可能
影响程度	中低
预期财务影响数字	2. 828 亿美元
财务影响数据解释	谷歌公交及自行车/步行路线是谷歌地图的核心功能，该工具免费提供全球导航、探索和任务完成的服务。随着对替代交通方式信息需求的增加，预计将吸引更多用户使用谷歌地图。 这一机遇可能会正面影响公司的收入。例如，假设企业声誉提升带来 0. 1% 的收入增长，基于 2022 年 2828 亿美元的收入，这相当于约 2. 828 亿美元。然而，由于气候变化与在线消费经济活动的间接关系，难以准确预测这一机遇的规模和发生的可能性。
实现机会的成本	1400 万美元
实现机会的策略和成本计算的解释	与有效应对气候变化机遇及其影响相关的成本之一是管理主要可持续发展计划的全职员工所需的时间。粗略估计每年约需 1400 万美元，计算方法为截至 2022 年 12 月 31 日的全职员工薪酬中位数乘以管理可持续发展计划的全职员工假设人数。该假设成本可能随时间变化，且不一定代表当前为这些计划投入的工作量资源。此外，谷歌在可持续发展方面的长期举措中，还包括与谷歌交通和谷歌地图功能相关的员工时间成本，涵盖工程、产品管理、合作伙伴管理和软件开发等领域。

15.4 案例总结与启示

15.4.1 案例总结

谷歌公司作为全球领先的科技企业，已经在气候相关风险应对和可持续发展方面作出了显著努力。尽管在财务报告中未对气候相关风险和机遇的定量影响进行详细披露，但公司已经通过多项战略措施积极应对这些挑战，包括投资清洁能源、碳清除技术以及绿色基础设施建设。公司的绿色能源采购、碳清除投资和环保技术创新，尤其是围绕低碳云计算的布局，表明其在实现 2030 年净零排放目标的坚定承诺。

谷歌的数据中心和运营设施面临气候变化带来的潜在物理风险，包括极端天气、海平面上升等。为了应对这些风险，谷歌采取了多样化的减排措施，并通过灾难恢复计划和技术创新来降低运营中的不确定性和合规风险。此外，公司在应对气候变化的过程中，通过推动技术创新和减少碳排放，进一步增强了其品牌价值和市场竞争力。

谷歌在管理气候相关风险方面的做法展示了科技企业需要采取综合措施来应对全球气候变化。这包括提前识别潜在物理和转型风险，并通过投资绿色技术和优化供应链来减少未来的财务冲击。谷歌通过将可持续发展与创新技术相结合，推动了产品和服务的需求增长，尤其是在云计算和清洁能源领域。其他企业应借鉴谷歌的经验，探索低碳技术和可持续产品的商业潜力。

15.4.2 启示

谷歌通过大量投资绿色能源和碳清除技术，展示了在推动企业长期可持续发展的同时，也能获得财务回报。这种长期的投资策略有助于降低未来的成本并提升企业的竞争力。谷歌的环保行动不仅有助于实现其气候目标，还通过履行社会责任提升了品牌价值。这表明，企业履行社会责任和应对气候变化的努力可以在增强市场地位和品牌忠诚度方面带来实质性回报。随着全球范围内对环境、社会和治理（ESG）要求的增加，企业应积极提升 ESG 合规性，增强信息披露的透明度，以应对利益相关者的期望，并避免潜在的声誉和财务风险。

第 16 章
汉莎航空披露案例分析

16.1 公司背景

德国汉莎航空集团（Lufthansa，以下简称“LHG”）① 总部位于德国科隆，业务遍及全球，由客运、物流与修理和大修（MRO）三个运营部门以及其他职能部门组成。截至 2023 年年底，LHG 机队由 721 架飞机组成，平均机龄为 13.4 年。该公司股票在德国法兰克福证券交易所上市，其最新的 MSCI ESG 评级为 AA，2023 年主要财务指标如表 16 -1 所示。

表 16 -1　　LHG2023 年主要财务指标

财务指标	数值
营业收入	35.4 亿欧元
调整后的 EBIT	2.7 亿欧元
调整后的 EBIT 利润率	7.6%
净利润	1.7 亿欧元
每股收益	1.4 欧元
总资产	456.79 亿欧元

① 本案例根据 LHG 2023 年年报、可持续发展报告及 CDP 问卷进行分析，相关链接如下：lufthansagroup. com/media/downloads/en/responsibility/LH – Factsheet – Sustainability – 2023. pdf；investor – relations. lufthansagroup. com/fileadmin/downloads/de/finanzberichte/geschaeftsberichte/LH – GB – 2023 – d. pdf；lufthansagroup. com/media/downloads/en/responsibility/LH – TCFD – Report – 2023. pdf；lufthansagroup. com/media/downloads/en/responsibility/LHG – CDP – Response – 2023. pdf。

16.2 当期财务影响

16.2.1 重大判断和会计估计

目前，关于气候保护监管措施对 LHG 成本增加影响程度尚不确定。气候因素导致的成本增加可能会对 LHG 的商誉、飞机账面价值、存货计量以及递延所得税资产产生影响。在此背景下，LHG 已将碳排放交易和可持续航空燃料等额外成本纳入了其战略规划中。为了进一步减少碳排放，公司采取了多项核心措施，包括推进机队现代化以及在客户预订机票时提供购买碳补偿的选项。LHG 预计能够充足供应可持续航空燃料，同时预计会有相当一部分客户选择购买碳补偿服务。

LHG 目前并未发现任何气候相关因素可能导致飞机和备用发动机的预期使用寿命出现显著变化。此外，有关航空业对气候变化影响的讨论可能会对航空旅行产生长期负面影响，从而会对公司的预期收入造成影响。但由于缺乏可靠的预测指标，公司在进行企业战略规划时并未对此作出明确的假设。

16.2.2 碳排放权

国际航空碳抵销和减排计划（CORSIA）于 2016 年 10 月与国际民航组织达成协议，自 2021 年以来，该计划一直通过购买权来抵销国际航空中与增长相关的碳排放。CORSIA 旨在补偿航空业超过国际民航组织规定的基准碳排放量的所有排放，试点阶段（2021 年至 2023 年）是基于 2019 年的排放量，2024 年至 2035 年是 2019 年排放量的 85%。在 2021 年和 2022 年，由于与疫情等相关的全球交通量下降，LHG 没有支付任何 CORSIA 碳抵销费用，2023 年也是如此。CORSIA 补偿预计将在 2024 年首次出现。这主要取决于参加 CORSIA 试点阶段的国家航空部门的复苏速度。

2023 年度，LHG 碳排放权金额为 4.26 亿欧元，归还碳排放权即实际碳排放额 2.25 亿欧元，剩余 2.01 亿欧元碳排放权出售，同时签订回购协议，以保持经济所有权。

16.2.3 资产减值

2023 年，在其他业务费用中，包括了计提的 3200 万欧元减值损失，相较于上一年度的 1400 万欧元有所增加，这些减值涉及已被重新归类为待售资产的空客 A380 飞机，并源于风暴影响导致的采购价格进一步下降。

16.2.4　环境修复

飞机运行对环境的影响主要有三个方面：一是与气候相关的碳排放问题，燃烧煤油以及地面运输包括飞机的装载和搬运都会产生碳排放；二是飞机起降产生的噪声；三是飞机内部和地面产生废物。LHG 从气候保护、主动降噪、废物管理三个层面采取了一系列措施减少对环境的影响。

在没有进一步法律要求下，基于调查结果，假设所有污染都在十年内消除，2023 年环境修复准备金为 3200 万欧元，2022 年为 3900 万欧元，具体数值如表 16－2 所示。

表 16－2　　LHG 环境修复准备金情况

2023 年 单位（百万欧元）			2022 年 单位（百万欧元）		
总计	非流动	流动	总计	非流动	流动
32	28	4	39	29	10

16.2.5　激励计划

2023 年，LHG 制订了一项新的激励计划，其中 20% 与减少碳排放的可持续发展目标有关，授予期从 2023 年 1 月 1 日开始，为期三年。此激励计划奖金一半以股票支付，一半以现金支付。股票部分在奖励时公允价值为 560 万欧元，现金部分在报告日公允价值为 620 万欧元，因此增加了员工成本。

16.2.6　核心措施

LHG 的目标是通过自愿抵销实现到 2030 年将净碳排放量比 2019 年减少一半，在 2050 年实现碳中和。

基于上述目标，LHG 采取了以下方面的措施：

（1）更新机队

在中短期内，机队更新仍然是减少二氧化碳排放的关键驱动力。LHG 的机队在 2023 年增加了 29 架新飞机，包括空客 A320neo、A321neo、A350－900 和波音 787－9，这些飞机都配备了现代化的发动机，其中 A320neo 是世界上最新、最环保的飞机之一。自 2019 年以来，LHG 机队中采用最新技术的飞机比例达到 20%（141 架飞机），淘汰了 18 架老旧飞机。2023 年 12 月，集团订购了 80 架波音 737MAX 和空客 A220－300 中短程飞机，订单价值约 90 亿欧元。至此，LHG 已累积约 260 架新一代飞机的订单。

（2）对现有机队进行技术改造

LHG 不断探索并实施机队现代化改造措施，以减少二氧化碳排放。汉莎技术公司与巴斯夫（BASF）共同研发了“AeroSHARK”表面涂层，能够显著降低大型商用飞机的阻力，可节约约 1% 的航空煤油消耗。

2022 年，AeroSHARK 技术首次获得认证，允许在两种波音 777 机型上进行大规模应用。截至 2023 年年底，LHG 共有 15 架波音 777 飞机应用了 AeroSHARK 技术，其中，包括瑞士国际航空公司的 11 架波音 777－300ER 和汉莎航空货运公司的 4 架波音 777F。预计在这两种型号飞机全部改装完成后，未来每年将减少超过 8000 吨的燃油消耗和 25000 吨的二氧化碳排放。

在未来几年内，汉莎技术公司计划为超过 100 架波音 777F 和 777－300ER 飞机提供 AeroSHARK 改装服务。此外，公司还计划将这项技术推广到空客 A330、波音 737 和 A320neo 等更多机型上。

（3）参与 SDM 项目

欧盟委员会关于进一步发展欧洲空域的立法提案（SES2＋）旨在帮助进一步协调和优化欧洲空中交通管理以提升效率、减少排放。该提案的技术支撑来自单一欧洲空域（Single European Airspace）空中交通管理研究计划（SESAR），该计划致力于在全欧洲范围内开发、测试并推广新技术、流程和标准，将效率提高 10%，减少延误。LHG 积极参与，通过投资现代通信技术和参与 SDM（SESAR Deployment Manager）项目，支持空域发展。2023 年，SDM 在欧洲进行了 348 个项目，LHG 参与了其中六个。此外，LHG 扩展了多式联运服务，与德国、奥地利和瑞士的国家铁路公司合作，提供往返枢纽的补充航班的替代方案，增强了服务的连续性和客户体验。

（4）节省燃料项目

在本报告年度，LHG 正在进行 67 个节省燃料项目，包括与性能、程序、减轻重量、飞行路线优化和技术发展有关的活动。因此，在报告年度永久消除了 25100 吨碳排放，节省煤油量约为 8000 吨，相当于一架空客 A350－900 飞机在慕尼黑和纽约之间往返大约 97 次。

（5）人工智能帮助避免碳排放

LHG 与谷歌云共同开发了运营决策支持套件（OPSD）。OPSD 利用人工智能优化飞机运行、航线、飞机维护、乘客预订等复杂活动，利用历史和当前数据，根据提供的选项生成可能发生的情景，并在多维度基础上进行权衡。这种分析使航班规划人员和航班管理人员能够更快地作出决策。因此，这反过来可以帮助避免碳排放，例如，为特定航线选择具有最佳节油特性的飞机。在报告年度，瑞士航空成为 LHG 首家引入 OPSD 的航空公司。

（6）地面碳中和交通

LHG 计划到 2030 年通过使用电动或其他无排放车辆来实现地面碳中和交通。2023 年，该集团在德国主要地点以及柏林、杜塞尔多夫、科隆和斯图加特等较小地点采购了 26 辆电动停机坪车辆，使电动车辆总数达到 46 辆，约占总运营车队的 4%。此外，集团的全电动汽车数量从上年度的 374 辆增加到 554 辆，占比达 36%。

（7）绿色票价

自 2023 年 2 月起，客户可以选择经济绿色机票或商务绿色机票，使用的可持续航空燃料可以抵销个人飞行产生二氧化碳排放的 20%，剩余 80% 通过欧洲的高质量气候保护项目抵销。从 2023 年 11 月起，已在 12 条航线上试行绿色机票。绿色票价的推出，使 LHG 成为全球首家提供包含飞行碳排放补偿选项的航空集团。

16.3 预期财务影响

16.3.1 可持续航空燃料

目前，全球可持续航空燃料（SAF）的生产能力非常有限，总体大约只能满足全球航空燃料消耗的 0.1%。为了持续保障 SAF 的供应，LHG 采取了以下策略：

（1）为了能够持续在现货市场采购 SAF，至 2026 年将使用高达 2.5 亿美元的资金。

（2）集团评估了全球范围内的长期供应协议，预计从 2025 年起有大量生产和稳定的供应。在报告年度内，LHG 签署了两份新的意向书，以确保长期稳定供应可持续航空燃料。

（3）LHG 特别关注基于残留物、木质生物质和可再生电力合成的煤油以及直接利用太阳能合成燃料的研究。为了加快引入可持续航空燃料，LHG 计划 2024 年成立一个 SAF 买家联盟，通过集结多个企业客户的需求，推动建立燃料生产试点系统。

2024 年，瑞士国际航空公司（SWISS）计划使用太阳能燃料。在报告年度，LHG 还与德国航空航天中心、慕尼黑机场等签署了一份研究合作协议，在日常飞行操作中对 PtL（电能转化为液体燃料的技术）燃料及 SAF 使用的各方面进行测试，如使用 100% PtL 燃料以及 SAF 对尾迹形成的影响。

16.3.2 碳排放权

LHG 公司在报告年度排放了约 850 万公吨的二氧化碳，属于欧盟碳排放交易体系、欧洲环境与安全体系和英国碳排放交易体系的范畴。2023 年，LHG 获得了国家注册机构（包括英国碳排放交易体系）为其公司授予的 380 万吨二氧化碳排放权。从 2024 年起，欧盟排放交易体系和欧洲环境与安全体系内的免费排放权将减少。就目前的情况来看，英国的排放交易体系不受此影响。由于预计到 2024 年减排 25%，LHG 预计在 2024 年仅分配约 280 万吨二氧化碳免费排放权。

16.3.3 OPS 可持续发展计划

LHG 启动了一项于 2022 年 11 月开始持续至 2030 年名为 OPS 可持续发展的三步计划，通过在飞行准备、飞行优化和地面服务等多个运营环节实施提高效率的措施以实现碳排放可持续降低。第一步涵盖了 93 个项目设想，预计在 2025 年前逐步落实。在报告年度，已有 35 个项目投入实施，包括在滑行时仅使用一个引擎，以及通过采用轻质装载工具减轻飞机重量等，实现了 6700 吨二氧化碳的减排。除这些项目外，LHG 还建立了一个多航空公司数据库，以标准化记录、跟踪和报告减排成果。

16.3.4 采购和使用可再生能源

LHG 在 2019 年设定的目标是在 2020 年实现 100% 的绿色电力，以满足其在德国、奥地利、瑞士和比利时国内市场的电力需求，这一目标继续使用。为此购买了德国和瑞士的绿色电力证书，这些证书使绿色电力的生产得到保证，从而有助于扩大可再生能源。在本报告年度，LHG 的能源采购部门发起了一项电力购买协议（PPAs）的招标，例如，来自太阳能发电厂和风力发电场的电力。如果招标成功，购电协议将从 2026 年开始实施。在签订购电协议时，LHG 的目标是最大限度地降低能源市场发生重大采购风险，以确保可持续的能源供应。

16.3.5 转型风险

（1）政策和法律风险

LHG 正面临与气候变化相关的监管风险，主要来自强制性限额和交易计划、碳或燃料税、SAF 混合配额以及即将出台的二氧化碳以外温室气体排放的法规，这些都可能导致碳定价的提高。成本风险可能会随着碳价格的不同以及各国和地区不断增加的可持续性法规而显著增加。此外，洲际运输中的竞争可能会因这些规定变得更加激烈，尤其是成本没有完全转嫁给乘客。由于大多数规定只影响欧盟内部的航班，因此欧盟以外的航空公司在欧盟附近的中转站可能具有竞争优势。

LHG 已经将其风险管理系统中的“与气候变化有关的监管风险”列为首要风险，并将其定为具有重大意义和极端严重性的定性风险。

（2）市场和技术风险

虽然LHG在其运营中仍然主要使用常规航空燃油，但由于更严格的气候法规、税收和支持低碳经济的市场趋势，传统燃料的潜在价格波动可能会影响公司的运营支出和采购成本，特别是在中长期。

可持续航空燃料的供应和价格也是一个潜在的风险。LHG将使用SAF作为向可持续航空业转型的技术之一，因此可能会受到SAF供应短缺和高采购成本的影响（对运营支出产生负面影响）。

（3）声誉风险

LHG和航空业可能面临声誉风险，因为未能满足利益相关者对气候变化表现的期望而导致来自客户和投资者等外部利益相关者的压力。尽管LHG目前应对气候变化作出了努力（例如，对SAF和其他技术研究的投资），但公司仍可能面临这一风险，导致收入减少、可用资本减少以及难以吸引新人才，LHG披露的气候转型风险带来的预期财务影响如表16－3所示。

表16－3　气候转型风险给LHG带来的预期财务影响情况

项目名称	描述
时间范围	中期
可能影响程度	高
预期财务影响数字	11.75亿欧元
财务影响数字说明	上述预期财务影响数字是对2030年的估计，这些成本计算仅作为如何计算财务影响的说明，不作为LHG的财务风险或未来财务表现的明确预测。计算这个数字的方法是基于欧盟排放交易系统（EU ETS）对欧盟航空业规则的修订，该规则将在2026年前逐步取消航空业的免费许可。因此，到2030年，LHG将不得不为EU ETS覆盖的所有航班购买二氧化碳排放配额（EUA）。假设瑞士和英国的排放交易系统会采用这些规则。因此，计算值取决于LHG在欧盟范围内的绝对二氧化碳排放量的发展以及2030年每吨二氧化碳的价格。 计算财务影响数字的公式：$x \times y = z$： x：欧盟排放交易计划（ETS）预计2030年LHG的二氧化碳相关排放量。 y：欧盟补贴的估计成本（每吨二氧化碳的价格）。 z：财务影响。 x的计算：假设2022年至2030年，低温室气体排放的欧盟排放交易体系相关二氧化碳排放量每年增长3%。因此，在2030年，欧盟排放交易规则下的LHG排放量为940万吨。 y的计算：2022年EUA的价格同时接近100欧元。在这里的计算中，2030年的价格为每吨二氧化碳125欧元。 z的计算：2030年估计的EUA低温室气体排放量（x）×2030年估计的每个EUA的价格（y）＝2030年估计的EU ETS对低温室气体排放量的财务影响（z）。即940万吨二氧化碳×125欧元/吨＝11.75亿欧元。

续表

项目名称	描述
应对风险的成本	212.84 亿欧元
应对描述和成本计算解释	成本计算涵盖2023年到2030年。上述风险应对成本由两个方面组成，这两个方面是最具成本效益的：机队更新和SAF的使用。 成本计算公式为：到2030年的更新成本（x）+到2030年的SAF供应成本（y）=应对风险的成本（z）。 x：到2022年，24架新的、更省油的飞机投入运营，其燃油效率比前代机型高出25%。相应地，总共有27架旧飞机被从该集团的机队中移除。截至2022年年末，LHG的订单上共有174架飞机，这些订单预计持续至2030年。飞机和备用发动机的订单承诺额为158亿欧元。 y：SAF。 为了保障SAF的长期供应，LHG制定了三管齐下的战略。 ①在短期内，已为采购SAF使用了高达2.34亿欧元的资金。②从中期来看，全世界都在考虑长期供应承诺的选择。从2025年开始，这些都提供了可观的产量和供应安全。报告年度，本集团与燃料供应商签订意向书，2025年至2030年为LHG提供最多250万吨可持续燃料。2022年，SAF的额外成本与2011年的煤油相比，以每吨2100欧元计算。③从长远来看，LHG将支持新的供应商，其目标是将今天的初创企业和开发者转变为明天的供应商。在开发SAF的过程中，LHG专注于基于废弃物、木生物质和可再生电力能源（电力到液体 - PtL）的合成煤油，以及直接使用阳光合成燃料的研究。在本报告年度，瑞士国际空间站收购了瑞士技术公司，进一步帮助将太阳能燃料推向市场。 合计：2.34亿欧元+（250万×2100欧元）=54.84亿欧元。 总计（z）：158亿欧元+54.84亿欧元=212.84亿欧元。

16.3.6 物理风险

LHG通过情景分析认为热浪在高排放情景（SSP5 - 8.5）下可能对LHG业务产生长期（1—10年）重大影响，其他自然气候相关风险在1—10年内没有实质性影响。根据气候情景分析，在2050年之前，特别是在高排放情景（SSP5 - 8.5）下，气候变化的物理效应可能进一步变得显著，包括飓风、龙卷风以及急流的显著变化。

热浪的增加可能会对LHG的上游供应链和自身的运营产生影响。例如，热浪可能导致供应商运营中断，从而延迟关键部件或产品的交付。这种情况可能会导致航空公司需要寻找替代供应商，调整航班和维护计划，进而增加运营成本。此外，热浪还可能导致机场运营中断，如跑道性能下降、空中交通拥堵和热敏设备故障，进而导致航班延误、取消或改道，造成收入损失。这些影响不仅会波及客运航空公司，也会波及货运航空公司，并可能导致乘客赔偿成本的增加。

此外，持续的高温还会影响飞机的性能，比如，降低发动机效率。这可能会导致燃料消耗增加，起飞距离变长，以及对飞机的重量限制。

16.3.7　气候相关机遇

从机遇的角度来看，LHG 可能会从自己研发的新型可持续飞机技术中受益，特别是在中长期。智能技术可以降低运营成本，并支持气候优化飞行。在当前气候变化讨论的推动下，枢纽机场铁路基础设施项目的加速也可能带来更多机会，有可能越来越多地用火车服务取代二氧化碳密集的短途支线航班。LHG 披露的气候相关机遇带来的预期财务影响如表 16－4 所示。

表 16－4　　气候相关机遇给 LHG 带来的预期财务影响情况

项目名称	描述
机会类型	资源效率
主要与气候相关的机会	更有效的运输方式
主要预期财务影响	减少直接成本
公司具体描述	LHG 一直致力于降低其飞机的燃油消耗率和二氧化碳排放量。为了在中长期内减少二氧化碳排放，机队更新成为了关键策略。LHG 每年投入约 20 亿欧元，直至 2030 年，用于购买现代化且燃油效率高的飞机和发动机技术，这是减少飞行操作中二氧化碳排放的关键措施。2022 年，集团接收了 24 架新型飞机，这些飞机的燃油效率比旧型号提高了 25%。同时，LHG 也淘汰了 27 架老旧飞机。到 2022 年年底，LHG 的订单簿上已有 174 架飞机，这些订单将一直持续到 2030 年。 通过不断更新机队，LHG 不仅减少了对气候的影响，还通过降低燃油成本和减少在欧盟排放交易体系（EU ETS）以及全球 CORSIA 计划下的碳合规成本，对运营成本产生了积极影响。此外，一个高效燃油和二氧化碳排放的机队不仅能够降低运营成本，还能提升公司的声誉，从而带来竞争优势。
时间范围	中期
可能性	可能
影响程度	中等偏高
预期财务影响	6.12 亿欧元
财务影响数据解释	上述预期财务影响数字是对 2030 年的估计，仅作为如何计算财务影响的说明，不解释为 LHG 的财务机会或未来财务表现的明确预测。基于新型飞机在燃料和二氧化碳排放降低方面，计算了 2030 年的财务影响。 以下假设被用作计算的基础： ——2030 年 LHG 的飞机数量和运输性能与 2022 年相同。 ——2030 年每吨煤油的成本与 2022 年相同。 ——2030 年的排放权成本（每吨二氧化碳）为 125 欧元。 ——到 2030 年，LHG 飞行中的 174 架新飞机（占 LHG 飞机总数的 24.5%）。 ——新飞机的燃油效率比前代高出 25%，因此二氧化碳排放更少。

续表

项目名称	描述
财务影响数据解释	该计算未考虑到 SAF 混合比率逐渐增加的财务影响，该比率旨在作为欧盟“Fitfor55”计划的一部分实施。这些机会的财务影响会有很大的不同，取决于飞机燃料价格和不同地区的 SAF 市场价格，这两个因素都有很大的变化，所以这个数字只是为了说明。 计算 2030 年机会的财务影响：财务影响 =（2022 年喷气燃料成本/2030 年喷气燃料成本 ×2030 年新飞机在 LHG 机队中的份额 × 新飞机燃料效率的提高）+（2022 年的二氧化碳排放量 × 每吨二氧化碳排放量的成本 ×2030 年新飞机在 LHG 机队中的份额 × 新型飞机二氧化碳效率提高），即： （71 亿欧元 ×24.5% ×25%）+（0.231 亿吨 ×125 欧元 ×24.5% ×25%）=4.35 亿欧元 +1.77 亿欧元 =6.12 亿欧元。
实现机会的成本	158 亿欧元
实现机会的策略和成本计算的解释	实现这个机会的成本计算涵盖了 2023 年到 2030 年。 LHG 具有雄心勃勃的保护目标，以减轻其对环境变化的影响，并降低与环境变化风险相关的成本。它正努力在 2030 年前将二氧化碳净排放量减少到 2019 年的一半，并寻求在 2050 年前实现碳中和。此外，LHG 已将其碳减排路径与巴黎气候协议的目标相一致。这些到 2030 年的 LHG 目标于 2022 年 8 月由 SBTI 验证。 实现这一机会的成本计算涵盖 2023 年至 2030 年，LHG 持续投资（约到 2030 年每年将达到 20 亿欧元），用于现代化的燃油效率高的飞机和发动机技术，这是减少飞行操作中二氧化碳排放量的最重要措施。 成本计算公式为：2030 年的投资收益更新（x）=z（实现机会的成本）。 x：到 2022 年年底，LHG 的订单中有 174 架飞机，直到 2030 年。飞机和备用发动机的订单承诺额为 158 亿欧元。

16.3.8 气候相关风险和机遇如何影响财务规划

LHG 的财务规划正受到气候监管相关风险的挑战，同时也因开发可持续能源而迎来机遇。气候法规，如碳定价、燃料税，导致成本上升，增加了用于采购比旧款飞机运营成本更低的新型、节能的飞机资本支出。

为应对气候法规成本增加风险，LHG 更新了其机队，以降低燃料消耗和排放。截至 2022 年，LHG 约 32% 的二氧化碳排放来自欧洲经济区（EEA）内的航班，这些航班受到欧盟排放交易体系（EU ETS）的监管。2022 年年底，EU ETS 的二氧化碳价格约为每吨 100 欧元，较 2019 年的每吨 25 欧元有所上升。此外，EU ETS 中的免费配额正在减少，并预计到 2030 年将完全取消。欧盟的“Fit for 55”计划也在进一步收紧气候政策。

LHG 在 2019 年至 2022 年整合了 51 架新型空客 A320/A321neo 飞机到其机队中，这些飞机的燃料消耗比它们所替代的飞机少 20%，从而减少了二氧化碳排放，并降低了燃料成本和购买排放权的成本。在财务规划中，通常会考虑未来三年的排放权和燃料成本。

机队更新是减少飞行操作中二氧化碳排放的关键策略。LHG 持续投资于现代、节能的飞机和发动机技术，以减少近十年的二氧化碳排放。

此外，LHG 的财务规划也受到其 SAF 战略的影响。虽然 SAF 可能比传统燃料更昂贵，但对 SAF 的高度参与和承诺也带来了机遇。例如，LHG 提供的 COMPENSAID 平台，允许乘客通过高质量的气候保护项目抵销他们的二氧化碳排放，或通过购买 SAF 来减少排放。自 2021 年 9 月以来，汉莎货运的客户也能够以碳中和的方式运输货物。

进一步受到气候相关风险和机遇影响的财务规划示例如下：

资本配置：LHG 设立了自愿二氧化碳补偿基金和绿色电力基金，以支持可持续投资。减少燃料消耗和排放的机会使得飞机投资更具吸引力。

资本获取：即将出台的欧盟分类法可能会影响资本的可获取性。

负债：由于 COVID－19 大流行，LHG 利用了国家贷款。德国政府设立的“经济稳定基金”（WSF）要求这些贷款必须支持可持续投资。

16.4 案例总结与启示

16.4.1 物理风险的财务影响

2023 年由于风暴影响导致 LHG 持有待售飞机价值发生减值，同时进行情景分析识别了热浪在 SSP5－8.5 情景下对 LHG 业务产生的长期重大影响，可能会导致上游供应链中断，进而增加运营成本；也可能会对自身运营产生影响，如跑道性能下降、空中交通堵塞，导致航班延误、取消或改道，造成收入损失。其他物理风险在 10 年内不会对 LHG 产生实质性影响，可能到 2050 年会显著变化。

16.4.2 转型风险的财务影响

转型风险对 LHG 来说是比较重要的风险，其主要有政策监管、市场和技术以及声誉风险。其中，气候监管风险是首要风险，欧盟排放交易系统（EU ETS）的改革可能导致成本显著增加。例如，到 2030 年，如果 EU ETS 的免费配额完全取消，LHG 可能需要购买所有必要的 CO_2 排放配额，可能面临高达 11.75 亿欧元的成本；市场和技术方面的风险主要是由于传统航空燃油的价格波动和 SAF 的供应不确定性可能导致运营成本增加；声誉风险可能来自未能满足利益相关者对气候变化表现的期望，影响收入和资本获取。

为应对这些风险，LHG 采取了许多措施，如更新机队、对现有机队进行改造、广泛使用可持续航空燃料（SAF）。机队更新是 LHG 减少二氧化碳排放的关键措施，2023 年增加了 29 架新飞机，12 月集团订购了 80 架波音 737MAX 和空客 A220 – 300 中短程飞机，订单价值约 90 亿欧元。至此，LHG 已累积约 260 架新一代飞机的订单；对机队技术改造方面，汉莎技术公司与巴斯夫（BASF）共同研发了“AeroSHARK”表面涂层，可节约约 1% 的航空煤油消耗，允许在两种波音 777 机型上进行大规模生产，预计在这两种型号飞机全部改装完成后，未来每年将减少超过 8000 吨的燃油消耗和 25000 吨的二氧化碳排放，LHG 还计划为更多飞机和机型提供这项服务；为了持续保障 SAF 的供应，LHG 至 2026 年将使用高达 2. 5 亿美元的资金来采购 SAF，并签署了两份新的意向书，以确保长期稳定供应可持续航空燃料，还特别关注基于残留物、木质生物质和可再生电力合成的煤油以及直接利用太阳能合成燃料的研究，计划 2024 年成立一个 SAF 买家联盟，通过集结多个企业客户的需求，推动建立燃料生产试点系统。除上述措施外，LHG 还参与 SDM 项目、节省燃料项目，研究人工智能技术帮助减少二氧化碳排放，采购和使用可再生能源等。此外，值得一提的是，LHG 是全球首家提供包含飞行碳排放补偿选项的航空公司。

16. 4. 3 启示

LHG 的气候相关风险财务影响分析为航空业提供了一定的启示，企业必须采取积极措施以应对气候变化带来的挑战。

首先，可以通过更新现代化、燃油效率高的机队，采用新技术如飞机表面涂层以减少空气阻力，以及广泛使用可持续燃料（SAF）等措施来减少运营中的碳排放。这些措施不仅有助于降低对环境的影响，还可以通过降低燃油成本和减少碳成本来提高财务效益。

其次，面对监管政策的变化，如欧盟排放交易系统（EU ETS）的改革，应当评估潜在的成本增加，探索如何通过提高运营效率和采用新技术来减轻这些影响。同时还应考虑市场需求的变化，比如，消费者对环保飞行选择的偏好增加。

最后，公司应建立健全气候相关风险管理体系，进行定期的气候情景分析，以评估不同转型风险和物理风险对业务的潜在影响，可以帮助企业更好地预测未来的财务风险和机遇，并据此调整其财务规划和战略决策。还应加强与政府、供应商、金融机构和其他利益相关者的合作，共同推动航空业的绿色转型，这包括参与政策讨论，推动有利于行业发展的气候政策，与供应商合作确保 SAF 的稳定供应，以及与金融机构合作获得绿色融资以支持可持续发展项目。

总之，企业应当认识到气候变化不仅是一个环境问题，也是一个财务和战略问题。通过采取前瞻性的措施，企业不仅可以减少对环境的影响，还可以提高自身的竞争力。

第 17 章

美国国际电话电报公司披露案例分析

17.1 公司背景

美国国际电话电报公司（AT&T）[①] 是一家成立于 1983 年，总部位于美国得克萨斯州达拉斯的电信和科技服务提供商。该公司于纽约交易所上市，其 MSCI ESG 最新评级为 BBB。公司主要通过通信业务部门为美国及全球客户提供无线和有线服务。作为美国最大无线网络和增长最快光纤网络的运营商，AT&T 截至 2023 年年底服务了 2.42 亿无线用户和超过 830 万光纤宽带用户。公司专注于扩展 5G 和光纤网络，以满足客户对高速连接的需求，计划到 2025 年年底将光纤覆盖范围扩大到 3000 多万个点位。2023 年 AT&T 实现营收 1224 亿美元，营业利润 235 亿美元，其 2023 年主要财务指标如表 17－1 所示。

表 17－1　　AT&T2023 年主要财务指标

财务指标	数值
营业收入	1224.28 亿美元
税前利润	198.48 亿美元
净利润	156.23 亿美元
每股收益	1.97 美元
普通股股息	1.11 美元

① 本案例根据 AT&T 2023 年年报、可持续发展报告及 CDP 问卷进行分析，相关链接如下：https：//investors. att. com/financial－reports/annual－reports/2023；https：//sustainability. att. com/ViewFile? fileGuid＝caddece7－1937－4b2a－ad18－ebb743d5da57；https：//about. att. com/content/dam/csr/2023/ESG/ATT－CDP－Disclosure. pdf。

17.2 当期财务影响

17.2.1 能效项目

AT&T 的 2022—2023 年可持续发展报告显示，截至 2022 年年底，公司自 2015 年以来累计实施的约 161000 个能效项目已经产生了约 6.63 亿美元的年化成本节约。

在 2022 年，这些能效项目的影响主要体现在运营成本的显著降低，实现了超过 700 兆瓦时的能源节省。

此外，这些能效措施为 AT&T 带来了运营效率的提升。通过优化能源使用，公司不仅降低了直接的能源成本，还减少了相关的维护支出和设备更换频率。

17.2.2 资本支出

根据 AT&T 的 2022—2023 年可持续发展报告，公司在 2022 年投入了 243 亿美元用于资本支出。这笔资本支出的一部分用于提高网络基础设施的气候适应性。虽然报告没有具体披露用于气候适应的具体金额，但指出这项投资旨在增强网络对极端天气事件的抵御能力。

作为这项投资的一个关键组成部分，AT&T 开发了气候变化分析工具（Climate Change Analysis Tool，CCAT）。这个工具能够可视化未来 30 年的气候相关风险，包括风力、干旱、野火和洪水等因素，精确到社区级别。CCAT 的主要用途是指导网络建设和维护决策。

AT&T 利用 CCAT 来评估气候变化对其基础设施的潜在影响，并在规划网络扩建、维护和进行灾害准备工作时考虑这些因素。这一工具是与美国能源部阿贡国家实验室（Argonne National Laboratory）合作开发的。此外，AT&T 利用 CCAT 进行情景分析，以加强气候相关风险管理。公司计划将相关结论纳入可持续发展治理、风险管理以及财务和战略规划过程中。

报告中没有具体量化 CCAT 对当期财务的直接影响，但强调了这一工具在指导长期资本分配决策和提高网络韧性方面具有重要作用。

17.2.3 可再生能源投资

AT&T 在美国的可再生能源投资组合每年产生 290 万兆瓦时的清洁能源。这一规模使 AT&T 在美国环境保护署（EPA）绿色能源合作伙伴名单中排名第 6 位，凸显了公司在企业可再生能源采购中的领先地位。

2022 年，AT&T 在可再生能源领域的一个重要举措是签署了 38 个社区太阳能项目协议。这些项目总容量达 55 兆瓦，公司预计在未来 15 年内可节省 1500 万美元。从 2022 年开始，这些项目就开始为公司带来成本节约。报告指出，这些社区太阳能项目每年预计可产生超过 1.91 亿千瓦时的清洁能源，同时避免了超过 135000 吨的二氧化碳排放。

此外，AT&T 在 2022 年年初还确认了两个来自马里兰州和宾夕法尼亚州新太阳能项目的虚拟电力购买协议。这些项目在每个州创造了多达 300 个建筑工作岗位，反映了公司的可再生能源投资对当地社区的积极影响。

17.2.4　供应链合作

AT&T 在 2022 年将可持续性绩效指标纳入采购决策。具体而言，82% 的采购支出已经考虑了供应商的可持续性表现。AT&T 在采购决策中引入了可持续性导向的标准和分析，包括在招标文件和协议中增加可持续性条款，培训采购经理了解可持续性原则，并向采购经理提供现有供应商可持续性表现的更新。

报告未提供上述举措对当期财务的具体量化影响，但强调了其在管理风险、提高效率和促进创新方面的重要性。

17.3　预期财务影响

17.3.1　气候情景分析

（1）运营风险

AT&T 在 2023 年年报中披露了多项与气候和环境变化相关的重大运营风险。公司指出，极端天气事件，如洪水和飓风可能对其网络基础设施造成严重损害，导致服务中断。此外，地震、森林火灾等自然灾害也构成对网络服务稳定性的潜在威胁。能源短缺可能影响网络系统正常运行，以及公共卫生紧急情况可能间接引发极端天气，从而影响公司的运营。

上述运营风险可能对 AT&T 的财务状况产生多方面的影响。网络服务中断将直接导致服务收入的减少。考虑到 AT&T 的业务规模，即使是短期的服务中断也可能造成数亿美元的收入损失。修复受损的网络设备和基础设施将产生大量额外支出。在面临重大自然灾害时，这些修复成本可能高达数十亿美元。为应对极端天气和自然灾害，公司还需要增加应急准备和响应支出，如购置备用电源、加强网络冗余等，会导致运营成本的提升。

此外，频繁的极端天气事件可能导致公司相关保险费用的上涨，进一步增加财务负担。从长远来看，为了提高网络韧性以应对日益严峻的气候相关风险，AT&T 可能需要加大在基础设施升级方面的投资，这将增加长期资本支出。

（2）监管和法律风险

联邦、州和外国政府在气候、能源和环境方面的法规变化可能会给公司带来多方面的挑战。这些变化不仅可能直接增加运营成本，还可能迫使公司调整其业务实践，从而对财务表现产生深远影响。

随着气候变化成为全球关注的焦点，AT&T 预计将面临更严格的环境合规要求。这可能导致公司在短期内需要大幅增加投资，以升级设备、改进流程，满足新的排放标准或能源效率要求。这些合规成本可能会对公司的利润率产生直接压力。

为了适应不断变化的监管环境，AT&T 可能需要对其业务模式进行实质性调整。例如，公司可能需要加大对可再生能源的投资，或者重新设计其数据中心和网络基础设施，以提高能源效率。这些战略性调整虽然在长期可能带来效益，但在短期内可能会增加资本支出，影响现金流。

随着环境法规的收紧，公司可能面临更高的法律风险。环境相关的诉讼或监管处罚不仅可能导致直接的财务损失，还可能损害公司声誉，影响客户对公司的看法。这种声誉风险可能转化为长期的业务损失，对公司的市场份额和收入增长产生负面影响。

（3）声誉风险

环境表现已经成为影响企业声誉和品牌价值的重要因素。如果 AT&T 未能有效应对气候变化挑战或在环境保护方面表现不佳，可能会面临声誉损害的风险。这种声誉风险可能直接转化为财务损失，例如，客户流失、投资者信心下降，甚至可能影响公司的融资能力和资本成本。

（4）资本支出影响

客户、投资者、政府和其他利益相关者对环境问题的关注度显著提高，包括气候变化、水资源利用、森林砍伐、塑料废物和其他可持续发展问题。因此公司未来可能需要增加在环保领域的投资。例如，AT&T 可能需要投资于更加节能的网络设备，或者加大对可再生能源的采购力度。

此外，为了支持 5G 网络的推广，公司需要对现有站点进行大规模改造，以增加支持新频率的设备，特别是 C 频段和 3.45GHz 频段。这些升级不仅需要大量的资本投入，还需要考虑到气候变化带来的挑战。例如，公司可能需要投资于更具气候适应性的基础设施，以确保网络在极端天气事件中保持稳定运行。

（5）碳中和承诺

截至2022年年底，AT&T在减排方面已取得显著进展，实现了45%的减排目标。然而，报告也指出，公司距离2030年实现63%减排的中期目标还有一定距离。为实现上述目标，公司未来需要持续的资本投入和运营调整。这些投资可能包括进一步提高能源效率、扩大可再生能源使用、升级设备和技术以减少直接排放等。

（6）可再生能源投资

AT&T将可再生能源投资视为其碳中和目标的核心支柱之一，计划继续扩大其可再生能源投资组合。公司认为，通过不断增加清洁能源的使用，可以显著减少其范围2排放，这对于实现2030年减排63%的中期目标和2035年的碳中和目标至关重要。

同时，公司在2022年签署的38个社区太阳能项目协议预计在15年内可节省1500万美元，这种模式可能会在未来得到进一步扩展，为公司带来更多的成本节约。

此外，AT&T是美国最大的企业可再生能源购买者之一，在EPA绿色能源合作伙伴名单中排名第6位。这种规模可能使公司在未来的可再生能源采购中获得更有利的条件，进一步优化能源成本结构。

（7）客户减排合作

AT&T设立了到2035年帮助客户减少10亿吨（即一千兆吨）温室气体排放的目标（千兆吨目标）。截至2022年年底，公司已经取得了显著进展，实现了1.492亿吨的减排，约占总目标的14.92%。

为了实现这一目标，AT&T积极开发新的产品和服务，并与多家企业（如Salesforce、Geotab、Microsoft和Deloitte）展开合作，例如：

与Salesforce合作，将AT&T物联网（IoT）解决方案集成到Salesforce Net Zero Cloud中，帮助客户实时监控资产并快速识别减排机会。

与Geotab合作，帮助客户就如何实现车队的电气化作出明智决策。

与Microsoft和Deloitte合作，推出Connected Spaces产品，帮助设施运营商更准确地跟踪排放数据。

这些智能气候解决方案不仅有助于客户减少排放，还能提高其运营效率。这种双重效益可能会增加AT&T解决方案的吸引力，从而支持销售增长和客户保留。

此外，AT&T还推出了“连接气候倡议”（Connected Climate Initiative，CCI），这是一个汇集领先技术公司、AT&T商业客户、大学和非营利组织的平台，旨在识别最佳实践、开发新产品并扩大创新规模。这种生态系统方法可能会进一步增强AT&T在可持续技术市场中的地位，为公司带来长期的竞争优势。

（8）网络韧性和维护投资

气候变化可能会增加网络基础设施的运营和维护成本。随着极端天气事件日益频繁和严重，AT&T 的网络设备可能面临更大的损坏风险和更高的维护需求。这意味着公司在未来可能需要增加对网络韧性和维护的投资，进而对运营成本产生上升压力。

为了更好地识别和管理这些风险，AT&T 开发并使用了气候变化分析工具（Climate Change Analysis Tool，CCAT）。该工具能够可视化未来 30 年的气候相关风险，包括风力、干旱、野火和洪水等因素，并精确到社区级别。通过 CCAT，公司可以更精确地评估不同地区的气候相关风险，从而作出更明智的网络基础设施投资决策，即在某些高风险地区增加投资以提高网络韧性，或者在其他地区调整投资策略以降低风险。

此外，AT&T 正在利用 CCAT 进行情景分析，以加强气候相关风险管理。公司计划将相关分析成果纳入可持续发展治理、风险管理以及财务和战略规划过程中。

17.3.2 气候相关风险的财务影响

在 AT&T 的 CDP 问卷中，公司主要披露了资产方面的财务规划受气候相关的风险和机遇影响的内容。AT&T 公司开发的气候变化分析工具（CCAT）使其能够识别长期的气候相关风险，并应用于短期决策制定过程。公司的气候适应策略涵盖了现有资产以及未来资产（如网络设备）的选址规划。通过增强当前和未来资产的气候适应能力，AT&T 识别出显著的潜在成本节约机会，这有助于确保公司在未来气候变化影响下维持服务水平。为此，公司进行了案例研究，具体如表 17－2 所示。

表 17－2　　AT&T 气候相关风险财务影响的案例研究

目标	为减轻极端天气对公司造成的财务冲击，AT&T 希望明确气候变化对其物理基础设施的潜在影响。
任务	获取可靠且具有可操作性的气候数据，以构建能够可视化气候对 AT&T 基础设施影响的工具。
行动	AT&T 的企业社会责任（CSR）团队与阿贡国家实验室合作，制订计划，生成可用于构建工具的气候数据。CSR 团队随后与包括网络、财务和风险管理团队在内的关键业务利益相关者会面，讨论该工具所需的特征和输入，并将反馈纳入工具的开发过程。
结果	2019 年，AT&T 推出了 CCAT 工具的首个版本，覆盖东南部地区。到 2020 年 9 月，该工具扩展至覆盖美国 48 个州。AT&T 现在能够使用 CCAT 对光纤电缆位置与未来 30 年的内陆及沿海洪水预测进行交叉参照，并可视化气候相关事件对网络资产的影响。

对于气候相关风险带来的财务影响，AT&T 在其 CDP 问卷中披露了一项相关风险，具体如表 17－3 所示。

表 17－3　　　　气候相关风险 1 给 AT&T 带来的预期财务影响情况

分析因素	风险 1
风险驱动因素发生在价值链的哪个环节	直接业务
风险类型和主要气候相关风险驱动因素	急性物理风险 其他：野火和洪水等极端天气的严重程度及发生频率上升
主要预期财务影响	间接（运营）成本增加
时间范围	短期
可能性	极有可能
影响程度	中等
能否提供潜在的财务影响数字	能
预期财务影响数字——最低（货币）	750 万美元
预期财务影响数字——最大值（货币）	7070 万美元
财务影响数字说明	公司计算了与气候相关的天气事件相关的预期财务影响的增量。此财务影响量化融合了 AT&T 历史上与严重风暴和野火相关的天气成本，以及极端降水和野火事件发生频率的可能变化，运用了政府间气候变化专门委员会（Intergovernmental Panel on Climate Change，IPCC）气候数据和针对 AT&T 在美国的有线、移动和零售资产的地理空间分析。总体假定：基础维修/资本成本保持恒定，而事件频率发生变动，从而致使成本上升。成本未针对通货膨胀进行调整。 • AT&T 极端降水成本涵盖了飓风、严重风暴和恶劣天气的资本成本，以及预估为资本成本 10 倍的维修成本。将预测的 2040 年最大 5 日降水量与 1981—2010 年的历史气候（以 2010 年水平为准）进行对比，仅适用于美国。 • AT&T 的野火成本包含仅由野火引发的资本成本以及预估为资本成本 10 倍的修复成本。将预测的 2040 年加州水平与 1981—2010 年的历史气候（以 2010 年水平为基准）进行比较，以确定累积干燥日（Cumulative Dry Days，CDD）和极端炎热日的变化。将冷却度日（Cooling Degree Day，CDD）作为权重为 75% 的指标，将极端炎热日作为权重为 25% 的指标，以此作为野火概率上升的参照。鉴于缺乏高分辨率的面向未来的野火数据，因而采用了上述指标。 • AT&T 的总财务影响为 7500000—70700000 美元。
应对风险的成本	6.5 亿美元
公司具体描述	由长期气候变化引发的极端天气事件存在直接损坏网络设施或扰乱公司构建及维护部分网络的能力的可能，还有可能干扰供应商为提供可靠网络覆盖而所需的产品及服务供应能力。例如，沿墨西哥湾和大西洋海岸的极度活跃的热带风暴季节，以及美国西部地区愈发频繁和严重的野火，均有可能直接损害网络设施或干扰公司对部分网

续表

分析因素	风险 1
公司具体描述	络的维护能力。2021 年，飓风艾达致使路易斯安那州的网络遭受重大影响，包括停电和风暴破坏。截至 2023 年第一季度，AT&T 的网络在全球范围内涵盖超过 140 万英里的光纤线路，平均每个工作日传输的数据流量超过 600 拍字节。任何此类中断都有可能延迟网络部署计划，中断对客户的服务，增加成本并对公司的运营成果产生负面效应。气候变化的潜在物理影响，诸如风暴、洪水、火灾及其他与气候相关的事件的频率和严重程度的增加，可能对公司的运营、基础设施和财务成果产生不利作用。由气候变化的潜在物理影响所导致的运营冲击，比如，对网络基础设施（如基站、中心办公室或其他物理资产）造成的损害，可能致使成本上升和收入损失。公司或许需要投入大量资金以提升基础设施的气候适应能力——包括主动迁移设备或施行网络加固解决方案——以做好准备应对、响应并减轻气候变化的物理影响。
应对描述和成本计算解释	公司的网络团队在构建所有蜂窝站点时，均确保其符合或超越各州的结构标准，包括在灾害易发地区。公司定期开展分析，以保障蜂窝站点能够抵御风、冰及其他环境因素。公司还在这些站点部署了高容量电池备份，以便在断电情况下仍能维持服务。为应对自然灾害，AT&T 定期测试这些电池，并采取措施确保固定发电机定期添加燃料。气象运营中心积极监测可能对网络、员工和社区构成威胁的自然因素。通过网络灾难恢复（Network Disaster Recovery，NDR）组织，公司已进行了近 80 次全面的现场恢复演练。自 1992 年以来，公司在 NDR 项目上已投资超过 6.5 亿美元。其中 90% 的资金用于美国国内项目，剩余 10% 用于国际项目。这些投资包含资本支出（例如，在轻型卡车上搭建移动卫星基站）以及其他支出，例如，现场演练。为更深入地理解气候变化对网络的物理风险，公司一直与美国能源部的阿贡国家实验室合作。阿贡国家实验室负责数据工程和气候建模，预测各种灾害发生的影响和可能性。该数据集颇为复杂，因其提供了有关社区层面的信息，并可预测未来 30 年的情况。利用这些数据，公司的数据科学家构建了气候变化分析工具（CCAT），助力 AT&T 预测和可视化气候灾害（如洪水和强风）对网络基础设施和运营可能产生的影响。这些信息可用于减轻物理风险，例如，可为资产维护工作、网络加固项目、灾难恢复资源配置和未来的网络投资提供参考。2020 年，公司扩展了 CCAT 工具的功能和地理覆盖范围，将干旱、野火和温度上升纳入其中，并将其整合到内部规划系统中。公司的内部气候适应团队持续使用 CCAT 来分析这些灾害对基础设施的潜在影响，而后将分析结果传递给关键的业务部门合作伙伴，如网络适应能力相关部门。
补充说明	尽管此风险当前正在影响 AT&T，但它也被评估为中期和长期风险。

17.3.3 气候相关机遇的财务影响

对于气候相关机遇带来的财务影响，AT&T 在其 CDP 问卷中披露了一项相关机遇，具体如表 17-4 所示。

表 17-4　　　气候相关机遇 1 给 AT&T 带来的预期财务影响情况

分析因素	机遇 1
机会出现在价值链的哪个环节	下游
机会类型	市场
主要与气候相关的机会	进入新的市场
主要预期财务影响	通过进入新的市场而增加的收入
时间范围	短期
可能性	很可能
影响程度	中等
能否提供潜在的财务影响数字	可以，估计范围如下
预期财务影响数字——最低（货币）	0
预期财务影响数字——最大值（货币）	3.5 亿美元
财务影响数字说明	倘若公司能够抓住将技术引入新行业和市场的机遇，对于业务解决方案部门而言，这或许意味着收入的增加。虽然需求难以预测，但倘若假设对更高效的产品和服务的需求可能致使服务合并销售额潜在增长 1%，那么能够估计潜在的年度收入增长约为 3.5 亿美元。公司是依据 2022 年业务解决方案部门约 350 亿美元的收入计算得出此数字。350 亿美元的 1% 即为 3.5 亿美元。倘若预期有误，且公司的客户未发现 AT&T 的技术解决方案能够减少他们的温室气体排放，那么财务影响可能低至 0。然而，鉴于企业对减少排放的兴趣日益浓厚，预计不会出现最低影响的情况。
实现机遇的成本	80 万美元
公司具体描述	在 2015 年，AT&T 设定了一个目标，即到 2025 年使客户的碳减排量达到公司运营足迹的 10 倍。公司的许多产品和服务能够助力客户提升效率并减少排放，这为公司通过提供此类产品和服务进入新市场和新兴市场以创造收入提供了契机。在 AT&T 承诺到 2035 年实现范围 1 和范围 2 的净零排放之后，公司制定了一个更大的目标，以促进客户温室气体排放的减少。2021 年，公司舍弃了 2015 年制定的 10 倍目标，并宣布了“千兆吨目标”（AT&T Gigaton Goal），旨在提供解决方案，促使商业客户到 2035 年减少 10 亿吨（1 gigaton）的温室气体排放。AT&T 所提供的诸如物联网、5G、边缘计算和光纤等技术解决方案，可帮助客户识别效率低下之处并减少电力、燃料、水和原材料的浪费，这可能会在多个市场降低温室气体的排放，包括 AT&T 有机会引入新技术的领域。鉴于公司的规模和专业知识，AT&T 在为客户提供这些益处方面具有独特优势：例如，截至 2023 年第一季度，AT&T 的 5G 网络覆盖了 2.9 亿美国人。公司还通过光纤覆盖了美国 100 多个大都市地区的超过 1970 万消费者和 300 多万商业客户地点，这有助于公司将技术推广至更多地区和市场。此外，公司在自身运营中也使用了这些技术解决方案，因此能够为客户带来切实经验。 此外，与客户合作开发 AT&T 集成技术解决方案，能够为 AT&T 创造新的机遇，将技术引入新的行业和市场，例如，智慧城市、工业、制造业、零售业、供应链和运输业。

续表

分析因素	机遇 1
实现机会的战略和成本计算说明	公司已经确定了 8 个对气候影响重大且能够通过技术提升运营的关键领域：现代化工作场所（Modern Workplace）、交通、医疗保健、消费者/零售、智能城市/建筑、能源、工业、食品/饮料与农业。公司致力于识别潜在客户，并开发能够帮助这些行业降低业务成本和排放的产品，例如，公司的物联网（IoT）、5G、边缘计算和光纤解决方案。为了把握这些机会，AT&T 与客户合作创建案例研究，展示公司的技术如何带来积极的环境影响。例如：AT&T 的客户 GCP Applied Technologies 在途混凝土管理系统使用 AT&T IoT，从而减少了因浪费行程和过剩材料产生的排放。根据公司 2022 年的案例研究，GCP Applied Technologies 使用 AT&T IoT 生产了 2.976 亿立方码的混凝土，并避免了 107294.34 吨的二氧化碳当量排放。公司将此类案例研究用作营销和推广内容，以展示 AT&T 技术和服务与气候相关的优势。这些案例研究量化了 AT&T 技术在广泛影响领域中实现的温室气体排放减少潜力。使用这些实例能够将技术驱动的温室气体减排理念转化为易于其他客户理解的内容。公司预计这些具体示例能够助力拓展与客户的交流。从 2018 年到 2022 年，公司估算 AT&T 通过其技术为客户实现的累计温室气体减排量为 1.492 亿吨二氧化碳当量，相当于实现千兆吨目标的 15%。AT&T 有 2 名总监和 1 名高级管理人员专注于制订和执行实现这一目标的计划。公司通过采用总监 30 万美元平均年薪和福利、高级管理人员 20 万美元平均年薪和福利的平均成本来估算为实现这一目标所花费的总成本，共计 80 万美元。公司假定 AT&T 员工为支持此项工作所做的其他工作已涵盖在他们的日常工作范畴内，并非额外增加的成本。

17.4 案例总结与启示

17.4.1 气候相关风险的当期财务影响

AT&T 的案例展示了气候相关风险管理对公司当期财务的积极影响。公司实施的能效项目和可再生能源投资已经带来了显著的成本节约。截至 2022 年年底，约 161000 个能效项目产生了约 6.63 亿美元的年化成本节约，2022 年实现了超过 700 万兆瓦时的能源节省。此外，AT&T 在美国的可再生能源投资组合每年产生 290 万兆瓦时的清洁能源，2022 年签署的 38 个社区太阳能项目协议预计在未来 15 年内可节省 1500 万美元。

在供应链管理方面，AT&T 将可持续性绩效指标纳入采购决策，82% 的采购支出已考虑供应商的可持续性表现。虽然未提供具体的财务影响数据，但这可能优化了公司的采购成本结构。同时，公司在 2022 年投入了 243 亿美元用于资本支出，部分用于提高网络基础设施的气候适应性。这些措施不仅降低了运营成本，还提升了公司的环境表现和长期竞争力。

17.4.2　气候相关风险的预期财务影响

展望未来，AT&T 面临着多方面的气候相关风险和机遇。在运营风险方面，极端天气事件可能导致网络服务中断，直接影响服务收入。修复受损设备和基础设施可能产生大量额外支出，在面临重大自然灾害时，这些成本可能高达数十亿美元。根据 CDP 问卷披露，AT&T 预计气候相关风险可能带来 750 万美元到 7070 万美元的财务影响，主要来自极端降水和野火风险。

监管和法律风险也不容忽视。更严格的环境合规要求可能导致公司短期内需要大幅增加投资，以升级设备、改进流程，这可能对利润率产生直接压力。此外，如未能有效应对气候变化挑战，公司可能面临声誉损害风险，可能直接转化为客户流失、投资者信心下降等财务损失。

然而，这些挑战也伴随着机遇。AT&T 预计，通过为客户提供减排技术解决方案，可能带来 0—3. 5 亿美元的额外年度收入。这反映了公司将气候相关风险转化为商业机会的战略思维。未来，AT&T 可能需要增加在环保领域的投资，如投资于更节能的网络设备或加大可再生能源采购，这将影响公司的长期资本支出结构。

17.4.3　启示

AT&T 的案例为其他企业提供了几点重要启示：

首先，全面评估气候相关风险对企业各方面影响的重要性不容忽视。AT&T 通过开发气候变化分析工具（CCAT），实现了对气候相关风险的精确量化，为决策提供了数据支持。这种做法强调了量化分析在气候相关风险管理中的关键作用。

其次，公司不仅关注气候变化带来的风险，还积极寻找相关机遇，如开发新的低碳技术服务，体现了风险与机遇并重的策略。AT&T 制定了长期减排目标和客户减排目标，将气候因素纳入长期战略规划，这种前瞻性思维值得借鉴。

再次，AT&T 与供应商、客户、研究机构等多方合作，共同应对气候挑战，凸显了利益相关方协作的重要性。通过年报、可持续发展报告和 CDP 问卷等多种渠道详细披露气候相关信息，AT&T 提高了信息透明度，这对于增强投资者和公众信心至关重要。

最后，AT&T 将自身的技术优势（如 5G、物联网）与气候解决方案结合，创造了新的商业机会，展示了技术创新在应对气候挑战中的关键作用。案例显示了将气候相关风险管理与公司整体战略和财务规划相结合的重要性，为其他企业提供了有价值的参考。面对气候变化的复杂挑战，企业需要采取全面、长期和创新的方法，才能在转型中把握机遇，实现可持续发展。

第 18 章
汇丰集团披露案例分析

18.1 公司背景

汇丰控股有限公司（HSBC Holdings）① 为汇丰集团的控股母公司，总部设于英国伦敦，成立于 1991 年，主要股东包括摩根、高盛等，是全球最大的银行及金融服务机构之一。汇丰集团总资产 3 万亿美元，有正式员工 22.1 万人，全球业务通过覆盖 62 个国家和地区的网络，为全球约 4200 万客户提供服务，客户范围从个人储户和投资者到一些世界上最大的公司、政府和国际组织，遍布欧洲、亚太地区、美洲、中东及非洲。汇丰集团（以下简称“汇丰”）为客户提供广泛的银行及金融服务，包括个人金融服务、工商业务、企业银行、投资银行及资本市场、私人银行等，其产品及服务通过两大客户群（个人理财和工商业务）以及两大环球业务（环球银行及资本市场和环球私人银行）推广。

汇丰分别于伦敦、中国香港、纽约及百慕大上市，并获得 AA 的 MSCI ESG 评级，汇丰 2023 年主要财务指标如表 18 – 1 所示。

表 18 – 1　　汇丰 2023 年主要财务指标

财务指标	数值
税前利润	303 亿美元
每股股息	0.61 美元
运营费用	321 亿美元

① 本案例根据汇丰 2023 年年报、可持续发展报告及 CDP 问卷进行分析，相关链接如下：https：/www.hsbc.com/investors/results – and – announcements/annual – report；https：//www.hsbc.com/who – we – are/esg – and – responsible – business/esg – reporting – centre。

续表

财务指标	数值
资产总额	30386.68 亿美元
净资产	1926.10 亿美元
营业收入	660.58 亿美元
净利润	245.59 亿美元

18.2　当期财务影响

汇丰在年报中披露了气候相关风险对资产负债表的当期影响，并认为对截至 2023 年 12 月 31 日的财务报表没有重大影响。同时汇丰表示在编制财务报表时，已经充分考量了气候相关风险的已知和可观察到的潜在影响，包括预期信用损失（Expected Credit Loss，ECL）、金融工具计量、商誉和其他无形资产的分类和计量，以及关键会计估计和判断、持续经营评估等多个方面。以下是汇丰在相关报告中的气候当期财务影响，主要以定性描述为主。

18.2.1　关键估计和判断

在财务报表的编制基础部分，汇丰披露：气候变化的影响存在不确定性，截至 2023 年 12 月 31 日，管理层认为在中短期内，物理风险、转型风险及其他气候相关风险不会对汇丰的关键判断和估计产生重大影响。特别是，在计算使用价值时，管理层已考虑气候相关风险对相关会计判断和估计的已知及可观察的潜在影响。

18.2.2　持续经营

汇丰在阐述其财务报表是否基于持续经营原则编制时，特别提及了对气候变化等首要风险以及新出现风险的关注。这些风险可能对汇丰的盈利能力、资本状况及流动性产生潜在影响。

18.2.3　递延所得税资产

在评估未来应纳税利润的可能性和充足性时，汇丰披露了其管理层会考虑是否有证据支持递延所得税资产的确认，并且会考虑长期预测的固有风险，其中也包括气候变化相关的风险。

18.2.4 对子公司投资的减值测试

汇丰遵循国际会计准则，对截至2023年12月31日的资产进行减值测试时，依据其内部规划期限，将现金流预测延伸至2028年年底。此预测中，汇丰充分考量了气候相关风险所带来的影响，以确保减值测试结果的全面性和准确性。

18.2.5 商誉减值测试

对现金产生单元（CGU）未来现金流估计时，汇丰管理层依据内部规划期限，将现金流预测延伸至2028年年底。汇丰在其现金流预测中融入了与气候相关的已知和可观察到的机遇以及可持续产品与运营模式的相关成本。在设定折现率时，汇丰已充分考量了气候相关风险所带来的影响。

18.2.6 可持续投融资

2020年1月1日以来，汇丰银行提供并促成了2678亿美元的可持续融资，以及266亿美元的环境、社会和公司治理与可持续投资。尽管2023年市场环境对债券发行构成挑战，汇丰为客户承销的绿色债券、社会债券、可持续发展债券及可持续发展挂钩债券在份额上有所减少，但这一比例仍保持在债券承销总额的15%。表18－2展示了2023年及2020年以来的可持续投融资数额。

表18－2　汇丰可持续投融资情况　　单位：10亿美元

项目	2023年	2020年起累积金额
已提供的资产负债表相关交易	42.7	121.3
资本市场/顾问服务	33.3	146.5
ESG和可持续发展投资（净流入）	7.7	26.6
贡献总额	83.7	294.4
按主题划分的可持续投融资分类		
环保项目	37.1	112.1
社会项目	8.4	36.1
其他可持续项目	10.7	43.3
与可持续挂钩项目	19.8	76.3
ESG和可持续发展投资	7.7	26.6
贡献总额	83.7	294.4

18.2.7 关键审计事项

汇丰的审计机构普华永道在2023年审计报告中未列示与气候相关风险和机遇相关

的关键审计事项。但普华永道在审计报告中的“我们如何调整审计范围”部分，阐述了在当期如何通过调整和扩大部分审计范围以适应年报中披露的部分关键信息，包括气候相关的信息。具体内容如下：

在风险评估过程中，普华永道与各方利益相关者及自身专家在内的多方合作伙伴协作，以确保全面而深入地理解并考量汇丰所面临的风险及其相互间的复杂关系。其中特别强调了气候变化风险的影响，以及由战略和转型驱动的汇丰内部环境变化。

普华永道的审计团队细致审查了汇丰管理层关于气候变化风险影响的评估工作，特别是管理层关于该风险对财务报表无重大影响的结论。审计过程中，审计师验证了管理层所采用的压力测试和情景分析方法的合理性，并深入探讨了这些分析如何支撑上述结论。

普华永道聚焦于汇丰财务报表中可能最易受气候相关风险影响的领域，包括：（1）物理和转型风险对客户贷款和预付款的影响；（2）管理层未来5年的预测现金流，以及在附属公司投资、商誉和无形资产减值评估中，用于估算可回收金额的永续增长率；（3）气候相关条款对客户贷款和垫款的分类与计量中仅支付本金和利息（SPPI，合同现金流量测试）的影响；（4）与或有负债有关的气候相关风险。汇丰在实现其气候雄心的同时，也面临着日益加剧的声誉、法律及监管风险。

18.3　气候相关风险敞口

汇丰已将气候相关风险嵌入其风险管理框架中并披露了2023年面临的气候相关风险敞口。

18.3.1　批发贷款当期风险敞口

截至2023年12月31日，高转型风险行业的批发贷款风险敞口如表18－3所示。

表18－3　高转型风险行业批发贷款气候相关风险敞口情况

项目	单位	汽车	化工	建筑和建材	金属和采矿	石油和天然气	电力和公共设施	2023年12月31日余额合计
行业风险敞口	10亿美元	21	17	20	14	18	22	112
高转型风险行业比重	%	18	16	18	13	16	19	100

18.3.2　零售贷款当期风险敞口

汇丰的零售信贷风险管理政策严格规定，每个抵押贷款市场需年度复审其气候相关风险管理流程（涵盖风险识别与数据来源）。2023 年，英国作为汇丰最大的抵押贷款市场（截至 2023 年 9 月占全球组合 40.0%），其零售抵押贷款组合中，有 0.2% 面临极端洪水风险，3.5% 则处于高风险水平。这一评估基于当时约 94.2% 的气候相关风险数据覆盖率。此外，汇丰在英国还密切跟踪抵押贷款房产的能源绩效证书（EPC）评级。截至 2023 年 9 月，投资组合中约 64.5% 的房产在过去 10 年内持有有效 EPC，其中 40.0% 达到 A 至 C 级的高能效标准，而 97.0% 的房产具备通过适当的能效改进措施，提升至上述等级的潜力。

18.3.3 当期温室气体排放的披露

汇丰对其温室气体排放进行了披露，并涵盖了范围 1、范围 2 和范围 3 的排放。汇丰范围 1 的排放主要源自公司自有运营活动中化石燃料燃烧（如煤炭、石油和天然气）所产生的温室气体。范围 2 排放源于公司购买并使用的电力和热力在生产过程中所产生的温室气体排放。范围 3 排放包括供应链上下游合作伙伴在生产和服务过程中产生的所有温室气体排放。汇丰的范围 3 排放主要来自购买的产品和服务、资本货物、差旅和融资排放。表 18－4 详细列举了汇丰 2023 年碳排放统计数据。

表 18－4　　汇丰 2023 年碳排放情况

环境关键信息	单位	2023 年	2022 年
报告覆盖率占集团总成本的百分比		96.0%	92.4%
能源和差旅温室气体排放			
范围 1	吨二氧化碳当量	16918	19329
范围 2（市场）	吨二氧化碳当量	167174	223334
范围 3 排放			
第 1 类：购买的商品和服务	吨二氧化碳当量	859256	865747
第 2 类：资本货物	吨二氧化碳当量	121783	144232
第 6 类：差旅	吨二氧化碳当量	109241	42285
总计	吨二氧化碳当量	1274372	1294927
供应链温室气体排放			
购买的商品和服务			
范围 1&2	吨二氧化碳当量	189737	218152
数据质量得分		3.0	3.1
范围 3	吨二氧化碳当量	669519	647595
数据质量得分		3.1	3.3
采购的商品和服务总额（范围 1、范围 2 和范围 3）	吨二氧化碳当量	859256	865747

续表

环境关键信息	单位	2023年	2022年
资本货物			
范围1&2	吨二氧化碳当量	28361	29801
数据质量得分		2.9	3.1
范围3	吨二氧化碳当量	93422	114431
数据质量得分		3.0	3.4
资本货物总额（范围1、范围2及范围3）	吨二氧化碳当量	121783	144232
融资排放			
范围3——间接（下游活动——投资和便利排放）			
合并资产负债表内融资和便利排放			
石油和天然气	百万吨二氧化碳当量	N/A	31.9
电力及公用事业	吨二氧化碳当量/兆瓦时	N/A	396.8
资产负债表上的融资排放			
水泥	吨二氧化碳当量/吨水泥	N/A	0.71
铁、钢和铝	吨二氧化碳当量/吨金属	N/A	2.5
航空	吨二氧化碳当量/百万收入客公里	N/A	86.5
汽车	吨二氧化碳当量/百万公里成本	N/A	216.6
温室气体排放强度比			
范围1——直接	吨二氧化碳当量/FTE	0.08	0.09
范围2——间接	吨二氧化碳当量/FTE	0.76	1.02
范围3——间接（第1类：采购的货物和服务）	吨二氧化碳当量/FTE	3.88	3.94
范围3——间接（第2类：资本货物）	吨二氧化碳当量/FTE	0.55	0.66
范围3——间接（第6类：差旅）	吨二氧化碳当量/FTE	0.49	0.19
温室气体总排放强度——范围1、范围2及范围3（第6类）	吨二氧化碳当量/FTE	1.32	1.30
温室气体总排放强度——范围1、范围2及范围3（类别1、2及6）		5.75	5.90
按范围划分			
范围1	吨二氧化碳当量/平方米	0.01	0.01
范围2	吨二氧化碳当量/平方米	0.07	0.09
范围3——第1类（外购商品和服务）	吨二氧化碳当量/平方米	0.34	0.33
范围3——第2类（资本货物）	吨二氧化碳当量/平方米	0.05	0.06
范围3——第6类（差旅）	吨二氧化碳当量/平方米	0.04	0.02
每平方米温室气体总排放量——范围1、范围2及范围3（第6类）	吨二氧化碳当量/平方米	0.12	0.12

续表

环境关键信息	单位	2023 年	2022 年
每平方米温室气体总排放量——范围 1、范围 2 及范围 3（类别 1、2 及 6）	吨二氧化碳当量/平方米	0.50	0.51
按地区划分的每单位温室气体排放量（范围 1、范围 2 及范围 3（类别 6）			
欧洲	吨二氧化碳当量/全职员工	1.15	0.64
亚洲	吨二氧化碳当量/全职员工	1.17	1.25
北美	吨二氧化碳当量/全职员工	3.00	2.45
拉丁美洲	吨二氧化碳当量/全职员工	0.51	1.11
中东和北非	吨二氧化碳当量/全职员工	2.28	2.23
资源效率			
能源			
总用电量	千瓦时以千记	697388	711809
主要燃料来源（天然气、石油、柴油等）	千瓦时以千记	75348	85455
总能耗	千瓦时以千记	772736	797264
其中：			
来自 PPA 的可再生电力总量	千瓦时以千记	206313	211492
其他来源的可再生电力	千瓦时以千记	200744	132510
单位 FTE 能耗	千瓦时/全职员工	3633	3923
每平方米能耗	千瓦时/平方米	304	305
废物			
废物处理	千吨	5	5
废物回收利用	千吨	7	8
产生的废物总量	千吨	12	13
每单位处置的废物	吨/全职员工	0.02	0.02
回收率	%	58	61
水			
总用水量	千立方米	1568	1501
每小时耗水量	立方米/全职员工	7.37	7.40
商务旅行			
短途航空旅行	百万千米	116	49.0
长途航空旅行	百万千米	153	67.0
空中旅行	百万千米	269	116.0
铁路旅行	百万千米	16	9.0
公路旅行	百万千米	31	24.0

续表

环境关键信息	单位	2023 年	2022 年
其他旅游	百万千米	20	7.0
商务旅行总数	百万千米	336	156.0
每名全职员工的出差人次	千米/全职员工	1580	770

18.4 预期财务影响

18.4.1 气候情景分析

2023 年，汇丰深入分析了 5 种不同气候情景，旨在洞悉气候变化可能带来的潜在金融风险和财务影响。汇丰的情景分析聚焦于汇丰的关键业务领域，并跨越 3 个时间跨度——短期至 2025 年、中期至 2035 年、长期至 2050 年——以评估对资产负债表的影响。

汇丰以外部公开的气候情景为基准，结合央行与监管机构绿色金融网络（NGFS）、联合国政府间气候变化专门委员会（IPCC）及国际能源署（IEA）等机构发布的情景，构建了内部定制化情景。这些内部情景通过整合汇丰自身及其客户在不同业务部门和地区的独特气候相关风险暴露与脆弱性，进行了适应性调整，从而生成了不同严重程度的情景，用于分析气候相关风险对投资组合的具体影响。

情景 1：净零排放情景。与《巴黎协定》一致，假设进行有序而显著的气候行动，到 2100 年将全球变暖控制在较工业化前水平高出 1.5 ℃以内；

情景 2：当前承诺情景。基于当前政府已承诺的政策行动，预计 2100 年全球气温将上升 2.4 ℃，此情景帮助汇丰识别向净零排放过渡过程中需采取的措施；

情景 3：延迟转型风险情景。假设气候行动延迟至 2030 年后快速但无序地转向净零排放，以控制 2100 年全球变暖在 2 ℃以下，用于测试极端转型风险的影响；

情景 4：下行物理风险情景。在现有政府政策下，极端全球变暖导致 2100 年气温上升超过 4 ℃，评估气候变化的直接物理风险；

情景 5：短期情景。聚焦于 2027 年前 5 年内，由政策驱动引发的急剧净零转型和日益频发的极端气候事件，特别关注汇丰在亚洲地区的业务所受到的影响。

这些情景旨在全面支持汇丰的战略规划和未来展望，情景分析的设定和分析过程综合了利益相关者和专家的意见，并经过严格审查。它们展示了不同时间跨度的风险和多种政策、经济及技术发展的假设。尽管这些情景依赖于减排技术的成熟，但它们不直接预测气候变化本身。随着气候科学和分析方法的不断进步，汇丰将持续改进其评估方法。表 18－5 展示了汇丰情景分析的相关情景和对应情景假设。

表 18－5　　　　汇丰气候情景分析情况

		情景								
		净零排放情景		当前承诺情景		延迟转型风险情景		下行物理风险情景		短期情景
情景结果	至 2100 年全球气温上升（相对于工业化前水平）	1.5 ℃		2.4 ℃		1.6 ℃		4.2 ℃		1.4 ℃
基于全球平均值的基本假设	关注时限	中期		短期/中期		中期/长期		中期/长期		短期/中期
	假定全球气候政策变化	低		中等		高		低		高
	假定技术变革和采用速度	快速		渐进		从 2030 年起加速		无		基于现有技术
	假定社会经济影响	高		适中		非常高		非常高（长期）		非常高
基于全球平均值的基本假设		2030 年	2050 年	2030 年	2050 年	2030 年	2050 年	2030 年	2050 年	2027 年
	假定碳价（美元/tCO_2）	161	623	34	91	34	558	6	6	193
	假定能源消耗变化（2022 年后的百分比变化）	(10)%	(16)%	12%	17%	12%	(11)%	5%	24%	(14)%
	假定的二氧化碳变化（2022 年后的百分比变化）	(37)%	(100)%	(7)%	(33)%	(7)%	(89)%	3%	11%	(34)%
气候情景风险特征	物理风险	降低		适中		降低		升高		升高
	转型风险	升高		适中		升高		降低		升高

汇丰利用气候情景分析预测气候相关风险对客户和投资组合的影响，尤其是在信贷损失方面。虽然短期内损失预计较低，但随着全球经济向净零排放转型，损失有上升的趋势。在净零转型情景下，信贷损失相对可控。而在延迟转型情景下，由于转型行动较晚且急促，客户需要迅速重构商业模式和加大减排力度，因此面临的风险更高。不过，通过积极管理，如发掘新机遇和调整投资组合，可以降低这些风险。当前承诺情景下，转型风险相关的信贷损失预计会得到缓和，但长期的物理风险可能会增加。若全球未能遵循净零排放路径，极端天气事件将导致物理风险上升。

18. 4. 2 情景分析结论

根据情景分析的结论，汇丰认为信贷损失是最有可能发生的气候财务影响事项。因此汇丰使用其承诺的减排和净零情景评估了银行内部气候情景分析下预期的 ECL 增长。

（1）批发贷款预期信用损失估计

汇丰通过气候情景分析量化了气候相关风险对交易对手的影响，特别是批发贷款组合的短期至中期风险。其中，汇丰重点关注了当前承诺情景和净零情景，以评估战略韧性和气候相关机遇，并发现高排放行业客户面临更高的气候相关风险。汇丰计算了至 2035 年两种情景下预期的 ECL 增长，并与无气候变化的反事实情景对比。使用违约敞口（EAD）指标，汇丰识别了关键行业。表 18 – 6 显示了与反事实情景相比，2023 年各行业的违约暴露规模和至 2035 年累积 ECL 增长倍数。

表 18 – 6　　对批发贷款预计信用损失的影响估计情况

行业	违约时的敞口风险（2023 年）	ECL 增加	
		当前承诺情景	净零情景
综合企业和工业		<1. 1x	<2. 75x
建筑和建材		<1. 25x	<2. 25x
化工		<1. 1x	<1. 75x
电力和公用事业		<1. 1x	<1. 75x
石油和天然气		<1. 1x	<1. 25x
汽车		<1. 25x	<1. 75x
陆路运输和物流		<1. 1x	<2. 75x
农业和软商品		<1. 1x	<2. 5x
金属和采矿业		<1. 1x	>3x
航空		<1. 1x	<1. 5x
航运		<1. 1x	<1. 5x

汇丰整合了客户转型计划中的信息，以深入了解其所在行业在不同气候情景下所受的影响。汇丰批发贷款组合中的 ECL 水平主要受几大因素驱动：客户的碳排放水平、是否具备切实可行的转型计划、支持转型所需的资本投资额，以及竞争环境对其转嫁碳成本能力的影响。

2023 年，汇丰加强了对建筑、电力和石油天然气等高排放行业的策略。这些行业面临成本上升压力，尤其是碳税实施后。许多客户尚未制订转型计划，而那些制订了计划的公司，尽管其计划往往不足以实现 2050 年的净零目标，但它们的业绩表现相对更好。汇丰看到了支持客户低碳转型的贷款机会，包括探索低碳燃料、推进电气化、整合碳捕集技术等。

在电力和公用事业部门，成本上升因素包括碳价格上涨、资本支出增加、基础设施改进和能源需求扩大，这些因素均有可能加大客户的债务和信用风险。然而，随着技术进步，可再生能源成本预计将持续下降，从而有助于减轻企业的经济负担。

石油和天然气领域中，发展可再生能源的客户能缓解化石燃料盈利下滑和碳价上涨的影响，稳定毛利率。另外，由于相关行业的客户提供了详尽的转型计划，预计损失较低。汇丰也可以通过支持客户转型和投资减排技术来缓解转型风险。

（2）零售抵押贷款

作为 2023 年内部气候情景分析的核心组成部分，汇丰针对英国、中国香港、中国大陆及澳大利亚这 4 个关键市场完成了详尽的气候相关风险评估，合计占据了汇丰全球零售抵押贷款投资组合余额的 75%。在较长期视角下，若遵循当前承诺情景，汇丰预计信用损失将达到最低水平。尽管气候威胁的严峻性预计会逐步加剧，但在最不利的物理风险情景下，汇丰的总体损失依然保持在较低水平。

（3）气候变化影响商业地产投资组合

汇丰对商业地产客户在洪水、飓风等多种危险面前的脆弱性进行了全面评估。地理位置作为决定因素之一，显著影响着汇丰在潜在物理风险事件中的暴露程度。考虑到修复损害的高昂成本以及物理风险事件频发地区对物业估值的潜在负面影响，这些因素均可能推高 ECL。表 18－7 详细列出了汇丰商业地产投资组合在关键市场中面临特定物理风险的具体比例。

表 18－7　　汇丰商业地产面临危险的可能性

	默认情况下的风险	沿海洪水（%）	飓风（%）	地表洪水（%）	河流洪水（%）
中国香港		2.0	94.8	19.0	10.0

续表

	默认情况下的风险	沿海洪水（%）	飓风（%）	地表洪水（%）	河流洪水（%）
英国		15.8	0.0	16.5	7.1
美国		10.1	81.5	11.4	28.6

汇丰商业房地产投资组合显示出的气候韧性，得益于保险的广泛覆盖。中国香港尽管面临飓风和洪水风险，但由于建筑规范和防洪措施，信贷损失影响保持低水平。在英国，汇丰面临转型风险，超过 80% 的房产需翻新以满足 2030 年前至少“B”级 EPC 的政策要求，这可能导致减值和 ECL 轻微上升。另外，2023 年汇丰深入评估了阿联酋投资组合的气候相关风险，发现由于部分地区海拔低，许多房产未来面临洪水淹没风险。

18.4.3　气候相关风险预期财务影响

根据汇丰最新 CDP 问卷表（2022 年）的披露，汇丰已识别、评估并披露了其面临的气候相关风险预期财务影响，采用定性和定量方式进行信息公开。

首先，转型风险带来的气候相关潜在财务风险主要表现在利益相关者对气候政策、透明度和融资决策的关注不断上升，尤其是在气候相关风险管理、压力测试、情景分析和披露等方面。若汇丰未能满足监管对气候相关风险管理的期望或要求，可能会对其监管合规性和声誉造成负面影响，进而引发财务上的连锁反应。其次，技术变革可能对汇丰的企业客户业务产生财务影响，市场可能会要求用低排放选项替代现有的高排放产品，这种转变将导致潜在信贷损失的增加。尽管汇丰已对产品替代可能产生的财务影响进行了内部评估，但鉴于数据和方法论仍在完善中，汇丰认为这些数据尚不成熟，因此暂不宜对外公开披露。

汇丰还定性披露了气候物理风险对其零售抵押贷款投资组合的预期财务影响。极端天气事件的增加和气候模式的长期变化可能影响财产价值和维修成本，并导致业务中断。若这些风险影响客户的偿贷能力，可能会产生实际的财务影响。

汇丰根据压力测试结果预估了气候物理风险对其零售抵押贷款组合的财务影响。同样，汇丰认为其内部评估数据尚未成熟到可供公开披露，因此未披露具体的财务影响定量数据。

除了上述关于气候预期财务影响的定性披露外，汇丰还对以下 2 类风险进行了定量的预期财务影响披露，具体信息如表 18－8 和表 18－9 所示。

表 18－8　气候相关风险 1 给汇丰带来的预期财务影响情况

编号	风险 1
时间维度	长期
风险类型和主要气候相关风险驱动因素	风险类型：急性风险 风险驱动因素：洪水
主要财务影响	资本支出增加
映射到传统金融风险分类的气候相关风险	运营风险
发生可能性	不太可能
影响大小	小
是否可以提供财务影响的数字	220 万美元
财务影响数字的解释	汇丰对投资组合进行了全面风险分析，计算出平均每年的总损失，并基于 1/250 的低概率事件得出了 220 万美元的损失估计，而整体损失预估高达 2670 万美元。 汇丰采用 AIR Worldwide 的巨灾风险模型进行财务影响评估。经过 30 年的持续审查、改进、增强和验证，该模型已成为财产保险和再保险行业的标准工具，并逐渐被意外伤害保险公司、再保险公司、金融业、政府及非政府组织等其他领域广泛采纳。
应对该风险导致的成本增加	0
对于成本增加计算的解释	汇丰已将风险成本的增加纳入其日常商业运营活动中对运营风险的持续监控之中
风险驱动因素在价值链中的位置	直接运营
主要预期财务影响	其他，具体说明（监管合规以及声誉影响）
映射到传统金融风险分类的气候相关风险	声誉风险
公司层面的具体解释和表述	汇丰运用压力测试方法评估气候相关风险对其自有或租赁物业的潜在影响。在 2022 年的情景压力测试中，分析了七种与气候变化相关的主要威胁，包括沿海淹没、极端高温、极端大风、野火、河流洪水、干旱引起的土壤移动以及地表水洪水，这些威胁对汇丰的 500 座关键及重要建筑产生了影响。 2022 年的压力测试采用了 NGFS 的温室气体排放情景，模拟了气候变化对这些建筑的影响。其中一种情景预测到 2100 年全球气温上升可能超过 4 ℃，而另一种较为温和的情景则预计全球变暖将控制在 2 ℃以内，与《巴黎协定》的目标一致。 从模拟 4 ℃或更高温度的温室气体排放情景中得出的主要结论如下： 到 2050 年，气候变化预计将对汇丰的 500 座关键和重要建筑物产生显著影响，其中 62 座建筑物将面临高度潜在风险，相关保险损失预计会超过其保险价值的 10%。 具体而言，40 个地点将因海平面上升及台风、飓风引发的风暴潮而面临沿海洪水威

续表

编号	风险1
公司层面的具体解释和表述	胁；5个地点则因暴雨引发的地表水流失而面临河流洪水风险。此外，17个主要为数据中心的地点将面临极端温度与水资源压力双重挑战，这可能影响冷却系统的运行，或因干旱引发土壤移动问题。 除上述高风险建筑外，汇丰还有84个地点可能受到气候变化的不同程度影响，相关保险损失预计在其保险价值的5%—10%。这些地点面临的主要气候相关风险因素涵盖沿海洪水、干旱、极端温度以及水资源紧张等。
其他评述	汇丰将该气候相关风险归类为“不太可能”发生的事件，原因是在2℃的气候情景分析中，500个地点中约有62个（占比12.4%）预计将遭受显著影响，且相关保险损失预计会超过建筑物保险价值的10%。然而，这一风险的实际影响相对较小，因为在这些受影响的62个地点中，仅有5个会因强降雨导致的地表水流失而面临河流洪水风险。其余17个地点主要是数据中心，其面临的主要风险是极端温度与水资源压力的共同作用，这可能影响机械冷却系统的效能或因干旱导致土壤移动。

表18-9　气候相关风险2给汇丰带来的预期财务影响情况

编号	风险2
风险驱动因素在价值链中的位置	银行投资组合
时间维度	中期
风险类型以及主要的气候相关风险驱动因素	风险类型：新兴监管 风险驱动因素：对于金融行业的气候相关风险的监督和管理
主要的财务影响	信贷风险增加
发生可能性	可能
映射到传统金融风险分类的气候相关风险	信贷风险
影响大小	高
是否可以提供财务影响的数字	预估最高数值为1167亿美元
财务影响数字的解释	汇丰已通过内部气候情景分析，对潜在的财务影响进行了估算。然而，鉴于相关数据和方法论仍处于不断完善之中，汇丰认为目前这些估算数据尚未成熟到可以公开披露的程度。 与此同时，汇丰已在年度报告中披露了对6个高转型风险行业的敞口信息，包括汽车、建筑和施工、化工、金属和矿业、石油和天然气、电力和公用事业行业。截至2022年，这些行业的敞口已降至批发贷款和对客户及银行垫款的17.7%（2021年为18.2%）。汇丰的批发贷款和垫款为6580亿美元（2021年为6620亿美元）。其中这6个行业的敞口为1167亿美元。因此，潜在的财务影响范围为0—1167亿美元。

续表

编号	风险 2
财务影响数字的解释	汇丰认为，数据可能夸大了气候相关风险对企业客户财务影响的程度，原因在于信贷损失因行业特性而异，且气候变化的具体影响存在不确定性。这些风险有可能波及更广泛的客户群体，包括那些未被视为高转型风险行业的客户，进而影响到银行贷款组合的更大范畴。这些风险将通过收入损失、增加预期信贷损失以及产生其他相关费用或罚款等方式，对银行的损益表造成实际影响。
应对该风险导致的成本增加	0
对于成本增加计算的解释	汇丰正在将气候相关风险纳入其风险监管框架之中，但目前尚未对外披露相关信息。自 2020 年起，汇丰已针对主要客户群体，如农业、工业、房地产和交通领域，开展了气候相关风险问卷调查。2022 年，汇丰进一步扩展了问卷的内容及覆盖的国家范围。
公司层面的具体解释和表述	汇丰已对气候相关风险如何融入其现有风险分类框架进行了高层评估，并确认新兴监管风险对汇丰业务具有潜在的重大战略和实质性影响。气候相关风险主要包含两个方面的潜在影响： ①间接影响：随着碳定价机制的推行，可能会产生新的法规风险，进而影响客户的偿债能力，导致信用风险上升。信用风险是指客户或交易对手未能履行其合同义务，从而可能给银行带来财务损失的风险。 ②直接影响：合规部门已识别并评估了与气候相关风险紧密相关的关键风险领域，涵盖产品管理、不当销售行为、信息披露、利益冲突及法规变动等。这些风险构成了合规风险，即汇丰未能充分遵守相关法律、准则、规则、法规及市场良好实践，可能导致银行面临罚款、处罚及业务声誉损害。

18.4.4 气候相关机遇的财务影响

除了定量地列举了气候相关风险带来的财务潜在影响，汇丰同时也定量地列举了其识别到的气候相关财务机遇，主要是通过研发和创新而开发的新的气候相关产品和服务创造新的需求从而产生的机遇，详细信息如表 18－10、表 18－11 和表 18－12 所示。

表 18－10　　气候相关机遇 1 给汇丰带来的预期财务影响情况

编号	机遇 1
该气候相关机遇在价值链中的位置	银行投资组合
机遇类型	产品和服务
主要的气候相关机遇驱动因素	通过研发和创新而开发新的产品和服务

续表

编号	机遇 1
主要的预期财务影响	对于（新）产品和服务需求的增加带来收入增加
公司特有描述	该机遇与可持续金融相关。汇丰旨在 2030 年前通过提供 7500 亿美元到 1 万亿美元的投融资来帮助汇丰的客户向净零和可持续未来的转型。
时间维度	短期
可能性	非常有可能
影响大小	中期
是否可以提供财务影响的具体数字	784 亿美元
财务影响数字的解释	该财务影响数字反映了自 2020 年 1 月 1 日至 2022 年 12 月 31 日期间，根据汇丰 7500 亿—10000 亿美元可持续金融和投资目标，阶段性累积的与资产负债表相关的交易额。
实现机会的成本	0
战略实现机会和成本计算的解释	汇丰实现可持续金融机遇的战略如下： 凭借广泛的全球业务网络及与各行业客户的深厚关系，汇丰深刻认识到自身在推动全球向净零排放转型中的重要角色。汇丰自信能够充分发挥自身优势，为发展中经济体和新兴经济体的转型提供融资支持，通过动员资本助力实现可持续商业模式，确保转型过程包容、公正且富有韧性。 2022 年，汇丰推出了一项规模达 50 亿美元的可持续融资计划，旨在助力中国大湾区内的企业向低碳运营模式转型。成功获得贷款的申请人将享有一系列增值服务，包括专业培训、第三方评估补贴以及由新组建的可持续融资专业团队提供的专属协助。 此外，汇丰还为美国服装巨头 PVH Corp 量身定制了一个可持续供应链金融计划，专项资助其生产设施开展环境友好型和社会责任型生产。 自 2020 年 1 月 1 日以来，汇丰已提供并促进了 1853 亿美元的可持续融资、190 亿美元的可持续投资以及 64 亿美元的可持续基础设施建设。其中，36% 的资金用于绿色融资，13% 用于社会融资，15% 用于其他类型的可持续融资。值得注意的是，这 1853 亿美元中还包括 27% 的与可持续发展相关的融资和 9% 的新投资流动，这些资金由投资者负责管理和分配。2022 年，尽管汇丰承销的绿色、社会、可持续发展及与可持续发展相关的债券数量与整体市场同步减少，但仍占汇丰债券发行总额的 15%。与 2021 年相比，银行表内的可持续贷款交易实现了 53% 的增长。截至 2022 年 12 月 31 日，未偿还的可持续金融资产负债表上的头寸已超过 240 亿美元。

表 18－11　　气候相关机遇 2 给汇丰带来的预期财务影响情况

编号	机遇 2
该气候相关机遇在价值链中的位置	银行投资组合
机遇类型	产品和服务

续表

编号	机遇 2
主要的气候相关机遇驱动因素	通过研发和创新而开发新的产品和服务
主要的预期财务影响	对于（新）产品和服务需求的致使的收入增加
公司特定描述	应对气候变化迫切要求加速新一代可持续基础设施的发展，尤其在新兴市场中更为关键。 2022 年，汇丰与淡马锡（Temasek）共同创立了 Pentagreen Capital 这一债务融资工具，此举彰显了汇丰在推动可持续基础设施项目融资方面的坚定决心。 与此同时，汇丰于 2021 年推出了可持续基础设施标签（SI），这是一个全球统一的标签系统，旨在识别和评估可持续基础设施资产。至 2022 年 11 月，已由一个汇聚了全球可持续性标准、金融、软件及数据平台领域专家的联盟接管 SI 的秘书处工作，致力于将其发展成为一个持久且广泛应用的标准。
时间维度	短期
可能性	非常可能
影响大小	中等
是否可以提供财务影响的具体数字	1133 亿美元
财务影响数字的解释	该财务影响数字反映了自 2020 年 1 月 1 日至 2022 年 12 月 31 日期间，汇丰在资本市场与咨询领域取得的累计进展，这些进展依据上文特定描述的内容，并构成了汇丰 7500 亿—10000 亿美元可持续金融和投资目标的一部分。

表 18－12　　气候相关机遇 3 给汇丰带来的预期财务影响情况

编号	机遇 3
该气候相关机遇在价值链中的位置	银行投资组合
机遇类型	产品和服务
主要的气候相关机遇驱动因素	通过研发和创新而开发新的产品和服务
主要的预期财务影响	对于（新）产品和服务需求的增加致使收入增加
公司特有描述	汇丰通过其广泛的 ESG 产品和服务，支持机构和个人投资者在追求财务回报的同时，探索 ESG 机遇。2022 年，汇丰推出了 24 只可持续发展基金，支持循环经济。此外，汇丰资产管理公司还推出了汇丰全球投资基金（HGIF）全球股票循环经济基金，强化了其在可持续投资领域的承诺。
时间维度	短期

续表

编号	机遇 3
可能性	非常有可能
影响大小	中等
是否可以提供财务影响的具体数字	190 亿美元
财务影响数字的解释	该财务数字反映了自 2020 年 1 月 1 日至 2022 年 12 月 31 日期间，依据上述特定描述所取得的可持续投资累计进展，这一进展构成了汇丰 7500 亿—10000 亿美元可持续金融和投资目标的重要组成部分。
战略实现机会和成本计算的解释	实现可持续投资机遇的策略如下：为助力实现净零目标，汇丰资产管理公司（HSBC Asset Management）持续扩大符合《巴黎协定》要求的产品范畴。2022 年，公司推出了两只专注于新兴市场和亚太地区的交易所交易基金（ETF），这些基金的基础资产选择方式确保其产生的温室气体排放与《巴黎协定》的长期全球变暖目标相契合。 2022 年，汇丰资产管理公司的固定收益、股票和管理团队与银行投资组合中的企业举行了 1000 多次会议。其中深入探讨了气候相关问题，有 60 余次会议取得了具体且聚焦于气候目标的针对性成果。

18.5 案例总结与启示

18.5.1 气候相关风险的当期财务影响

汇丰已将气候因素纳入财务考量，认为气候相关风险对财务指标的影响不大，因此未对资产计量和假设作出相应调整。审计师审计了汇丰的气候相关信息，包括对贷款和预付款、预测现金流、长期增长率、贷款测试的影响，以及或有负债的气候相关风险。这增强了气候信息披露的可信度，减少了信息不对称。

汇丰在日常风险管理中纳入了气候金融风险，监测不同行业和国家的气候相关风险和碳排放情况，以便更准确地评估气候带来的潜在影响。同时，汇丰还积极管理低碳转型相关的能源基础设施投资和绿色投融资活动，通过推出新产品和制定战略规划，捕捉气候投融资领域的机遇。

18.5.2 气候相关风险的预期财务影响

在银行业，预期的财务影响通常借助情景分析、压力测试等手段进行评估和量化。汇丰在运用情景分析预测企业财务损失方面处于业界前沿，不仅对不同情景下的气候相关风险进行了详尽的财务损失预测与估算，还针对商业银行面临的最大气候相关风险敞口——信贷风险（涵盖批发和零售贷款）进行了深入的行业（特别是高碳行业）和国别细分，评估、测算并披露了预期信贷损失。

与此同时，汇丰积极践行社会责任，通过设定“净零”排放目标、规划可持续投融资战略以及提升客户参与度，不仅致力于减少自身运营的碳排放，还积极协助客户进行投融资活动以实现银行范围 3 的碳减排。汇丰依据国际框架进行了范围 3 的碳核算，在帮助客户降低潜在气候相关财务风险的同时，也充分展现了责任担当。

18. 5. 3 启示

汇丰的气候相关风险财务影响分析为商业银行提供了重要的启示，特别是在预期信用损失的计量与测算方面，针对商业银行当前面临的最大气候相关风险敞口具有重要的参考意义。

在气候相关风险披露方面，汇丰反映了银行业的普遍现状，即气候因素对财务影响的披露相对有限，这主要归因于气候相关风险对银行财务的直接影响目前相对较小。银行通常仅披露是否考虑了气候因素及其潜在重大影响，而缺乏具体的量化描述。然而，随着监管机构和国际组织逐步强化气候财务影响披露，预计在未来监管实施后，这一状况将有所改善。同时，银行业在投融资碳排放的方法学、数据质量和测量模型等方面正处于标准化和规范化的进程中，汇丰的披露显示出在数据质量方面仍有提升的空间。

第 19 章 安盛保险披露案例分析

19.1 公司背景

法国安盛保险（AXA）① 作为全球领先的保险和资产管理公司之一，其业务是财产与意外保险、寿险与健康保险以及资产管理。安盛的 14.7 万名员工和经销商遍布 51 个国家，为 9400 万客户提供服务。AXA 普通股在泛欧证券交易所巴黎市场（Euronext Paris）的 A 类板块上市，其 MSCI ESG 最新评级为 AAA。2023 年，安盛的主要财务指标如表 19－1 所示。

表 19－1　　安盛 2023 年主要财务指标　　单位：亿欧元

主要财务指标	数值
税前利润	92.18
税后利润	88.86
毛保费和其他收入——财产与意外保险	530.27
毛保费和其他收入——寿险与健康保险	480.58
资产管理	15.55
商誉	178.55
无形资产	224.85
有形资产	20.95
房地产投资	295.42

① 本案例根据安盛 2023 年年报、气候和生物多样性报告及 CDP 问卷进行分析，相关链接如下：https：//www－axa－com. cdn. axa－contento－118412. eu/www－axa－com/5de91dea－0eb8－4881－b6ed－68655fa6f13a_axa_urd2023_accessibleb_va. pdf. ；https：//www. axa. com/en/press/publications/2023－climate－report；https：//www. cdp. net/zh/responses？queries%5Bname%5D＝AXA。

续表

主要财务指标	数值
金融投资	3944.76
总资产	6444.49
总负债	5920.51
股东权益合计	523.98

19.2 当期财务影响

19.2.1 绿色投资

安盛发布了2030年目标，全力推动保险业务和投资组合的减碳。在绿色投资战略方面，集团制定了内部框架，明确“绿色”投资的定义，包括绿色债券、基础设施债务与股权、影响力投资、房地产，以及符合最高质量标准的商业房地产贷款。绿色投资旨在推动各行业加强其气候战略。2019年11月，安盛集团承诺通过普通账户资产，于2023年在绿色投资领域投资240亿欧元，2021年将这一目标提升至260亿欧元。截至2023年12月31日，集团的绿色投资已达299亿欧元（2022年年底为251亿欧元），成功实现了绿色敞口目标。这些投资涵盖政府债券和绿色企业债券、与绿色基础设施相关的债务和股权，以及符合最高标准的房地产。2021年，安盛集团还设定了新的“自然资本”目标，计划在发达市场的森林管理项目和基于自然的解决方案（如植树造林、生态修复和防止森林砍伐）上投资15亿欧元。截至2023年12月31日，集团已在森林投资中投入超9亿欧元，并通过安盛投资管理公司（AXA IM）管理的自然资本基金分配了3亿欧元，资助旨在保护和恢复自然资本的项目，如森林、红树林和泥炭地。

19.2.2 能源政策——热煤限制

安盛集团于2019年更新了相关排除要求，规定取消现有业务并不再承保以下范围内的新业务，具体包括：（1）采矿领域，对开发新热煤矿的公司、每年提取20万吨以上热煤的客户，以及独立热煤矿业务不再承保；（2）电力生产领域，对拥有300MW以上煤炭扩展计划的公司、煤炭收入或能源结构中占比30%及以上的电力公用事业公司，以及独立热煤电厂业务不再承保；（3）行业合作伙伴，对于热煤行业收入超过30%的公司，或正在开发新煤炭资产的公司，此排除仅适用于基础设施所有者或运营商（如港口终端和铁路）、出口商和贸易商。2023年，安盛集团进一步强化了热煤排除要求，针对设立或主要业务位于欧盟或经济合作与发展组织（OECD）国家的公司，具体措施包括：（1）采矿领域，对任何年热煤收入占比15%及以上的公司实施限制；（2）电力生产领域，对计划开发任何新热煤发电能力的公司，或年度热煤在其电力生产中占比15%及以上的电力生产公司实施限制；（3）针对在欧盟或OECD国家的公司，这些新业务限制将自2026年1月1日起进一步收紧，采矿和电力生产公司门槛将从15%降低至10%，并自2028年1月1日起适用于所有现有业务；（4）自2030年1月1日起，任何公司若存在任何热煤暴露，将被禁止业务往来。对于非OECD和非欧盟国家，完全退出热煤的时间预计为2040年1月1日。

19.2.3　能源政策——石油和天然气限制

在石油和天然气限制方面，自2021年以来，安盛集团已停止承保新的上游石油勘探项目（绿地项目），并于2023年7月将限制范围扩大至新的天然气勘探和开发项目。因此，安盛集团将不再直接承保新的石油和天然气勘探及开发项目。对新石油勘探和开发的限制将于2024年1月1日生效，对新天然气勘探和开发的限制将于2026年9月1日生效。对于拥有最全面且可信的过渡计划的公司，可能会根据逐案审查授予豁免。根据更新后的安盛集团能源政策，气候过渡计划是一个有明确时间限制的行动方案，详细说明了组织如何将现有资产、运营以及整个商业模式转变为符合最新气候科学建议的轨迹。在对这些过渡计划进行全面审查后，安盛可根据以下标准考虑向公司提供新的保险政策：（1）具备足够财务能力以推动低碳活动投资（大规模资本支出）并且有极大意愿在过渡过程中发挥重要作用的公司；（2）进行定性评估，以监测战略的发展与实施、关键风险以及相对于同行的定位。安盛关注以下因素和关键绩效指标：①能源过渡战略；②基于温室气体强度、甲烷排放和排放减少目标的排放管理；（3）相关石油和天然气公司的安全管理、天然气公司的污染防治计划，以及针对石油泄漏的环境管理系统和社会凝聚力；（4）对于保险客户，安盛还将考虑相关的石油响应认证。

19.2.4　能源政策——非常规石油和天然气限制

在非常规石油和天然气限制方面：（1）沥青油砂，自2024年1月1日起，安盛将不再为以下公司的沥青油砂活动提供保险（包括新业务和现有业务）：①50%产量来自沥青油砂活动的公司；②50%收入来自沥青油砂生产和相关运输（管道）的公司；（2）北极，自2024年1月1日起，安盛将不再为位于AMAP（北极监测和评估计划）区域（不包括挪威业务）的绿地石油和天然气勘探及开发项目提供新的独立场所保险政策和临时再保险（不包括员工福利和条约再保险），这些项目的许可证在 2021 年 12 月 31 日之后获得；（3）超深水，自 2024 年 1 月 1 日起，安盛将不再为在 2021 年 12 月 31 日之后获得许可证的超深水石油和天然气勘探及开发项目提供新的独立场所保险政策和临时再保险（不包括员工福利和条约再保险），超深水定义为钻探深度至少在海平面以下 1500 米；（4）页岩油和天然气，自 2024 年 1 月 1 日起，安盛将不再为那些从页岩油和天然气中获得超过 30% 总石油和天然气生产的公司提供保险覆盖（包括新业务和现有业务）。此外，安盛将不再为新客户和现有客户提供用于页岩油和天然气项目的新的独立场所保险政策。

19.3 预期财务影响

19.3.1 对气候变化风险的响应

与气候变化相关的风险可能会在长期内对宏观经济产生不利影响，特别是在无序过渡情景下，影响可能涉及所有行业。作为投资者、保险公司和负责任的企业，安盛集团致力于通过以下行动，减轻其业务对环境的负面影响：

（1）关于投资活动，安盛主要有以下行动：①针对安盛投资（政府债券）制定了“升温潜力”（WP）概念，确保与 2050 年 +1.5 ℃轨迹保持一致，并针对公司债券和股票设定了隐含温度上升（ITR）。截至 2022 年 12 月 31 日，安盛集团的 WP 为 2.0 ℃，集团 ITR 为 2.5 ℃；②到 2025 年，目标是将集团总账户资产的碳强度降低 20%（以 2019 年为基准）。由于 2019 年至 2022 年已实现了 36% 的减少，安盛集团在 2023 年 6 月设定了新的目标，即在 2019 年至 2030 年减少 50%。此外，集团为 2023 年设定的绿色投资目标为 260 亿欧元，而 2023 年实际报告为 299 亿欧元。

（2）关于承保活动，安盛集团在 2023 年 7 月首次发布了新的目标，旨在推动各类财产与意外保险投资组合的脱碳，同时发展致力于转型的保险业务：①扩大可再生能源领域的业务，并在向低碳商业模式转型的行业中扩展业务，计划在 2026 年前发展其汽车业务的环境可持续理赔管理；②到 2030 年，将集团最重要的个人汽车投资组合的碳强度降低 20%（以 2019 年为基准）；③到 2030 年，将集团最大商业保险客户的绝对碳排放减少 30%，同时将其他企业客户的碳强度减少 20%（以 2021 年为基准）；④加强与客户，特别是企业客户的对话，同时与外部利益相关者和合作伙伴合作，更好地支持他们的转型。

（3）关于 2023 年 7 月发布的能源政策，主要包括两类：①逐步退出煤炭行业，严格限制投资和承保，并对其他高碳密集型行业进行限制；②加强对投资和承保的能源政策，特别关注新的石油“绿地”勘探和非常规活动，并确保与气候和生物多样性目标保持一致。

（4）关于安盛集团自身运营，集团设定了在2019年至2025年减少20%的目标。与能源消耗、车队、商务旅行和IT相关的温室气体排放在2019年至2023年已经减少了34%。

（5）开发帮助安盛客户适应气候变化的服务是安盛集团的战略重点。已开发并将进一步推广旨在预防法国森林火灾和洪水风险的工具。此外，AXA Climate 实体通过一系列培训课程和名为 Altitude 的工具（涵盖2050年的多个气候相关风险和情景）帮助客户和投资者理解气候变化带来的物理风险。此外，AXA Prevention 与 AXA Climate 之间的合作，促成了“Macommune in Action”（My City in Action），帮助地方社区更好地应对和管理气候相关风险。

19.3.2 气候变化影响投资风险敞口

安盛集团持续探索由MSCI开发的模型，用于评估上市公司资产所面临的特定物理风险、过渡风险以及机遇。该模型估算了安盛集团总账户资产投资组合中，企业债券和上市股票的价值可能受到气候政策风险、技术过渡机遇和极端天气事件影响的程度，时间跨度为15年。目前，该模型仅适用于企业债券和上市股票，且仍在不断完善中。每年对模型的更新，使安盛集团能够扩大对其投资的气候相关金融风险的测量范围，并进行更精确的评估。

在2022年，安盛集团调整了该指标中所采用的气候情景，采用了绿色金融系统网络（NGFS）提供的五种情景，涵盖了到2100年从+1.5 ℃到+3 ℃。由于NGFS情景得到了中央银行和监管机构的认可，因此在该领域被视为可靠的参考。为了评估在特定气候情景下（+1.5 ℃ NGFS有序和无序，+2 ℃ NGFS有序和无序，或+3 ℃）公司未来潜在的成本/收益，该模型将政策风险、技术机会和物理风险整合为一个单一的“气候价值风险”（Climate Value - at - Risk，CVaR）指标。安盛集团将这一气候价值风险模型应用于其企业债券和上市股票投资，并基于这五种NGFS情景进行评估。

根据气候价值风险方法，安盛集团投资的公司估值受气候变化影响的风险总计占安盛集团投资组合市场价值的10%（在最佳情景下，即+1.5 ℃ NGFS有序情景）。

19.3.3 灾难事件的影响分析

安盛集团在全球大多数地区（欧洲、非洲、北美和拉丁美洲、亚太地区）承保风险，这些地区均面临自然和人为灾害事件的风险：自然灾害包括飓风、龙卷风、风暴、冰雹、地震、火山喷发、霜冻、洪水、爆炸、野火、大流行病和传染病等。天气模式和气候条件的变化，尤其是气候变化的影响，增加了自然灾害的不可预测性、严重性和频率，这也对安盛预测未来趋势和暴露情况的能力产生了影响。安盛对自然灾害的暴露程度取决于多种因素，并且在某些地理区域（包括主要城市中心）可能更加显著，特别是在这些地区客户、员工和/或投保的财产和资产集中度较高的情况下。其他灾难事件则包括因人类疏忽或故意行为引发的灾难，如勒索软件和其他破坏性网络攻击、系统性网络故障、恐怖袭击、军事行动以及电网和其他核心基础设施（如电话或互联网基础设施）的破坏或故障，甚至任何新的重大系统性风险（如网络安全相关风险）。

灾难事件可能对安盛的运营、财务状况、现金流或偿付能力造成重大波动或不利影响，原因包括索赔发生在较高水平或明显早于预期、运营中断或对手方无法履行合同、投资组合价值的下降。安盛密切监控这些风险的发展，通常通过个别风险选择、建模和监控整体暴露及风险累积、购买第三方再保险以及通过风险转移交易到资本市场来管理这些风险。在某些情况下，安盛可能会减少暴露和/或降低风险偏好。然而，由于灾难事件的频率或严重性，安盛可能无法充分预测这些事件的发生，它们可能影响多个地理区域和业务领域，甚至超出安盛的初步预测。

这些事件还可能导致：（1）引入会计原则和规则，阻止保险公司和再保险公司在灾难事件发生前进行准备金计提；（2）在重大灾难发生后实施的立法、监管或司法决定，这些决定可能寻求扩展灾难相关索赔的承保范围超出保单条款，包括对保单条款进行对投保人友好或追溯性扩展的解释。

尽管安盛通过多样化和再保险逐步降低对灾难事件的暴露，但安盛过去已经经历过，并可能在未来经历这些类型风险所带来的重大损失，且这些损失可能超过安盛的再保险和通过风险转移交易到资本市场获得的保护。这种保护可能不足以完全防范损失，并且再保险应收款也可能无法按预期追回。

19.3.4 气候相关风险和机遇的识别和评估

安盛利用 Carbon Delta MSCI 开发了一项名为“气候相关风险价值”的模型，基于以下三个支柱来评估投资相关的气候相关风险和机遇：（1）过渡风险：与市场和监管变化相关的风险，这可能对业务模式产生重大影响，并以“监管成本”的形式对未能充分适应的企业造成经济损失。（2）物理风险：针对每家公司，安盛评估到 2030 年潜在的未来极端天气事件将通过资产损失和业务中断给它们带来多大的损失。（3）绿色收入：安盛确定每家公司到 2030 年未来绿色技术发展将为其带来的收入，利用公司级专利数据库来估计绿色和低碳技术的未来收入流。

安盛 2022 年的工作表明，在 1.5 ℃的情景下，安盛所投资公司的营业额损失主要由监管成本和极端天气事件造成，代表了安盛市值投资的 10.1% 的总成本。此外，安盛还通过使用"NatCat"模型，分析安盛房地产投资组合的物理风险。"物理风险"的成本是通过模拟极端天气事件对公司设施的预期财务影响来评估的。

19.3.5 气候相关风险

安盛对气候变化风险预期财务影响的分析如表 19 - 2、表 19 - 3、表 19 - 4 和表 19 - 5 所示。

表 19 - 2　　气候相关风险 1 给安盛带来的预期财务影响情况

该风险驱动因子出现在价值链中的哪个地方	投资（资产所有者）组合
风险类型和主要气候相关风险驱动因子	新兴法规、碳定价机制
主要的预期财务影响	抵押品的贬值和存在变为搁浅资产与非流动资产的潜在可能
公司特定的描述	碳定价可能带来抵押品贬值的金融风险，以及高排放资产（尤其是公用事业和能源行业的高排放资产）导致流动性不足的潜在风险。2015 年，安盛进行了一项内部分析，考虑了基于科学的建议（IPCC 报告），对投资组合的当前风险进行了分析，并与包括非政府组织在内的外部利益相关方进行了接触，以了解这些风险并确定应对这些风险的最佳实践。这种风险被认为是全球性的，但鉴于监管环境和安盛的投资组合，它主要集中在欧盟市场。虽然当时的估值模型可能没有充分考虑到这种风险，但围绕以煤为基础的发电形成了共识，由于其碳强度，以煤为基础的发电被视为这种"资产搁浅"风险最高的行业。由于油砂的高碳密度，类似的推理也适用于油砂。 因此，安盛决定利用非政府组织 Urgewald 制定的全球煤炭出口清单中规定的电力生产和收入阈值，并利用其他油砂数据提供商，从这两个部门撤资。安盛禁止投资于以下公司的一般账户和保险承保：煤炭发电份额（能源组合）超过 30% 和/或煤炭"扩张计划"产生超过 300MW 和/或超过 10GW 的燃煤发电装机容量的发电公司；煤炭收入份额超过 30% 和/或煤炭年产量超过 2000 万吨和/或开发新煤矿的矿业公司；某些煤炭行业合作伙伴，如设备供应商和开发重要新煤炭资产的基础设施公司。此外，安盛致力于一项长期的"退出"战略，按照主要气候情景的建议，到 2030 年，在欧盟和经合组织国家将煤炭风险降至零，到 2040 年，在世界其他地区将煤炭风险降至零。
时间范围	短期
可能性	大约可能
影响程度	中
您是否能够提供预期财务影响数据	否，没有该数据

续表

预期财务影响	—
潜在经济影响数据—最小 & 最大（货币）	—
备注	安盛负责任的投资策略包括几项行业层面的撤资。事实上，某些活动和产品被认为不符合安盛的气候战略、更广泛的可持续发展目标和宗旨（通过保护重要事物来促进人类进步）。在这种情况下，安盛制定了适用于其投资和保险业务的具体“行业指南”。这些目前包括以下部门： 煤炭（2015 年、2017 年、2019 年）； 石油和天然气（2021 年）； 国际公约禁止的“有争议的武器”制造商（2007 年）（杀伤人员地雷、集束弹药/集束炸弹、化学、生物和贫化铀武器、核武器扩散）； 烟草制造商（2016 年），其产品与安盛作为世界上最大的健康保险公司之一的角色相冲突； 软商品衍生品（2013 年），可能导致基本食品商品价格上涨； 生态系统转换和森林砍伐（2021 年）。 总体而言，安盛自 2007 年开始的撤资（包括 2019 年与煤炭相关的新举措）代表了受政策影响的约 75 亿欧元资产（煤炭、烟草、油砂、有争议的武器和棕榈油，按数量级递减）。

表 19－3　　气候相关风险 2 给安盛带来的预期财务影响情况

该风险驱动因子出现在价值链中的哪个地方	保险承保投资组合
风险类型和主要气候相关风险驱动因子	剧烈自然因子，其他（洪水等极端天气事件的严重性和频率增加）
主要的预期财务影响	保险索赔责任增加
公司特定的描述	气候变化可能会增加洪水等极端天气事件的发生率和严重程度。这些事件可能通过增加安盛客户的索赔，从而对安盛的保险责任产生不利影响。特别是，法国面临的洪水风险增加，可能导致保险责任上升。作为法国最大的保险公司，安盛已对这一风险进行了内部研究，并确定了未来的管理措施，以减轻其财务影响。
时间范围	中期
可能性	有可能
影响程度	低
您是否能够提供预期财务影响数据	是
预期财务影响	0

续表

潜在经济影响数据——最小 & 最大（货币）	—
备注	作为安盛自身风险和偿付能力评估（ORSA）的一部分，安盛利用了法国审慎监督管理局情景（ACPR），以更好地反映自身的风险状况，尤其是实物风险。安盛目前的研究表明，在温室气体（GHG）排放量持续上升直至本世纪末的悲观气候情景下，到 2050 年，法国的洪水风险将每年增加 1.5%（其中 80% 是由于暴露程度的不断变化，20% 是由于物理洪水特性的变化）。通过调整安盛的核保、定价、准备金或再保险策略，并实施预防措施，可以及时管理这种变化，而不会对安盛产生重大影响。因此，财务影响被认为是最小的。

表 19－4　　气候相关风险 3 给安盛带来的预期财务影响情况

该风险驱动因子出现在价值链中的哪个地方	直接运营
风险类型和主要气候相关风险驱动因子	剧烈自然因子
主要的预期财务影响	间接（运营）成本增加
公司特定的描述	安盛在某些地区的办事处可能会受到气候变化的负面影响，例如，位于洪水易发地区的办事处可能会被洪水淹没，或者发生严重事件。这可能会导致安盛的运营中断，并增加需要处理的索赔负担。此外，这也可能给安盛的员工带来风险，他们可能无法顺利进入工作场所。
时间范围	中期
可能性	大约可能
影响程度	中—低
您是否能够提供预期财务影响数据	是
预期财务影响	2060.2 万欧元
潜在经济影响数据——最小 & 最大（货币）	—
备注	

表 19－5　　气候相关风险 4 给安盛带来的预期财务影响情况

该风险驱动因子出现在价值链中的哪个地方	投资（资产所有者）组合
风险类型和主要气候相关风险驱动因子	科技；向低排放技术转型
主要的预期财务影响	投资组合的盈利能力下降

续表

公司特定的描述	安盛利用MSCI开发的气候相关风险价值（Climate VaR）模型来衡量气候变化可能对其投资组合（公司股票和债务）产生的影响。该模型估计了安盛投资组合的价值在15年内如何受到气候政策风险、技术转型机会和极端天气事件的影响。 "政策风险气候VaR"（转型成本）：通过市场和监管演变向低碳经济转型可能会对企业及其投资者产生负面影响。"政策风险气候相关风险值"指标评估源自国家自主贡献（NDC）的法规如何直接（范围1）和间接（范围2和范围3）影响其活动产生温室气体的公司。此指标评估未能使其活动适应给定气候情景及衍生过渡路径的公司的潜在经济损失。 "技术机会气候VaR"（绿色机会）：向低碳经济的过渡也可能为企业和投资者带来新的机会。"技术机会气候相关风险值"指标评估此类绿色机会可能带来的未来公司收入。虽然这不是估算未来绿色收入的唯一因素，但该分析特别关注绿色专利和当前低碳收入。因此，这一指标评估了采取符合给定气候情景的碳减排途径的公司的潜在经济收入。 "物理风险气候VaR"：物理气候相关风险情景定义了温室气体（GHG）排放水平增加可能带来的气候后果，以及随之而来的企业及其投资者的财务负担（或机会）。"物理风险气候相关风险值"指标评估公司在日益频繁和严重的极端天气事件中的暴露程度和脆弱性。 根据气候相关风险价值方法，气候变化对安盛投资公司估值的影响代表了2022年在最佳情景下安盛投资组合市值的-10.1%的总风险（结合平均物理情景+1.5℃）。
时间范围	中期
可能性	不太可能
影响程度	中—高
您是否能够提供预期财务影响数据	是
预期财务影响	—
潜在经济影响数据——最小&最大（货币）	—
备注	

19.3.6 气候变化机遇

安盛对气候变化机遇预期财务影响的分析如表19-6、表19-7和表19-8所示。

表 19－6　　气候相关机遇 1 给安盛带来的预期财务影响情况

该机遇出现在价值链中的哪个地方	价值链的其他部分
机遇类型	产品和服务
主要气候相关机遇动因	气候适应性、韧性和保险风险解决方案的开发
主要的预期财务影响	产品和服务需求增加带来的收入增长
公司特定的描述	安盛发展了一个独立的实体——安盛气候（AXA Climate），专注于气候相关的机会。AXA Climate 是一家致力于气候保险的公司，陪伴客户的可持续发展转型之旅。AXA Climate 的服务建立在一流的气候专业知识之上，充分利用卫星技术。安盛气候的使命是重塑保险业务，以支持参与可持续转型的客户。为了实现这一使命，AXA Climate 围绕气候变化开发了一套全面的业务线，包括针对气候相关风险的参数保险、运营预警，针对工业、公共部门、农业和金融服务的气候咨询、提高技能的培训，以及让所有员工参与到成功实现可持续转型的过程中。
时间范围	中期
可能性	非常可能
影响程度	中—低
您是否能够提供预期财务影响数据	否，没有该数据
预期财务影响	—
财务影响说明	—
实现机遇的成本	—
实现机遇的策略与成本计算说明	—

表 19－7　　气候相关机遇 2 给安盛带来的预期财务影响情况

该机遇出现在价值链中的哪个地方	保险承保投资组合
机遇类型	产品和服务
主要气候相关机遇动因	气候适应性、韧性和保险风险解决方案的开发
主要的预期财务影响	产品和服务需求增加带来的收入增长
公司特定的描述	2022 年，安盛提出了一项绿色商业计划，旨在为零售和商业客户开发财产与责任（P&C）产品（保险范围或服务），至少为以下目标之一作出贡献：减缓气候变化；适应气候变化；向循环经济转型；限制生物多样性丧失和污染。 引入了三种绿色色调，为绿色业务要约的实质性评估提供指导和透明度： ①鼓励环境可持续行为（例如，通过奖励或信息共享）； ②鼓励环境可持续的索赔管理（例如，替换意外损坏的货物，如冰箱或洗衣机——使用更节能的设备或翻新的电子设备）； ③涵盖环境可持续的资产/活动（如低排放汽车、太阳能电池板）或环境友好的客户和/或活动。 这四个目标和三个层次的结合产生了一个内部框架，帮助实体开发绿色业务产品。

续表

公司特定的描述	为了支持从传统汽车向电动或混合动力汽车的过渡，安盛开发了特定的产品。例如，在安盛瑞士，汽车保险特别包括特定的道路救援服务（例如，电池没电）和充电网络的折扣接入。作为一家保险公司，安盛在向循环经济的转型中扮演着重要角色。例如，在汽车行业，绿色索赔倡议鼓励修理损坏的汽车零件；在无法修理的情况下，则鼓励回收汽车零件。通过延长零件的寿命，促进维修而不是更换，有助于减少 CO_2 排放，限制原材料的使用，并减少运输需求。在法国，作为房屋和汽车保险的一部分，安盛会向客户发送恶劣天气警告，并建议他们在遇到困难时应该采取的应对措施。
时间范围	短期
可能性	基本确定
影响程度	中
您是否能够提供预期财务影响数据	是
预期财务影响	17 亿欧元
财务影响说明	2022 年 4 月，作为“安盛进步指数”的一部分，安盛集团承诺到 2023 年将绿色业务产品的毛保费从 2020 年的 11 亿欧元增加到 13 亿欧元。2022 年，征收了 17 亿欧元的绿色保费。基于这一强劲表现，安盛集团决定提高目标，将 2023 年的目标定为 17 亿欧元。
实现机遇的成本	10 万欧元
实现机遇的策略与成本计算说明	战略：在集团一级成立了一个绿色商业工作组，由主要实体和中央职能部门的代表组成。通过定期会议，参照发展中的欧盟分类法，制定了一个框架。最终，“绿色”产品和服务的类别由社会角色指导委员会批准。 成本计算的解释：该计划使用了可持续发展团队的现有资源。最佳努力估计对应于参与构建绿色商业项目的一名全职员工。大多数相关成本在整个组织中分散，无法更容易地获得。

表 19－8　　气候相关机遇 3 给安盛带来的预期财务影响情况

该机遇出现在价值链中的哪个地方	投资（资产所有者）组合
机遇类型	市场
主要气候相关机遇动因	金融资产多元化提升（如绿色债券和基础设施）
主要的预期财务影响	金融资产多元化提升

续表

公司特定的描述	2019 年 11 月，安盛承诺到 2023 年投资 240 亿英镑进行绿色投资。此后，这一目标有所调整，现在安盛的目标是到 2023 年达到 260 亿欧元。为了支持这一目标，安盛制定了一个内部框架，根据外部标签、认证和环境标准来定义“绿色”投资。为了符合绿色投资的标准，安盛对下述每种资产类别都采用了以下环保标准： 绿色债券：安盛投资的绿色债券被贴上了外部标签，特别是由气候债券倡议和评级机构确认收益的定义和使用受到尊重。然而，安盛增加了额外的内部审查，以使用更严格的标准来确认债券的实际“绿色度”。绿色债券有助于减轻投资组合中与气候变化相关的风险，因为碳税等政策的变化可能导致资产搁浅。相反，绿色债券投资于气候友好型资产，如绿色建筑和可再生能源，随着时间的推移，这些资产的信用风险较低。 基础设施：安盛对“绿色”基础设施的定义源自公认且要求严格的市场化方法。在这方面，安盛也依靠气候债券倡议，重点是可再生能源、水处理和清洁运输。 影响投资：归类为绿色的影响投资是安盛的影响基金中针对气候影响的投资，具有明确定义的气候 KPI。 房地产：对于物业资产，安盛的严格定义仅限于具有高水平环境认证（最低水平 BREEAM “优秀” 或 LEED “黄金”）和最低能源绩效证书（EPC）评级 “B” 的资产。 商业房地产：对于 CRE 债务，安盛使用“绿色”的严格定义，支持具有高水平环境认证（最低水平 BREEAM“优秀” 或 LEED “黄金”）的建筑的贷款。
时间范围	短期
可能性	有可能
影响程度	中—高
您是否能够提供预期财务影响数据	是
预期财务影响	13 亿欧元
财务影响说明	260 亿英镑的 5% 的年回报率。这是对机构投资者年度投资回报的平均保守估计。
实现机遇的成本	—
实现机遇的策略与成本计算说明	战略：安盛制定了公司特定的“绿色”投资定义，并确定了在该目标中考虑的资产类别。季度报告在集团层面进行，有关战略和未来方向的定期更新在集团层面的负责投资委员会内共享。

19.4 案例总结与启示

19.4.1 气候相关风险的当期财务影响

气候变化带来了多重财务风险，对保险业务和投资组合产生了显著影响。自然灾害的频发，如洪水、冰雹风暴，导致保险赔付增加，影响了保险行业的稳定性。欧洲各国在2023年经历了严重的气候事件，尤其是意大利、德国和英国等地，这些灾害加剧了财产和意外险市场的风险。能源政策的变化也对保险业务构成挑战。安盛集团对煤炭和石油业务进行了严格限制，包括逐步退出对热煤、非常规石油和天然气业务的保险承保。这些措施反映出对气候相关风险的警惕，但同时也缩小了业务范围，给未来的业务发展带来一定的不确定性。此外，气候变化还对投资组合带来潜在的财务风险，尤其是涉及传统能源领域的资产可能面临减值的风险。

尽管气候变化带来风险，却也蕴含着大量财务机遇。绿色投资正成为保险和投资行业的重要增长点。安盛集团积极推动绿色投资，制定了明确的绿色投资框架，涵盖了绿色债券、基础设施投资、房地产等领域。截至2023年年底，安盛的绿色投资规模已达到299亿欧元，超额完成目标。此外，气候变化推动了保险费率的增长，尤其在美国，自然灾害的增多使财产保险费率不断上升，提供了盈利增长的机会。与此同时，随着气候变化带来的风险不断上升，市场对应对气候变化的解决方案需求增长，尤其是在气候适应性、韧性以及保险风险管理方面。这使安盛有机会开发和提供专门的产品与服务，例如，针对自然灾害、气候变化风险的保险产品，或为企业提供气候适应性融资服务。通过满足这些新兴需求，将获得额外的收入来源，增加业务多样性并提高市场竞争力。

19.4.2 气候相关风险的预期财务影响

气候变化对安盛未来构成多方面的财务风险，主要来源于物理风险和转型风险。物理风险源于极端天气事件的频率和强度增加，包括洪水、热带气旋、干旱等对财产和健康的直接影响。保险和再保险公司面临的挑战尤为突出，因其需要应对更高的理赔数量与金额，资产的价值也可能因气候变化而减损。同时，安盛在某些地区的办事处可能会受到气候变化的负面影响，例如，位于洪水易发地区的办事处可能会被洪水淹没，或者发生严重事件，导致运营成本增加。此外，向低碳经济转型带来的风险也不容忽视。相关政策、技术和市场行为的变化可能影响公司投资的价值、业务模式和产品需求，尤其是对于碳密集型行业的投资风险，导致投资组合的盈利能力下降。此外，气候相关的责任风险，包括潜在的诉讼和索赔，也可能对企业的盈利能力产生威胁。

尽管气候变化带来了显著风险，但也为安盛保险发展创造了新的机遇。安盛利用气候变化引发的转型需求，开发创新的保险和投资产品，以支持和推动低碳经济的转型。这不仅可以降低风险敞口，还能为可持续发展提供资金支持，实现长期的财务回报和社会效益。安盛保险将资源转向绿色、低碳行业，积极参与可持续发展，积极拥抱产品和服务需求增加带来的收入增长。

19.4.3　启示

安盛保险的案例研究为企业应对气候变化提供了重要启示，尤其在平衡风险与机遇方面。

首先，企业应积极调整业务策略，将气候变化纳入风险管理框架。这意味着要更全面地评估自然灾害对财务稳定性的影响，并制定应对措施，例如，改进理赔管理和风险分散策略。通过强化应对极端天气事件的能力，保险公司可以提升其在气候变化背景下的韧性。

其次，企业需主动调整投资组合，以降低对高碳行业的依赖。安盛积极退出煤炭、石油等高排放行业的保险和投资，展现了其在转型风险管理方面的前瞻性。这样的策略不仅有助于规避未来潜在的资产减值风险，还能增强企业在可持续发展领域的品牌形象和市场竞争力。通过加强对绿色债券、可再生能源项目等低碳领域的投资，企业可以在实现财务增长的同时，推动可持续发展。同时，安盛的案例提醒我们，气候变化不仅带来挑战，也蕴含着巨大的商机。企业可以通过开发与气候变化相关的创新产品和服务，满足市场对风险管理和气候适应性解决方案的需求。例如，针对自然灾害、气候相关风险的专门保险产品或绿色金融服务，能够拓宽企业收入渠道，提升业务多样性。

最后，随着全球对环境问题的关注不断增加，保险费率的上升和对绿色投资的需求将成为保险行业的新增长点。企业应抓住这一趋势，积极推动绿色投资框架的落实和执行，通过提供气候友好型产品与服务，满足消费者和投资者对可持续发展的期待。安盛的经验显示，主动参与全球向低碳经济的转型不仅是企业履行社会责任的体现，更是一项长远的商业策略。这有助于增强企业的市场地位，吸引更多的客户和投资者，并实现长期的财务回报。因此，积极应对气候变化、将其转化为增长机会，是现代金融企业实现可持续发展的关键路径。

第 20 章

奔驰集团披露案例分析

20.1 公司背景

奔驰集团（Mercedes－Benz Group）① 是一家德国豪华汽车制造商，以生产高档轿车、卡车、巴士和其他车辆闻名。此外，奔驰集团还推出了 EQ 系列电动车，致力于电动化转型。奔驰集团于德国证券交易所上市，其 MSCI ESG 最新评级为 A 级。奔驰集团 2023 年主要财务指标如表 20－1 所示。

表 20－1　　奔驰集团 2023 年主要财务指标　　单位：百万欧元

主要财务指标	数值
营业收入	153218
销售成本	118839
总利润	34379
行政费用	2688
研究和非资本化开发成本	6230

① 本案例根据梅赛德斯—奔驰集团 2023 年年报、可持续发展报告及 CDP 问卷进行分析，相关链接如下：https：//group. mercedes－benz. com/documents/investors/reports/annual－report/mercedes－benz/mercedes－benz－annual－report－2023－incl－combined－management－report－mbg－ag. pdf；https：//group. mercedes－benz. com/documents/sustainability/reports/mercedes－benz－sustainability－report－2023. pdf；https：//www. cdp. net/en/formatted_responses/responses? campaign _ id = 83630982&discloser _ id = 1032598&locale = en&organization _ name = Mercedes － Benz + Group + AG&organization_ number = 866803&program = Investor&project _ year = 2023&redirect = https% 3A% 2F% 2Fcdp. credit360. com% 2Fsurveys% 2F2023% 2Fjwbhd7d6% 2F278638&survey_id = 82591262。

20.2 当期财务影响

20.2.1 资产折旧与摊销

集团的“2039 愿景”制定的基本业务战略为到 2039 年实现新车型净碳中和的目标。奔驰集团的目标是塑造一个软件驱动和全电动的未来，创造实现全电动化的必要条件。集团资产和负债的确认和计量考虑了与转型相关的气候相关风险和发展，其中还包括《巴黎协定》中设定的气候目标。在核算资产和负债时，特别考虑了以下两个与可持续性相关的会计估计和管理判断：资本化开发成本有效年限的确定和产品预期生命周期。向全电动汽车的转型可能会导致最初设想的产品生命周期发生变化。由于企业通过有关加速转型的决议，传统动力系统领域的新开发减少，部分已资本化的研发支出将延长拨备周期。

不动产、厂房及设备资产的使用寿命。不动产、厂房及设备资产的使用寿命会根据全电动汽车转型情况定期进行审查。由于集团的生产设施基本可以灵活使用，因此截至报告日，并不需要对使用寿命进行任何重大调整。

20.2.2 可再生投融资

（1）奔驰集团的电动汽车

新型 eSprinter（新一代纯电商用车）于 2023 年 12 月在德国下线，2024 年将在美国的查尔斯顿和德国的路德维希斯菲尔德下线。奔驰公司在新型 eSprinter 上投资了约 3.5 亿欧元，该车型以净碳中和的方式生产。

（2）奔驰集团充电网络

MeCharge（奔驰的一款充电站）：通过奔驰 MeCharge，奔驰集团为其客户提供了世界上最大的公共充电网络之一。截至 2023 年年底，在全球范围内集成了超过 150 万个交直流充电点。

新型充电网络：凭借自己的全球充电网络，奔驰集团寻求为电动汽车的快速、便捷和绿色充电设定新的标准。2023 年 10 月，第一个奔驰充电中心在成都（中国）投入运营，随后在亚特兰大（美国）和曼海姆（德国）又有两个充电中心。到 2030 年年末，将在全球建立 2000 多个充电中心，超过 1 万个充电点。

快速充电网络：截至 2023 年年底，超过 550 个 IONITY 快速充电公园投入运营。每个充电公园最多可以有 12 个甚至更多的充电点，它们都由绿色电力供电。

20.2.3 环境相关收入

集团的收入，尤其是来自新车、二手车业务以及租赁和销售融资活动的收入，直接受到低碳车辆占比的影响。对于售后服务、零部件业务和维修合同等其他收入来源，尽管无法直接将其分配给低碳车辆，但这些收入依然受益于整体绿色转型的推进。

20.2.4 审计报告中的披露

奔驰集团的2023年审计由普华永道会计师事务所进行。该会计师事务所确认了4项关键审计事项：经营租赁的减值风险、金融服务应收账款的估价准备、产品保修准备的计量、法律诉讼的会计处理。其中与气候相关的是“法律诉讼的会计处理”，具体内容如下：

关键审计事项的确定。奔驰集团及其子公司面临各种法律诉讼、索赔和政府调查及行政命令（法律诉讼），涉及广泛的主题，例如，车辆安全、排放、燃油经济性、金融服务、经销商、供应商和其他合同关系、知识产权、产品保修、环境问题、反垄断问题（包括损害赔偿诉讼）和股东问题。产品相关诉讼涉及因车辆可能存在缺陷而引发的部分集体诉讼索赔等。此外，可能必须采取服务行动、召回活动或其他代价高昂的行动。是否确认拨备以及需要确认多少拨备，在很大程度上取决于法定代表人的酌情估计和假设。

针对奔驰集团产品的诉讼。德国、英国和其他国家都针对奔驰及其子公司提起了消费者集体诉讼，原告声称奔驰集团使用降低排放控制系统效率的违规设备来减少氮氧化物（NOx）排放，由此导致柴油车辆排放过量。此外，原告还指控消费者被奔驰柴油车的广告宣传所欺骗。在德国，大量柴油车客户正在起诉索赔或取消购买合同。

针对企业披露义务的诉讼。投资者已在德国提起索赔，指控其违反了资本市场披露规定，并要求庭外赔偿。投资者指控奔驰集团未立即公布与其奔驰柴油车排放行为相关的内幕信息，并发表了虚假和误导性的公开声明。

政府监管合规调查。奔驰集团不断受到政府有关柴油机尾气排放的各项法律法规的质询、调查、审查、命令和诉讼。

准备金拨备存在估值风险。奔驰集团已于2023年12月31日确认了21.04亿欧元的法律诉讼准备金。已确认的诉讼准备金的确认和计量基于公司的估计和假设，存在法律诉讼准备金没有被确认或者没有被充分确认的风险。

审计方法以及审计结论。首先，普华永道为确保识别风险而建立了专门的评估流程。其次，普华永道与公司内部法律部门和其他熟悉情况的部门、外部顾问和律师进行了讨论，以获得对诉讼进展情况的解释以及导致相应评估的原因。此外，普华永道还评估了相关文件和会议纪要以及相应拨备的计算。集团以书面形式向其提供了其对上述领域发展情况的评估。普华永道评估了合并财务报表附注和合并管理报告中有关上述法律诉讼的披露的适当性。普华永道得出结论：公司基于判断的估计和假设是适当的。

20.3 预期财务影响

20.3.1 投资与资本支出

奔驰集团在其可持续发展报告中披露了大量的可持续发展投资项目（特别是在绿色能源、低碳技术和电动车生产线的扩展方面），公司计划未来五年内在全球范围内投资数十亿欧元，用于扩大可再生能源的使用和电动车生产能力的提升。这些投资不仅符合奔驰可持续发展战略，还将为其在全球市场中的竞争优势提供支持。

20.3.2 对财务规划和业绩的影响

奔驰集团的财务规划在多个领域受到气候相关问题的影响。气候相关的风险和机遇可能通过技术变革、客户需求的变化以及监管对财务报表产生重要影响：

收入影响：电气化战略和相关风险、机遇直接影响收入。虽然供应链仍受半导体短缺等问题困扰，但2022年电动车（BEV）销量增长67%，达到14.9万辆，占欧洲收入的10%。2023年的目标是将BEV销售额再提高近一倍。

碳中和目标：自2022年起，奔驰集团所有工厂已实现净碳中和生产，计划到2030年将碳排放减少80%（相较于2018年），并在生产基地的能源需求中，可再生能源占比提升至80%。

可再生能源：通过增加现场发电、签订长期绿色电力采购协议（PPA）等方式，确保能源供应的可靠性和成本节约。计划在德国工厂安装光伏系统、建设120兆瓦风电场，并从2027年起通过与Iberdrola公司（西班牙的一家电力公司）的合作，获取140兆瓦风电场电力。

可持续发展投资：奔驰集团在所有工厂使用100%外部采购的可再生能源，同时在能源效率提升和可再生能源发电项目上投资，以降低长期成本并减少碳排放。

20.3.3 气候相关机遇的预期财务影响

奔驰集团对气候机遇预期财务影响的分析如表20－2和表20－3所示。

表 20－2　　气候相关机遇 1 给奔驰集团带来的预期财务影响情况

项目名称	描述
主要与气候相关的机遇	消费者偏好的转变
主要预期财务影响	产品和服务需求增加带来的收入增加
机遇因素在价值链中的位置	直接生产
公司具体描述	随着全球对气候承诺的加强和消费者对低碳交通工具需求的增长，奔驰集团（MBG）面临增加电动汽车销量的重大机遇。作为电气化战略的领军者，MBG 致力于引领电动出行和数字体验。 “纯电力”战略为全电动未来设定了明确方向，目标是在本世纪中叶为所有车型提供全电动替代品。到 2025 年，MBG 计划 xEV 销量达到 50%。2022 年，MBG 电池电动汽车（BEV）销量较 2021 年增长 67%。 市场波动可能带来更大机遇，如市场条件优于预测，将推动电动汽车销量进一步增长，特别是在 2023 年预期 BEV 销量翻倍的情况下。
时间范围	中期
可能性	很有可能
影响程度	中
预期财务影响数字	2.5 亿—5 亿欧元
财务影响数据解释	随着全球对低碳交通的需求增加，奔驰集团（MBG）有机会通过电动汽车销量的增长提高息税前利润（EBIT）。财务影响基于市场超预期增长、车辆定价提升以及需求增长。 通过将额外销售量与车辆贡献率相乘，MBG 预计这一市场机会的财务影响为 2.5 亿—5 亿欧元（年度效应）。为实现 2030 年净碳中和的目标，MBG 将扩大本地无排放 BEV 的销量占比，并在 2021 年 COP26 气候大会上重申了其推动电动汽车发展的承诺。 该机会被分类为“中等—高”影响，有望通过推动电动化进程在城市地区实现净碳中和目标。
实现机会的成本	5 亿欧元
实现机会的策略和成本计算的解释	为消除电动汽车的使用障碍，奔驰集团（MBG）需要应对充电基础设施不足和续航里程焦虑问题，这些因素可能影响消费者购买电动汽车的决策。 MBG 推出了 Plug&Charge 和 Mercedes me Charge 服务，为客户提供便捷、无缝的充电体验。此外，MBG 计划在北美、欧洲、中国等核心市场建立自有品牌的大功率充电网络。2023 年，MBG 宣布将在美国和加拿大启动首批充电站，未来 6—7 年内预计北美网络成本超过 10 亿欧元，MBG 承担 5 亿欧元，剩余由合作伙伴分担。 该战略将提升电动汽车销量，并通过梅赛德斯 me EcoCoach 应用，帮助驾驶者更好地了解和优化电动汽车的使用，提升驾驶体验并减少环境影响。

表 20－3　　气候相关机遇 2 给奔驰集团带来的预期财务影响情况

项目名称	描述
主要与气候相关的机遇	使用低排放能源
主要预期财务影响	减少直接成本
机遇因素在价值链中的位置	直接生产
公司具体描述	Fraunhofer 太阳能系统研究所的分析显示，到 2030 年，传统化石燃料发电成本将大幅上涨，而可再生能源的发电成本将显著下降。奔驰集团（MBG）抓住这一机遇，通过使用可再生能源降低直接成本，并推动“野心 2039”计划，目标是在 2039 年实现净碳中和车队，比欧盟要求提前 11 年。 自 2022 年起，MBG 全球工厂已实现净碳中和，45% 的能源来自可再生能源，得益于 100% 绿色电力供应。公司还通过增加现场发电和签订长期绿色能源合同，确保供应的稳定性和成本节约，目标是到 2030 年减少 80% 的二氧化碳排放量。 MBG 通过增加可再生能源使用，降低了与化石能源相比的成本，同时确保了 2030 年实现 80% 电力来自可再生能源的目标。
时间范围	中期
可能性	很有可能
影响程度	中等偏下
预期财务影响数字	0.01 亿—2.5 亿欧元
财务影响数据解释	EBIT（息税前利润）是衡量公司运营利润的重要指标，它在计算时会扣除所有运营成本，但不考虑利息和税收。计算 EBIT 时，需要从收入中减去所有成本，来评估公司运营的盈利能力。 在电力市场，绿色能源的供应常常因天气状况而波动，比如晴天或风大的时候，绿色电力供应可能会过剩，导致电力价格大幅下跌。如果企业没有对这些波动进行对冲，就可能在现货市场上以非常有利的价格获得电力，从而降低生产成本。 为了量化这种机会，可以用绿色能源计划价格与实际市场价格的差额（即“价格三角洲”）乘以计划的绿色能源交易量。这个机会的价值在 100 万—2.5 亿欧元，具体取决于奔驰的财务规划。 根据 CDP 问卷的气候评级，风险和机会被分类为“高”“中等—高”“中等”“中等—低”和“低”。这些分类是根据实际影响的范围来确定的，分类标准也以息税前利润为衡量基础。 奔驰计划到 2039 年实现全球生产 100% 使用可再生能源，并实现二氧化碳零排放。为了达到这一目标，公司需要签订长期绿色能源合同，并利用太阳能系统进行自发电。这不仅对公司自身有利，也会对社会和环境产生积极影响。
实现机会的成本	1 亿欧元

续表

项目名称	描述
实现机会的策略和成本计算的解释	EBIT是衡量公司运营利润的核心指标，它反映了扣除所有运营成本后的利润，但不包括利息和税费。计算EBIT时，从收入中减去所有运营成本，以评估公司盈利能力。 绿色能源供应受天气影响波动，例如，晴天或风大时供应过剩，导致电价下跌。如果企业没有对这些波动进行对冲，就可以在现货市场上以较低价格购电，从而减少生产成本。 机会的价值是绿色能源计划价格与市场价格的差额（价格三角洲）乘以绿色能源的交易量。这个机会的估值在100万—2.5亿欧元，具体数额取决于奔驰的财务规划。 根据CDP问卷的气候评级，风险和机会被分为“高”“中等—高”“中等”“中等—低”和“低”级别。分类标准基于实际影响，息税前利润是衡量基础。 奔驰计划到2039年实现全球生产100%使用可再生能源，并实现二氧化碳零排放。为此，公司将签订长期绿色能源合同，并利用太阳能系统进行自发电，这对公司和社会均有积极影响。

20.3.4 气候物理风险的预期财务影响

奔驰集团对气候物理风险预期财务影响的分析如表20－4所示。

表20－4　　气候急性物理风险给奔驰集团带来的预期财务影响情况

项目名称	描述
时间范围	中期
可能影响程度	大概和不大可能
预期财务影响数字	0.01亿—2.5亿欧元
主要预期财务影响	由于减少生产容量导致的收入减少
风险因素在价值链中的位置	直接生产
财务影响数字说明	极端天气事件（如飓风）可能导致生产停工和库存损失，进而影响息税前利润（EBIT）。这些风险可通过保险部分或全部覆盖，除了免赔额部分。 以美国南卡罗来纳州北查尔斯顿的奔驰厢式货车工厂为例，飓风导致的生产中断对EBIT的影响估算为：每日最大产量乘以平均利润贡献和中断天数。根据集团的定义，财务影响估计在100万欧元至2.5亿欧元，考虑到历史疏散次数和飓风登陆数据。 在此案例中，风险主要由保险承担，财务影响仅限于免赔额。由于极端天气的长期影响，MBG将这些事件视为实质性风险。
应对风险的成本	0.3亿欧元

续表

项目名称	描述
应对描述和成本计算解释	奔驰集团（MBG）面临飓风和洪水等自然灾害对生产和业务流程造成影响的严重风险。不可预测的灾害可能导致业务中断，影响全球运营。 MBG 使用保险数据库中的自然灾害分析，评估全球各地的自然灾害风险和经济损失。当地风险管理系统和环境风险管理系统在工厂定期进行尽职调查评估（DDA）以识别和应对风险。 MBG 通过保险转移大部分风险，并制订应急计划以在灾后迅速恢复运营。例如，北查尔斯顿工厂设有飓风行动计划，并通过加固基础设施和使用飓风批准的材料防范自然灾害。 北查尔斯顿工厂在飓风季节保持长期监测和定期更新行动计划，以确保业务连续性。此外，集团的保险费用在 2022 年低于 3000 万欧元，反映了当前自然灾害的风险。DDA 评估也推动了气候适应措施的实施。

20.3.5　气候转型风险的预期财务影响

奔驰集团对气候转型风险预期财务影响的分析如表 20－5 和表 20－6 所示。

表 20－5　　气候转型风险 1 给奔驰带来的预期财务影响情况

项目名称	描述
时间范围	中期
可能影响程度	不太可能
主要预期财务影响	直接成本增加
风险因素在价值链中的位置	下游
预期财务影响数字	1.8 亿欧元
财务影响数字说明	为了估算奔驰在欧洲（欧盟、挪威、冰岛）乘用车车队未达成 CO_2 排放目标的预期财务影响，基于简化情景计算如下：如果公司超出二氧化碳排放目标 1 克，将面临每克 95 欧元的罚款。考虑到 2022 年公司在欧洲的销量为 618904 辆，且排放目标超出 3 克 CO_2/km，这将导致约 1.8 亿欧元的罚款［95 × 3 × 618904 = 176387640（欧元）］。这一估算将罚款风险归类为中低水平，因为其金额低于 2.5 亿欧元。 CDP 问卷将气候相关的风险和机会按等级分为“高”“中等—高”“中等”“中等—低”和“低”，这类罚款风险属于“中等—低”级别。
应对风险的成本	86 亿欧元

续表

项目名称	描述
应对描述和成本计算解释	案例研究：MBG 应对 CO_2 排放管制的电气化战略。 情况：为应对二氧化碳排放法规的风险，MBG 加速了电气化战略，以减少因车队排放超标而面临的处罚风险。MBG 计划在本世纪末推出全电动汽车，视市场条件而定。 任务：产品指导委员会（PSB）负责监控车队在受排放管制市场中的 CO_2 排放情况，考虑车辆电气化进展和法律要求的变化，并向管理委员会（BoM）报告，由 BoM 决定应采取的措施。 行动：MBG 计划在 2022 年至 2026 年投资 600 亿欧元，推动全电动和软件驱动的转型。通过 EQ 品牌，MBG 扩大了电动汽车的车型组合，开发了多车型电动汽车架构。2022 年，MBG 提供了全电动替代车型，并达成全球销售 333490 辆插电式混合动力车和电动车的成绩，占总销量 16%，欧洲市场占比较高。 定量分类：2022 年，MBG 在研发方面投入 86 亿欧元，重点发展新一代电动汽车平台（BEV）和电池技术，尤其是模块化全电动厢式货车架构。这笔投资用于减轻 CO_2 排放法规带来的风险。

表 20－6　　气候转型风险 2 给奔驰带来的预期财务影响情况

项目名称	描述
时间范围	短期
可能影响程度	大概和不大可能
主要预期财务影响	直接成本增加
风险因素在价值链中的位置	上游
预期财务影响数字	0. 01 亿—2. 5 亿欧元
财务影响数字说明	案例研究：应对原材料价格上涨的财务影响。 情况：由于全球对可持续材料需求的增加和钢铁行业的绿色转型，减少二氧化碳排放的钢材供应有限，导致制造成本上升。集团定期监测钢铁价格走势，预测未来的潜在风险。钢铁价格上涨可能影响车辆利润率，特别是在竞争激烈的市场中，向消费者转嫁成本的能力有限。 财务影响：原材料价格上涨的财务风险通过价格增长乘以产量计算，影响息税前利润（EBIT）。奔驰估算，财务影响在 100 万欧元至 2. 5 亿欧元。专家委员会还指出，其他绿色材料（如低碳铝）也构成类似的成本风险。 结论：原材料价格的波动对奔驰的利润率构成潜在挑战，特别是在全球市场竞争加剧的背景下。

续表

项目名称	描述
应对风险的成本	0.01亿欧元
应对描述和成本计算解释	为了抵销原材料价格上涨对EBIT的潜在影响，奔驰集团积极监测绿色钢材和能源价格，并与供应商谈判，捕捉预警信号。为加速钢铁行业的转型，投资瑞典初创企业H2 Green Steel（H2GS），首次投资额为一位数的百万欧元。 2023年，H2GS签署供应协议，每年向其欧洲工厂提供约5万吨几乎不含二氧化碳的钢材，并计划通过谅解备忘录在北美建立可持续钢材供应链。这项合作将于2025年投入生产，利用绿色氢气代替炼焦煤，显著减少钢铁生产中的二氧化碳排放。 通过这一合作，推动了钢铁行业的脱碳进程，助力实现Ambition 2039目标，即到2039年实现新车队全价值链的净碳中和。相比传统炼钢每吨排放2吨二氧化碳，H2GS的目标是将每吨钢的碳足迹降至0.4吨。

20.4 案例总结与启示

20.4.1 财务影响的早期识别与情景分析

奔驰集团在财务报告中详细披露了其对气候风险的早期识别和情景分析，这为其他企业提供了如何在财务规划中纳入气候风险的早期识别和情景分析的参考。通过情景分析，企业能够评估不同气候政策和市场变化对财务的潜在影响，从而制定相应的应对策略。例如，奔驰集团通过评估IPCC的气候情景，结合分类法和授权法规，对生产设施及充电站的潜在物理气候风险进行了评估，并采取了相应的适应措施，确保了长远时间框架内满足分类法要求。

20.4.2 可持续发展的战略规划对企业的财务影响

奔驰集团通过推动“净零排放”目标，展示了企业在应对气候变化方面的长期承诺。这不仅体现了企业在环境保护方面的社会责任，也直接影响了企业的财务规划，特别是在研发、电动汽车制造和基础设施建设方面的巨大投资。

20.4.3 财务信息披露的透明性与合规性

奔驰集团在年度财务报告及审计报告中披露了诸多信息，尤其是与气候变化、资产减值、以及法律诉讼等领域相关的信息，这种透明度不仅有助于增强投资者对企业未来发展的信心，还确保企业能够在全球日益严格的环境监管下保持合规。通过对减值测试、气候变化影响和政策风险的详细说明，企业展示了其对预期财务影响的深刻理解和有效管理。

20. 4. 4　启示

一是奔驰集团在财务报告中对气候风险和机遇进行了量化，并在 CDP 问卷中披露了这些信息。通过量化分析，企业能够更准确地评估气候风险和机遇对财务的潜在影响，为投资者和利益相关方提供透明度的信息。例如，奔驰集团在 CDP 问卷中披露了中期可能影响程度为“大概和不大可能”的潜在财务影响数字为 250 万—1000 万欧元，以及应对风险的成本为 8. 6 亿欧元。

二是奔驰集团采用内部碳定价机制来评估其产品开发和生产过程中的各项措施，这一机制基于欧盟的碳排放罚款标准，有助于提前计算车辆生命周期内的碳排放对财务的潜在影响。这种做法不仅有助于企业内部管理碳排放成本，还能够为财务规划提供重要的参考数据。例如，奔驰集团通过内部碳定价机制，对与产品研发相关的成本进行了评估，将其融入产品研发过程中，以确保公司符合欧盟排放法规，并通过产品优化降低潜在的罚款风险。

参考文献

AUSTRALIAN ACCOUNTING STANDARDS BOARD, 2023. Australian sustainability standards No. 1 – General requirements for climate – related financial information disclosures (Exposure draft) [S].

AUSTRALIAN ACCOUNTING STANDARDS BOARD, 2023. Australian sustainability standards No. 2 – Climate – related financial information disclosures (Exposure draft) [S].

AUSTRALIAN ACCOUNTING STANDARDS BOARD, 2023. Australian sustainability standards No. 101 – References of Australian sustainability reporting standards (Exposure draft) [S].

AUSTRALIAN ACCOUNTING STANDARDS BOARD, AUDITING AND ASSURANCE STANDARDS BOARD, 2019. Climate – related and other emerging risks disclosures: Assessing financial statement materiality using AASB/IASB Practice Statement 2 [R].

AUSTRALIAN ACCOUNTING STANDARDS BOARD, AUDITING AND ASSURANCE STANDARDS BOARD, 2022. Climate – related disclosures and assurance in the annual reports of ASX – listed companies [R].

BASEL COMMITTEE ON BANKING SUPERVISION, 2023. Principles for the effective management and supervision of climate – related financial risks [S].

BRAD P, NAOMI S, JONATHAN J, 2023. Climate scenario disclosure research report prepared for the AASB. Working paper.

BUI B, HOUQE M N, ZAMAN M, 2020. Climate governance effects on carbon disclosure and performance [J]. The British Accounting Review, 52 (2): 100880.

CADEZ S, CZERNY A, 2016. Climate change mitigation strategies in carbon – intensive firms [J]. Journal of Cleaner Production, 112: 4132 – 4143.

CARBON DISCLOSURE PROJECT, 2022. Climate – related Reporting: An introduction to CDP's climate change questionnaire [S].

CARBON TRACKER, 2021. Flying Blind: The glaring absence of climate risks in financial reporting [R].

CARBON TRACKER, 2022. Still flying blind: The absence of climate risk in financial reporting [R].

CARBON TRACKER, 2023. Flying blind: In a holding pattern [R].

CARBON TRACKER, 2024. Flying blind: In a holding pattern [R].

CHARTERED ACCOUNTANTS AUSTRALIA AND NEW ZEALAND, 2022. The impact of climate – related risks on statutory financial statements and auditors' reports: Insights 2021 [R].

CLIMATE DISCLOSURE STANDARDS BOARD, 2020. Climate accounting: Integrating climate – related matters into financial reporting [S].

CLIMATE DISCLOSURE STANDARDS BOARD, 2021. Framework for reporting environmental and climate change information [S].

DISALVIO J, DORATA N T, 2014. SEC guidance on climate change risk disclosures: An assessment of firm and market responses [M]. In Accounting for the environment: More talk and little progress (Advances in environmental accounting & management, Vol. 5): 115 – 130. UK: Emerald Group Publishing Limited.

ELIJIDO – TEN E O, CLARKSON P, 2019. Going beyond climate change risk management: Insights from the world's largest most sustainable corporations [J]. Journal of Business Ethics, 157: 1067 – 1089.

ERNST & YOUNG, 2024. How climate change is impacting financial statements [R].

EUROPEAN FINANCIAL REPORTING ADVISORY GROUP SECRETARIAT, 2023. Climate – related risks in the financial statements [R].

EUROPEAN FINANCIAL REPORTING ADVISORY GROUP, 2023. European sustainability reporting standards (ESRS E1) [S].

FERGUSON J, SALES DE AGUIAR T R, FEARFULL A, 2016. Corporate response to climate change: Language, power and symbolic construction [J]. Accounting, Auditing & Accountability Journal, 29 (2): 278 – 304.

FINANCIAL REPORTING COUNCIL, 2022. CRR Thematic review of TCFD disclosures and climate in the financial statements [R].

FINANCIAL STABILITY BOARD, 2021. FSB roadmap for addressing climate – related financial risks [R].

FINANSTILSYNET, 2023. Information on climate – related matters in annual financial reports [R].

FLAMMER C, TOFFEL M W, VISWANATHAN K, 2021. Shareholder activism and firms' voluntary disclosure of climate change risks [J]. Strategic Management Journal, 42 (10): 1850 - 1879.

GARG M, 2023. Impact of climate change - related financial disclosures on accounting numbers: Analyses of credibility and value implications. Working paper.

GLOBAL REPORTING INITIATIVE, 2023. Global reporting initiative standards for sustainability reporting [S].

HAQUE S, DEEGAN C, 2010. Corporate climate change - related governance practices and related disclosures: Evidence from Australia [J]. Australian Accounting Review, 20 (4): 317 - 333.

HAQUE S, DEEGAN C, INGLIS R, 2016. Demand for, and impediments to, the disclosure of information about climate change - related corporate governance practices [J]. Accounting and Business Research, 46 (6): 620 - 664.

HONG KONG INSTITUTE OF CERTIFIED PUBLIC ACCOUNTANTS, 2024. Hong Kong financial reporting standard S1 - General requirements for sustainability - related financial disclosures (Exposure draft) [S].

HONG KONG INSTITUTE OF CERTIFIED PUBLIC ACCOUNTANTS, 2024. Hong Kong financial reporting standard S2 - Climate - related disclosures (Exposure draft) [S].

INTERNATIONAL ACCOUNTING STANDARDS BOARD, 2019. IFRS standards and climate - related disclosures [S].

INTERNATIONAL ACCOUNTING STANDARDS BOARD, 2023. The impact of climate - related matters on financial statements [S].

INTERNATIONAL ACCOUNTING STANDARDS BOARD, 2024. Climate and other uncertainties in financial statements (Exposure draft) [S].

INTERNATIONAL ACCOUNTING STANDARDS BOARD, 2024. IAS 37 provisions, contingent liabilities and contingent assets - Tentative agenda decision on climate - related commitments [S].

INTERNATIONAL FINANCIAL REPORTING STANDARDS FOUNDATION, 2020. Climate - related matters in financial statements - Educational material [S].

INTERNATIONAL FINANCIAL REPORTING STANDARDS FOUNDATION, 2023. IFRS S2 climate - related disclosures [S].

INTERNATIONAL ORGANIZATION OF SECURITIES COMMISSIONS, 2023. IOSCO endorses IFRS S1 and S2 for sustainability disclosures [S].

KAMEYAMA Y, KAWAMOTO A, 2016. Four intermediate goals: The methodology for evaluation of climate mitigation policy packages [J]. Climate Policy, 18: 210 – 220.

KOLK A, LEVY D, PINKSE J, 2008. Corporate responses in an emerging climate regime: The institutionalization and commensuration of carbon disclosure [J]. The European Accounting Review, 17 (4): 719 – 745.

KOULOUKOUI D, KOULOUKOUI D, DA SILVA GOMES S M, DE OLIVEIRA MARINHO M M, TORRES E A, KIPERSTOK A, DE JONG P, 2018. Disclosure of climate risk information by the world's largest companies [J]. Mitigation and Adaptation Strategies for Global Change, 23 (8): 1 – 29.

KOULOUKOUI D, SANT'ANNA Â M O, DA SILVA GOMES S M, DE OLIVEIRA MARINHO M M, DE JONG P, KIPERSTOK A, TORRES E A, 2019. Factors influencing the level of environmental disclosures in sustainability reports: Case of climate risk sisclosure by Brazilian companies [J]. Corporate Social Responsibility and Environmental Management, 26 (4): 791 – 804.

KRAFT B, 2018. Shedding light on stakeholder power in a regulated market: A study of variation in electric utilities' climate change disclosures [J]. Organization & Environment, 31 (4): 314 – 338.

LEE S Y, PARK Y S, KLASSEN R D, 2015. Market responses to firms' voluntary climate change information disclosure and carbon communication [J]. Corporate Social Responsibility and Environmental Management, 22 (1): 1 – 12.

LI A, LEE E C T, ENGLISH L M, 2023. Commentary: Climate – related risks disclosures in the notes to financial statements: Descriptive evidence from Australia [J]. Australian Accounting Review, 33 (3): 230 – 236.

MATEO – MáRQUEZ A J, GONZáLEZ – GONZáLEZ J M, ZAMORA – RAMíREZ C, 2021. The influence of countries' climate change – related institutional profile on voluntary environmental disclosures [J]. Business Strategy and the Environment, 30 (2): 1357 – 1373.

MATSUMURA E M, PRAKASH R, VERA – MUñOZ S C, 2022. Climate – risk materiality and firm risk [J]. Review of Accounting Studies: 1 – 42.

SAKHEL A, 2017. Corporate climate risk management: Are European companies prepared? [J]. Journal of Cleaner Production, 165: 103 – 118.

SCHOLTEN R, LAMBOOY T, RENES R, BARTELS W, 2020. The impact of climate change in the valuation of production assets via the IFRS framework: An exploratory qualitative comparative case study approach [J]. Accounting, Economics, and Law: A Convivium, 10 (2): 20180032.

SINGAPORE EXCHANGE REGULATION, 2024. Sustainability reporting: Enhancing consistency and comparability (Consultation paper) [S].

STANNY E, ELY K, 2008. Corporate environmental disclosures about the effects of climate change [J]. Corporate Social Responsibility and Environmental Management, 15 (6): 338 – 348.

SULLIVAN R, 2010. An assessment of the climate change policies and performance of large European companies [J]. Climate Policy, 10 (1): 38 – 50.

SULLIVAN R, GOULDSON A, 2016. Comparing the climate change actions, targets and performance of UK and US retailers [J]. Corporate Social Responsibility and Environmental Management, 23 (3): 129 – 139.

SUSTAINABILITY STANDARDS BOARD OF JAPAN, 2024. Sustainability disclosure standards – General application (Exposure draft) [S].

SUSTAINABILITY STANDARDS BOARD OF JAPAN, 2024. Sustainability disclosure topic standard No. 1 – General disclosures (Exposure draft) [S].

SUSTAINABILITY STANDARDS BOARD OF JAPAN, 2024. Sustainability disclosure topic standard No. 2 – Climate – related disclosures (Exposure draft) [S].

SUSTAINABLE ACCOUNTING STANDARDS BOARD, 2021. Standards overview: Sustainability accounting standards for 77 industries [S].

TANG S, DEMERITT D, 2018. Climate change and mandatory carbon reporting: Impacts on business process and performance [J]. Business Strategy and the Environment, 27 (4): 437 – 455.

TASK FORCE ON CLIMATE – RELATED FINANCIAL DISCLOSURE, 2017. Recommendations of the Task Force on Climate – related Financial Disclosures [S].

TASK FORCE ON CLIMATE – RELATED FINANCIAL DISCLOSURES, 2023. 2023 TCFD status report: Task force on climate – related financial disclosures [R].

THE DUTCH AUTHORITY FOR THE FINANCIAL MARKETS, 2023. CSRD: No time to lose! Exploratory research into the application of new regulation on sustainability reporting in annual reports (CSRD) at listed companies and audit firms [R].

THE NEW ZEALAND EXTERNAL REPORTING BOARD, 2023. New Zealand climate standard 1 – Climate – related disclosures (NZ CS 1) [S].

THE NEW ZEALAND EXTERNAL REPORTING BOARD, 2023. New Zealand climate standard 2 – Governance and risk management (NZ CS 2) [S].

THE NEW ZEALAND EXTERNAL REPORTING BOARD, 2023. New Zealand climate standard 3 – Scenario analysis and metrics (NZ CS 3) [S].

UK ENDORSEMENT BOARD, 2023. Climate – related matters: Summary of connectivity research [R].

UNITED STATES SECURITIES AND EXCHANGE COMMISSION, 2024. The enhancement and standardization of climate – related disclosures for investors [S].

WEDARI L K, JUBB C, MORADI – MOTLAGH A, 2021. Corporate climate – related voluntary disclosures: Does potential greenwash exist among Australian high emitters reports? [J]. Business Strategy and the Environment, 30 (8): 3721 – 3739.

WEINHOFER G, BUSCH T, 2013. Corporate strategies for managing climate risks [J]. Business Strategy and the Environment, 22 (2): 121 – 144.

后　　记

本书付梓之际，财政部联合九部委发布了《企业可持续披露准则——基本准则（试行）》，并在积极推进《企业可持续披露准则第 1 号——气候》的研究制定工作，香港会计师公会正式发布了《香港财务报告准则 S1 号——可持续相关财务信息披露一般要求》（HKFRS S1）及《香港财务报告准则 S2 号——气候相关披露》（HKFRS S2），让我们更加深刻地感受到提供企业披露气候变化财务影响指引的重要性和迫切性。

2024 年 12 月 11 日，我在中国会计学会和中国会计学会企业会计准则专业委员会主办、北京工商大学承办的公益大讲堂上围绕“如何披露气候相关风险和机遇的当期和预期财务影响”进行了主题分享，当天收看的人次超过 29 万，截至 12 月底，累计收看的人次已超过 40 万，反映了理论界和实务界对披露气候财务影响这一热点问题和难点问题的高度关注。

本书系在我们承担的世界资源研究所资助的“气候相关风险和机遇财务影响研究”课题研究成果基础上形成的。在课题研究中，我们得到了世界资源研究所北京代表处首席代表方莉、可持续投融资项目主任付晓天、项目总监李晓真和研究员苏亭、钟斯琪以及儿童投资基金会北京代表处副首席代表刘强、高级项目经理祁悦的大力支持。来自学界和业界的多位专家学者，包括中国会计学会副会长、厦门国家会计学院原院长黄世忠教授，北京工商大学商学院院长何玉润教授，首都经济贸易大学工商管理学院院长、中国 ESG 研究院执行院长柳学信教授，生态环境部对外合作与交流中心国合会秘书处处长刘侃，中债金融估值中心有限公司高级总监林劼，责任云研究院首席专家钟宏武教授和执行院长张蒽，中节能衡准科技服务（北京）有限公司副总经理白红春以及国际财务报告准则基金会亚洲监管事务经理司佳灵等为本课题的开展提供了诸多宝贵的建议。课题组所有成员在过去的七个月，投入很多精力查阅大量资料，撰写研究报告和本书相关内容。北京工商大学的王钰珂、李琳、何邦利、于晓淇、张捷，中央财经大学的师雨轩、蒋燕燕、郝瑞麟、张玉婷、赵莹欣、秦翰林、张亚轩、李泽玥、朱馨玥、倪奥、赵雨彤、杨哲皓、刘若琳、任烁霖、李睿琳、丁文婕、张萧元、王一诺、张亚璇、白睿宁、王一凡、李卓怡亦参与了课题部分研究工作。本书的出版，得到了中国财政经济出版社的大力支持，谨致以诚挚的谢意！

王鹏程

2024 年 12 月